Roman Sandgruber
Hitlers Vater

PIPER

Zu diesem Buch

31 Briefe, die vergessen auf einem Dachboden mehr als ein Jahrhundert überdauerten, bringen erstmals Licht ins Dunkel um die Familie Hitler. Gestochen scharf in Kurrent geschriebene Briefe, in denen der k.k. Zollamtsoberoffizial Alois Hitler dem Straßenmeister Josef Radlegger, dem er einen Bauernhof in der Ortschaft Hafeld abkaufen will, seine »Ökonomie« und seinen Alltag schildert.
Roman Sandgrubers Urteil nach der Lektüre dieser Briefe war eindeutig: Kindheit und Jugend Adolf Hitlers müssen neu geschrieben werden – eine Aufgabe, die für ihn zur großen Herausforderung wurde. Nun liegt das Ergebnis dieser Nachforschungen vor: Mit detektivischem Spürsinn zeichnet Sandgruber das Leben der Familie in der oberösterreichischen Provinz nach, anhand zahlreicher neuer Details zu ihrer wirtschaftlichen und sozialen Situation zerstört er liebgewordene Mythen. Entstanden ist ein packendes Sittenbild, die eindrückliche Begegnung mit der halb bäuerlichen, halb kleinstädtischen Welt Oberösterreichs, von der sich Hitler nie lösen konnte.

Roman Sandgruber ist emeritierter Universitätsprofessor für Wirtschafts- und Sozialgeschichte an der Johannes-Kepler-Universität Linz und veröffentlichte zahlreiche Publikationen zu Wirtschafts-, Sozial-, Kultur- und Zeitgeschichte. Als geborener Oberösterreicher kennt er die Landschaft, in der sich die Odyssee der Familie Hitler vollzieht, wie kein Zweiter. Sein großes Werk *Rothschild. Glanz und Untergang des Wiener Welthauses* wurde als Wissenschaftsbuch des Jahres 2018 ausgezeichnet.

Roman Sandgruber

HITLERS VATER

WIE DER SOHN ZUM DIKTATOR WURDE

PIPER

Mehr über unsere Autorinnen, Autoren und Bücher:
www.piper.de

Aktualisierte Taschenbuchausgabe
ISBN 978-3-492-31147-2
1. Auflage September 2022
2. Auflage Februar 2026

Für einen direkten Kontakt und Fragen zum Produkt
wenden Sie sich bitte an: *info@piper.de*
Umschlaggestaltung: zero-media.net, München, nach einem Entwurf
von Perndl+Co
Umschlagmotiv: awkz/Interfoto/picturedesk.com (Porträt Alois Hitler); U.S. National Archives (Porträt Adolf Hitler); www.akon.onb.ac.at (Braunau am Inn)
Satz: Burghard List, Wien
Gesetzt aus der Adobe Caslon Pro
Litho: Lorenz & Zeller, Inning am Ammersee
Gedruckt von ScandBook in Litauen
Printed in the EU

Kein angenehmer Familienvater und Staatsbürger:
Zu Hause ein Patriarch, im Dienst ein Pedant, in der Öffentlichkeit rechthaberisch, gegen die Kinder ein brutaler Despot – so sahen die Zeitgenossen Alois Hitler, den Vater Adolfs.

Inhaltsverzeichnis

Die Schwierigkeit, über Hitler zu schreiben

Vorwort

Adolf Hitler kam aus der Provinz. Er konnte der Provinz nicht entkommen: nicht der Last des dunklen Punkts in seiner Herkunft und der Lücke in seinen sechzehn Ahnen, die er von allen Deutschen eingefordert hatte, über die er aber bei sich selbst nie zu sprechen vermochte. Auch nicht der Last seiner von Repression und Gewalt geprägten Kindheit, von der er sich zwar in zahlreichen Erzählungen zu befreien versuchte, die ihn in seinen Meinungen und Handlungsweisen aber dennoch immerfort bestimmte. Und auch nicht der Last seiner provinziellen Umgebung, die ihm zwar die Kenntnis sehr unterschiedlicher Milieus vermittelte, ihm aber nicht nur den Aufbau freundschaftlicher Beziehungen unmöglich machte, sondern auch keine weltmännische und moderne Bildung mitgab.

Das erste Drittel seines Lebens, die Jugendjahre von 1889 bis 1907, hat Adolf in Oberösterreich verbracht, sein Vater Alois sogar zwei Drittel, praktisch sein ganzes Erwachsenenleben. Zwischen 1837 und 1903 hatte er sich fast durchgehend in der Provinz aufgehalten: zuerst im Waldviertel und dann in Salzburg und Oberösterreich. Er hat hier Karriere gemacht und es zu einigem Ansehen gebracht, aber auch viel Frustration und Leid hinnehmen müssen. Der Sohn Adolf hat seine Zeit in Oberösterreich als die wichtigsten und glücklichsten Jahre seines Lebens gesehen, obwohl sie nicht so glücklich waren, wie sie sich für ihn in der Retrospektive darstellten. Er hat hier die entscheidenden Linien seines verhängnisvollen Denkens und Handelns eingeprägt erhalten und aufgenommen. Die in Oberösterreich gesammelten Eindrücke und Erfahrungen haben ihn bis zu seinem Ende im Berliner Führerbunker nicht losgelassen. In Hitlers eigener Schilderung seiner Jugendjahre dominieren zwei Themen: der Konflikt mit dem Vater und die Konflikte in der multinationalen Habsburgermonarchie.

Adolf Hitler zählt zu den wenigen Menschen, von denen man mit einiger Berechtigung sagen kann, dass die Geschichte ohne sie anders verlaufen wäre.[1] Niemand in der jüngeren Weltgeschichte hat aus dem Nichts in so kurzer Zeit so viel Macht errungen, sie so schrankenlos missbraucht und mit seinem eigenen Untergang so viele Menschen mit in den Tod gerissen und Schicksale beeinflusst wie er. Sein Weg führte so eindeutig wie bei keinem anderen Politiker in die totale Katastrophe. Als er 1889 in Braunau am Inn geboren wurde, konnte man allerdings in keiner Weise ahnen, welch physische Verwüstungen und mentale Verheerungen seine Person einst hinterlassen würde: nicht die Gräuel der Judenvertreibung und Ermordung, nicht die Euthanasiemorde, nicht die Verfolgung der Roma, der Homosexuellen oder der politischen Gegner, nicht die Diskriminierung der Kirchen und Religionsgemeinschaften, nicht die Ausbeutung der Zwangsarbeiter, nicht den von ihm entfesselten Zweiten Weltkrieg, ja nicht einmal den Ersten Weltkrieg, der von der Habsburgermonarchie mitausgelöst worden war. Aber Rassismus, Antisemitismus, Imperialismus, Eugenik und Nationalismus waren schon im 19. Jahrhundert überall präsent. Doch dieses Fin de Siècle, in welchem der junge Hitler aufwuchs, verbreitete auch so viel Glanz, so viel Fortschritt und so viel Selbstzufriedenheit, dass man die Schattenseiten und die Pflanzzellen des Unheils nicht wahrnehmen wollte und diese auch heute hinter der glänzenden Fassade dieser Traumzeit nur widerwillig erkennt.

Hitler bewunderte die Aufstiegsgeschichte seines Vaters, errungen durch »Fleiß und Tatkraft« aus kleinsten Verhältnissen, setzte aber der ihn beängstigenden Vorstellung, wie sein Vater als »unfreier Mann einst in einem Büro sitzen« zu müssen, seine erträumte Künstlerexistenz entgegen. Das viel wirkmächtigere und verheerende Lebensziel einer Politikerexistenz war da noch nicht angedacht, aber in der Schule schon grundgelegt: »Ich wurde Nationalist«. Und: »Ich lernte Geschichte zu verstehen«, was er als Erkennen von weltgeschichtlichen, von der Vorsehung vorgegebenen Kausalitäten betrachtete.[2]

Biografien haben in der Geschichtsforschung wieder sehr an Stellenwert gewonnen, weil sie nicht nur Mikro- und Makroebene zu verbinden vermögen, sondern weil in sie auch viele modern gewordene Felder der Forschung einfließen können, von der Alltagsgeschichte bis zur Psychohistorie. In der NS-Forschung haben sie von Anfang an eine besondere Bedeutung besessen, einerseits weil in Diktaturen den Einzelentscheidungen der Handelnden und Täter eine größere Bedeutung zukommt, andererseits weil in einer Gewaltherrschaft auch die Schicksale der Opfer umso mehr Aufmerksamkeit verdienen.

Der spektakuläre Fund bislang völlig unbekannter Quellen und die neuen Möglichkeiten der digitalen Recherchen in an sich bekannten Quellen gaben für mich den Anstoß, dieses Buch zu schreiben. Zusammen mit meiner aus lebenslanger wirtschafts-, sozial- und zeitgeschichtlicher Forschungsarbeit stammenden Kenntnis der historischen Zusammenhänge und den aus der eigenen lebensgeschichtlichen Erfahrung resultierenden Einsichten in die regionale Mentalität und Lebensweise formierte sich der Entschluss zu einem Thema, von dem man überzeugt sein könnte, dass es eigentlich von vorne bis hinten zu Ende geforscht oder überhaupt nicht erforschbar ist. Es ist ein heikles Thema, weil hier auch viele Emotionen mitschwingen und es nicht einfach und auch nicht vertretbar ist, immerzu die für historische Forschung nötige Distanz zu wahren. Ich hoffe, damit nicht nur eine Reihe von Fakten zurechtgerückt zu haben, sondern auch zu einem besseren Verständnis der Entwicklung Adolf Hitlers, der Lebensgeschichte seines Vaters und auch des sozialen und ideologischen Milieus, in dem er sich bewegt hat, beitragen zu können.

Mein Dank gilt vor allem Frau Anneliese Smigielski, die die an ihren Ururgroßvater gerichteten Briefe Alois Hitlers gerettet und mir zur Verfügung gestellt hat, ebenso Herrn Bürgermeister Martin Bruckner, Großschönau, der den Kontakt zu Quellen über Wörnharts ermöglicht hat, Frau Mag. Susanne Auzinger, die die Unterlagen ihres Urgroßvaters August Kubizek für die Öffentlichkeit zugänglich gemacht hat, und natürlich zahlreichen Fachkollegen, die mit Rat und Hilfe bereitgestanden sind: dem Direktor des Linzer Stadtarchivs Dr. Walter Schuster und seinem Vorgänger Dr. Fritz Mayrhofer, vom Oberösterreichischen Landesarchiv Frau Direktorin Dr. Cornelia Sulzbacher, Dr. Jakob Wührer und Franz Scharf, in Leonding Herrn Dipl.-Ing. Gerhard Tolar, in der OÖ Landes-Kultur GmbH Frau Dr. Thekla Weißengruber, in Braunau Mag. Florian Kotanko, im Haus der Geschichte Niederösterreich in St. Pölten Dr. Christian Rapp, vom Ludwig Boltzmann Institut für Kriegsfolgenforschung Dr. Hannes Leidinger; im Linzer Stadtmuseum Nordico Mag. Andrea Bina, im Dokumentationsarchiv des österreichischen Widerstands Mag. Dr. Gerhard Baumgartner und am Institut für Sozial- und Wirtschaftsgeschichte der Johannes Kepler Universität Linz Univ.-Prof. Dr. Michael John und Univ.-Prof. Dr. Ernst Langthaler, Dr. Andreas Maislinger, Haus der Verantwortung in Braunau, sowie Fritz Fellner, Schlossmuseum Freistadt und zollgeschichtliche Sammlung. Vor allem danke ich meinem Neffen und Freund MMag. Georg Ransmayr, der das Manuskript nicht nur kritisch gelesen, sondern auch zahlreiche wertvolle Vorschläge und Korrekturen angebracht hat, meiner Frau Margith, die aufmerksam mitgedacht und mich mit kritischer Gegenrede herausgefordert und angespornt hat, und Dr. Johannes Sachslehner und dem gesamten Team des Molden Verlags, die für die hervorragende Ausgestaltung und Präsentation verantwortlich zeichnen.

Das Buch möchte ich meinem hochverehrten Wiener Lehrer, Herrn em. o. Univ.-Prof. Dr. Michael Mitterauer widmen, der mit seinen Forschungen zu ledigen Müttern und unehelichen

Kindern wichtige sozialhistorische Grundlagen für dieses Buch bereitgestellt und mir selbst zu entscheidenden fachlichen und persönlichen Einsichten verholfen hat.

Rätsel Hitler

Hitler ist wohl jene Persönlichkeit, mit der sich die Geschichtswissenschaft nach objektiver Zählung am meisten beschäftigt hat. Man hat zwar an sehr vielen Beispielen zeigen können, dass das nationalsozialistische Herrschaftssystem eine vielköpfige Polykratie darstellte und von einer Reihe unterschiedlicher Akteure gesteuert war. Aber Hitler war der eindeutige Führer und hat die wesentlichen Weichenstellungen selbst vorgegeben, wobei er nicht nur alle ethischen Grundlinien überschritten hat, sondern auch fremde Fachmeinungen nicht gelten ließ und sich über diese hinwegsetzte. Er war kein »schwacher« Diktator, sondern ein »rücksichtsloser« Gewaltmensch.

Der junge Hitler bietet dabei wegen der dramatischen Quellenarmut und der methodischen Unschärfen ein weites Feld für Vermutungen und Konstruktionen. Man suchte nach den familiären, inzestuösen oder homophilen Verwerfungen, nach den katholischen Wurzeln, den ideologischen Wegbereitern und den geistigen Vorbildern. Man fand tiefenpsychologische und milieubedingte Erklärungen. Für die einen ist Adolf Hitler das vom Vater geschlagene und von der Mutter verzärtelte Kind, für die anderen der verkrachte Schüler und gescheiterte Künstler, der vagabundierende Männerheimbewohner oder der über seine Verhältnisse lebende Kleinbürger. Für die einen ist er ein mittelmäßiger Provinzler, für die anderen der schon in der Jugend charismatische Gewaltmensch, für Peter Longerich, einen der neuesten Biografen, als Jugendlicher ein »Niemand«, für andere ein »Jemand«, dessen Führungsanspruch bereits in der Kindheit und Jugend vorgezeichnet war.

Doch vieles ist von Rätseln umgeben. Wie konnte ein Kind aus den entlegensten Winkeln des Landes und ohne wirklich gute Schulbildung, eigentlich ein Versager und Autodidakt, derartige Erfolge feiern? Wie konnte sich in dem provinziellen Milieu, in dem er aufwuchs, ein solch diktatorischer Charakter ausbilden, der so viele in den Bann zu ziehen vermochte? Wie konnte aus einer Familie, die für die Zeitgenossen wenig Auffälliges beinhaltete, ein Gedankengut entwickelt werden, das zur Zerstörung eines ganzen Landes und zur Auslöschung so vieler Juden und sonstiger rassisch diskriminierter Gruppen fähig war? Wie, wann und warum haben sich Hitlers Denkmodelle, Vorurteile und Leitbilder ausgebildet?

Für Hitlers Verhaltensweisen als Diktator und für seine verantwortungslosen und verbrecherischen Entscheidungen sind seine Kinder- und Jugendjahre ein wichtiger Schlüssel. Nicht nur seine Sprache und Rhetorik und sein Kunstgeschmack wurden in seiner Jugend grundgelegt, sondern auch sein nationalistischer Fremdenhass, seine Kirchenfeindschaft, sein antisemitisches Vernichtungsdenken und seine rassistischen Zielsetzungen. Tiefe Prägungen aus seiner Herkunft, seiner Familie und seinem wirtschaftlichen, sozialen und kulturellen Umfeld blieben ein Leben lang bestehen. Hitler neigte besonders stark dazu, von einmal gefassten Vorstellungen, Zielsetzungen und Entscheidungen sein ganzes Leben lang nicht mehr abzurücken.

Über keine andere historische Persönlichkeit gibt es mehr Bücher als über Adolf Hitler: wissenschaftliche und triviale. Die Schätzungen belaufen sich auf bis zu 150.000 Buch- und Zeitschriftentitel, die sich mit dem Nationalsozialismus und dem NS-System beschäftigen. Es gibt einige hundert Hitler-Biografien, davon mehrere ganz hervorragende und sehr ausführliche, die aber die Jugendjahre meist nur mehr oder weniger kursorisch mitbehandeln, aber auch ein paar Dutzend Monografien über die Jugendjahre. Es gibt Bücher zu allen möglichen Facetten, Stationen und Begleitern seines Lebens, von seiner angeblichen

Homosexualität bis zu den Frauen um ihn, von seinem Charisma über sein Leseverhalten, seine Religion und sein Kunstverständnis bis zu den Wurzeln seiner Ideologie und zu seinen geistigen Wegbereitern. Man findet Biografien über Hitlers Fotografen, Pressechef, Rechtsanwalt, Bankier, Chauffeur, Leibarzt und Chefastrologen, über seine Sekretärin, Diätköchin, Hebamme, über die Mutter und die Schwester, über seinen Halbbruder, seine Nichte, seinen Neffen, sogar über seine Großmutter und über angebliche Kinder, natürlich über seine Geliebte und spätere Ehefrau, aber keine über Hitlers Vater.

Dass Alois Hitler fehlt, mag an der Quellenarmut gelegen sein. Außer zwei Ansuchen über die Rückerstattung seiner Dienstkaution in dürrem Amtsdeutsch, zwei oder drei Privatbriefen und mehreren Kartengrüßen waren von ihm bislang keine persönlich verfassten Schriftstücke bekannt. Der Personalakt ist verschwunden. Die Standesdaten sind unvollständig oder schlecht gelesen und die Zeitzeugenberichte widersprüchlich, ob sie nun aus der NS-Zeit stammen oder aus der Nachkriegszeit. Zu Hitlers Kindheits- und Jugendgeschichte gibt es nur drei etwas ausführlichere Schriften mit Quellencharakter, von denen alle weiteren Darstellungen ausgehen. Quellen im historiografischen Sinn möchte man sie gar nicht nennen, weil sie eigentlich alle drei aus sehr unterschiedlichen Motiven heraus mehr oder weniger Kampfschriften darstellen: Erstens Hitlers eigene Autobiografie *Mein Kampf*, die explizit als Propagandamedium gedacht war und als solches ein schwer entwirrbares Konglomerat aus Wahrheiten, Halbwahrheiten und glatten Lügen darstellt. Auch die kritische Edition konnte bezüglich der Kindheits- und Jugendgeschichte Hitlers wenig zusätzliche Klarheit schaffen. Die beiden Veröffentlichungen von Franz Jetzinger und August Kubizek, die als die wichtigsten Grundlagen für Hitlers Jugend vorhanden sind, sind keine Quellen im Fachsinn, sondern ebenfalls Kampfschriften. Beide stecken sie voller Vorurteile und Irrtümer, sind aber dennoch als Ausgangspunkt aller weiteren

Forschungen zum jungen Hitler unersetzlich, wobei sich die dort enthaltenen Fehler oft durch alle nachfolgenden Veröffentlichungen fortpflanzen.

Mehrere wichtige Quellenfunde haben das mit einem Male verändert: erstens ein dickes Bündel vergilbter Briefe Alois Hitlers in zeittypischer Kurrentschrift, die auf einem Dachboden über den Kahlschlag der NS-Zeit hinweggerettet werden konnten und dem Autor zur Verfügung gestellt wurden.[3] Diese sehr inhaltsreichen Briefe und Dokumente, die Alois Hitler an den Straßenmeister Josef Radlegger geschickt hat, vervielfachen mit einem Schlag nicht nur die Ego-Dokumente zur Familie Hitler vor dem Ersten Weltkrieg, sondern eröffnen auch einen völlig neuen und genaueren Blick auf jene Person, die auf Adolf Hitlers Werdegang zweifellos den größten Einfluss hatte: seinen Vater.

Dazu kommt, dass auch der Vertrag über den Hausverkauf Alois Hitlers in Wörnharts aufgetaucht ist und damit in die finanzielle Situation der Familie mehr Klarheit kommt. Nicht zuletzt ist mit der Auffindung der handgeschriebenen Urfassung von Kubizeks Buch aus dem Jahr 1943 eine sehr viel kritischere Sicht auf Hitlers Linzer Jugendjahre möglich geworden. Dass es auch gelang, mit zusätzlichen Meldedaten einen einjährigen Aufenthalt der Familie in Urfahr in den Jahren 1894/95 zu beweisen, schafft nicht nur die Behauptung aus der Welt, dass Alois ein Jahr lang getrennt von seiner Frau und den Kindern gelebt habe, sondern bringt auch neue Fragen, weil der damalige Hausherr der Familie einer der reichsten Linzer Juden war.

Auch längst bekannte Quellen fließen durch die Möglichkeiten der Datenverarbeitung plötzlich sehr viel reichlicher. Der Zugang zu den Pfarrmatriken ist sehr viel leichter geworden. Vor allem hat die Digitalisierung von Zeitungen und Zeitschriften neue Erkenntnisse eröffnet. Vor allem die *Linzer Tages-Post*, die von der Familie Hitler nicht nur regelmäßig gelesen wurde, sondern für die Alois Hitler auch selbst Leserbriefe und Artikel verfasste und in der er immer wieder auch Annoncen und Anzeigen platzierte, ergänzt die neu zum Vorschein gekommenen Quellen. Wie bedeutsam diese Tageszeitung für die Familie und auch Adolf Hitlers Jugend war, bekräftigte er noch im Jahr 1944: Sehr traurig sei der Führer, notierte Joseph Goebbels 1944 in sein Tagebuch, dass in Linz die Zeitung eingestellt worden sei, die er schon in frühester Jugend gelesen und für seinen Vater gekauft habe.[4] Auch August Kubizek erinnerte sich, dass er Frau Klara damals immer wieder bei der Lektüre der *Tages-Post* angetroffen habe.[5]

Problematische Quellen

Neben Hitlers *Mein Kampf* und August Kubizeks Zeitzeugenbericht ist Franz Jetzingers Darstellung der Jugendzeit Hitlers aus dem Jahr 1956 als die wichtigste Quelle zu nennen. Jetzingers Buch ist eigentlich als Werk der Geschichtsschreibung und nicht als Zeitzeugenbericht einzustufen. Er hat Hitler persönlich nicht gekannt und ist mit ihm nie zusammengetroffen, ist aber unverzichtbar, weil er heute nicht mehr verfügbare Zeitzeugen interviewt und wichtige Dokumente zusammengetragen hat, auch wenn seine Arbeit bedingt durch die damaligen Umstände voller Fehler ist.[6] Entstanden ist dennoch eine verdienstvolle wissenschaftliche Arbeit. Bedenkt man die Möglichkeiten der Nachkriegszeit, die absolute Quellenarmut zu Hitlers Frühzeit und die extreme Verderbung dieser Quellen durch Vernichtungsaktionen der Nationalsozialisten und durch in jeder Hinsicht sehr unglaubwürdige Zeitzeugen, so kommt Jetzinger das Verdienst zu, erstmals die Kinder- und Jugendjahre Hitlers in den Grundzügen rekonstruiert zu haben. Er musste viel Frustration ertragen, sowohl über sein verpfuschtes Leben, das ihm alle Freunde geraubt hatte, wie auch bei seinen Hitler-Forschungen, wo ihm August Kubizek, der von ihm einige Daten erhalten hatte, mit der Veröffentlichung zuvorgekommen war. Und seine Frustration wäre noch größer geworden, hätte er erleben müssen, wie die spätere Wissenschaft seine Ergebnisse abwertete und ihn, der immerhin in seinem ersten Beruf Professor für Altes Testament an einer Theologischen Lehranstalt gewesen war, als wissenschaftlichen Amateur einstufte und seinen von ihm zu Recht kritisierten Konkurrenten Kubizek hochjubelte.[7]

Während Jetzinger wie ein Historiker arbeitete und sich nicht auf eigenes Erleben beziehen konnte, kommt August Kubizek die Qualität eines unmittelbaren Zeitzeugen zu. Der Tapeziererlehrling und begeisterte Musikliebhaber hatte Ende 1905 auf dem Stehplatz des Linzer Landestheaters den jungen Hitler kennengelernt und war die nächsten zwei Jahre in Linz und dann noch etwa vier Monate in Wien mit ihm in engem Kontakt, verlor ihn dann aber ganz aus den Augen. Sein Musikstudium in Wien schloss er 1912 ab, konnte nach dem Krieg aber nichts daraus machen und war in Eferding als Gemeindebeamter tätig. Erst 1938 trafen sich die Jugendfreunde wieder kurz in Linz. Hitler begrüßte Kubizek, sprach ihn aber mit »Sie« an und lud ihn für 1939 nach Bayreuth zu den Festspielen ein. 1942 trat Kubizek in die NSDAP ein und wurde, während er weiter als Gemeindesekretär tätig war, beauftragt, seine Erinnerungen festzuhalten. Von den zwei Heften, die 1943 entstanden sind, war der zweite Teil immer bekannt, während der erste Teil über die Linzer Jahre erst jetzt aufgetaucht ist.

Nach der NS-Zeit und den sechzehn Monaten im amerikanischen Umerziehungs- und Entnazifizierungslager »Camp Marcus W. Orr« in Glasenbach versuchte Kubizek diese Vorarbeiten in einem Buch zu verwerten. Aus eigenem Erleben konnte er etwa zweieinhalb Jahre abdecken, wobei er zwar weniger Einblicke gewonnen hatte, als er vorgab, aber doch viel mehr als alle übrigen Zeitzeugen aus Hitlers Kindheit und Jugend. Kubizek war kein guter Schreiber und Stilist, wohl auch kein überzeugter Nationalsozialist, aber in pansophischen Kreisen gut vernetzt.[8]

Unter Mithilfe zweier geübter Ghostwriter, der beiden hochrangigen Nationalsozialisten Karl Springenschmid und Dr. Franz Mayrhofer, wurde Kubizeks Manuskript zu einem am Lesergeschmack orientierten und um eine Liebesgeschichte ergänzten Buch ausgeweitet.[9] Dass deren Einfluss nicht unwesentlich gewesen sein konnte, geht allein schon aus dem Umstand hervor, dass sich die drei Autoren die Tantiemen drittelten oder auf Verlagsvorschlag in einem Schlüssel fünf zu vier zu drei aufteilen sollten, obwohl der 1908 in Linz geborene Mayrhofer für Hitlers Jugendzeit keinerlei eigene Erfahrung einbringen konnte und der 1897 in Innsbruck geborene Karl Springenschmid noch viel weiter weg vom Geschehen gelebt hatte. Die drei entwickelten aber beträchtliche Energien, um Hitlers Jugendgeschichte als Vorschule seines späteren Auftretens als »Führer« erscheinen zu lassen: als Genie, Ideologe, Antisemit, Städteplaner, Baumeister. Für eine Neuauflage überlegten sie noch weitere Höhepunkte: den jungen Hitler als begeisternden Feuerredner und frühen Parteiprogrammatiker und dachten auch ein Filmprojekt und ein Musikdrama über Hitlers verborgene Liebschaft an, wäre Kubizek nicht 1956 gestorben.[10]

Für den Verlag dürfte Karl Springenschmids Erzähltalent wichtig gewesen sein, mit dem er schon vor 1938 als Ghostwriter für Luis Trenker gepunktet hatte und mit dem er nach dem Krieg mit unzähligen völkischen Bauern- und Bergsteigergeschichten sein Geld verdiente.[11] Franz Mayrhofer, der Neffe von Adolf Hitlers Leondinger Vormund Josef Mayrhofer, steuerte als studierter Geografie- und Geschichtelehrer wohl seine regionalen und kulturellen Kenntnisse über die Linzer Umgebung bei, die er aus eigener Erfahrung und aus seiner 1940 in Druck gegebenen Dissertationsschrift übernehmen konnte.[12]

Kubizeks Buchveröffentlichung ist vierfach fehlerverdächtig: Erstens wegen des fast fünfzigjährigen zeitlichen Abstands mit entsprechenden Erinnerungslücken, zweitens wegen der Beauftragung durch die NSDAP und der daraus entstehenden

Parteinähe, drittens durch sein Bemühen, sich nach 1945 zu entlasten und gleichzeitig wichtiger zu machen, als er war, und viertens wegen der Beiziehung von Karl Springenschmid und Franz Mayrhofer als Mitautoren, die nicht nur aus der NS-Zeit schwer belastet waren, sondern sich auch nach 1945 nie von ihren ideologischen Positionen lösen konnten und als keineswegs bekehrte hochrangige Nationalsozialisten einen entsprechend hohen Mitteilungs- und Rechtfertigungsbedarf hatten.

Man muss daher von Glück sprechen, dass nunmehr von der Urfassung aus dem Jahr 1943, deren zweiter Teil für die Zeit in Wien in einer 51 Seiten langen, maschinschriftlichen Abschrift im Nachlass Jetzinger schon immer bekannt war, auch der erste Teil über die Linzer Zeit in handschriftlicher Form mit 106 Blatt in zweizeiliger, großer Schrift aus dem Besitz der Enkelin aufgetaucht ist. [13] Aus den ca. 60 Druckseiten, welche die beiden Teile des Urmanuskripts ergeben hätten, machten die drei Autoren ein Buch mit je nach Auflage 339 bis 352 Seiten.[14] Die beiden Fassungen von 1943 und 1953 unterscheiden sich nicht nur im Umfang, sondern auch in den Schwerpunktsetzungen. Die ohne fremde Unterstützung angefertigte erste Fassung ist nicht nur viel kürzer, sondern auch viel authentischer. Die Unterschiede zu dem später gedruckten Text sind bezeichnend, weniger wegen der sprachlichen Schwäche der ersten Fassung und der gefälligen Teile, die 1953 völlig neu hinzugefügt wurden, sondern wegen jener Passagen, die 1943 enthalten waren und 1953 gestrichen wurden und die antiklerikalen, antimodernistischen und rassenbiologischen Tendenzen bereits beim jungen Hitler sehr viel deutlicher erkennen lassen.

Jetzinger und Kubizek arbeiteten nach 1945 zur selben Zeit an ihren Publikationen und unterstützten sich anfangs auch gegenseitig, wurden aber zu erbitterten Konkurrenten, als Kubizek sein Buch drei Jahre früher als Jetzinger herausbrachte und ihm Jetzinger nicht nur einen Plagiatsvorwurf machte, sondern ihm auch zahlreiche Fehler nachweisen konnte, ein Vorwurf, den man umgekehrt aber auch Jetzinger nicht wirklich ersparen kann. Seit Brigitte Hamanns Wien-Buch wird Kubizeks Text viel positiver beurteilt: Sein Buch stelle eine reichhaltige und für die frühe Hitler-Zeit einzigartige Quelle dar, war ihr Resümee.[15] Jetzinger hingegen behauptete, dass 90 Prozent von Kubizeks Buch erfunden seien – über den Prozentsatz mag man streiten, die Tatsache, dass nicht viel davon von Kubizek tatsächlich erlebt oder erfahren wurde, ist unbestreitbar. Es ist selbstverständlich, dass Kubizeks Buchpublikation sehr viel kritischer beurteilt werden muss, als das bisher geschehen ist. Diese Skepsis mag Brendan Simms in seiner neuesten Hitler-Biografie bewogen haben, Kubizek als Quelle ganz auszuscheiden. Er übersieht dabei aber, dass die Literatur, die er zum jungen Hitler benutzte, erst recht wieder auf Kubizeks Darstellung beruht. Umso wichtiger ist Kubizeks 1943 entstandene Urfassung, die niemals den Weg an die Öffentlichkeit und auch in kein Parteiarchiv gefunden hat, zumal Kubizek es 1943 auch wagte, einzelnen Aussagen Hitlers aus *Mein Kampf* zu widersprechen.[16]

Bleibt als dritte umfangreichere Quelle für Hitlers Kindheit und Jugend seine eigene Autobiografie. *Mein Kampf* ist aber eben keine Lebensgeschichte, sondern eine Kampfgeschichte. Dass er sie weitgehend selbst geschrieben hat, ohne Beiziehung von Ghostwritern, dürfte inzwischen feststehen.[17] Allerdings orientierte er sich an Vorbildern. Hitler konstruierte sein Leben nach dem Muster klassischer Autobiografien und Bildungsromane. Und er kreierte einen neuen Typ der politischen Autobiografie, der es nicht um Rechenschaft oder Erklärung geht, sondern um Programmatik und Propaganda, geschrieben nicht im Herbst des Lebens, sondern mit 35 Jahren am Ausgangspunkt der politischen Laufbahn. Noch problematischer als *Mein Kampf* sind Hitlers gelegentliche Ausflüge in seine Jugendgeschichte, die er bei den Tischgesprächen oder auch gegenüber einzelnen Weggefährten und Mitarbeiterinnen tätigte. Nicht nur ist die Wiedergabe durch die Gewährsleute umstritten und nicht nachprüfbar, sondern auch Hitlers eigene Glaubwürdigkeit in diesen Aufzeichnungen entsprechend zu hinterfragen.

Eine weitere zeitnahe Quelle, die *Jugend-Erinnerungen eines zeitgenössischen Linzer Realschülers* von Hugo Rabitsch (München 1938), werden hingegen meist als »ohne jeden Informationswert« beiseitegeschoben, »da der Autor weder den jungen Hitler kannte, noch irgendwelche Beiträge zu seiner Biographie« bringe.[18] Das ist zwar richtig, aber grob ungerecht. Denn Rabitsch, der sieben Jahre jünger als Hitler war, besuchte dieselbe Linzer Realschule und kannte die Professoren und das Milieu. Obwohl Rabitsch mit Hitler-Lob nicht sparte, wurde es von diesem sehr kritisch aufgenommen und kam in Deutschland nie auf den Markt, weil manche Passagen Hitlers eigenen Darstellungen und Aussagen in *Mein Kampf* widersprachen.[19] Schwierig einzuschätzen sind auch die Erinnerungen des jüdischen Arztes von Hitlers Mutter, Eduard Bloch, der Adolf 1938 im Angesicht der für ihn sehr bedrohlichen Situation sehr positiv charakterisierte, diese Darstellung aber 1941 in den USA, als für ihn die Gefahr explizit vorbei war, trotzdem noch einmal dezidiert bekräftigte. Allerdings war Bloch im Alter schon stark von zunehmender Vergesslichkeit gezeichnet.

Widersprüchlich und oft völlig unbrauchbar sind die Aussagen vieler anderer Zeitzeugen, ob sie nun aus der Zeit vor 1945 oder nachher stammen. Auf irgendeine Weise sind sie immer gefärbt und beeinflusst. Seither haben sich viele Autoren mit Hitlers Jugendzeit beschäftigt, zuerst einmal entsprechend kursorisch alle jene, die an einer Gesamtbiografie arbeiteten, vor allem aber jene, die sich speziell der Kindheits- und Jugendgeschichte zugewendet haben, darunter auch zahlreiche Entwicklungspsychologen, Pädagogen und Theologen, die viele Mosaiksteinchen finden und interessante Einsichten hinzufügen konnten, aber allzu oft auch vieles ungeprüft übernommen haben und sich vor allem mangels regionaler Kenntnisse mit den räumlichen, politischen und sozialen Gegebenheiten in Oberösterreich sehr schwer getan haben. Nicht zuletzt hat der eklatante Quellenmangel zu fiktiven Konstruktionen und skurrilen Geschichtsklitterungen geführt, auf die man gar nicht eingehen muss, wie zum Beispiel Norman Mailers Roman zum jungen Hitler *Das Schloss im Wald* oder Ilse Krumpöcks Geschichtsroman *Hitlers Großmutter*, weil dazu ohnehin aus berufenem Mund das Nötige gesagt wurde.[20]

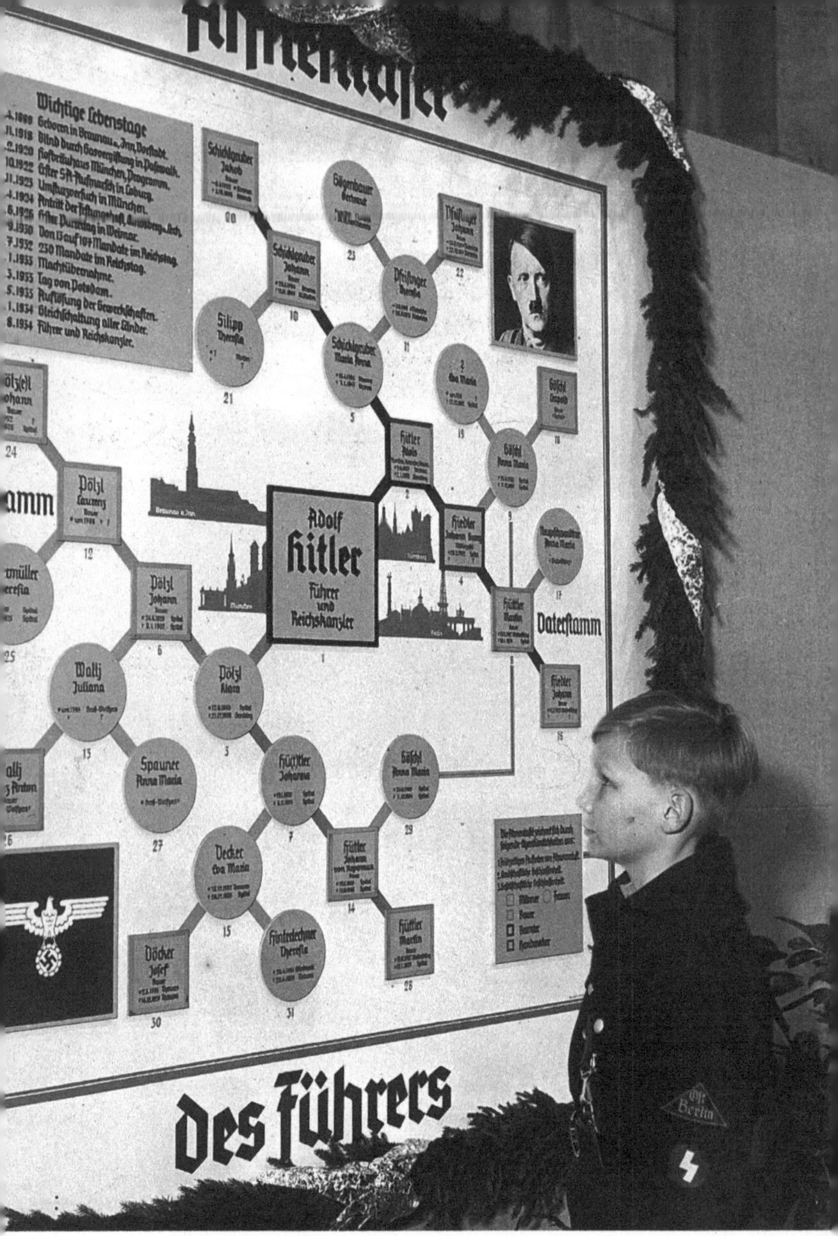

Der dunkle Punkt in Adolf Hitlers Herkunft wurde verschwiegen: Die Ausstellung »Sippenforschung in Schule und Haus« 1937 im Berliner Stadthaus konnte auf die »Ahnentafel des Führers« nicht verzichten.

Die Last, aus der Provinz zu kommen

Alois Hitler alias Schicklgruber

Pfeife rauchen, im Wirtshaus sitzen, Bienen züchten, Kinder schlagen. Das ist der Grundton der meisten Aussagen über Hitlers Vater: zu Hause ein Patriarch, im Dienst ein Pedant, in der Öffentlichkeit rechthaberisch, gegen die Kinder ein brutaler Despot. Alois Hitler war sicherlich kein angenehmer Ehemann, Familienvater, Arbeitskollege und Staatsbürger. Was er aber sicher nicht war, war ein Alkoholiker oder Müßiggänger, der seine Zeit im Wirtshaus und in der Bienenhütte vergeudet hätte, auch kein Spießbürger oder Provinzbeamter, dessen Horizont nicht über Braunau hinausgereicht hätte, auch kein Ehemann, der die Familie seinen eigenen sexuellen Bedürfnissen oder seinem beruflichen Fortkommen gänzlich untergeordnet hätte, und schon gar nicht ein Kinderschänder und Teufelsbeschwörer, als den ihn Norman Mailer in seinem Hitler-Roman hingestellt hat. Alois Hitler scheiterte auf vielen Feldern: als Vater, Ehemann, Erzieher, Wirtschafter und letztlich auch als Mensch, ohne viele Freunde und ohne wirkliches Zuhause. Aber es gibt auch die anderen Seiten: Die penible Pflichterfüllung, das stete Karrierebewusstsein, den kritischen Bildungsdrang, das Interesse an Innovationen, die Freude an geselligen Zusammenkünften.

Alois Hitlers Herkunft und Kindheit ist von Mythen, Erfindungen und Vermutungen umgeben. Erstens, weil es kaum Quellen gibt: Wer hätte sich schon für eine kaum herausragende, weder reiche noch besonders auffällige und schon gar nicht wirklich hochrangige Person in der österreichischen Provinz interessieren sollen? Zweitens, weil Adolf Hitler, als er bekannt und mächtig wurde, alles getan hat, um seine eigene Geschichte und die seiner Eltern und Vorfahren zu verbergen oder in seinem Sinne zu drehen und so einerseits Quellen zu beseitigen und andererseits Mythen zu erzeugen. Und drittens, weil die meisten Darstellungen von Adolf Hitlers Kindheit ohne jede Ortskenntnis aus sehr weiter Distanz und vor allem ohne viel Kenntnis der damaligen Lebensweise in dem ländlich-kleinbürgerlichen Provinzmilieu ausgearbeitet sind, in welchem sich die Familie Hitler bewegte.

Tyrannische Väter und liebende Mütter sind kein Einzelfall in der Geschichte. Dass sich daraus Adolf Hitlers mörderischer und gewalttätiger politischer Weg ableiten ließe, ist nicht beweisbar. Einige Hinweise aber gibt es. Sich selbst zu überschätzen und andere Meinungen und Kenntnisse nicht gelten zu lassen, zeichnete sich schon beim Vater ab, ebenso die Neigung zur autodidaktischen Weiterbildung und zur Verachtung aller akademischen und schulischen Autoritäten. Auch der Hang zur Gewalt zeigt Parallelen, beim Vater im Erziehungsstil, beim Sohn im politischen Verhalten. In seinem Sexualleben hingegen unterschied sich der Vater ganz auffällig vom Sohn, auch wenn dieser mit ziemlicher Sicherheit nicht homosexuell war, was ihm gerade in der neuesten Literatur auffallend häufig unterstellt wird. Die ungeklärten Stellen und vorhandenen Lücken im familiären Stammbaum dürften zwar den Sohn mehr belastet haben als den Vater. Aber warum Alois Hitler im Alter von fast vierzig Jahren seinen Familiennamen von Schicklgruber auf Hitler ändern und eine Quasilegitimierung seiner unehelichen Geburt herbeiführen ließ, wirft bis heute Fragen nach dem Hergang und den Motiven auf.

Die Region, in der Alois Hitler sich Zeit seines Lebens bewegte, hat er durch viele erzwungene und freiwillige Ortswechsel in einem für damalige Verhältnisse überdurchschnittlichen Maß kennengelernt. Das beeinflusste seine Sprech- und Schreibgewohnheiten. Anders als bei den Wiener subalternen Zentralbeamten, deren Wienerisch durch das Schönbrunnerisch ihrer meist adeligen Vorgesetzten in einer häufig als herablassend empfundenen Weise verfärbt wurde, dominierte bei Alois

Hitler die durch die vielen Milieuwechsel abgeschliffene regionale Mundart, der er mit hochdeutschen Floskeln, exzessivem Fremdwortgebrauch und bürokratischer Diktion einen amtlich-autoritären Ton zu geben versuchte. Seine Briefe schrieb Alois, obwohl ohne jegliche höhere Schulbildung, in einem gestelzten, mit Fachbegriffen untermischten Beamtendeutsch, in das sich immer wieder der Dialektgebrauch einschlich.

Alois Hitlers Herkunft war kleinbäuerlich, sein Status jener eines mittleren Beamten, seine Sehnsucht aber die nach einem Leben als Herrenbauer und einflussreichem Stadtbürger, nach einem Landgut, nach Pferd und Wagen und nach einem Grundbesitz, der über Bienenhütten oder den Umfang eines Kleingartens weit hinausging. Man hatte Dienstboten. Man pflegte Beziehungen zur Stadt. Die Taufpaten der Kinder nahm man aus Wien. Man machte Sommeraufenthalte im kühleren Waldviertel. Man schickte die Kinder in höhere Schulen. Was aber besonders hervorstich: Man nahm nicht nur Anteil am politischen Geschehen, sondern suchte, es auch aktiv mitzugestalten.

Die zahlreichen Übersiedlungen hatten Alois in viele unterschiedliche Milieus gebracht: vom Waldviertel nach Wien, von dort nach Saalfelden und Salzburg, Wels, Braunau, Passau, Urfahr, Fischlham/Hafeld, Lambach und zuletzt Leonding und Linz. Sein Sohn Adolf hatte sie beginnend in Braunau mit dem Vater notgedrungen mitgemacht. Die ersten zehn oder zwanzig Jahre sind die prägenden Phasen im Leben eines Menschen: Es ist klar, dass Sprache, Ess- und Wohngewohnheiten, Umgangsformen, Bildung, Religion, Weltanschauung und sexuelle Gewohnheiten des jungen Hitler vom Elternhaus und von der Umgebung entscheidend vorgeprägt wurden. Über seine Herkunft wollte Adolf Hitler nie viel sprechen. Als Reichskanzler verbat er sich alle Veröffentlichungen darüber. Wesentliche Dokumente ließ er beschlagnahmen oder vernichten. Vieles bleibt daher ein Rätsel.

Eine Biografie ist immer ein Puzzle mit vielen Einzelteilen, aus denen die einzelnen Lebensabschnitte und die durchgehende

Lebenslinie zusammengesetzt werden sollen. Doch es bleiben dazwischen nahezu unendlich viele Tage, gleichförmige und doch erlebnisreiche, über die man gar nichts weiß. Beim jungen Hitler und seinem Vater ist das in ganz besonderem Maße der Fall.

Der Mythos vom Ahnengau

Seine Vorfahren aus dem niederösterreichischen Waldviertel rückte Adolf Hitler in ein mythisch-mystisches Dunkel: »Als ich noch ein Bub war, fand sich das ganze Gebiet meiner Heimat mit Findlingen, erratischen Blöcken, übersät. Die Bauern sind hinaus, um die Findlinge zu sprengen. Es muss das ein Gletscherauslaufgebiet sein, Moränen haben sich vorgeschoben. Das geht herüber bis nach Niederösterreich. Irgendwie macht das die Landschaft liebenswert, sympathisch.«[21] Hitler irrte zwar in seiner Einschätzung der Geologie des Landes seiner Vorfahren. Denn vergletschert war das Waldviertel auch in der Eiszeit nie. Er bediente sich hier der romantischen Märchen und Mythen vom deutschen Wald, von seinen Geistern und Hexen, seiner Unzugänglichkeit und Einsamkeit.[22] Aber das herbe und kalte Hochland hatte den dort wohnenden und arbeitenden Menschen zu jeder Zeit viel abverlangt. Dem Dunkel des Waldes entsprach die soziale Situation der Leute im Waldviertel.

Als Adolf Hitlers Großmutter Maria Anna Schicklgruber schwanger wurde, war sie vierzig Jahre alt. Der Vater des Kindes war unbekannt: Ob der Müllergeselle und herumziehende Arbeiter Johann Georg Hiedler der Kindesvater war, der sie schließlich fünf Jahre nach der Entbindung heiratete, aber seine Vaterschaft nie offiziell anerkannte, oder dessen Bruder, der Bauer Johann Nepomuk Hüttler, der den Buben schließlich zu sich nahm, weil er vielleicht der wirkliche Vater war, aber als es um eine Legitimierung ging, seinen schon lange verstorbenen Bruder vorschob, ist unsicher. Oder ob irgendjemand aus der Nachbarschaft, aus der

Dienstgeberschaft oder eine der vielen Zufallsbekanntschaften infrage kommt, die man in einem Leben einfach macht, oder vielleicht doch ein Jude, wie es sich die Sensationspresse und manche politische Gegner ausdachten? Eine sichere Antwort wird nie möglich sein.[23]

Uneheliche Kinder waren in Ober- und Niederösterreich so häufig, dass sie kaum Anstoß erregten. Als junge Arbeitskräfte waren sie auf den Bauernhöfen gut zu gebrauchen, auch wenn sie kaum Liebe, Anerkennung, finanzielle Abgeltung oder gar Erbansprüche erwarten konnten. Ebenso schwierig war die Situation für die ledigen Mütter, weil nicht nur manche Verwandte und ein paar Tratschtanten und Moralapostel im Dorf sich über sie den Mund zerrissen haben mögen, sondern weil auch die Kirche nicht müde wurde, in den Predigten und Beichtlehren jede Form vorehelicher Sexualität scharf zu verurteilen. Weil die Heiratschancen und Lebensbedingungen für alleinstehende Frauen mit Kindern deutlich ungünstiger waren, waren sie aus der Not heraus meist gezwungen, ihre Kinder zu Zieheltern wegzugeben. Das machte die Überlebens- und Lebenschancen für uneheliche Kinder deutlich schlechter als für eheliche. Niemand hat sich für ihr Schicksal wirklich interessiert. Und auch die Geschichtsforschung hätte sich für Alois Schicklgrubers uneheliche Herkunft nicht interessiert, wäre der Neugeborene nicht der Vater Adolf Hitlers geworden.

Die Geschichtsforschung interessierte sich aber merkwürdig ungenau. Schon was die Mutter des neugeborenen Alois und Großmutter des Diktators Adolf Hitler betraf. Maria Anna Schicklgruber, geboren am 1. Juli 1796, hatte eine ältere Schwester namens Anna Maria, die am 15. April 1795 geboren worden war.[24] Im Hochdeutschen sind diese beiden Vornamen tatsächlich zum Verwechseln ähnlich und unterscheiden sich nur durch die Wortfolge. Im mundartlich-bäuerlichen Alltagsgebrauch war das allerdings ganz anders: Anna Maria wurde »Annamirl« gerufen, Maria Anna hingegen »Mariandl«. Die nur des Hochdeutschen mächtigen Hitler-Biografen haben diese Vornamen immer wieder durcheinandergebracht und Alois entweder die ältere Anna Maria als Mutter oder zumindest der tatsächlichen Mutter Maria Anna die Geburtsdaten ihrer älteren Schwester zugeordnet. Das mag in den meisten Fällen nicht viel ausmachen. Es bedeutet aber bei Frauen einen gewissen Unterschied, ob sie im Alter von 41 oder 42 Jahren ihr erstes Kind zur Welt bringen.[25]

Die Fehler begannen schon auf der im Sommer 1938 an der Kirchenmauer von Döllersheim angebrachten, heute nicht mehr vorhandenen Gedenktafel für Hitlers Großmutter mit dem Text »Hier ruht die Großmutter des Führers Maria A. Hitler, geborene Schicklgruber, geb. 17. April 1795 zu Strones, gest. 7. Januar 1847 zu Kl. Motten«, wo gleich zwei oder drei Fehler zusammenkamen: Das angeführte Geburtsdatum ist jenes der älteren Schwester Anna Maria, und auch das ist nicht einmal ganz genau, sondern um zwei Tage daneben, und »Hitler« hieß Maria Anna Schicklgruber nie, sondern nach der Heirat wie ihr Mann »Hiedler«. Auch das Grab selbst war ein Fake, weil es leer war. Seither schreiben fast alle Biografien von der bei der Entbindung im Jahre 1837 bereits 42-jährigen Hitler-Großmutter und verwenden das falsche Geburtsdatum.[26] Die dritte, jüngere Schwester Josefa (Pepi) Schicklgruber spielte nur am Rande eine Rolle. Daneben gab es drei überlebende Brüder namens Schicklgruber, und auch der alte Vater der Kindesmutter, Johann Schicklgruber, dem sie den Haushalt führte, war 1837 noch am Leben.

Die falsche Mutter und deren falsches Geburtsdatum sind aber nur das erste Missverständnis in einer langen Reihe. Die Spalte für den Vater blieb in der Döllersheimer Taufmatrik leer. Das nicht deshalb, weil Maria Anna keinen Vater genannt oder gewusst hätte, sondern weil es kirchenrechtlich bei unehelichen Kindern so vorgesehen war. Der Name des Vaters wurde nur dann nachgetragen, wenn das Kind durch eine spätere Heirat legitimiert wurde. Vermögensrechtlich hatte der Name des Vaters ohnehin keine Bedeutung, solange es keine Verpflichtung zu Unterhaltszahlungen für einen unehelichen Vater gab und uneheliche Kinder selbstverständlich auch von jeglicher Erbberechtigung ausgeschlossen waren.

So blieb die Frage nach Alois Schicklgrubers Vater offen und wurde, je wichtiger der Enkel Adolf wurde, immer mehr zum Gegenstand von Mythen, Erfindungen und Verwechslungen. Dabei ging es weniger um Berufschancen und Geld als um Ehre, Ahnenpässe und arische Herkunft. In den 1920er Jahren, als Adolf Hitler erstmals das Feld der Öffentlichkeit und politischen Bühne betrat, begannen sich nicht nur seine Anhänger, sondern noch mehr seine politischen Gegner für seine Herkunft zu interessieren: für den ursprünglichen Namen Schicklgruber, für die ungeklärten Familienverhältnisse, für etwaige inzestuöse Verbindungen und vor allem für mögliche jüdische Glieder in der Ahnenreihe. Der fanatische Judenhasser Hitler selbst ein Jude? Der Führer einer Partei, die auf den Ahnenpass so viel Wert legt, selbst mit einer mehr als dunklen Lücke im Stammbaum!

Als der Wiener Skandaljournalist János Békessy (Hans Habe) 1932 damit an die Öffentlichkeit ging, wurden viele andere zur Beteiligung an dem Suchrätsel angespornt, von Österreichs Bundeskanzler Engelbert Dollfuß, der mehrere seiner Hofräte in Bewegung setzte, bis zu verschiedenen Berufs- und Hobbygenealogen und Adabeis. Mehr oder weniger gute Ahnenforscher wurden tätig. Einer davon war der Wiener Friedrich von Frank. Am 29. Februar 1932 beauftragte ihn Hitler gegen ein Honorar von 300 Mark mit der Erstellung eines Stammbaums. Im April desselben Jahres wurde das Ergebnis vorgelegt. Ein Vorname in dieser Stammtafel fiel auf: »Katharina Salomon«, was auch in der *Neuen Zürcher Zeitung* am 16. Juni 1932 zu kritischen Kommentaren Anlass gab. Zwar hatte der Genealoge offenbar einen Fehler gemacht, den er umgehend korrigierte und die Katharina Salomon durch eine »Maria Hamberger« ersetzte.[27] Aber damit war den Spekulationen erst recht Nahrung gegeben. War das eine Gefälligkeit gegenüber dem Auftraggeber? Auch als ein anderer Genealoge, der Wiener Rudolf Koppensteiner, eine revidierte Fassung des Stammbaums erstellte, die alle Zweifel beseitigen sollte, half das nicht viel, weil dieser als weitschichtiger Verwandter Hitlers erst recht unter den Verdacht der Voreingenommenheit kam.[28]

Es war der mit dem Genealogen Friedrich von Frank zufällig namensgleiche berüchtigte Gauleiter des Generalgouvernements Dr. Hans Frank, der in seiner 1945 im Nürnberger Kriegsverbrechergefängnis verfassten Autobiografie *Im Angesicht des Galgens* die Geschichte von Hitlers jüdischer Abstammung neuerlich aufwärmte: Ein Grazer Jude namens »Frankenberger, Frankenreiter (oder so ähnlich)«, bei dem Maria Anna Schicklgruber als Köchin gearbeitet habe, sei Hitlers Großvater. Die Behauptung war ohne viel Substanz, nicht nur weil Maria Anna wohl kaum in dem vom Waldviertel so weit entfernten Graz eine Beschäftigung angenommen haben wird, sondern weil es in Graz zu der fraglichen Zeit nicht nur keinen Juden mit dem Namen Frankenberger »oder so ähnlich«, sondern überhaupt keine Juden gab.[29]

Auch Salomon Rothschild, der reichste Kapitalist im vormärzlichen Österreich, der in Internet-Foren immer wieder als Hitlers Großvater genannt wird und dem man einen etwas lockeren Umgang mit kleinen Mädchen zuschrieb, ist mit Sicherheit auszuschließen, nicht nur weil Maria Anna kein junges Mädchen mehr war, sondern weil Salomon sich im fraglichen Jahr gar nicht in Wien aufhielt. Aber ein Propagandaerfolg wäre es tatsächlich gewesen, hätte man den nunmehr berühmt gewordenen Politiker und berüchtigten Antisemiten als Sohn eines Juden oder gar eines so bekannten Juden und Inbegriffs des Reichtums wie Salomon Rothschild entlarven können.[30] Auch Adolf Pereira-Arnstein, den Ilse Krumpöck, die langjährige Leiterin des kunsthistorischen Referates im Wiener Heeresgeschichtlichen Museum, vor einigen Jahren in einer skurrilen »Romanbiografie« ohne haltbare Quellenbelege als »Hitlers Großvater« hervorzauberte, wohl wegen des Namens Adolf, vielleicht auch, weil dieser sein Palais in der Renngasse 6 hatte, nur wenige Meter von Rothschilds Renngasse 3 entfernt, kommt nicht infrage, wobei sie schon auf der ersten Seite ihre absurden Theorien mit dem obskuren Satz gegen jegliche Kritik zu immunisieren versuchte: »Jedes zweite Wort ist wahr.« Krumpöcks krause Zusammenstellung ist von Andreas Kusternig eindringlich korrigiert worden.[31] Doch gegen Verschwörungstheorien ist nicht wirklich anzukommen. Sie geistern unausrottbar durch die Weltgeschichte und das Internet.

Auch Hitler selbst versuchte seine Herkunft zu verschleiern. Wie viel wusste er? Wie sehr war er psychisch dadurch belastet? In *Mein Kampf* gibt es nur zwei kurze, sich zudem widersprechende Sätze über die Vorfahren seines Vaters: »Als Sohn eines armen, kleinen Häuslers hatte es ihn schon einst nicht zu Hause gelitten …« und später, anlässlich seines eigenen Wienaufenthalts: »… immer das Bild des Vaters vor Augen, der sich einst vom armen Dorf- und Schusterjungen zum Staatsbeamten emporgerungen hatte.«[32] Er hat ausgerechnet bei diesen Sätzen sehr lange um die Formulierung gekämpft, ursprünglich hätte es »Häusler und Tagelöhner« heißen sollen. In welches Licht wollte und sollte er seine Herkunft setzen? In die schmerzliche Realität einer armen, niedrigen und ungeklärten Herkunft? Eines inzestuösen Verhältnisses? Einer Lüge?

Hitlers Schwester Paula jedenfalls behauptete 1945 gegenüber der US-Armee, über die Herkunft ihres Vaters im Unterschied zu jener der Mutter praktisch nichts zu wissen: »Der Vater hat sich um die Verwandtschaft nicht gekümmert. Ich habe niemand von den Verwandten meines Vaters gekannt, sodass wir, meine Schwester Angela und ich, öfter gesagt haben: wir wissen gar nicht, der Vater muss doch auch Verwandte gehabt haben.«[33] Und auch Adolf Hitler selbst wollte nicht darüber sprechen. Am 21. August 1942 sagte er in der Wolfsschanze: »Von Familiengeschichte habe ich gar keine Ahnung. Auf dem Gebiet bin ich der Allerbeschränkteste. Ich habe auch früher nicht gewusst, dass ich Verwandte habe. Erst seit ich Reichskanzler bin, habe ich das erfahren. Ich bin ein vollkommen unfamiliäres Wesen, ein unsippisch veranlagtes Wesen. Das liegt mir nicht. Ich gehöre nur meiner Volksgemeinschaft an. Ich finde das Ganze uninteressant, belanglos. Ich hatte einen Mann in der Partei, er hat mir ein paar Mal das vortragen wollen, was er in langem Studium über die Geschichte seiner Familie in Erfahrung gebracht hat. Ich sagte ihm: Pfeffer, das interessiert mich nicht! Da ist er ganz geistesabwesend dagestanden!«[34] Mit Pfeffer war wohl der später in Ungnade gefallene westfälische Freikorpsführer Franz Pfeffer von Salomon gemeint.[35] Aber Hitler hätte auch den oberösterreichischen Archivbeamten Dr. Franz Pfeffer meinen können, der 1938 im Amt des Reichsstatthalters von Oberdonau beauftragt war, Hitlers Herkunft und frühe Geschichte im »Ahnengau« zu erforschen.[36]

Wir wissen aus vielen lebensgeschichtlichen Erzählungen, dass das Phänomen der Unehelichkeit oft von einer charakteristischen »Heimlichkeitssphäre« umgeben ist, welche die betroffenen Kinder zwar wahrnahmen, aber erst nach und nach zu durchdringen vermochten. Diffus erkannte Unstimmigkeiten über die eigene Herkunft wurden intuitiv zwar als Anderssein gegenüber anderen Kindern empfunden, deren Ursachen aber erst schrittweise erfassbar und beschreibbar gemacht.[37] Unbestimmte Ängste konnten ein ganzes Leben aufrecht bleiben. Das mag auch bei Alois der Fall gewesen sein, der erst mit fast vierzig Jahren eine Legitimierung erreichte, die erst recht keine Klärung war. Auch bei Adolf Hitler, der die illegitime Herkunft seines Vaters und dessen Namen nicht nur aus politischen, sondern auch aus psychischen Gründen in einen starren Panzer der Verheimlichung einhüllte, wirkte das noch nach. Auch er verdeckte seine Herkunft, so gut es ging.

Hitlers Großmutter

Maria Anna, Adolf Hitlers Großmutter, geboren 1796 in Strones, stammte aus einer Bauernfamilie, deren Hof mit 19 Joch (10 ha) Grundbesitz in dieser kargen Gegend eher der kleinbäuerlichen Unterschicht, aber sicherlich nicht einer bäuerlichen Oberschicht zuzuordnen war. Über die Lebensverhältnisse im Waldviertel und über den Lebensstandard der Schicklgrubers lässt sich kein genaues Urteil fällen. Im späten 18. Jahrhundert hatte die Protoindustrialisierung den unterbäuerlichen und kleinbäuerlichen Familien mit Handspinnerei und Handweberei einen bescheidenen Wohlstand bringen können. Aber die Napoleonischen Kriege und die nachfolgende schwere Klima- und Hungerkrise hatten das weitgehend zunichte gemacht. Witterungsmäßig waren die Jahre 1816/17, als Johann Schicklgruber, Maria Annas Vater, den Hof an die nächste Generation übergab, die kältesten des ohnehin kalten 19. Jahrhunderts. 1816 war das Jahr ohne Sommer, mit schweren Missernten, Hungersnöten und einer galoppierenden Inflation.

Den elterlichen Hof Maria Annas hatte im Jahr 1817 ihr Bruder Josef übernommen, mitten im schlechtesten Jahrzehnt des 19. Jahrhunderts. Der Vater erhielt ein Ausgedinge in einem kleinen Haus (Strones 22) mit recht detaillierten Naturalansprüchen, deren Geldwerte sich angesichts der 1817 herrschenden Teuerung unverhältnismäßig hoch ausnahmen und die in Naturalien zugeteilt in dieser Hunger- und Inflationszeit Goldes wert waren. Maria Anna zog zu ihrem seit 1821 verwitweten Vater: Das war ein zwar sicheres, aber doch recht freudloses Dasein: ihm den Haushalt führen, kochen, waschen, spinnen, weben, taglöhnern, ohne Möglichkeit, dem zu entkommen oder gar in die große Stadt zu gehen. Vielleicht ein bisschen tanzen, sich verlieben, träumen. Aber die industrielle Fabrikware drückte die Erlöse aus der Heimarbeit immer mehr. Dass sie den Vater jemals verlassen hätte, um nach Wien oder gar Graz in ein Dienstverhältnis zu gehen, und gar zu einer jüdischen Familie, von denen es damals in Österreich nur sehr wenige gab, ist ganz unwahrscheinlich.

Der Wohlstand, den die Historikerin Anna Maria Sigmund aus einigen inflationär überhöhten Einkommens- und Vermögensangaben aus der napoleonischen Zeit und aus einigen bemalten Möbelstücken und Gegenständen aus dem angeblichen Besitz von Maria Anna Schicklgruber – ein bemalter Schrank, ein Butterfass, ein Spinnrocken, Feuerböcke, mehrere Rechen und ein Ochsenjoch – im Horner Höbarth-Museum herauslesen wollte, ist ohnehin ein Betrug, dem die Sammler der NS-Zeit, die im »Ahnengau« des »Führers« eine Gedenkstätte mit Hitler-Reliquien aufbauen wollten, aufgesessen waren. Diese schönen Möbel stammten in Wirklichkeit nicht von Maria Anna und ihrer Familie, sondern waren ihr nur mit einem gefälschten Herkunftszeugnis zugeordnet worden.[38] Ob die 74,25 fl, die Maria Anna 1821 von ihrer Mutter geerbt hatte und die bis 1838 bei der örtlichen Waisenkasse auf 165 fl angewachsen waren, ein großes Vermögen oder ein nahezu wertloser Posten waren, hängt davon ab, ob man in Konventionsmünze, der damaligen Silberwährung, oder in Wiener Währung, dem Papiergeld, rechnete, was viel wahrscheinlicher ist. Angegeben ist das in den Quellen leider nicht: In Konventionsmünze wären es heute ca. 3.656 Euro, in Wiener Währung nur ca. 1.462 Euro.[39]

Als Maria Anna 1836 im Alter von 40 Jahren schwanger wurde und 1837 die Entbindung heranrückte, übersiedelte sie kurzzeitig in das Haus des etwas wohlhabenderen Bauern Johann Trummelschlager. Dort, in Strones Nr. 13, erblickte Alois Schicklgruber am 7. Juni 1837 das Licht der Welt. Die Trummelschlager fungierten als Taufpaten. Die Rubrik für den Kindesvater blieb im Taufbuch leer.[40] Nach der Entbindung lebte Maria Anna mit dem Kind wieder bei ihrem eigenen Vater im Ausgedingehaus. 1842 heiratete sie den 50-jährigen, verwitweten (und nicht »ledigen«, wie er vor dem Pfarrer für die Trauungsmatriken fälschlicherweise angegeben hatte) Müllergesellen Johann Georg Hiedler, der bis dahin auf verschiedenen Mühlen des Waldviertels gearbeitet hatte.[41] Normalerweise wäre in so einer Situation das uneheliche Kind der Braut, wenn es vom Bräutigam gestammt hätte, legitimiert und für ehelich erklärt worden. Warum es in diesem Falle unterblieb, gab und gibt immer noch Anlass zu Spekulationen. Dass Johann Georg der Vater war, ist jedenfalls wahrscheinlicher als die Vaterschaft seines damals bereits verheirateten, jüngeren Bruders Johann Nepomuk, der den jungen Alois später als Ziehkind aufnahm. Der

Ort Spital, wo dieser den elterlichen Hof führte, lag zwar mit etwa 20 km Entfernung näher bei Strones als das 30 km entfernte Dorf Thürnthal, wo Georg vor 1840 gearbeitet hatte. Aber für den gerade erst jung verheirateten Johann Nepomuk wäre es, was von allen Historikern, die sich für ihn als Alois Vater entschieden haben, übersehen wird, angesichts von drei eigenen Kleinkindern ein nur schwer erklärbarer ehelicher Seitensprung und Ehebruch gewesen, für den verwitweten Johann Georg hingegen nur eine damals weitverbreitete voreheliche Beziehung.

In vielen Gegenden Ober- und Niederösterreichs herrschte damals das Jüngstenerbrecht. Der jüngste Sohn erbte den Hof, die anderen Söhne und Töchter mussten sich anderswo ein Auskommen suchen und wurden bestenfalls mit einem kleinen Heiratsgut abgefertigt. Johann Georg Hiedler teilte dieses Schicksal der Ausgesteuerten. Er hatte das unstete Wanderleben, sein Bruder Johann Nepomuk Hüttler den schönen Hof. Die unterschiedliche Schreibung der Familiennamen der beiden Brüder, Hiedler und Hüttler, sagt nichts aus, sorgte aber später im Fall Hitler für Verwirrung. Das damalige Heiratsalter war extrem hoch. Ein Leben als Dienstmagd und uneheliche Mutter war das Schicksal vieler Töchter, das Leben als Taglöhner oder Handwerksburschen das der weichenden Söhne. So ein Leben war nicht nur eine enorme psychische Belastung, sondern auch eine finanzielle Benachteiligung.[42] Für eine Familiengründung war eigentlich kein oder erst sehr spät ein Platz.

1842 heirateten Johann Georg und Maria Anna. Im Ausgedingehaus des Vaters bzw. Schwiegervaters fand das jung verheiratete Ehepaar Hiedler zwar weiter Unterkunft, was ihm auch eine grundherrschaftliche Eheerlaubnis ermöglichte. Aber als Existenzgrundlage reichte das nicht aus. Man brauchte einen Erwerb. Als der alte Großvater Johann Schicklgruber 1844 wegen der immer härter werdenden Wirtschaftskrise das Ausnehmerhaus aufgeben musste, zog die kleine Familie mit dem Großvater nach Kleinmotten, wo sie bei einem Verwandten zur Miete wohnten und wo auch Alois Hitler die ersten Volksschuljahre absolvierte.[43]

Die 1840er Jahre waren überall schwierige Jahre. Im Waldviertel spürte man vor allem die Ernteausfälle durch die Kartoffelfäule und die Arbeitslosigkeit in der Textilwirtschaft. In dieser von Heimarbeit geprägten Landschaft stieg das Elend sprunghaft an. Armut und Kinderarbeit waren überall die Norm, in den Fabriken, in der Hausindustrie und in der Landwirtschaft. So ist es gut möglich, dass die Familie, die vorher ein bescheidenes Auskommen gefunden hatte, völlig abrutschte, wenn es auch nur bildlich zu verstehen sein dürfte, dass Maria Anna und das Kind tatsächlich »in einem Sautrog« schlafen mussten.[44]

Als 1847, in diesem schlechtesten aller Jahre kurz vor der Revolution, die Mutter an »Auszehrung infolge Brustwassersucht« und kurz darauf auch der Großvater starben, waren Johann Georg und der junge Alois mit einem Mal ganz auf sich allein gestellt. Ob Johann Georg zu dem Zeitpunkt überhaupt noch im gemeinsamen Haushalt gelebt hatte, weiß man nicht.[45] Auf jeden Fall musste der Witwer sich spätestens jetzt um einen Erwerb und für das Kind um eine Unterkunft und Versorgung umsehen. Es war naheliegend, es auf den Bauernhof des jüngeren Bruders Johann Nepomuk zu geben, der dort genügend Platz hatte und eine zusätzliche Arbeitskraft gut brauchen konnte, auch wenn diese nur ein zehnjähriges Kind war.[46]

Mit der Unterbringung bei einem Verwandten waren die Überlebenschancen und Startbedingungen für den jungen Alois wahrscheinlich besser als für viele andere uneheliche Kinder, die zu ganz fremden Leuten verschickt und in Kost gegeben wurden.[47] Ob Johann Nepomuk den heranwachsenden Alois Schicklgruber als Neffen oder gar leiblichen Sohn betrachtete oder nur als bloßes Ziehkind, das er von der Ehefrau seines Bruders übernommen hatte, ist nicht bekannt. Während der Woche wurde hart gearbeitet, an den Sonntagen ging man zur Kirche und in die Sonntagsschule. Dass das eine sonnige Kindheit gewesen sei, wie manche Hitler-Biografen meinen, verkennt die Härte der damaligen bäuerlichen Welt.[48]

Die neue Ziehmutter, Johann Nepomuks Ehefrau Eva Maria, geb. Decker, war um vierzehn Jahre älter als ihr Gatte. Ihre drei Töchter Johanna, Walburga und Josefa, mit denen Alois Schicklgruber nun in einem gemeinsamen Haushalt lebte, waren etwas älter als er. Die älteste, Johanna, heiratete 1848 den Besitzer des benachbarten Bauernhauses Spital Nummer 37 namens Johann Pölzl, den Vater von Alois Schicklgrubers späterer dritter Ehefrau und Adolf Hitlers Mutter Klara Pölzl. Walburga heiratete 1853 den Bauernsohn Josef Romeder aus dem Nachbardorf Ober-Windhag, der dazu ausersehen war, Johann Nepomuk Hüttlers Bauernhaus in Spital Nummer 36 zu übernehmen. Johann Nepomuk wurde dafür ein Ausgedinge mit Haus, Grundstücken und Naturalleistungen zugestanden, das ihm ein gesichertes Auskommen im Alter ermöglichen sollte. Die dritte Schwester, Josefa, heiratete Leopold Sailer in Spital Nummer 24, starb aber bald nach ihrer Heirat bereits im Jahr 1858.

Es ist einiges merkwürdig an Alois Schicklgrubers unehelicher Herkunft. Denn der größere Teil der unehelichen Kinder in vorindustriellen und agrarischen Zeiten stammte von Eltern, die keine Chance auf eine Hausstandsgründung finden konnten: von ländlichen Dienstboten in hausrechtlicher Abhängigkeit und von Gesellen und Lohnarbeitern im städtischen Gewerbe, die Lebenspartnerschaften eingingen, ohne die Möglichkeit zu haben, diese legalisieren zu lassen. Der kleinere Teil der unehelichen Kinder stammte aus Beziehungen zwischen vermögenden und mächtigen Dienstgebern und abhängigen Mägden oder zwischen reichen, nach Erfahrung suchenden Söhnen und armen Mädchen. Maria Anna, Adolf Hitlers Großmutter, stand nach allem, was wir wissen, nicht in hausrechtlicher Abhängigkeit, sondern lebte bei ihrem Vater und führte ihm den Haushalt. Sie hätte in diesem Häuschen, zwar auf sehr beschränktem Raum, auch schon 1837 die Gelegenheit für eine Ehebewilligung und Hausstandsgründung gehabt. Das tat sie auch mehrere Jahre nach der Entbindung, als sie den vermutlichen Vater ihres Kindes

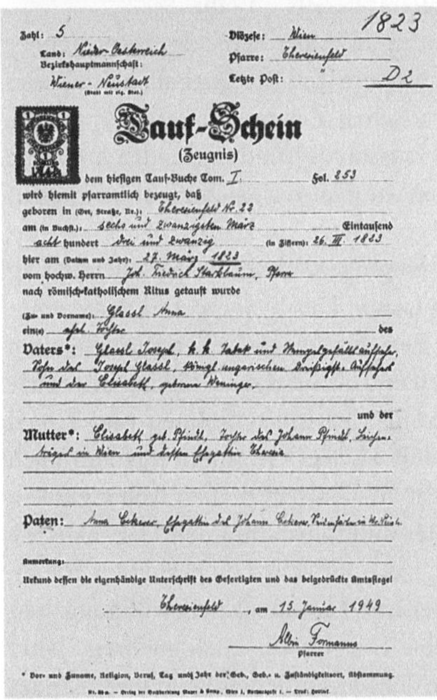

Zahl: 5 — Diözese: Wien — 1823
Land: Nieder-Oesterreich — Pfarre: Theresienfeld
Bezirkshauptmannschaft: Wiener-Neustadt (Stadt mit eig. Stat.) — Letzte Post: " — D2

Tauf-Schein
(Zeugnis)

Aus dem hiesigen Tauf-Buche Tom. I Fol. 253
wird hiemit pfarramtlich bezeugt, daß
geboren in (Ort, Straße, Nr.): Theresienfeld Nr. 23
am (in Buchst.): sechs und zwanzigsten März Eintausend acht hundert drei und zwanzig (in Ziffern): 26. III. 1823
hier am (Datum und Jahr): 27. März 1823
vom hochw. Herrn Joh. Friedrich Starkbaum, Pfarr
nach römisch-katholischem Ritus getauft wurde
(Zu- und Vorname): Glassl Anna
ein(e) ehel. Tochter des
Vaters*: Glassl Joseph, k. k. Tabak und Stempelgefäll Aufseher, Sohn des Joseph Glassl, königl. ungarischen Dreißigst Aufsehers und der Elisabeth, geborene Weninger.
und der
Mutter*: Elisabeth geb. Pfindl, Tochter des Johann Pfindl, [illegible] in Wien und dessen Ehegattin Theresia
Paten: Anna Eckerer, Ehegattin des Johann Eckerer, [illegible] in Wr. Neust.
Anmerkung:
Urkund dessen die eigenhändige Unterschrift des Gefertigten und das beigedrückte Amtssiegel
Theresienfeld, am 15. Jänner 1949
Albin [illegible]
Pfarrer

* Vor- und Zuname, Religion, Beruf, Tag und Jahr der Geb., Geb.- u. Zuständigkeitsort, Abstammung.

Feierliche Enthüllung einer Gedenktafel in Strones: Nach dem »Anschluss« erinnerten sich die Nationalsozialisten auch an das Geburtshaus von Alois Hitler im Waldviertel.

Die erste Ehe Alois Hitlers endete 1880 mit einer Trennung von »Tisch und Bett«. 1949 bestätigte der Pfarrer von Theresienfeld die Taufe von Anna Glassl am 27. März 1823.

heiratete, ohne allerdings das Kind legitimieren zu lassen. Das nährte Spekulationen.

Um die Mitte des 19. Jahrhunderts erreichte die Unehelichenquote in Österreich den historischen Höchstwert. Das war Ausdruck einer tiefen Krise. Für die Mütter bedeutete ein uneheliches Kind eine massive soziale und wirtschaftliche Schlechterstellung, für die Kinder eine große Erschwernis für den Start ins Leben mit subjektiv empfundenen Kränkungen und objektiv verringerten Zukunftschancen. Ein schönes Leben war das sicher nicht. Kinderarbeit, schlechte Ernährung, Prügelstrafen und das Stigma des »ledigen Bankerts« prägten solch ein Leben. Nur wenigen gelang der Ausbruch aus dieser fremdbestimmten Spirale der Ausbeutung.

Vielleicht hatte es Alois Schicklgruber/Hitler mit seinen Bezugspersonen gar nicht so schlecht erwischt: Mit fünf Jahren hatte er einen Stiefvater, der vielleicht auch sein wirklicher Vater war, auch wenn dieser ihn formell nie anerkannt hatte. Nach dem frühen Tod der Mutter folgte die Verpflanzung zu Zieheltern in ein anderes Haus und eine fremde Umgebung, auch wenn es Verwandte waren. Geborgenheit war das nur schwerlich. Wie alle Ziehkinder wurde wohl auch Alois vor allem als Einkommensquelle und Arbeitskraft gesehen und möglichst früh in verschiedene Arbeitsprozesse integriert. Eine Entlohnung oder auch nur ein geringes Taschengeld waren nicht üblich: Sei froh, dass du das Essen hast![49] Ob Alois zu seiner leiblichen Mutter oder zu seinem Stiefvater engere oder gar konfliktfreie Beziehungen entwickelt hatte oder bei längerem Zusammenwohnen entwickeln hätte können, wissen wir nicht. Auch über die Konfliktzonen im Haus der Zieheltern wissen wir nichts. Auf jeden Fall gelang es Alois später, zu seiner Ziehfamilie Bindungen fürs Leben aufzubauen, als er eine Enkelin seines Ziehvaters oder vielleicht sogar wirklichen Vaters bzw. eine Großnichte seines Stiefvaters oder doch auch natürlichen Vaters heiratete.

Aus Schicklgruber wird Hitler

Im Jahr 1876 trat jenes Ereignis ein, das Adolf Hitler später einmal als die beste Entscheidung bezeichnet haben soll, die sein Vater Alois jemals getroffen hätte, seine Namensänderung. »Keine Maßnahme seines alten Herrn befriedigte ihn so vollkommen wie diese«, erinnerte sich Hitlers Jugendfreund Kubizek: »Schicklgruber erschien ihm so derb, zu bäurisch und außerdem zu umständlich und unpraktisch. Hiedler erschien ihm zu langweilig, zu weich. Aber Hitler hörte sich gut an und ließ sich leicht einprägen.«[50] Das klingt zwar logisch. Aber diese Passage ist von Kubizek und seinen Koautoren mit ziemlicher Sicherheit erfunden worden. Denn Adolf Hitler wusste als Jugendlicher nichts von dieser Namensänderung, die erst 1932 öffentlich bekannt gemacht und thematisiert worden war, als der Wiener Journalist János Békessy in einer Extraausgabe des *Wiener Sonn- und Montagsblatts* mit der groß aufgemachten Meldung herauskam: »Hitler heißt Schicklgruber!«[51] Hätte Hitler auch unter dem Namen Schicklgruber eine politische Karriere starten können? Wie hätte ein »Heil Schicklgruber!« wohl geklungen? Oder hätte eine Schicklgruber-Partei ähnlichen Zulauf gefunden wie eine Hitler-Partei? Und wäre Hüttler wie sein Ziehvater oder Hiedler wie sein Stiefvater nicht doch ein bisschen zu proletarisch oder zu weich gewesen? Solche Fragen sind berechtigt. In Deutschland war 1932 Reichspräsidentenwahl. »Es berühre sonderbar«, schrieb der *Bayerische Kurier* am 12. März 1932, einen Tag vor dem ersten Wahlgang, »dass der gesprächige Adolf Hitler über seine Ahnenreihe und über seinen Familiennamen sich so schweigsam erweist«.

In seinen 1954 erschienenen Lebenserinnerungen erzählt János Békessy alias Hans Habe, dass er 1932 die Beweise und Dokumente für den Namenswechsel am Pfarramt und Gemeindeamt Braunau gefunden hätte und er die dunklen Gestalten, die ihn daraufhin auf ihren Motorrädern verfolgten, nur nach einer abenteuerlichen

Autojagd über 200 km auf nächtlichen Straßen bis Amstetten abschütteln konnte – das ist jedoch richtiges Reporterlatein, weil es in Braunau zu Hitlers Abstammung nichts zu finden gibt und auch nie gab.[52] Denn der Namenswechsel spielte sich nicht in Braunau, sondern in Weitra und Döllersheim ab: Am 6. Juni 1876 war es auf dem Weitraer Notariat zu einem merkwürdigen Zusammentreffen gekommen, im Rahmen dessen der Notar Josef Penkner zu Protokoll nahm, dass Alois Schicklgruber der legitime Sohn des längst verstorbenen Johann Georg Hiedler sei. Beim Notar waren drei angesehene Männer erschienen, die auch als Zeugen fungierten: Josef Romeder, der Schwiegersohn von Johann Nepomuk Hüttler, ferner Johann Breiteneder, ein Verwandter, und Engelbert Paukh, ein Nachbar oder ebenfalls Verwandter.[53] Die drei bezeugten vor dem Notar die Vaterschaft des Johann Georg Hiedler mit ihren Unterschriften und ließen sich das auch das gar nicht so niedrige Entgelt für den Notar und die 50 Kreuzer für die Stempelmarken kosten. Dass Johann Nepomuk persönlich dabei gewesen war, der eigentlich der einzige noch lebende Hauptzeuge gewesen wäre und meist als Anstifter des Ganzen genannt wird, oder Alois Schicklgruber als eigentlich Betroffener, wird in der Urkunde nicht erwähnt. Sie waren wahrscheinlich wirklich nicht anwesend. Und derjenige, der zum Vater erklärt wurde, war ohnehin schon zwanzig Jahre lang tot.

Für einen Notariatsakt ist das Schriftstück überraschend fehlerhaft und schlampig: Es fehlt das Geburtsdatum des angeblichen Vaters Johann Georg, sein Sterbedatum ist falsch (statt 9. 2. 1857 steht 5./6. 1. 1857), sein Vorname ist mit Georg und nicht Johann Georg nur verkürzt wiedergegeben, ganz abgesehen von einer etwaigen Anwesenheitsliste und der nicht gerechtfertigten neuen Schreibweise Hitler statt Hiedler oder Hüttler. Ob die Version, die vom Notar gewählt wurde, nur ein Hör- oder Schreibfehler oder ein ausdrücklicher Wunsch der Anwesenden oder gar eine bewusste Festsetzung des neuen Namensträgers Alois Hitler war, der damit vielleicht auch eine deutliche Differenzierung zu seiner ländlichen Verwandtschaft erreichen wollte, kann nicht beantwortet werden.

Am folgenden Tag nahm der Pfarrer im 20 Kilometer entfernten Döllersheim das notarielle Protokoll zur Kenntnis und trug »Georg Hitler« als legitimen Vater in das Taufbuch seiner Pfarre ein, wobei er die drei Zeugen mit drei Kreuzerln vermerkte. Wer dem Pfarrer das notarielle Protokoll überbracht hatte, ist nicht ganz klar. Dass es die drei Zeugen waren, ist unwahrscheinlich, sonst hätten sie, die nachweislich schreiben konnten, doch nicht wie Analphabeten unterzeichnet. Viel wahrscheinlicher ist, dass nur ein Bote zu dem Pfarrherrn geschickt worden war, der aufgrund des notariellen Schriftstücks den Namen »Schicklgruber« im Taufbuch durchstrich und durch »Hitler« ersetzte.

Wer wirklich die treibende Kraft hinter dem ganzen Vorgang war, ist unklar. War es Alois Schicklgruber selbst, der auf diese nachträgliche Legitimierung drängte, oder war es Johann Nepomuk Hüttler, der seinerzeit als Ziehvater fungiert hatte und nun seinen Namen fortgeführt sehen wollte, aber in anderer Schreibweise? Oder gab es andere, die daran Interesse haben konnten? Ian Kershaw sieht wie viele andere Forscher Alois als Motor, der damit den Makel, ohne Vater dazustehen, oder die Zweifel und Unklarheiten, die ihn plagten, im reifen Alter loswerden wollte. Karrierehindernis war die uneheliche Herkunft für ihn in den 1870er Jahren als Beamter sicher keines mehr und eine soziale Deklassierung oder Diskriminierung wohl auch nicht, da sowohl im Waldviertel wie im Innviertel und auch in Wien die Quoten unehelicher Geburten nahezu 50 Prozent erreicht hatten und fast einen Normalfall darstellten. Umgekehrt konnte Alois aber auch nicht voraussehen, dass ihm zehn Jahre später durch diese Legitimierung bei seiner dritten Eheschließung mit der damit zur Großnichte gewordenen Klara Pölzl eherechtliche Probleme entstehen würden. Auf eine gesetzliche Erbberechtigung nach Johann Nepomuk oder eine steuerliche Begünstigung dabei konnte er mit diesem Vorgang jedenfalls nicht hoffen.

Wenn Johann Nepomuk die treibende Kraft war, um Alois zum legitimen Anwärter auf sein Erbe zu machen und die dafür fällige Erbschaftssteuer gering zu halten, wie etwa Anna Maria Sigmund meint, so fehlt dafür überhaupt jegliche Logik.[54] Warum hätte er dann seinen Bruder vorgeschoben, wenn Alois doch sein Sohn wäre und er ihn zum Erben haben wollte? Der nun zum rechtmäßigen Vater erklärte Johann Georg war schon zwanzig Jahre tot und hätte auch damals nichts zu vererben gehabt und erst recht nicht zwanzig Jahre später. Und auf das Vermögen nach Johann Nepomuk, der zwar sicherlich nicht arm war, weder zum Zeitpunkt der Legitimierung noch zwölf Jahre später, zum Zeitpunkt seines Todes, eröffnete diese Legitimierung keine Ansprüche. Denn als Neffe wäre Alois keineswegs bevorzugter Erbe gewesen, solange noch leibliche Kinder, in diesem Fall die drei Töchter, vorhanden waren. Die nationalsozialistische Erbhof-Erbregelung, die Adolf Hitler 1935 einführen würde und die den männlichen Onkeln und Neffen gegenüber leiblichen Töchtern einen Erbvorrang einräumte, war ja 1876 mit bestem Willen nicht vorauszuahnen. Auch das steuerrechtliche Argument ist aus der Luft gegriffen, weil die 1876 geltenden Erbschaftssteuerregelungen keine derartige Staffelung der Steuersätze nach Verwandtschaftsgraden vorsahen. Und dass Derartiges später einmal kommen würde, konnten weder Alois noch Johann Nepomuk voraussehen. Wenn Johann Nepomuk tatsächlich sein ehemaliges Ziehkind Alois am Erbe teilhaben lassen wollte, hätte er es zum eigenen Sohn und nicht zum Sohn seines Bruders erklären lassen müssen. Wenn Alois von Johann Nepomuk später Vermögen erhielt, insbesondere die angeblichen 5000 fl, die er für den Kauf eines Bauernhauses in Wörnharts verwendete, so war es eine Schenkung vor Eintreten des Erbfalls.

Von anderen Autoren wird ebenfalls Johann Nepomuk als treibende Kraft hinter der Namensänderung gesehen, aus Stolz auf seinen Verwandten und Ziehsohn, der es so weit gebracht habe: »Der Anstoß zu dieser dörflichen Intrige ist zweifellos von Johann Nepomuk Hüttler ausgegangen«, schreibt John Toland: »Denn er hatte Alois erzogen und war begreiflicherweise stolz auf ihn. Alois war gerade erneut befördert worden, er hatte geheiratet und es weiter gebracht als je ein Hüttler oder Hiedler zuvor: nichts war verständlicher, als dass Johann Nepomuk das Bedürfnis empfand, den eigenen Namen in dem seines Ziehsohnes zu erhalten.«[55] Das ist nicht auszuschließen, aber angesichts der geänderten Schreibweise des Familiennamens nicht sehr logisch. Es könnte aber für die tatsächlich Beteiligten, nämlich die drei beim Notar erschienenen Zeugen, insbesondere für Josef Romeder als Schwiegersohn Johann Nepomuks, das wirkliche Motiv für ihre Aussage gewesen sein: Man wollte damit einer vielleicht von diesem tatsächlich beabsichtigten Anerkennung der Vaterschaft zuvorkommen, indem dessen längst toter Bruder amtlich zu Alois Vater erklärt und Alois als Konkurrent bei einer Erbschaft nach Johann Nepomuk als nicht direkter Nachkomme ausgeschaltet wurde.

Mit der Eintragung in das Taufbuch war Alois Schicklgrubers Namensänderung amtlich. Noch im Juni, kaum zwei Wochen nach den Ereignissen in Weitra und Döllersheim, hatte der Braunauer Pfarrer von seinem dortigen Amtsbruder erfahren, dass Alois Schicklgruber nunmehr Alois Hitler heißt. Natürlich erforderte diese Änderung auch bürokratische Schritte bei den staatlichen Stellen. Nachweisbar ist, dass die für Döllersheim zuständige Bezirkshauptmannschaft Mistelbach, als sie von der Legitimierung erfuhr, deswegen mit der Braunauer Finanzdirektion korrespondierte und sich sowohl beim bischöflichen Sekretariat in St. Pölten als auch bei der Wiener Statthalterei über die Rechtmäßigkeit der Vorgangsweise des Döllersheimer Pfarrers informierte. Am 6. Oktober 1876 erhielt sie von der Statthalterei einen bestätigenden Bescheid, dass der k.k. Zollamtsoffizial Alois Schicklgruber nunmehr den Namen »Alois Hitler« führen dürfe. Als die Bezirkshauptmannschaft Mistelbach immer noch zweifelte und am 8. Dezember bei der Statthalterei nochmals nachfragte, ob nunmehr auch die Dokumente des Alois Schicklgruber »auf Hitler« umgeschrieben werden müssten, wurde ihr am 27. Dezember mitgeteilt: »Zurück mit dem Bemerken, dass die mit dem Berichte vom 8. Dezember 1876 ... wiederholt gestellte Anfrage schon ... (am) 30. November 1876 ... ihre Beantwortung gefunden hat.« [56]

Über den gesellschaftlichen Diskurs im kleinbürgerlichen Braunau, der durch so einen Schritt ausgelöst worden sein muss, bei seinen Arbeitskollegen, am Stammtisch, im Tratsch auf dem Kirchenplatz, in der Nachbarschaft und in den Vereinen, wissen wir nichts. Im Innviertel waren der Umgang mit unehelichen Kindern und die damit verbundenen Namensänderungen ohnehin alltäglich.

Dienst unter dem Doppeladler: Mit der neuen Brücke über den Inn gewann das »Nebenzollamt erster Klasse« in Braunau weiter an Bedeutung. Hier begann Alois Hitler 1871 seine Arbeit als Zollbeamter.

Das Dasein, als Zöllner zu leben

Für Ziehkinder gab es selten einen dauerhaften Platz im Haus der Zieheltern. Für Alois blieb nach dem Ende der Schulpflicht daher nur die Wahl, zu anderen Bauern in Dienst zu gehen oder sich eine Existenz außerhalb der Landwirtschaft zu suchen: im Handwerk, als Taglöhner, Fabrikarbeiter, Soldat oder Auswanderer. Mit dreizehn Jahren, im Jahr 1850, begann er daher bei dem Spitaler Schuhmachermeister Anton Ledermüller aus der Weitraer Schusterzunft eine Lehre. Eine wirklich qualifizierte Ausbildung war das wahrscheinlich nicht. Sie war ja mit zwei Jahren auch nur sehr kurz. Sehr anspruchsvoll waren weder das Schuhwerk, das damals im Waldviertel getragen wurde, noch die Ausbildung, die für dessen Erzeugung erforderlich war: Holzschuhe, Holzbundschuhe und die üblichen Ausbesserungsarbeiten – eine Flickschusterei eben. Nach einem Probejahr erfolgte am 19. März 1851 die Aufdingung, also die fixe Aufnahme als Lehrling. Der entsprechende Eintrag im Zunftbuch lautet: »Lässt Anton Ledermüller von Spital den Alois Schicklgruber von Döllersheim aufdingen und zahlt 1 fl 20 kr. nach 1 Probejahr.« Am 28. März 1852 war bereits die Freisprechung zum Gesellen erreicht: »Lässt Anton Ledermüller von Spital seinen Lehrjungen Alois Schicklgruber von Döllersheim freisprechen und zahlt 1 fl 30 kr.«[57]

Als Geselle ging man auf Wanderschaft. Am besten nach Wien. »Als Dreizehnjähriger schnürte der damalige kleine Junge sein Ränzlein und lief aus der Heimat, dem Waldviertel, fort«, schrieb Adolf Hitler in *Mein Kampf*. Das ist nicht ganz richtig. Richtig ist, dass Alois als Dreizehnjähriger eine Lehre in Spital begann und als Fünfzehnjähriger nach Wien wegzog. Nach Adolf Hitlers Darstellung sei es »ein bitterer Entschluss« gewesen, »sich mit drei Gulden Wegzehrung so auf die Straße zu machen, ins

Ungewisse hinein«. Man kann aber davon ausgehen, dass sich Alois auf vorhandene Netzwerke stützen konnte. Man könnte an Johann Prinz denken, einen sechs Jahre älteren Verwandten, den er von Spital her kannte und der ebenfalls nach Wien gegangen war, dort später als Badewärter im Dianabad arbeitete und Jahrzehnte später zum Taufpaten für seine Kinder und auch für Adolf Hitler wurde.[58]

Als Schuster, wenn auch mit sehr kurzer Lehrzeit, fand Alois in Wien zwar sicherlich Arbeit, ob in der Kundenschuhmacherei, als Sitzgeselle oder in der Verlags- und Marktschusterei. Dass er tatsächlich in Wien noch einmal eine Lehrzeit anhängte und erst mit siebzehn Jahren, wie in *Mein Kampf* behauptet, die Gesellenprüfung ablegte, ist angesichts der Weitraer Zeugnisse unsinnig. Aber ein Schusterleben war auch als ausgelernter Geselle in der Stadt kein Honiglecken. Den meisten Schustern ging es schlecht. Das mag bei Alois zu dem Entschluss geführt haben, 1855 statt in den Militärdienst, der in den unruhigen 1850er Jahren vielleicht in den blutigen Schlachten in Oberitalien geendet hätte, in die k.k. Finanzwache einzutreten, wo er fürs Erste im Zollgrenzbezirk Saalfelden, Land Salzburg, zur Dienstleistung eingeteilt wurde.

Zöllner und Schmuggler im Pinzgau

Recht merkwürdig ist, was Adolf Hitler in einem seiner Monologe im Führerhauptquartier im Jahr 1941 daherredete: »Im alten Österreich gab es zwei Berufsgruppen, für die man mit Vorliebe Vorbestrafte wählte: die Zöllner und die Förster. Zu den Zöllnern nahm man Schmuggler, meist solche, die vor der Wahl standen, Zuchthaus zu bekommen oder in den Staatsdienst zu gehen; zu Förstern machte man Wilderer. Beide, Schmuggler und Wilderer, treibt die Leidenschaft, es liegt ihnen im Blut. Wenn einer so einen romantischen Komplex hat, dann muss man ihm Gelegenheit geben, ihn abzureagieren ...«[59]

Eine Respektsperson mit Wohlstandsbäuchlein und blinkenden Knöpfen: k.k. Zollamtsoberoffizial Alois Hitler in seiner Ausgehuniform. In seiner Bartmode folgte er dem Kaiser.

Ob diese Geschichte überhaupt Sinn ergab oder auf einem Missverständnis beruht, ob ihm solches sein Vater erzählt hatte oder ob gar der Vater damit gemeint war? Auf jeden Fall war Alois Hitler ein zäher Bursche, der für den harten Zolldienst passte. Ein Grundsatz im alten Österreich war, dass Zollaufseher oder »Finanzer« nicht in ihrer Heimat zum Einsatz kamen und oft versetzt wurden, um verwandtschaftliche Netzwerke und regionale Seilschaften möglichst schon im Ansatz zu unterbinden. Alois Hitlers erste Station war Salzburg, das erst seit 1816 dauernd zu Österreich gehörte und wo die Unzufriedenheit mit dem neuen Staat immer noch groß war und viele der früheren fürstbischöflichen Unabhängigkeit und den Beziehungen nach Bayern und ins »Reich« nachtrauerten. Entsprechend hoch war unter der Bevölkerung die Bereitschaft zu Widersetzlichkeiten. Viele alte Bindungen über die neuen Grenzen hinweg waren noch intakt. Das sogenannte »kleine deutsche Eck«, wo der Warenverkehr zwischen Salzburg und Tirol zwangsläufig über bayerisches bzw. deutsches Gebiet führte, war ein Eldorado für Schmuggler. Hoch oben, wo die Pfade unwegsam und die Verhältnisse unüberblickbar wurden, kannten sich die Holzknechte, Senner und Wildschützen viel besser aus als die Zöllner.

Alle haben sich beteiligt, auch die Zollbeamten. Arm waren sie ja alle und alle brauchten sie Geld. Notwendig waren Zähigkeit und Mut. Geschmuggelt wurde alles, was es hüben oder drüben nicht gab oder was billiger zu haben war: Pfeifentabak und Zigarren, Zucker und Kaffee, Speck und Butter, Alkohol und Salz, Textilien und Eisenwaren, lebende Hühner und Gänse, aber auch ausgewachsene Rinder und Pferde. Gesucht wurde natürlich auch nach staatsgefährdenden oder pornografischen Schriften und nach gefährlichen Revolutionären und flüchtigen Kleinkriminellen. Gearbeitet wurde mit allen erdenklichen Tricks, um über die Grenze zu kommen, am besten in mondlosen Nächten, bei Nebel und Regen, einzeln oder in ganzen Banden, auf damals wie heute gefährlichen Steigen und Schleichwegen. Vor allem das Salz war der Stein des Anstoßes: »Bayern, welches einen sehr großen Theil des Salzes, das wir an den Grenzen zu speisen bekommen, durch den Schmuggel zu uns herüberschafft, verkauft sein Salz zu 4 und 5 fl per Zentner, bei uns beträgt der Preis des Salzes 8, 10, auch 11 fl.«, klagte der Abgeordnete Ignaz Mayer 1868 im Wiener Reichsrat.[60]

Die Schmuggler waren zu allen Zeiten erfinderisch: Junge Ferkel wurden mit Schnaps betäubt und in Heuwagen versteckt, Rindern und Pferden zur Schalldämmung die Hufe mit Stofffetzen eingebunden. Man arbeitete mit schlauen Tricks und mit roher Gewalt. Einmal soll Alois einen großen Diamanten, eingewickelt in eine Zigarre, beschlagnahmt haben, erzählte Adolf seinem Wiener Kumpanen Reinhard Hanisch.[61] Meist aber ging es um Zuckerhüte, Salzküfel, Solinger Messer oder den neuen chemischen Süßstoff Saccharin.[62] Beschreibungen von Situationen, in denen man den Verfolgern von der Zollwache nur knapp und mit kühnen Taten entkam, sind zentrale Bestandteile klassischer Schmugglergeschichten, auch wie man den »Wiener« Zöllnern auf geschickte Weise ein Schnippchen schlagen oder sie »lächerlich« machen konnte. Neben »Schläue« wurde den Schmugglern immer auch körperliche Kraft attestiert. Die mussten auch die Zöllner haben. Zahlreiche Erzählungen beschreiben die großen Anstrengungen, die ihnen bei diesem Katz-und-Maus-Spiel mit den Schmugglern abverlangt wurden.[63] »Der Körper der Zöllner muss gegen Schweiß und Witterung geschützt werden. Um ihn abzuhärten, ist das Waschen im kalten Brunnenwasser allmorgendlich sehr zu empfehlen«, hieß es in den Handbüchern. Auch der mäßige Genuss von Branntwein sei der Abhärtung zuträglich: »Durch die imponierende Uniform, durch seine Haltung, seinen Gang, seinen freien und durchdringenden Blick sowie durch sein determiniertes Auftreten kann der Zöllner den Leuten Furcht vor ungesetzlichen Handlungen einflößen und in entscheidenden Augenblicken einem Widerstand vorbeugen«, empfahlen die Dienstvorschriften. Dieses Respekt gebietende Gehabe musste auch außerhalb der Dienstzeit zur Schau gestellt werden.[64]

Die »Schwärzer«, so benannt nach der schwarzen Farbe, die sie sich ins Gesicht schmierten, um sich unkenntlich zu machen, suchten die Dunkelheit der Wälder und fanden in abgelegenen Häusern und Almhütten Unterschlupf. Solch verwegene Burschen trafen auf ebenso raue Grenzwächter. Man brauchte Männer, die Strapazen gewohnt waren. Denn Verfolgungsjagden zwischen den organisierten Schmugglerbanden und den kontrollierenden Grenzorganen konnten zu regelrechten Feuergefechten ausarten. Immer wieder gab es Tote. Schmuggler und Zöllner, Wildschützen und Jäger, Räuber und Gendarmen waren die Helden der ländlichen Widerstands- und Rebellengeschichten. Manche Schmuggler hatten es zu regionaler Berühmtheit gebracht. Aber auch die Zöllner hatten ihre Helden und Erfolge. Alois zeigte noch viel später voll Stolz manche Trophäen, die er erjagt hatte. Die Moritaten der Bänkelsänger erzählen von wilden Verfolgungsjagden, hochnotpeinlichen Razzien, tödlichen Schüssen und hinterhältigen Messerstichen:

Doch plötzlich kracht Musketen Knall
Dem Schmugglervolk entgegen.
»Ergebet Euch!« so ruft es her –
doch nein – man greift zur Gegenwehr …«[65]

Die romantische Rede von den Sozialrebellen ist aber nur die eine Seite der Medaille. Denn das Alltagsgeschäft an der Grenze bestand in penibler und bürokratischer Kontrolle. Kontrolliert wurden nicht nur die Kaufleute, die wenigen Touristen und der tägliche kleine Grenzverkehr, sondern vor allem viel fahrendes Volk: »Zigeuner«, Wanderhändler und Hausierer, unter denen sich auch Juden befanden oder zumindest vermutet wurden. Man fahndete nach Kriminellen und Revolutionären, nach Betrügern und Staatsfeinden und nach aufrührerischen, kirchenkritischen Büchern und Pornografie. Das erklärt auch, warum sich im Zoll eine spezifische Subkultur herausbildete, in der die Abneigung gegen Randgruppen, Minderheiten und Juden besonders groß wurde. Antisemitismus hatte im Zoll eine besondere Tradition. Das war auf der Führungsebene beim Leiter der Wiener Zollbehörde Franz Holzer, der sich von ganz unten hinaufgedient hatte, nicht anders als bei den untergeordneten Chargen. Man muss daher auch bei Alois Hitler, obwohl das nie ausgesprochen wurde, mit einer entsprechenden antisemitischen und minderheitenfeindlichen Grundhaltung rechnen.

Alois kam von ganz unten, wie seine Gegner, die Schmuggler. Wohin sollte er seine Sympathien wenden? Im Staatsdienst fragte man nicht viel. Er hatte Disziplin gelernt, ohne viel zu hinterfragen: Alois selbst umschrieb die Diensterfordernisse in einem Brief als unbedingten Gehorsam, als Willen, viel zu lernen, und schließlich als Bereitschaft, bei jedem Wetter Dienst zu tun, bei Tag und bei Nacht. Trinker, Spieler, Schuldner und andere Nichtstuer hätten hier nichts zu suchen. An eine Verwandte schrieb er 1876 bei einer Erbschaftsangelegenheit: Onkel Franz habe zu viel getrunken und viel zu viel Zeit in den Gasthäusern verbracht. »Wie ein Mann lebt, so stirbt er.« Er habe daher auch nichts hinterlassen, war Alois Resümee.[66]

Alois stieg rasch auf und machte viele Erfahrungen, immer an der bewegten Grenze zwischen Österreich und Bayern, im Salzburger Pinzgau und im oberösterreichischen Innviertel. Die fünfziger und sechziger Jahre waren politisch bewegte Zeiten: Neoabsolutismus, Krimkrieg, Kämpfe in Italien, Konflikte um die deutsche Einigung und um die Vorherrschaft im Deutschen Bund, Krieg Preußens und Österreichs gegen Dänemark, Krieg Österreichs gegen Preußen und Italien, zuletzt Krieg Preußens gegen Frankreich. Das militarisierte die Gesellschaft. Auch die Bedeutung der Zollwache hatte zugenommen, weil die Überwachung immer mehr an die Außengrenzen verlegt und die Schutzzollbewegung immer stärker wurde.

Für Alois Hitler war 1864 ein wichtiges Jahr. Obwohl nur mit Volksschulabschluss und ohne höhere Bildung, hatte er im

Zolldienst rasch Karriere gemacht: Nach dem Eintritt in die k.k. Finanzwache im Jahr 1855 war er 1860 bereits Finanzwache-Oberaufseher in Wels.[67] In einem Brief aus 1862 nennt er als seine Adresse den Salzburger Zollgrenzbezirk Saalfelden. 1864 hatte er mit der Ernennung zum »provisorischen Amtsassistenen« der 11. Dienstklasse und mit der Übernahme in den Beamtenstatus sein wichtigstes Ziel erreicht: eine pragmatisierte Position als Staatsbeamter im Zolldienst, den er im Nebenzollamt Mariahilf in der Gemeinde Schardenberg im »Finanz-Inspektoratsbezirk Wels« antrat.[68] Elf Tage nach dieser Beförderung heiratete er zum ersten Mal, und zwar ein Mädchen aus seinem Vorgesetzten- oder Kollegenkreis: Anna Glassl-Hörer, angeblich die Adoptivtochter des Zolleinnehmers Josef oder Johann Hörer in Radstadt und laut Taufschein Tochter des Steuerbeamten Josef Glassl in Theresienfeld bei Wiener Neustadt. Ein Matrikeneintrag für diese Hochzeit konnte bis heute nicht gefunden werden, weil man den Ort der Heirat nicht kennt. Aber man darf dem deklarierten Antifaschisten und ersten seriösen Hitler-Biografen Konrad Heiden, der dieses Datum nach Einschau in die damals noch vorhandenen Personalakten erfahren haben will und in seinem 1936 erschienenen Buch *Hitler. Das Zeitalter der Verantwortungslosigkeit* publizierte, sicher mehr trauen als den notorisch unverlässlichen Braunauer Zeitzeugen, die im Jahr 1938 diese Eheschließung auf 1873 datierten.[69] Heiden erwähnte auch den inzwischen nicht mehr vorhandenen Scheidungsakt aus 1880, dem zufolge diese Ehe nach sechzehnjähriger Dauer am 7. November 1880 durch das Bezirksgericht Braunau geschieden bzw. von Tisch und Bett getrennt worden sei. Die Adoptiveltern der Braut seien wohlhabend gewesen. Sie hätten Alois den Luxus von Büchern und Reisen und ein gewisses gesellschaftliches Auftreten ermöglicht.

Dass alle späteren Hitler-Biografen nicht 1864, sondern 1873 als Jahr dieser ersten Eheschließung angaben, geht auf die Braunauer Schuldirektorin Maria Pernstein zurück, die von 1913 bis 1933 in Braunau tätig war und 1955 in Salzburg 80-jährig verstarb. Sie hatte

1938 vom Hörensagen Aufzeichnungen zu Alois Hitlers Braunauer Zeit zusammengetragen, von denen schon Jetzinger feststellte, dass sie von Fehlern nur so wimmeln würden, was ihn aber nicht hinderte, sie dennoch zu übernehmen. So auch das Datum der Hochzeit mit Anna Glassl: »Die Eheschließung soll nach Angabe der Lehrerin Pernstein am 31. Oktober 1873 stattgefunden haben«, allerdings mit der schon von Jetzinger hinzugefügten Anmerkung, dass »Frau Pernstein eben jeden Tratsch kritiklos niedergeschrieben« habe.[70] Dass Jetzinger, obwohl er Konrad Heidens Buch gekannt hat, die von ihm gelieferten Personaldaten negierte, muss daran liegen, dass er offensichtlich die Erstauflage benutzte, in der das Heiratsjahr noch nicht enthalten war, während Heiden noch im Jahr 1936 in den später gedruckten Exemplaren seine Darstellung um neu gefundene Informationen ergänzt hatte. Alle späteren Autoren sind aber Jetzinger gefolgt und haben Heidens Buch offenbar nie oder nur in der Erstausgabe nachgelesen.

Dass sich in den Braunauer Matriken aus dem Jahr 1873 oder auch aus früheren oder späteren Jahren keinerlei Hinweise auf diese Eheschließung finden, darf nicht überraschen. Sie war eben früher und an einem anderen Ort erfolgt. Fakt ist: Anna Glassl oder später Glassl-Hörer war am 26. März 1823 als Tochter des k.k. Tabak- und Stempelgefällsaufsehers, also Steuerbeamten Joseph Glassl und der Elisabeth Pfindt, Tochter des Johann Pfindt, Leichenträger in Wien, in Theresienfeld bei Wiener Neustadt geboren worden. Väterlicherseits bestand eine lange Zollamtstradition. Schon der Großvater war königlich-ungarischer Dreißigst-Aufseher und Zolleinnehmer an der bis 1848 bestehenden österreichisch-ungarischen Steuergrenze gewesen.[71] Getauft wurde sie am 27. März 1823 in Theresienfeld. Die Taufpatin war Anna Bekerer, die Gattin eines Wiener Neustädter Seidenfärbers. Sonderlich begütert war die Familie also wohl nicht. Doch was bedeutet der von Konrad Heiden erwähnte Doppelname Glassl-Hörer? War sie adoptiert worden oder eine wohlhabende Witwe? Und wer war Josef oder Johann Hörer? War er der k.k. Steueramts-Cassa-Adjunkt Josef

Hörer, der in den Wiener Adressbüchern bis 1864 als Hausbesitzer in Oberdöbling Nr. 272 aufscheint? Oder war er irgendein nicht näher bezeichneter Beamter irgendwo im Land Salzburg, in Radstadt vielleicht, wie Heiden schreibt? Wo Alois Hitler Anna Glassl kennengelernt hatte, ist nicht bekannt, und auch nicht, wo die Hochzeit stattfand. Jedenfalls war die Braut vierzehn Jahre älter als Alois. Ob die Heirat eine Liebes- oder Geldheirat war, lässt sich ebenfalls nicht klären. Die große Altersdifferenz ist allerdings auffällig. Man könnte sagen: Alois Hitler hatte schon in seiner Kindheit immer mit sehr alten Frauen zu tun gehabt. Seine Mutter war bei der Geburt fast 41 Jahre alt und auch im Haus des Ziehvaters Johann Nepomuk gab es eine alte »Mutter«, weil auch dessen Frau dreizehn Jahre älter war als ihr Mann.

Das Jahr der Heirat ist nicht ganz belanglos, ob 1864 oder 1873. Im Jahr 1873 war Alois Hitler bereits 36 Jahre alt und Anna Glassl 50. Natürlich: Der Altersunterschied war auch 1864 nicht kleiner als 1873, war aber noch nicht so in die Augen fallend wie in den 1870er Jahren, als Anna den Quellen zufolge schon eine kränkelnde, alte Frau geworden war. Hatte Alois 1864, als er die 41-jährige Anna Glassl heiratete, noch auf Kinder hoffen können, zumal seine Mutter ihn ebenfalls in diesem Alter entbunden hatte, so war in den 1870er Jahren, als Anna den Fünfziger überschritten hatte, diese Möglichkeit mit Sicherheit vorbei. Indem sein Heiratsdatum allerdings um neun Jahre umdatiert wurde, erscheint der bald darauf konstatierte Ehebruch eklatanter und die Scheidung im Jahr 1880 von einer bereits schwerkranken Frau umso skandalöser.

Mangels Personalakt bleibt vieles im Dunkeln. Wie lange Alois im Land Salzburg eingesetzt war und wann er nach Oberösterreich versetzt wurde, ist ebenfalls nicht ganz klar: ob das bereits 1864 mit der Übernahme in den Beamtenstand erfolgte, ob in einem der nächsten Jahre oder erst im Jahr 1870, in welchem er in Mariahilf bei Passau erwähnt ist. Feststeht, dass er 1871 von Mariahilf nach Braunau versetzt wurde.

Mythos Braunau

»In Braunau, diesem von den Strahlen deutschen Märtyrertums vergoldeten Innstädtchen, bayerisch dem Blute, österreichisch dem Staate nach, wohnten am Ende der achtziger Jahre des vergangenen Jahrhunderts meine Eltern; der Vater als pflichtgetreuer Staatsbeamter, die Mutter im Haushalt aufgehend und vor allem uns Kindern in ewig gleicher liebevoller Sorge zugetan …«, schreibt Adolf Hitler in den ersten Sätzen von *Mein Kampf*.[72] Er, der nur die ersten drei Jahre seines Lebens in Braunau verbracht hatte, konnte daran kaum eine Erinnerung haben. Und auch für seinen Vater waren die einundzwanzig Braunauer Jahre sicherlich nicht nur reine Freude: Als Auswärtiger, als Zollbeamter und als Vertreter des österreichischen Staates war er in der Grenzstadt nicht unbedingt willkommen. Einfach war es für Fremde im Innviertel selten: Der Innviertler sei stolz, hochfahrend und verschlossen, trinkfreudig und rauflustig sowie revolutionär gegen alle höheren Verordnungen, mögen sie nun aus Linz oder aus Wien kommen, meinte der bekannte Volkskundler Eduard Kriechbaum, der aus dem Mühlviertel stammte und von 1913 bis 1939 Ranshofener und Braunauer Stadtarzt war und die Innviertler Mentalität wie kein anderer kannte.[73]

Im Innviertel ging es rau zu. Dass Alois seinem Sohn die im Kreisgericht Ried zur Schau gestellten Raufwerkzeuge der Innviertler Bauernburschen gezeigt habe, wie Adolfs späterer Wiener Freund und Kumpan Reinhold Hanisch später berichtete, ist zwar erfunden. Denn wann wäre Alois mit Adolf zu Besuch in Ried gewesen? Aber dass Alois ihm davon erzählt hat, ist sicher, weil die besagten Utensilien noch heute im Kreisgericht vorhanden sind.[74] Dass Alois bei solchen Kraftakten schlichtend eingreifen musste oder sich sogar selbst daran beteiligte, kann man sich gut vorstellen.

In der Stadt, die erst seit 1816 dauernd zu Österreich gehörte und wo das Österreichbewusstsein immer noch recht schwach ausgebildet war, schlugen Alois wohl manche Vorurteile entgegen. Der

Nachrede, die er in Braunau hatte, positiv wie negativ, darf man daher nicht allzu viel Bedeutung beimessen. Zöllner waren zwar Vertreter des fernen Kaisers in Wien. Aber gerade im Innviertel war die Anhänglichkeit an die Haupt- und Residenzstadt und an das Kaiserhaus nicht besonders groß. Hier waren immer noch die alten bayerischen Bindungen präsent, und München lag nicht nur geografisch viel näher als Wien und nicht weiter entfernt als Linz, sondern man orientierte sich auch kulturell und politisch häufig immer noch lieber an der alten als an der neuen Heimat.

Dass Alois Hitler 1871 zum neu zu errichtenden Nebenzollamte erster Klasse in Braunau mit der gleichzeitigen Ernennung zum Kontrollor und der Vorrückung in die Gehaltsklasse 10 versetzt worden war, hing mit der stark gestiegenen Bedeutung zusammen, die Braunau gerade in den Jahren 1870/71 gewonnen hatte.[75] Die Stadt, die durch den Übergang des Innviertels von Bayern an Österreich zur Grenzstadt und durch den Niedergang der Innschifffahrt in eine schwere wirtschaftliche Krise geraten war, war 1870/71 mit der Eröffnung der Innkreis-Eisenbahn zwischen Neumarkt-Kallham und München und der neuen Innbrücke in Braunau, welche die kürzeste Verbindung zwischen Wien und München herstellte, als Grenzort deutlich aufgewertet worden. Zwischen 1883 und 1897 nahm sogar der Orient-Express zwischen Paris und Istanbul die Route über Braunau statt über Salzburg. Dazu kam, dass zwischen 1870 und 1880 von der DDSG auch eine Dampfbootlinie von Passau nach Braunau betrieben wurde und Braunau 1870/71 auch eine Telegrafenstation erhalten hatte. Damit war die bislang recht abgelegene Stadt mit einem Mal als Grenzbahnhof und Zollamt sehr wichtig geworden.

1871 war ein politisch besonderes Jahr. Nun lag auf der anderen Seite des Inns nicht mehr nur Bayern, sondern das neu gegründete, voll Siegeskraft strotzende Deutsche Reich. Österreich als frühere Führungsmacht in Mitteleuropa war in die zweite Reihe getreten. Der preußische König war nun auch ein Kaiser. Der deutsche Nationalstaat, der bisher nur erträumt war, war Realität geworden und versprach wirtschaftliche Dynamik, moderne Wissenschaft, militärische Stärke und einen Platz an der Sonne. Deutschland war der neue Hoffnungsträger und die Habsburgermonarchie nur mehr der kranke Mann an der Donau. Der Ruhm der nationalen Einigung fiel einzig auf das Deutsche Reich. Österreich stand abseits. Die Deutschen der Habsburgermonarchie waren orientierungslos geworden: Zerrissen zwischen habsburgisch-großdeutscher und preußisch-kleindeutscher Lösung, zwischen pangermanischen Träumen der nationalen Einigung aller Deutschen und dem immer umstrittener werdenden kulturellen Führungsanspruch des Deutschtums im multinationalen Staat der Habsburgermonarchie.

Nach der deutschen Reichsgründung 1871 und der damit vollzogenen »kleindeutschen Lösung«, d. h. der Einigung Deutschlands unter Ausschluss Österreichs, blieben viele Österreicher weiterhin »großdeutschen« Ideen verbunden. Die Alldeutschen und Deutschnationalen erstrebten eine enge politische Anbindung an das Deutsche Reich oder sogar die vollständige Auflösung der Habsburgermonarchie und den Anschluss aller von Deutschen besiedelten Teile an den neuen Nationalstaat. Ein führender Vertreter dieser politischen Richtung war Georg Ritter von Schönerer. Im Linzer Programm von 1882 stellten die Deutschnationalen die Parole »nicht liberal, nicht klerikal, sondern national« auf und wandten sich damit nicht nur gegen den multinationalen Habsburgerstaat, sondern auch gegen den politischen und gesellschaftlichen Einfluss der katholischen Kirche, die seit alters her eine wesentliche Stütze der Habsburger gewesen war, und auch gegen die Juden als vermeintliche Feinde einer nationalen Gesellschaft. Dann gab es jene, die zwar keine Auflösung der Habsburgermonarchie, wohl aber die Bewahrung oder Durchsetzung der deutschen Vorherrschaft im Staat als Ziel hatten, und die voll Verachtung auf alle übrigen Nationalitäten des Kaiserreiches blickten. Jene hingegen, die auf einen Ausgleich der Nationalitäten und auf ein friedliches Zusammenleben hofften, waren wahrscheinlich sogar die Mehrheit, aber sicher nicht die lautesten.

Das Kaiserreich Österreich war seit den 1850er Jahren im industriellen und selbst im agrarischen Bereich immer weiter hinter die Staaten des Deutschen Zollvereins zurückgefallen. Während Preußen die Zollvereinsmitglieder auf einen Freihandelskurs einschwor, blieb Österreich tendenziell schutzzöllnerisch. Die Verkehrsanbindungen Sachsens und Bayerns an Österreich und Böhmen blieben trotz des fortschreitenden Eisenbahnbaus gering. Es entstand ein deutliches Gefälle zwischen der Habsburgermonarchie und dem Kommunikationsraum, den das übrige Deutschland zu bilden begann. Der Vielvölkerstaat Österreich, der sich mehr und mehr mit den slawischen, magyarischen und italienischen Nationalbewegungen auseinandersetzen musste, hatte es versäumt, die deutschen Mittelstaaten in eine Politik einzubeziehen, die den Deutschen Bund als mitteleuropäische Staatengemeinschaft gesichert hätte. Österreich entschied sich zwar nach der Niederlage von 1866 nicht für eine Revanchepolitik, sondern für eine Allianz mit dem Deutschen Reich. Aber es wurde zunehmend klarer, dass die Habsburgermonarchie in dieser Allianz der schwächere Partner war und diese Allianz den Vielvölkerstaat auf eine zunehmend schwerere Probe stellen würde.

Auch Braunau war im Umbruch. Es gab auch hier das Gefühl des Fortschritts, aber gleichzeitig auch schwerwiegende Rückschläge. 1871 boomte die Wirtschaft nicht nur in Wien, sondern auch am Inn: in Wien der überhitzte Ringstraßenbau, in Braunau die Auswirkungen des Eisenbahnbaus und des Anschlusses an das moderne Kommunikationsnetz. Dass der riesige Grenzbahnhof auf der bayerischen Seite in Simbach errichtet worden war, schmerzte. Doch rasch erschienen Krisenzeichen. In Wien erschütterte der große Börsenkrach von 1873 die Wachstumseuphorie. In Braunau veränderten schwere Brände das Stadtbild. Schon 1871 waren 16 Häuser am Lerchenfeld abgebrannt. 1874 folgte ein wirklich verheerendes Feuer, dem insgesamt 122 Objekte im Innenstadtbereich zum Opfer fielen; ein Drittel aller Häuser waren zerstört, darunter auch das Rathaus mit dem Stadtarchiv. Mehr als 20 Feuerwehren

Adolf lebte hier nur einige Monate: das Hitler-Geburtshaus in Braunau am Inn, Vorstadt 219, damals der »Gasthof zum Braunen Hirschen« (links).

Der Dienstort des Vaters: die kaiserliche Zollstation erster Klasser am Bahnhof Simbach. Auf- und Grundriss des Hauptgebäudes (Mitte).

Loyal zu Kaiser und Monarchie und doch gleichzeitig deutschnational und pangermanisch denkend: die Linzer Zoll- und Verzehrungssteuerbeamten, um 1914 (unten).

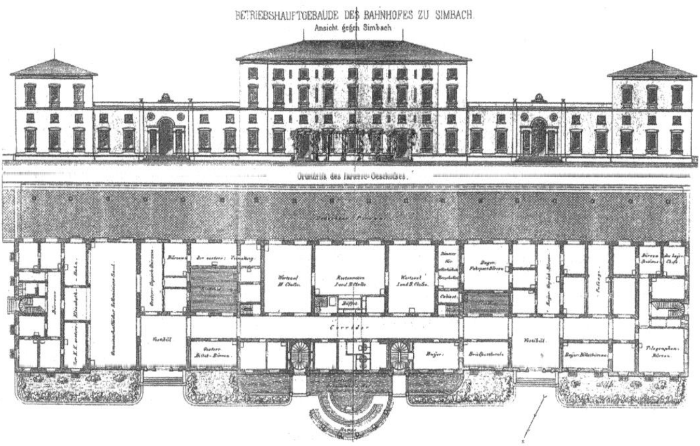

aus Oberösterreich, Salzburg und Bayern waren im Einsatz und kämpften zehn Tage lang gegen die Flammen. Der Jammer war grenzenlos; glücklicherweise war kein Menschenleben zu beklagen. Doch die Brandkatastrophe konnte das rasche Stadtwachstum von 2.676 auf 3.625 Einwohnern zwischen 1870 und 1890 nicht hemmen. Wohnungen waren knapp, häufige Wohnungswechsel die Regel.

Für Alois war in Braunau der beschwerliche und gefährliche Außendienst vorbei. Die erhaltenen Fotos bestätigen eine stattliche äußere Erscheinung, mit einem im 19. Jahrhundert durchaus noch geschätzten Wohlstandsbäuchlein, mit blinkenden Knöpfen, goldfarbener Bauchbinde, Säbel und Zweispitz. Seine Bartmode folgte der des Kaisers. Seine Karriere war ja wirklich beachtlich: Nur mit einfachster Pflichtschulbildung hatte er den Sprung vom reinen Wachdienst zum Beamtenstatus geschafft, zuerst als Amtsassistent, dann Kontrolleur, schließlich Zollamtsoffizial, zuletzt Oberoffizial. Alois war in der Mittelschicht angekommen. 1876 schrieb er voll Stolz an eine Verwandte in Niederösterreich: »Seit Du mich vor 16 Jahren zum letzten Mal gesehen hast, als ich ein Finanzwach-Oberaufseher war, bin ich sehr weit aufgestiegen und habe bereits zwölf Jahre als Beamter im Zollwesen gedient.« An das Ende dieses um Eindruck heischenden Briefs setzte er seine Adresse: »Beamter in der kaiserlichen Zollstation erster Klasse am Bahnhof Simbach, Bayern, Adresse Braunau, Linzerstraße.«[76]

Zöllner sind staatstreu. Sie standen an der Außenfront des Staates, bewachten die Grenzen, kontrollierten die Verzehrungssteuerlinien und verschafften dem Staat den Großteil seiner Einnahmen, was nicht heißt, dass sie nicht manchmal auch in die eigene Tasche wirtschafteten. So war auch Alois gleichzeitig unbedingt loyal zum Kaiser und zum Habsburgerstaat und konnte doch gleichzeitig deutschnational und pangermanisch denken. Sein Brot kam vom österreichischen Staat. Ein Anschluss an Deutschland hätte ihm quasi die Existenz entzogen. »Pangermane, dabei merkwürdigerweise doch kaisertreu«, nannte ihn später einmal der Leondinger Bürgermeister Josef Mayrhofer.[77]

Alois Hitler war ein österreichischer Beamter. Aber was war das Österreichische an ihm? Auf jeden Fall unterschied er sich in der Lebensführung, im Familienleben, sicherlich auch in den Essgewohnheiten und in der Freizeitgestaltung vom Wiener Beamtentyp. Viele Freunde scheint er unter den eingesessenen Braunauer Bürgern nicht gehabt zu haben. Alle, die man kennt, kamen aus seinem engeren Berufsumfeld. Zöllner waren nirgendwo wirklich beliebt. Aber in Braunau, wo viele immer noch bayerisch dachten und wo immer noch viele Verwandtschafts- und Wirtschaftsbeziehungen über den Inn hinweg bestanden, waren sie besonders wenig geliebt. Sie überwachten den Verkehr mit den Gegenständen des Alltags, die man über die Brücke zwischen Simbach und Braunau bringen konnte und durch den Zoll kontrollieren lassen musste oder an ihm vorbeischmuggeln wollte: Zucker, Salz, Tabak, aber auch Fleisch, Mehl, optische Geräte, Chemikalien und andere hoch besteuerte Alltagsdinge. Auseinandersetzungen zwischen Schmugglern und Staatsorganen waren an der Tagesordnung.

Alois war kein Innviertler, sondern kam aus dem Waldviertel. Das förderte manche Vorurteile. Zudem mag er aufbrausend und rechthaberisch gewesen sein – seine Briefe lassen das vermuten, aber auch Kollegen bestätigten das. Das Zeugnis eines Arbeitskollegen, des Zollobersekretärs Hebenstreit aus dem Jahr 1940, der 1881/82 in Simbach mit Hitler zusammengearbeitet hatte, ist nicht gerade freundlich: »Alois Hitler war uns allen unsympathisch. Er war sehr streng, genau, ja sogar Pedant im Dienst und ein sehr unzugänglicher Mensch. Außer Dienst verkehrten wir nicht mit ihm.«[78] Sein auch für heutige Begriffe bewegtes Sexualleben hingegen dürfte im damaligen Innviertel nicht besonders aufgefallen sein oder gar Anstoß erregt haben. Was Alois, der als zugeknöpft und mürrisch beschrieben wurde, sich aber auch betont höflich, ja geradezu leutselig, gefällig und freundlich geben konnte, auf jeden Fall hatte, waren ein großer Bildungshunger und eine erstaunliche Gewandtheit in Wort und Schrift. Er fiel bereits in Braunau unter seinen Kollegen als extrem belesen auf, was auf die Mittel seiner Schwiegereltern und auf seine Wiener Verwandten zurückgeführt wurde.[79] Auch Verwandte und Bekannte in der Weltstadt zu haben war prestigereich, auch wenn diese dort bloß Hauswarte oder Dienstleute waren.

Privat weiß man aus dieser Zeit nicht viel. Man berichtete von Militärmusik und Kegelbahn, Schlittenpartien und Gasselrennen – den typischen Form der Innviertler Vergnügungen. Der Freundeskreis scheint sich auf die Mitarbeiter beim Zoll und auf sonstige Beamte beschränkt zu haben. Zumindest im Dienst merkte man von nationalen Vorurteilen nichts. Ganz besonders freundete sich Alois mit dem Zollbeamten Karl Wessely an, einem Tschechen, der es beim Linzer Infanterieregiment Nr. 14 zum Musikfeldwebel gebracht hatte und dann in den Zolldienst gewechselt war. Einige Male taucht Alois bei besonderen Anlässen in Zeitungsmeldungen auf: Am 21. September 1874 war er einer der Trauzeugen bei der Hochzeit eines seiner Kollegen, des k.k. Finanzwache-Oberaufsehers Karl Fischer. Die Braut war Antonia Mayr, die als Dienstmädchen im Hitler-Glassl-Haushalt beschäftigt gewesen war.[80] 1882 finden wir Hitler zusammen mit Beamten und Honoratioren auf einer Spendenliste zugunsten der durch Überschwemmungen verunglückten Bewohner in Tirol und Kärnten mit der durchaus namhaften Summe von einem Gulden, neben dem Braunauer Bezirkshauptmann, der 5 fl gab, dem Bezirkstierarzt mit 1 fl und einer Reihe von Mitarbeitern der Braunauer Finanzbehörden, deren Beiträge sich im Kreuzer-Bereich bewegten.[81] 1889 spendete er für die Schulausspeisung, ein anderes Mal für die Opfer von Brandkatastrophen, dann wieder für Witwen und Waisen. Alois wusste, was er seinem Stande schuldig war.

Ob Alois überhaupt Hobbys hatte? Wann genau die Imkerei zu seiner bevorzugten Freizeitbeschäftigung wurde, ist nicht fixierbar. Aber es war jedenfalls schon in der Braunauer Zeit. Er inserierte in der *Neuen Warte am Inn* und in der *Linzer Tages-Post*

Bienenstöcke und Honig zum Verkauf. Alois begann sich auch für die Hundezüchtung zu interessieren. 1881 bot er einen Neufundländer-Hundemischling zum Verkauf an: »Zweijährig, groß und sehr schön (edel marderfärbig), vorzüglich dressiert und fehlerfrei, verkäuflich um 70 Mark bei Herrn Alois Hitler in Braunau am Inn.«[82] Das verrät Erfahrung. Er war wohl schon länger Hundehalter. Und ist insofern nicht belanglos, als von Alois später wiederholt berichtet wurde, dass er gewohnt war, seine Kinder wie Hunde heranzupfeifen und mit schrillen Pfiffen und kurzen Befehlen zu dirigieren. Leondinger Schüler erzählten später: »Der alte Herr Alois forderte unbedingten Gehorsam. Oft führte er zwei Finger in den Mund, stieß einen scharfen Pfiff aus, und Adolf, wo immer er gewesen sein möge, lief sofort zu seinem Vater.«[83]

Über die politischen Ansichten und Betätigungen Alois Hitlers aus seiner Braunauer Zeit weiß man nichts. Braunau war damals eine der wenigen Stadtgemeinden, in der die Christlich-Konservativen die Stadtpolitik dominierten. Bei der Gemeinderatswahl 1882 schrieb die liberal-antiklerikale *Linzer Tages-Post:* »Hoffentlich wird durch die Bemühungen und zahlreichste Wahlbeteiligung aller rücksichtsvollen Bürger bei der kommenden Neuwahl der Stadt Braunau der traurige Ruhm erspart bleiben, in ganz Oberösterreich die einzige Stadt zu sein, welche eine reaktionär-klerikale Gemeindevertretung besitzt.«[84] Die Hoffnungen der freisinnigen Zeitung wurden zwar enttäuscht. »Wenn man bedenkt«, schrieb die *Tages-Post* 1884, »dass die letzten Gemeinderatswahlen im eminent konservativen Sinne ausgefallen waren, so konnte man sich anlässlich der Landtagswahl mancher Zweifel nicht erwehren, obwohl man andererseits nicht übersehen durfte, dass sich seit beiläufig einem Jahre ein frischer Werdeprozess, ein nie geahnter günstiger Umschwung für die Fortschrittspartei ergeben hatte.«[85] Aber ob Alois bereits damals liberal-antiklerikal zu denken begonnen hatte oder sogar in diesem Sinne politisch mitwirkte, ist nicht bekannt.

Schicksalsschläge und Ehestrategien

Ob die sorgenvollen Worte, die Alois, nunmehr Hitler, 1876 über den Gesundheitszustand seiner Frau Anna verfasste, von Herzen kamen, weiß man nicht. Jedenfalls schrieb er am 17. September 1876 an eine Verwandte über seine Frau: »Unglücklicher Weise leidet sie seit langer Zeit an einer Brustschwäche und braucht sehr viel Umsorgung. Gäbe es nicht das gute Klima hier in Braunau, würde es ihr nie gut gehen. Es ist nur meine Stellung, Gott sei Dank, die mir erlaubt, ihr Leben von Leiden frei zu machen.«[86] Ob die Ehe damals schon schlecht ging oder sich erst in weiterer Folge zerrüttete, muss offen bleiben. Schon 1874, als das Dienstmädchen Antonia geheiratet hatte und man kurzfristig ein neues brauchte, war erstmals die junge Klara Pölzl aus Spital bei Weitra, eine Enkelin seines Ziehvaters Johann Nepomuk Hüttler, ins Blickfeld gekommen, die zur Unterstützung geholt worden war. Das tat der Ehe nicht gut. Anna wurde immer kränklicher und wohl auch immer missmutiger. Ab 1878 ging sie häufig auf Kur. Ob es eine einseitige oder eine beiderseitige Entfremdung war und wann sie genau einsetzte und wie sie sich konkret gestaltete, weiß man nicht. Am 7. November 1880 wurde die Ehe jedenfalls geschieden, richtiger gesagt, eine Trennung »von Tisch und Bett« ausgesprochen, wie es in der damaligen Rechtssprache hieß, weil eine Scheidung für Katholiken im österreichischen Teil der Habsburgermonarchie anders als im ungarischen gar nicht möglich war.

Wann sich Alois zusätzlich zu seiner Frau auch eine Geliebte zugelegt hatte, ob schon vor oder erst nach der Scheidung, ist nicht zu klären. Am 13. Jänner 1882 jedenfalls ging aus der Liaison mit der aus dem nicht weit von Braunau entfernten Weng stammenden Bauerntochter Franziska Matzelsberger, die im Braunauer Gasthof Streif als Magd oder Kellnerin arbeitete und wo auch das Ehepaar Hitler wohnhaft gewesen war, ein Kind hervor: Alois Matzelsberger. Die Entbindung erfolgte nicht in Braunau, sondern in Wien in der Wohnung des Ehepaars Johann und Johanna Prinz in der

Löwengasse 28 im dritten Wiener Gemeindebezirk. Am 22. Jänner fand in der Wiener Pfarre St. Othmar (unter den Weißgerbern) die Taufe statt.[87] Taufpaten waren Johanna und Johann Prinz. Man mag damit vielleicht Innviertler Tratschereien ausgewichen sein. Aber es gab gute Gründe für diese Wahl: Johann Prinz war jener aus dem Waldviertel stammende Verwandte, der Alois schon 1852 bei seinen ersten Wiener Schritten zur Seite gestanden sein dürfte; ein Sohn des Bauern Martin Prinz, den er schon von Spital her kannte, und ein Verwandter des Döllersheimer Lehrers Franz Prinz, welcher der Trauzeuge bei der Eheschließung von Johann Georg Hiedler mit Alois Hitlers Mutter gewesen war. Die Entbindung in Wien bot sich aber auch deswegen an, weil die Gattin Johanna Prinz eine ausgebildete Hebamme war.[88]

Erst nach dem am 6. April 1883 erfolgten Tod seiner von ihm getrennten Frau Anna Glassl-Hitler, Todesursache »Abzehrung«, konnte Alois die »wilde« Beziehung klären. Bereits ein paar Wochen später, am 22. Mai 1883, heiratete er die damals 22-jährige Franziska Matzelsberger, Tochter des Sebastian Matzelsberger, Bauer in Weng, und der Maria, geb. Weyrer. Nun war der Altersabstand in der anderen Richtung groß. Während Anna 14 Jahre älter als ihr Bräutigam gewesen war, war Franziska, genannt »Fanny«, 24 Jahre jünger. Trauzeugen waren Amtskollegen, der k.k. Zollamtsoffizial Ludwig Högl und der k.k. Zollamtsassistent Karl Wessely. Trauender Priester war Johann Neisser, der Pfarrer in Ranshofen. Das Heiratsgut der Braut war mit 1.000 fl um 100 fl höher als das damalige Jahreseinkommen des Bräutigams. Am 13. Juli 1883 wurde der gemeinsame Sohn Alois legitimiert und auf den Namen des Vaters, damals schon Hitler, umgeschrieben.

Zum Zeitpunkt der Hochzeit war Fanny bereits wieder hochschwanger. Am 28. Juli 1883 kam die Tochter Angela zur Welt. Entbunden wurde sie wiederum von der Hebamme Johanna Prinz in Wien und dort am 11. August auch getauft. Doch das junge Eheglück währte nicht lang. Weil Fanny bald nach der Hochzeit an Tuberkulose erkrankte, wollte sie in der guten Luft des Lachforsts

Heilung suchen, wo sie bei einem Bauern, dem Lachtommerl, wohnte und dort am 10. August 1884 im Alter von 23 Jahren verstarb. Dass Alois den Sarg schon vor dem Tod bestellt habe, wird man wohl in die Reihe böser Unterstellungen einordnen dürfen. Aber zwei kleine Kinder waren zu versorgen, und Alois hatte offensichtlich längst eine neue Beziehung. Er musste schon wegen der Kleinkinder wieder heiraten und wusste auch schon wen: Die neue Auserwählte war Klara Pölzl, die Enkelin seines Ziehvaters Johann Nepomuk, die einen Dienstposten brauchte und bereits 1875/76 zur Entlastung von Anna Glassl in Hitlers Haushalt tätig gewesen war, dann aber den Hitlerschen Haushalt vorübergehend verlassen hatte. Als aber Hitlers Familie rasch größer und Franziska immer kränklicher geworden war, war Klara wieder zur Entlastung und bald auch als Zweitfrau zur Stelle. Klara war alles: Nichte, Mätresse, Dienstmädchen, Kindermädchen und Pflegehilfe.

Ein gehöriges Stück Unmoralität schwingt da schon mit: »Die Moralität im Innviertel ist äußerst schlecht«, hatte schon 1819 der Linzer Bischof Sigismund Ernst von Hohenwart an Kaiser Franz I. berichtet: »Fast in allen Taufbüchern der visitierten Pfarren fand ich eine Menge der unehelichen Kinder.« Er führte dafür auch eine Reihe von Gründen an: die Kriege, die Tanzunterhaltungen und »leider, das muss ich mit traurigem Herzen sagen, die nicht gar erbaulichen Beispiele mancher Seelsorger«.[89] Als besondere Untreue ist daher auch Hitlers Ménage-à-trois – oder gar à-quatre mit Anna, Franziska und Klara – im Innviertel offenbar nie wahrgenommen und gewertet worden. Als Alois noch mit Anna verheiratet war, soll die aus dem Waldviertel geholte Klara schon Anlass zu Ehezwist geliefert haben, musste aber dann doch gegenüber Franziska zurückstehen. Und auch als Franziska krank wurde und die Beziehungen mit Klara wieder auflebten oder weitergingen, scheint das niemanden gestört zu haben, weil Klara regelmäßig von Braunau nach Ranshofen hinauskam, um Franziska abwechselnd mit deren Mutter zu pflegen. Ziemlich zeitgleich mit dem Tod Franziskas war Klara schon schwanger geworden. Doch für eine Heirat gab es ein nicht vorhergesehenes Hindernis, nämlich die im Jahr 1876 erfolgte Legitimierung und Namensänderung des Alois Schicklgruber auf Alois Hitler. Denn damit war Klara Pölzl als Enkelin des Johann Nepomuk Hüttler juridisch zu einer nahen Verwandten des nunmehrigen Bräutigams Alois Hitler geworden.

Es liegt ein erotisch aufgeladener Schleier über Alois Hitlers Ehestrategien und Sexualleben. Erstens die sehr ungleichen Körper, die aufeinander trafen: junger Mann und alte Frau und hernach alter Mann und junge Frauen. Zweitens die vorehelichen und außerehelichen Beziehungen, die eine merkwürdig große Rolle spielen. Und drittens die Inzestsituation, die bei seiner dritten Frau Klara gegeben war, und das nicht nur bei ihrer eigenen Heirat, sondern auch schon bei der Eheschließung ihrer Eltern.

Die Heiratsstrategien des Alois Hitler waren durchaus ungewöhnlich. Während dort, wo es Gewerbeberechtigungen oder Bauernhäuser zu vererben gab, die Heirat junger Handwerksgesellen oder ausgesteuerter Bauernsöhne mit älteren Witwen, die ein solches Haus oder Gewerbe besaßen, als Aufstiegsstrategie häufig war, ebenso wie die Heirat verwitweter Bauern oder Gewerbetreibender mit sehr viel jüngeren Frauen, war dies bei Lohnabhängigen – sowohl bei Industriearbeitern als auch bei Beamten – eher ungewöhnlich. Voreheliche Beziehungen und eheliche Seitensprünge waren zwar häufig, obwohl sie als sündhaft gebrandmarkt wurden. Aber es gab sie vornehmlich als eine Art Probeehe, die mehr oder weniger rasch in eine Ehe mündete, oder als das Resultat fehlender Heiratschancen im Falle hausrechtlicher Abhängigkeit oder ungenügender Einkommen. Beides traf bei Beamten nicht zu. Uneheliche Kinder waren daher im Beamtenmilieu eher auffällig und stießen dort auch viel häufiger auf Kritik. Inzestsituationen hingegen waren dort am häufigsten, wo die Vermögen in der Familie gehalten werden sollten oder die Heiratskreise sehr eng waren: im hohen Adel, aber auch im vermögenden Judentum oder in abgeschiedenen dörflich-bäuerlichen Situationen, wie es in Spital bei Weitra der Fall war. Auch diesbezüglich gab Hitler Anlass für

Tratsch, weil seine Stellung eine ganz andere war und es für inzestuöse Heiratsstrategien keinerlei logische Gründe gab.

Dass Alois Hitler neben seinen drei Ehen auch mehrere uneheliche Kinder zugeschrieben wurden, im Waldviertel, in Wien oder auch in Schwarzenberg im obersten Mühlviertel, wo er sicher nie war, gehört zur Mythenbildung, die sich in den 1930er Jahren entfaltete, als sein Sohn Adolf berühmt geworden war. Im Jahr 1867/68 soll es eine Affäre mit einer gewissen Thekla Penz, geboren am 24. September 1844 in Arbesbach, Bezirk Zwettl, gegeben haben, aus der eine Tochter namens Theresia hervorgegangen sei.[90] Diese habe später in Schwertberg einen Johann Ramer geheiratet und mindestens sechs Kinder zur Welt gebracht, also Cousins und Cousinen Adolf Hitlers aus einem Seitensprung des Vaters.[91] Eines dieser Kinder namens Fritz hätte mit Adolf Hitler eine derartige Ähnlichkeit gehabt, dass Jetzinger zu ihm in den 1950er Jahren gesagt haben will: »Wenn Sie sich weiter diese Hitler-Frisur machen, nehmen Sie die Amerikaner noch als vermeintlichen Adolf hopp!« und man diesem laut Jetzinger schon sieben Jahre früher im Sippenamt bedeutet haben soll: »Sie braucht man bloß anzusehen, dann weiß man, dass Sie vom alten Hitler stammen.«[92] Ähnlich verhält es sich mit einem Cousin in Schwarzenberg, der noch mehr ein Phantom ist als Theresia Penz.[93] Auch in Wien munkelte man über uneheliche bzw. außereheliche Kinder. Da könnte man aber auch an eine Verwechslung mit der Patenschaft denken. Und alle diese Geschichten tauchten erst in den 1930er Jahren auf.

Die dritte Heirat

Als Alois Hitler 1885 zum dritten Mal heiraten wollte, diesmal Klara Pölzl, ein Enkelkind von Johann Nepomuk Hüttler, ergaben sich aus seiner vorausgegangenen Legitimierung ernste Schwierigkeiten: Denn die auserwählte Braut Klara Pölzl war damit zu

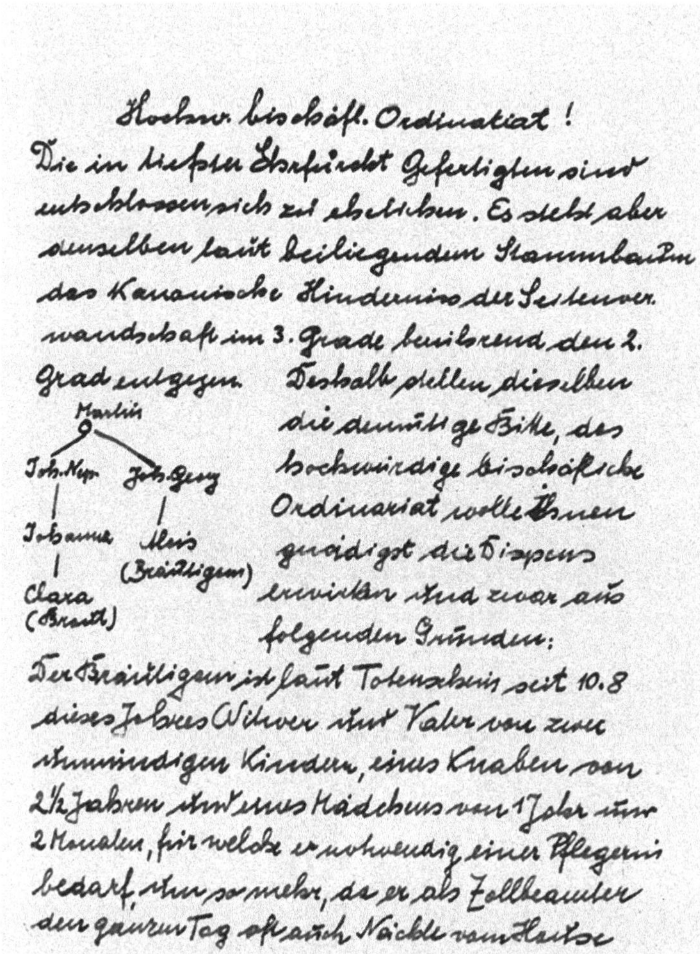

Hochw. bischöfl. Ordinariat!

Die in tiefster Ehrfurcht Gefertigten sind entschlossen, sich zu ehelichen. Es steht aber denselben laut beiliegendem Stammbaum das kanonische Hinderniss der Seitenverwandschaft im 3. Grade berührend den 2. Grad entgegen. Deshalb stellen dieselben die demütige Bitte, das hochwürdige bischöfliche Ordinariat wolle ihnen gnädigst die Dispens erwirken und zwar aus folgenden Gründen:

Martin
Joh. Nep. — Joh. Georg
Johanna — Alois (Bräutigam)
Clara (Braut)

Der Bräutigam ist laut Totenschein seit 10.8 dieses Jahres Witwer und Vater von zwei unmündigen Kindern, eines Knaben von 2½ Jahren und eines Mädchens von 1 Jahr und 2 Monaten, für welche er notwendig einer Pflegerin bedarf, um so mehr, da er als Zollbeamter den ganzen Tag oft auch Nächte vom Hause

Für die Heirat mit seiner Großcousine Klara Pölzl war eine päpstliche Inzestdispens erforderlich: Abschrift des Schreibens an den Bischof.

War bei ihrer Trauung mit Alois Hitler bereits hochschwanger:
Klara Hitler, um 1885. Die nicht ganz klaren Verhältnisse
gaben schon damals Anlass zu Tratschereien.

einer Großcousine und die formelle Verwandtschaft zu einem Ehehindernis geworden, für das eine päpstliche Inzestdispens erforderlich war. Und hätte sich Johann Nepomuk, der Großvater der Braut, 1876 als Vater von Alois deklariert, wäre eine Dispensierung gesetzlich überhaupt nicht möglich gewesen.

Was Alois zu der Heirat bewog, ob er sich einer inzestuösen Schuld bewusst war, wen er selbst für seinen Vater hielt und ob die Entscheidung aus Liebe, finanziellen Gründen oder schlicht aus dem Zwang erfolgte, rasch wieder eine Hausfrau und Mutter für die Kinder zu finden, muss offen bleiben. Nach Franziskas Krankheit und ihrem frühen Tod brauchte er jedenfalls möglichst sofort eine Hausfrau und Betreuerin für die Kinder. Wenn 1876 bei der Legitimierung die Aussicht auf einen Anteil an Johann Nepomuks zu erwartendem Erbe tatsächlich eine Rolle gespielt haben sollte, so war dies erst durch die Heirat mit dessen Enkelin wirklich in greifbare Nähe gerückt. Und erst als 1888 dessen Tod tatsächlich eintrat, konnte Alois an dem Erbteil, der Klara vielleicht zustand, als ihr Gatte partizipieren.

Vorerst war ein Ansuchen an den Bischof zu stellen, das dieser gar nicht selbst entscheiden durfte, sondern in lateinischer Übersetzung an den Papst nach Rom weiterleiten musste: »Die in tiefster Ehrfurcht Gefertigten sind entschlossen, sich zu ehelichen. Es steht aber denselben laut beiliegendem Stammbuch das kanonische Hindernis der Seitenverwandtschaft im dritten Grad berührend den zweiten entgegen. Deshalb stellen dieselben die demütige Bitte, das Hochwürdige Ordinariat wolle ihnen gnädigst die Dispens erwirken.«[94] Als Gründe wurden angeführt, dass Alois seit 10. August verwitwet sei und für zwei unmündige Kinder zu sorgen habe, für welche er notwendig einer Pflegerin bedürfe, da er als Zollbeamter den ganzen Tag, oft auch nachts, vom Hause abwesend sei und daher die Erziehung der Kinder nur wenig überwachen könne. Dass die Braut die Pflege der Kinder bereits nach dem Tod der Mutter übernommen habe und diese ihr sehr zugetan seien, erlaube ferner den Schluss, dass die Erziehung derselben gedeihen und die Ehe eine glückliche werden würde. Überdies habe die Braut kein Vermögen und es dürfte ihr daher nicht so leicht eine andere Gelegenheit zu einer anständigen Verehelichung geboten werden, wurde noch recht materialistisch hinzugefügt.

Für den kirchlichen Amtsweg überraschend schnell kam aus Rom die positive Erledigung. Unmittelbar darauf fand am 7. Jänner 1885 die Trauung statt. Trauzeuge war wieder der Amtskollege Ludwig Högl. Die Braut war hochschwanger und die Hochzeit wenig feierlich. »Um 6 Uhr früh haben wir in der Stadtpfarrkirche von Braunau geheiratet, und um 7 Uhr ging mein Mann schon wieder in den Dienst«, soll Klara später erzählt haben.[95] Die Küchenhilfe Rosalia Schichtl bereitete ein Hochzeitsfrühstück, an dem auch die Trauzeugen teilnahmen. Für ausgedehnte Feierlichkeiten, wie sie in der bäuerlichen und auch bürgerlichen Umgebung damals üblich waren, fehlten Geld und Zeit. Ein Hochzeitsurlaub oder auch nur ein freier Tag waren zur damaligen Zeit für Beamte ohnehin nicht vorgesehen, wie auch andere Zollbeamte noch Jahrzehnte später erleben mussten.

Der Altersunterschied zwischen den beiden Eheleuten war mit 23 Jahren ähnlich groß wie bei der zweiten Heirat: Alois war 48 Jahre alt, Klara 25. All das war nicht ohne erotische Reize: Nicht nur die große Altersdifferenz und die bereits sichtbare Schwangerschaft, sondern auch die nicht ganz klaren verwandtschaftlichen Verhältnisse gaben Anlass für Tratschereien: Klara sprach ihren Ehemann noch lange Zeit weiter als Onkel an. Für sie war es tatsächlich die große Chance, im Haushalt des Beamten Alois Hitler nicht nur eine finanzielle Absicherung, sondern auch einen Statusgewinn zu finden.

Das Dienstmädchen Rosalia Schichtl, das bei den Hitlers gearbeitet hatte, schied aus dem Haushalt, weil man sie nicht mehr brauchte und sie im Sommer 1889 den Kaufmann und Hausbesitzer Georg Hörl heiratete. Ihren früheren Dienstgeber beschrieb Hörl, allerdings im Jahr 1940, einerseits als »ausgesprochen pflichtbewusst, arbeitsfreudig und strebsam, der ganz in seinem Dienst aufging«, anderseits als »gemütlich und sehr rücksichtsvoll«. »Er war kein Schuft«, sagte sie.[96]

Alois Hitler wohnte damals bereits in dem später so bekannt gewordenen »Hitler-Haus«, damals »Gasthof zum Braunen Hirschen«. Noch vor der Eheschließung war das Paar von der Adresse »Außer der Stadt 291«, wo Hitler während der Ehe mit Matzelsberger gewohnt hatte, in den Gasthof Dafner, später bekannt als Gasthof Pommer, Vorstadt 219, übersiedelt. Bereits vier Monate nach der Hochzeit, am 17. Mai 1885, kam das erste Kind: Gustav Hitler, und am 25. September 1886 bereits ein weiteres: Ida. Aber das Schicksal meinte es nicht gut: Gustav verstarb als Zweieinhalbjähriger am 8. Dezember 1887 kurz nach Idas Geburt an Diphtherie und er hatte vorher auch noch Ida angesteckt, die ihm am 2. Jänner 1888 in den Tod nachfolgte. Ob es mit diesen geballten Schicksalsschlägen zusammenhing, dass Alois in Briefen sehr viel später von einer schweren psychischen Krise sprach, die er damals durchgemacht hatte, und fünf Tage nach dem Begräbnis am 7. Jänner 1888 ein sehr merkwürdiges Inserat in der *Neuen Warte am Inn* platzierte? »Elegante Wohnung, 1. Stock, 4 Zimmer, Küche, Keller, Boden, größerer Obst- und Gemüsegarten nebst Stallung zu beziehen. Mietzins sehr mäßig. Näheres bei Herrn Alois Hitler.«[97] Was hinter diesem Inserat steckt, bleibt im Dunkeln. Wollte die Familie, die innerhalb eines Monats zwei Kinder verloren hatte, die zu große Wohnung abgeben? Dachte Alois an eine Übersiedlung, vielleicht ins Waldviertel? Wollte er vorzeitig in Pension gehen? Dachte er, keine Kinder mehr zu haben? Man muss das Inserat als Ausdruck tiefer Verzweiflung und Resignation interpretieren: Die Hitlersche Familienplanung schien gescheitert. Dass aus dem Wohnungswechsel dann doch nichts wurde, hat der Weltgeschichte eine tragische Wendung beschert.

Adolfs Vorsehung

»Als glückliche Bestimmung gilt es mir heute, dass das Schicksal mir zum Geburtsort gerade Braunau am Inn zuwies«, lautet der erste Satz von *Mein Kampf*: »Liegt doch dieses Städtchen an der Grenze jener zwei deutschen Staaten, deren Wiedervereinigung mindestens uns Jüngeren als eine mit allen Mitteln durchzuführende Lebensaufgabe erscheint!« Hitler fährt dann fort: »Nur wenig haftet aus dieser Zeit noch in meiner Erinnerung, denn schon nach wenigen Jahren musste der Vater das liebgewonnene Grenzstädtchen wieder verlassen, um innabwärts zu gehen und in Passau eine neue Stelle zu beziehen; also in Deutschland selber.«[98]

Dieser Einleitungssatz, an dem Hitler lange herumgefeilt hatte, ist reine Politpropaganda. Hitler spielte mit dem Symbolwert: Schon 1921 hatte er in einer Erklärung im *Völkischen Beobachter* hervorgestrichen, dass der Ort seiner Geburt »bloß 250 m von der bayerischen Grenze entfernt, noch vor 100 Jahren selber bayerisches Staatsgebiet war [...]. Ich könnte auch einwenden, dass ich einen Teil meiner Kindheit bereits in Bayern verbrachte, zu Passau, und dass ich mich nunmehr seit geschlagenen 10 Jahren in München befinde.«[99] Er wollte sich den Lesern als geborener deutscher Bürger, angestammter Bayer und wirklicher Großdeutscher präsentieren.

Ob lieb gewonnen oder nicht: An Braunau am Inn, das nicht nur der Reichspräsident Hindenburg, sondern auch schon lange vorher Hitlers Münchner Kampfgefährte Rudolf Heß mit der gleichnamigen böhmischen Stadt (tschechisch *Broumov*) verwechselt hatte, konnte Adolf wenig oder gar keine Erinnerung haben, wie er auch selbst zugab.[100] Doch wer hätte ihm die selbst ernannte Rolle als wichtigster Braunauer in seiner eigenen Vorstellung streitig machen können? Edmund Glaise-Horstenau, der Vizekanzler im österreichischen »Anschluss«-Kabinett Seyß-Inquart und von 1941 bis 1944 »Deutscher Bevollmächtigter General in Kroatien«, war ebenfalls Braunauer. Als die beiden bei einem

Zusammentreffen auf ihren gemeinsamen Geburtsort zu sprechen kamen, sagte Hitler lächelnd: »Sie haben Pech, dass ich auch dort geboren wurde, sonst wären Sie der berühmteste Braunauer!« Glaise wandte ein: »Mein Führer, das ist doch nicht ganz richtig. Sie erinnern sich. Vor einigen Jahrhunderten gab es in Braunau einen Bürgermeister, der einen so langen Bart hatte, dass er sich mit den Füßen drauftrat und zu Tode stürzte. Der stünde noch immer zwischen uns.« Es folgte allgemeines Gelächter.[101] So elegant hat wohl selten jemand dem Großmaul den Mund gestopft.

Es hätte auch noch andere berühmte Braunauer gegeben, die aber noch weniger in das Hitlersche Weltbild passten: vor allem die jüdische Familie Wertheimer, die 1851 das ehemalige Kloster Ranshofen samt Gutswirschaft erworben hatte und es zu einem Musterbetrieb ausbaute. Ferdinand Wertheimer, der sich um die Wirtschaft des Innviertels und die Stadt Braunau große Verdienste erworben hatte, wurde Ehrenbürger der Stadt. Sein Enkel, Egon Ranshofen-Wertheimer, der in der Emigration gegen Hitler arbeitete, erwarb sich nach dem Zweiten Weltkrieg um die europäische Einigung große Verdienste und könnte mit gutem Recht als berühmtester Braunauer gelten.

Definitiv nichts mit der Stadt Braunau hat hingegen das Braun der nationalsozialistischen Parteifarben zu tun, von den Braunhemden bis zum Braunen Haus. Die Farbe Braun ist zwar schon in den Anfangsjahren der NSDAP nachweisbar, aber doch wohl dem Kostenfaktor zuzuschreiben, weil von der jungen Partei ein größerer Posten von ursprünglich für die deutsche Schutztruppe in Deutsch-Ostafrika bestimmter Braunhemden als Uniformierung günstig erworben werden konnte.[102]

Hitlers Geburtsjahr 1889 war ein geschichtlich markantes Jahr. In Paris wurde der Eiffelturm eröffnet. Über 30 Millionen Besucher bestaunten auf der Weltausstellung die modernsten Errungenschaften der damaligen Welt. In Deutschland starb 1888 Kaiser Wilhelm I. und 1890 trat Bismarck zurück. In Österreich beging Kronprinz Rudolf Selbstmord. Es war die Zeit, als alle drei österreichischen Massenparteien sich formierten, die Deutschnationalen, die Christlichsozialen und die Sozialdemokraten. An der Jahreswende 1888/89 wurde auf dem Hainfelder Parteitag die Gründung der österreichischen sozialdemokratischen Arbeiterpartei (SDAP) besiegelt. Im Herbst des Jahres erschien Bertha von Suttners Roman *Die Waffen nieder!*

Die Umstände einer Geburt, das ist Teil jeder historischen Legendenbildung, verweisen auf die künftige Bestimmung großer Persönlichkeiten. Bei Hitler wurde an dieser Legende, von ihm selbst entsprechend unterstützt, während und auch nach der nationalsozialistischen Zeit weiter kräftig gestrickt. Das Geburtshaus wurde zu einem Ort abstruser Verehrung und zu einem bis in die Gegenwart umstritten gebliebenen Ort. Wie mit ihm umgehen, was damit anfangen, wie es nutzen? Eine befriedigende Lösung ist bis jetzt nicht gefunden.[103]

Am 20. April 1889, es war der Karsamstag, kam dort der nunmehr, nach dem frühen Tode Gustavs, wieder erste Sohn des Ehepaares Alois und Klara Hitler zur Welt. Ob im heute noch stehenden Straßenteil oder in dem später abgerissenen hinteren Hofteil des Hauses, ist umstritten. Geburtshelferin war die Hebamme Franziska Pointecker. Anwesend war wohl auch die Hausgehilfin Rosalia Hörl, die später auch als Hebamme arbeitete. Dass sie damals an der Geburt des zukünftigen »Führers« als solche mitgewirkt hätte und dass sie, wenn sie gewusst hätte, »was aus dem kleinen Adolf einmal wird«, diesem die Nabelschnur um den Hals gelegt hätte, gehört zu den vielen Legenden, die rund um den »Führer« später erfunden wurden.[104] Auch dass der Kindesvater Alois gar nicht zuhause war, weil er wie jeden Samstag bis 18 Uhr seinen Dienst versehen habe, mag Tratsch sein. Es war ja der Karsamstag, und die Teilnahme an den Osternachtfeiern, die ja schon am frühen Abend begannen, hat man im katholischen Österreich den Beamten zweifellos nicht vorenthalten wollen. Zwei Tage später, am Ostermontag um 15.30 Uhr, wurde das Kind von Pfarrer Ignaz Probst in der Braunauer Stadtpfarrkirche getauft. Dass der

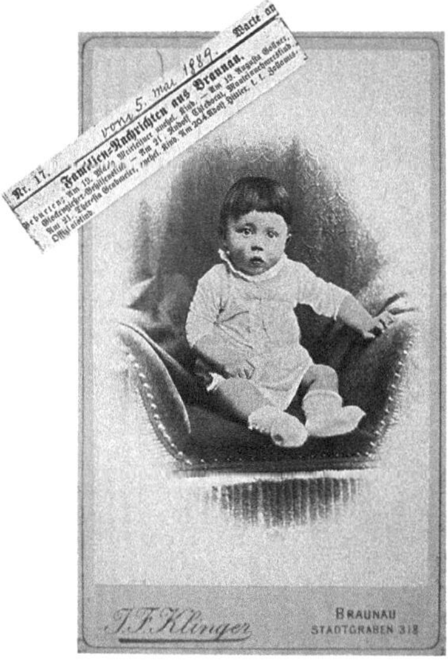

Wurde als »Geburtsstätte des Führers und Reichskanzlers Adolf Hitler« unter Denkmalschutz gestellt: das Geburtszimmer Adolf Hitlers in der musealen Gestaltung nach 1938 (oben links).

Der kleine Adolf genoss eine bevorzugte Behandlung durch die Mutter: »Er wurde vom frühen Morgen bis in die späte Nacht verwöhnt« (oben rechts).

Die Taufpaten Johann und Johanna Prinz aus Wien konnten nicht persönlich zur Tauffeier nach Braunau kommen: Taufschein und »Geburtszeugnis« für »Adolfus« (unten).

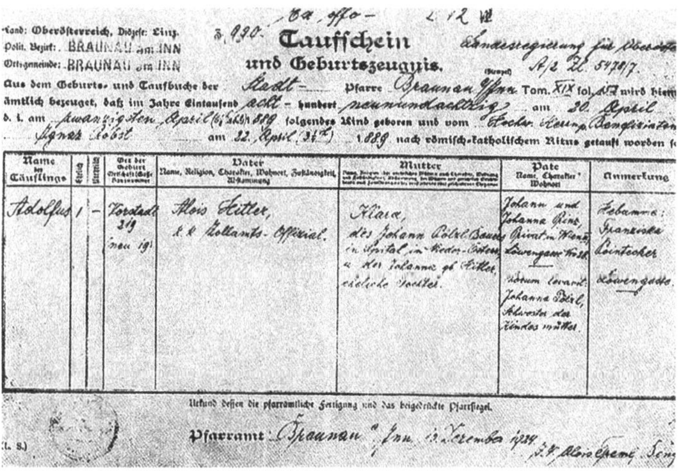

Land: Oberösterreich, Diözese: Linz.
Polit. Bezirk: BRAUNAU am INN
Ortsgemeinde: BRAUNAU am INN

Z. 990

Taufschein und Geburtszeugnis.

Aus dem Geburts- und Taufbuche der Stadt-Pfarre Braunau a/Inn Tom. XIX fol. [illegible] wird hiermit amtlich bezeuget, daß im Jahre Eintausend acht-hundert neunundachtzig am 20. April d. i. am zwanzigsten April 1889 folgendes Kind geboren und vom [illegible] Ignaz Probst am 22. April 1889 nach römisch-katholischem Ritus getauft worden ist.

Name des Täuflings	Geschlecht		Ort der Geburt	Vater	Mutter	Pate	Anmerkung
Adolfus	1	–	Vorstadt 219 neu 19	Alois Hitler, k.k. Zollamts-Official.	Klara, des Johann Pölzl Bauer in Spital, [illegible] u. der Johanna geb. Hitler, eheliche Tochter.	Johann und Johanna Prinz, Privat in Wien, Löwengasse [illegible] statt deren vertritt Johanna Pölzl, Schwester der Kindesmutter.	Hebamme: Franziska Pointecker Löwengasse.

Urkund dessen die pfarramtliche Fertigung und das beigedrückte Pfarrsiegel.

(L. S.) Pfarramt: Braunau a/Inn 13. Dezember 1934. [illegible]

Die in den Jahren 1941 bis 1943 entwickelten Pläne des Architekten Rudolf Fröhlich sahen für die »Geburtsstadt des Führers« die Errichtung eines »Forums« mit Parteihaus und Landes- und Volkskundlichem Museum, ausgestattet mit Weihehof und Glockenturm, vor.

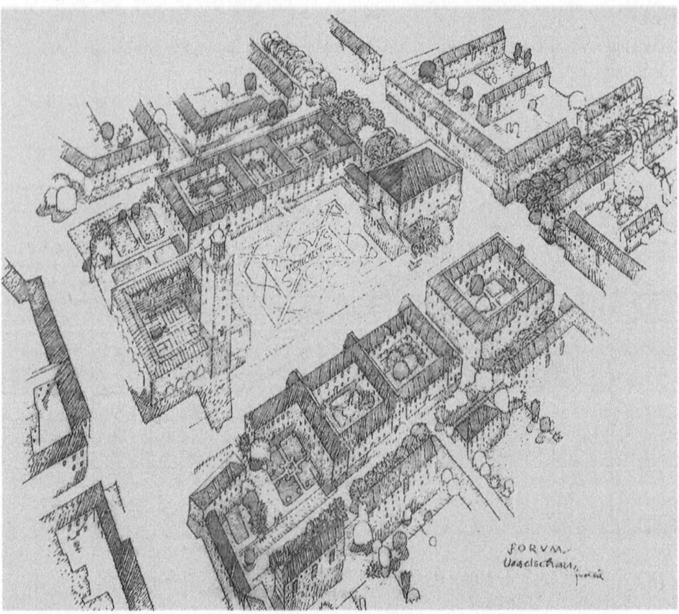

Vater um acht Uhr früh schon wieder im Dienst gewesen sei und an der Taufe nicht teilgenommen habe, ist allerdings richtig böser Tratsch.[105] Denn der Ostermontag war ein gebotener Feiertag und galt auch für Beamte. Taufpaten waren wieder, wie schon bei allen früheren Kindern, Johann und Johanna Prinz, Private in Wien III, Löwengasse 28. Weil sie nicht persönlich nach Braunau kommen konnten, musste Maria Matzelsberger, Hitlers Schwiegermutter aus der zweiten Ehe, stellvertretend einspringen.

Man darf die Taufpatenangelegenheit nicht gering schätzen. Denn Taufpaten waren damals, vor allem in der bäuerlich-kleinbürgerlichen Tradition, von großer Wichtigkeit, nicht nur weil sie nach kirchlicher Vorschrift erforderlich waren, sondern weil sie auch wertvolle Netzwerke herstellen konnten. Nicht nur zur Taufe selbst, sondern auch zu Allerheiligen und Ostern gab es für die Patenkinder kleine Geschenke: Allerheiligenstriezel, Osterwecken, gefärbte Eier, Süßigkeiten. Vor allem aber konnten die Patenleute Rat und Hilfe bieten, wie der Autor aus eigener Kenntnis der bäuerlichen Denkweise weiß. Dass man trotz der Umständlichkeit, bei den in Braunau stattfindenden Taufen für die in Wien weilenden Paten jeweils einen örtlichen Vertreter finden zu müssen, bei den Wiener Paten blieb, mag schlicht den Grund gehabt haben, nicht wechseln zu wollen. Vielleicht lag es auch am Prestige von Paten aus der Hauptstadt, auch wenn diese dort bloß Saaldiener oder Badewärter waren. Wie eng die Beziehungen des Ehepaars Hitler und der Patenkinder zu den Wiener Pateneltern waren, ist nicht bekannt. Sicher war die räumliche Distanz groß. Verwunderlich wäre es dennoch, wenn es gar keine Kontakte gegeben hätte. Alois Hitler, der einige Male dienstlich in Wien war, könnte bei ihnen Unterkunft gefunden haben. Es wäre auch nicht unwahrscheinlich, wenn Adolf Hitler bei seinem ersten Wienaufenthalt im Jahr 1906, von dem kein Meldezettel bekannt ist, bei seiner Taufpatin Unterschlupf gefunden hätte. 1907 hingegen war die Wohnung in der Löwengasse bereits aufgegeben. Adolf Hitler selbst hat seine Taufpaten nie erwähnt. Dass er aber über die Bedeutung der Patenschaft wusste, wird daraus ersichtlich, dass er später sein geliebtes Linz ausdrücklich zu seiner Patenstadt erklärte und selbst symbolisch die Patenschaft für viele Kinder übernahm.

Rosalia Hörl, das Kindermädchen, bescheinigte dem kleinen Adolf später eine bevorzugte Behandlung durch die Mutter. Die Stiefgeschwister seien eifersüchtig gewesen: »Er wurde vom frühen Morgen bis in die späte Nacht verwöhnt, und die Stiefkinder mussten sich endlose Geschichten anhören, wie wunderbar Adolf war.« Diese Aussage der Rosalia Hörl, die ja schon im Geburtsjahr Adolfs aus dem Dienst ausgeschieden war und nach dem Wegzug der Familie aus Braunau sicher keine Informationen aus erster Hand mehr haben konnte, ist daher wenig bedeutsam. Auch ihr böses Urteil über die im Haushalt lebende Johanna, die »Hanni-Tant«, die ledig gebliebene, vielleicht bucklige, aber nicht geistig behinderte Schwester Klaras, war sicher nicht vorurteilsfrei.[106] Stieffamilien waren meist konfliktgeladen und durch Spannungen zwischen Stiefmutter und Stiefkindern oder zwischen den älteren und jüngeren Halbgeschwistern gezeichnet, wenn Liebe und Strafe ungerecht verteilt wurden, wenn es um materielle Bevorzugungen oder Benachteiligungen ging oder wenn schlicht ein aus Märchen und Sagen bekanntes Klischee weiter gepflegt wurde.

Im später so berühmt gewordenen Hitler-Geburtshaus lebte Adolf nur ein paar Monate. Bereits am 4. Juni 1889 übersiedelte die Familie in das Hörlhaus in der Altstadt Nr. 16 und am 1. September 1890 in das Botenhaus, Linzer Straße 47.[107] Am 17. Juni 1892, drei Jahre nach Adolfs Geburt, folgte noch in Braunau Klaras viertes Kind, von dem man bis vor wenigen Jahren geglaubt hatte, dass es bereits 1888 noch vor Adolf geboren worden wäre. Weil Otto bereits sechs Tage nach der Geburt verstarb, hat man ihn kaum zur Kenntnis genommen. Die *Neue Warte am Inn* meldete am 23. Juni in der Rubrik Sterbefälle bloß nüchtern: »Otto Hitler, Beamtenskind, 7 Tage alt, Wasserkopf.«[108] Für den Braunauer Historiker Florian Kotanko, der das Todesdatum richtiggestellt hat, stellten sich mehrere Fragen: »Wie wurde der dreijährige Adolf mit Geburt und Tod eines Bruders konfrontiert?« »Hat er den sogenannten Wasserkopf des Bruders bewusst miterlebt?« Und: »Hat sich diese Beobachtung auf Hitlers spätere Einstellung zu Menschen mit Behinderung ausgewirkt?«[109] Viel zentraler aber war, dass es für die Eltern ein neuer Schock war, über den man erst hinwegkommen musste und für dessen Bewältigung kaum Zeit blieb. Denn nur wenige Tage nach Ottos Begräbnis musste die Familie die Stadt verlassen und nach Passau übersiedeln.[110] Adolf behielt als Erinnerung an seine Braunauer Zeit nur ein im Klinger'schen Fotoatelier, Ringstraße 23, damals Vorstadt 318, aufgenommenes Babyfoto. Während sein Vater Alois auch nach 1892 immer wieder nach Braunau kam, hier alte Freunde traf, sich Geld auszuborgen versuchte, das Bezirksgericht aufsuchte oder seiner Schwiegermutter aus der zweiten Ehe beim Übersiedeln von Möbeln half, kam Adolf, abgesehen von einer Wahlrede im Jahr 1920, nur mehr ein einziges Mal nach Braunau: am 12. März 1938 beim von ihm befohlenen Einmarsch der deutschen Wehrmacht nach Österreich. Es war eigentlich kein Aufenthalt in der festlich geschmückten Stadt. Er war durchgefahren und am »Geburtshaus« einfach vorbeigefahren, ohne auch nur kurz anzuhalten oder gar auszusteigen. Die Stadt blieb für ihn nur ein politisches Symbol.

Für Alois Hitler war es sein längster Dienstort, aber die Zeit, die ihm in Braunau beschieden gewesen war, war nicht wirklich die glücklichste: die erste Frau schwer krank, der Kindersegen versagt, die zweite Frau bald bettlägrig und jung verstorben, und aus der dritten Ehe drei Kinder in Braunau begraben. Für Klara, aber auch für Alois musste der Stress, den die vielen Todesfälle und Schicksalsschläge mit sich brachten, jedenfalls enorm gewesen sein. In einem Brief an den Straßenmeister Radlegger schreibt Alois später, dass er sich damals in einer tiefen psychischen Krise befunden habe.[111]

Das Rauschergut in Hafeld: Hier wollte Alois Hitler seinen Traum von einer eigenen Landwirtschaft verwirklichen. Bilder aus einem 1939 gedrehten Film über die Wohnorte des »Führers«. Nordico Stadtmuseum Linz. Reproduktion Thomas Hackl.

Die Lust, Bauer zu werden

Wertheimer und Wieninger

»Unsere Vorfahren waren nur Bauern«, sagte Adolf Hitler in einem seiner Monologe im Führerhauptquartier.[112] Sein Vater Alois Hitler wollte mehr sein als nur ein kleiner Bienenzüchter. Er wollte ein richtiger Bauer sein. Er war zwar Beamter geworden. Aber er hatte seine Bindung und Liebe zum Bauerntum nie aufgegeben. Sein Traum war eine eigene Landwirtschaft. Aber er wollte kein gewöhnlicher Bauer werden. Er wollte ein gebildeter Bauer sein. Als er in Hafeld einen Bauernhof erwarb, betonte er voller Stolz seine Kenntnisse in der modernen Düngerchemie, Wiesenbewirtschaftung, Tierzucht und Saatgutwahl, die er sich im Innviertel bei fortschrittlichen Landwirten und Agrarreformern erworben hatte. Alois Hitler, der sich über die Erwachsenenbildung eine Beamtenkarriere erarbeitet hatte, war auch für die landwirtschaftliche Weiterbildung entsprechend aufgeschlossen.

Es fällt auf, dass das Innviertel für die bäuerliche Fortbildung ein sehr fruchtbarer Boden war. Im Jahr 1880/81 entfielen von den insgesamt 74 landwirtschaftlichen Kursen mit insgesamt 941 Teilnehmern, die in diesem Jahr in ganz Oberösterreich abgehalten wurden, etwa zwei Drittel auf das Innviertel. Zwei österreichische Agrarpioniere, mit denen auch Alois Hitler Kontakt hatte, stechen besonders hervor: Ferdinand Wertheimer in Braunau und Georg Wieninger in Schärding.

In Ranshofen, in unmittelbarer Nachbarschaft zu Braunau, lebte der jüdische Bankier und Großgrundbesitzer Ferdinand Wertheimer. Aus einer einflussreichen Augsburger und Wiener jüdischen Großhändlerfamilie kommend, hatte er sich nach Abschluss seines Studiums in München und Göttingen ausgiebig mit Forschungen zur Agrikulturchemie und Düngerlehre beschäftigt. Durch zahlreiche Studienreisen nach Deutschland, Frankreich, England, Belgien, Österreich und Ungarn hatte er internationale Erfahrung gesammelt. 1850 heiratete er Fanny Porges, die Tochter des einflussreichen Wiener Bankiers Efraim Porges, was ihn in die Lage versetzte, 1851 das aufgehobene Kloster Ranshofen zu kaufen, das er zu einem landwirtschaftlichen Musterbetrieb ausbaute. Für das gesamte Innviertel gewann das vorbildhafte Wirkung: leistungsfähigere Viehrassen, neue Maschinen, trockengelegte Wiesen, verbesserte Fruchtfolgen und mineralische Düngung konnte man hier kennenlernen. Auch die Fisch- und die Bienenzucht erhielten durch ihn wesentliche Impulse. 1867 wurde er für die liberale Wählergruppe (Kurie des Großgrundbesitzes) in den oberösterreichischen Landtag gewählt und wirkte dort ab 1870 auch als Mitglied des Ausschusses für Landeskultur und Forstwirtschaft.[113] Die Braunauer Ehrenbürgerschaft wurde ihm für seinen Einsatz bei der Errichtung der Eisenbahnlinie Neumarkt–Braunau–München verliehen. Auch nach dem großen Braunauer Stadtbrand 1874 sprang er mit großzügigen Hilfen ein.

Es sind keine direkten Kontakte zwischen Alois Hitler und Ferdinand Wertheimer bekannt. Es wäre aber ganz unwahrscheinlich, wenn Alois nicht von den Wertheimerischen Innovationen gewusst und von diesen nicht gelernt hätte. Vielleicht ist sogar die zweite Heirat von Alois in der Ranshofener Schloss- und Pfarrkirche ein Indiz für eine Bekanntschaft mit dem Ranshofener Schlossherrn und Agrar- und Bienenpionier Ferdinand Wertheimer.

Wertheimers beide Söhne Philipp und Julius führten das Erbe des Vaters nach 1883 in seinem Sinne weiter.[114] Vor allem Philipp, der an der Landwirtschaftsschule in Hohenheim studiert hatte, übte eine große Anziehungskraft auf bildungswillige Landwirte aus und engagierte sich im Zentralausschuss der oberösterreichischen Landwirtschaftsgesellschaft und ab 1902 sogar als deren Vizepräsident.[115] Philipp Wertheimer hatte drei Töchter, Anna, Emilie und Gabriele, Julius zwei Söhne, Egon und Otto. Die Hitlerschen und Wertheimerischen Lebenswege kreuzten sich noch mehrmals, zumindest virtuell: 1919 war Egon Wertheimer, der sich später den Doppelnamen Ranshofen-Wertheimer zulegte, in der Münchener Räterepublik aktiv, die auch Adolf Hitlers Lebensweg entscheidend beeinflusste. Während Egon dem aus Studenten gebildeten »Revolutionärer Hochschulrat« angehörte und Ende April 1919 aufgrund dieses linksradikalen Engagements Bayern verlassen musste, war für Adolf Hitler diese Revolution ein entscheidender Anstoß zur rechtsradikalen Wende. Im Jahr 1938 wurde das Gut Ranshofen der drei Cousinen Egon Wertheimers arisiert und auf dem Gelände das Aluminiumwerk Ranshofen errichtet. 1942 wurde das Grab Ferdinand Wertheimers auf dem Jüdischen Friedhof Kriegshaber in Augsburg von Nationalsozialisten geschändet, weil man den Umstand, dass Wertheimer Ehrenbürger von Braunau war, als Beeinträchtigung für Adolf Hitlers Braunauer Herkunft und Ehrenbürgerschaft ansah. Erst in jüngster Zeit erinnerte sich Braunau an diese große Familie, nachdem die Braunauer Zeitgeschichte-Tage Egon Ranshofen-Wertheimer 2007 eine Tagung gewidmet hatten und im Anschluss daran von der Stadt ein nach ihm benannter Preis vergeben und 2012 auch ein Denkmal für ihn enthüllt wurde.

Der zweite große Innviertler Agrarpionier war Georg Wieninger. Auch er hatte sich auf Studien und Reisen agrarwirtschaftlich aus- und weitergebildet und suchte dieses Wissen nicht nur auf dem eigenen Besitz anzuwenden, sondern auch an die Bevölkerung weiterzugeben. Aber während der jüdisch-liberale Politiker Julius Wertheimer zum Katholizismus konvertiert war und 1917, »versehen mit den Tröstungen der heiligen Religion«, unter großer Anteilnahme der Bevölkerung und der Honoratioren des Landes in Ranshofen bestattet worden war, hatte sich der liberal-katholische Politiker Wieninger immer mehr von seinem Glauben entfernt und war mit der Entscheidung, sich nach dem Tode einäschern zu lassen, auf direkten Konfrontationskurs mit der katholischen Amtskirche und damit auch der damaligen Landespolitik gegangen.

Dass Alois Hitler nach Passau versetzt worden war, machte es ihm leichter möglich, die landwirtschaftlichen Vorträge und Fortbildungsveranstaltungen Wieningers zu besuchen, die dieser auf dem 1887 von seinem Vater übernommenen Musterbetrieb in Otterbach bei Schärding seit 1890 anbot. Hitler mag es interessiert haben, dass Wieninger durch Führung eines größeren Bienenstands, Erweiterung der Bienenweide und entsprechende Obstbaumpflanzungen die Voraussetzungen für die Gründung einer eigenen Innviertler Honigverwertungsgenossenschaft geschaffen hatte. Auch in der Betriebsführung beschritt Wieninger mit Maschinen und Mineraldüngern, mit Kleegrasmischungen und Wiesenmeliorationen, Saatgutverbesserung und Tierzucht, Versicherungswesen und Hauswirtschaft neue Wege und vermittelte Wissen, mit dem Alois Hitler ein paar Jahre später in Hafeld protzen konnte.[116]

Wieningers agrarwirtschaftliche Verdienste sind bis heute unbestritten. Auf ihn gehen zahlreiche Gründungen zurück, u. a. eine Volkshochschule (1890), eine landwirtschaftliche Frauenschule (1910), eine landwirtschaftlich-chemische Versuchsanstalt (1899), vor allem aber die Erste Zentral-Teebutter-Verkaufsgenossenschaft (1900), heute als Schärdinger Molkereiverband die größte Molkereigenossenschaft Österreichs. Zudem richtete er 1886 ein Privatmuseum zur Naturkunde, Volks- und Völkerkunde sowie Landwirtschaft ein.

Als liberal denkender Gutsbesitzer und Volksbildner war er ständig bestrebt, sein Wissen zu erweitern und weiterzugeben und in regionalen und überregionalen Gremien in diesem Sinne zu wirken, insbesondere als Vizebürgermeister von Schärding und Präsident der oberösterreichischen Landwirtschaftsgesellschaft. Wieninger war antiklerikal und politisch liberal eingestellt. So blieb es nicht aus, dass er sich das kirchliche und das nationale Lager zum Feind machte. Ein Anliegen der christlich-konservativen

Landtagsmehrheit in Linz war daher die politische Demontage der von Wieninger geführten Landwirtschaftsgesellschaft, die zugunsten des neu gegründeten Landeskulturrates von den öffentlichen Förderungen abgeschnitten und finanziell ausgehungert wurde. Das ging so weit, dass Wieninger vom Landtag eine Ehrung für seine Verdienste dezidiert verweigert wurde, obwohl sich alle darüber klar waren, wie viel mehr er für die Interessen der Landwirtschaft geleistet hatte als andere damals Geehrte.

Als Wieninger im Jahr 1911 mit seinen Unternehmungen unter unglücklichen Umständen Konkurs anmelden musste, half ihm in Oberösterreich niemand. Weil er zwar viel studiert, aber nie eine akademische Ausbildung abgeschlossen hatte, wurde ihm trotz seiner unbestrittenen fachlichen Kompetenz nur eine untergeordnete Stellung im Wiener Ackerbauministerium angeboten, die er mit Lehraufträgen an der Tierärztlichen Hochschule und an der Hochschule für Bodenkultur finanziell aufbessern musste. Nur der großdeutsche, aber nicht deutschnationale Bundespräsident Michael Hainisch hielt ihm die Treue: In seinem Kondolenzschreiben an Wieningers Witwe 1925 steht der ehrenvolle Satz: »Ich habe den Herrn Gemahl stets für einen der wertvollsten Männer in unserem Vaterland gehalten.«

Zur Beisetzung der Urne auf dem Schärdinger Friedhof hatten sich außer den Familienangehörigen und Anverwandten nur einige untergeordnete Vertreter des Ministeriums für soziale Fürsorge, des Landeskulturrates, der von ihm gegründeten Genossenschaften und der Ämter und Behörden eingefunden. Nach dem Musikstück »Über allen Wipfeln ist Ruh'« und Reden des Bürgermeisters von Schärding und einiger Vereinsvertreter erklang der schottische Bardenchor »Stumm schläft der Sänger«.[117] Das katholische *Linzer Volksblatt,* das Hauptorgan der Partei des Landeshauptmanns und des regierenden christlich-konservativen Volksvereins, widmete dem Verstorbenen nur vier Zeilen.

Alois Hitler erwies sich als ein aufmerksamer Hörer und Schüler Wieningers, nicht nur in der Bienenzucht, in der Tierhaltung und

Alois Hitler ließ sich von ihren Innovationen inspirieren: die Innviertler Agrarreformer Ferdinand Wertheimer (oben links) und Georg Wieninger (oben rechts).

Urfahr, Kaarstraße, um 1910: Am 8.November 1894 übersiedelte die Familie Hitler in das Haus Kaarstraße27 in Urfahr, das dem jüdischen Unternehmer Leopold Mostny gehörte (Mitte).

Man war deutschnational, trug Gehrock und Zylinder und strotzte vor Selbstbewusstsein: die Gemeindevertretung von Urfahr, um 1905 (unten).

im Ackerbau, sondern auch in den politischen Ansichten und Haltungen. 1890, kurz bevor Alois nach Passau versetzt worden war, hatte Wieninger auf seinem Gutshof in Otterbach eine Bauernhochschule nach dem Muster der dänischen Volkshochschule gegründet. Der Erfolg war riesig. Die ständigen Vorträge begannen im Herbst 1890. Über die Jahre 1893 und 1894, die für Hitler infrage kommen, liegt ein umfassender Bericht vor: Die Themen erstreckten sich von der Gründüngung über Futterbereitung und Pflanzenschutz bis zur Chemie im Haushalt, Erste Hilfeleistung in Krankheitsfällen und zu Grundsätzen der Erziehung. Wieninger hatte auch bienenkundliche Vorträge im Programm, ebenso Obstbaumzucht, Geflügelzucht, Wiesendrainage, Schutzimpfung, Blitzgefahr und Blitzableiter, Behandlung des Getreides vor und nach der Ernte, Versicherungswesen und Bäuerliche Betriebslehre.[118] Dass Alois Hitler das alles brav gelernt hatte, geht aus seinen Briefen klar hervor. Ob es auch der Einfluss Wieningers war, dass er sich vom gläubigen Katholiken, zu dem er als Kind zweifellos erzogen worden war, zum kritischen Antiklerikalen und vom aufstiegsorientierten Beamten zum großdeutsch denkenden Kritiker der Habsburgermonarchie gewandelt hatte, darüber kann man nur spekulieren.

Leidenschaft Bienen – Leidenschaft Landwirtschaft

Kommt die Rede auf Hitlers Vater, so wird nie vergessen, auf dessen liebstes Hobby, die Bienenzucht, hinzuweisen. Aber es wäre falsch, diese nur als Hobby abzutun. Bienen waren im späten 19. Jahrhundert, als Zucker ein teures Luxusprodukt und Wachs für die Beleuchtung immer noch unentbehrlich war, viel mehr als ein Hobby. Die Imkerei schuf Einkommen. Die Förderung der Bienenhaltung und der technische Fortschritt in diesem Bereich waren ein wichtiges Anliegen der damaligen Agrarpolitik. Die

Bedeutung, die der Bienenwirtschaft beigemessen wurde, zeigt am besten der Umstand, dass auf die Hauptfassade des 1886 bis 1892 neu errichteten Hauptgebäudes der Oberösterreichischen Sparkasse an der Linzer Promenade ganz zentral die allegorische Figur der Bienenzucht neben die drei Personifikationen der Industrie, des Ackerbaus und der Spinnerei gesetzt wurde.

Die Imkerei war im späten 19. Jahrhundert zu einer Modedisziplin geworden. Es war das Zeitalter der Süße. Erstmals konnten auch die Mittel- und Unterschichten an diesen Genüssen teilhaben. Aber Zucker war immer noch teuer, weil er neben Salz und Tabak eine der wichtigsten Steuerquellen der Habsburgermonarchie darstellte. Das Ersatzprodukt Saccharin war daher auch eines der wichtigsten Schmuggelgüter, dem die Zöllner ihre Aufmerksamkeit zu widmen hatten. Die Imkerei hatte durch mehrere wesentliche Verbesserungen, die alle in den 1850er und 1860er Jahren in den landwirtschaftlichen und bienenkundlichen Fachzeitschriften vorgestellt worden waren, großen Auftrieb erhalten: die Erfindung des künstlichen Wabenbaues, der beweglichen Wabenrähmchen, der künstlichen Wabenmittelwand und der Honigschleuder. Dazu kamen Imkerpfeife und Wabenzange, die den Imkern die Arbeit erleichterten und sie vor den schmerzhaften Bienenstichen schützten.

Wann Alois Hitler die Bienenzucht für sich entdeckte, ist nicht genau bekannt. Es muss in Braunau gewesen sein, vielleicht als die Beziehung mit Fanny Matzelsberger begann, weil auf dem Bauernhof ihrer Eltern genügend Platz für eine Hütte war. Hitlers Bienenhaltung war keineswegs nur eine überbordende Liebhaberei, wie die meisten Historiker glauben, sondern ein durchaus respektabler Beitrag zum Volkseinkommen und auch zum Hitlerschen Familieneinkommen. Im Jahr 1883 propagierte die regionale *Neue Warte am Inn* die Bienenzucht in einem sehr lobenden Artikel: »Tausende von Gulden gehen alljährlich verloren, welche dem Volke erhalten würden, wenn Jeder, dem ein wenig Land zur Verfügung steht, sich eine kleine Bienenzucht anlegen wollte.«

Angeboten wurde ein vergünstigter Bezug der *Illustrierten Bienen-Zeitung*, um auch den Minderbemittelten ein Abonnement zu ermöglichen.[119]

Am 1. März 1890 inserierte Alois Hitler selbst überzählige Bienenvölker zum Verkauf. Das Inserat verrät Sachkenntnis: »Verkauf von Bienenstöcken. Bestbewährte, wenig stechlustige und sehr fruchtbare Krainer Mischlinge und Edel-Völker mit vorjährigen Königinnen, wovon zeitlich Schwärme zu gewärtigen sind, mit 16 bis 18 ausgebauten Waben, Wachs, Honig und Brut, in mit Ölfarbe angestrichenen 3etagigen Dzierzon-Ständern mit Doppelwänden und Schubfenstern versehen, per Stück 10 bis 12 fl loco Braunau. Diese Stöcke, zur Neuanlage von Bienenständen empfehlenswert, werden nach Maßgabe der Witterung nur im Monat März versendet. Alois Hitler.«[120] Am 25. Juli 1891 folgte ein weiteres, grafisch recht anspruchsvoll gestaltetes Inserat, in welchem Hitler Honig zum Verkauf anbot: »Feinster Honig (Schleuderhonig), von den Bienen erst seit Mitte Mai eingetragen, bei Alois Hitler in Braunau.«[121]

Alois weilte gern bei seinen Bienen, die er in Braunau fast täglich von seinem Dienst- und Wohnort aus aufsuchte. Monatelang soll er sich in der Hochsaison in der Nähe einquartiert haben, um seine Bienenvölker immer im Auge behalten zu können. Auch von Passau aus spazierte er täglich »nach Österreich«, ins nahe gelegene Haibach, wo sich seine Bienen befanden, und kam immer erst am späten Abend wieder zu seiner Familie zurück, berichtete der Zollbeamte und spätere Firmpate Adolfs Emanuel Lugert. Auch in Hafeld und Leonding hegte und pflegte Alois seine Bienen.

Aber Alois Hitler war nicht nur Imker, sondern versuchte sich mit Fachartikeln und Vorträgen auch als Pionier der Bienenzucht zu profilieren. Adolf Hitler erzählte voll Stolz, dass sein Vater wiederholt Beiträge in einer der vielen Zeitschriften publiziert habe. Auch seine Spitaler und Linzer Verwandten wussten vom »Hören-Sagen« davon. Emanuel Lugert bestätigte: »Ich weiß, dass er für Imkerzeitungen geschrieben hat.« Gelesen habe er das allerdings nicht, weil er sich dafür nicht interessiert habe.[122] Dazu passt, dass überall, wo Alois hinkam, sofort Imkervereine gegründet wurden: Im Frühjahr 1896 in Fischlham, wo die Hitler-Kinder jetzt zur Schule gingen. Die Zeitung berichtete: »Es meldeten sich sofort 70 Imker.«[123] Als Alois zwei Jahre später nach Lambach übersiedelt war, wird er auch dort bei der Vereinsgründung dabei gewesen sein.[124] Und es war kein Zufall, dass auch in Leonding ausgerechnet im Jahr 1900 ein halbes Jahr nach seinem Zuzug eine Imkervereinigung geschaffen wurde: »Sonntag den 15. Juli 1900 um 3 Uhr nachmittag findet die Gründungsversammlung der Ortsgruppe Leonding im Stiefler'schen Gasthause statt. Die Bienenfreunde aus Leonding und Umgebung, sowie die Mitglieder der Ortsgruppe Linz sind zum zahlreichen Erscheinen eingeladen«, kündigte die *Tagespost* an.[125]

Der junge Adolf hatte die Leidenschaft seines Vaters aufmerksam mitverfolgt. Er kam später des Öfteren darauf zu sprechen: »Ich habe in meiner Jugend sehr viel Gelegenheit gehabt, Bienen anzuschauen, weil mein alter Herr ein großer Imker war. Leider bin ich dabei wiederholt derart zerstochen worden, dass ich fast draufgegangen wäre. Bienenstich war bei uns so selbstverständlich wie nur etwas. Die Mutter hat meinem alten Herrn oft 45, 50 Stacheln herausgezogen, wenn er vom Waben-Ausnehmen kam. Er hat nie etwas angehabt. Das einzige, was er gemacht hat, war, dass er geraucht hat dabei.«[126] Adolf Hitler interessierte alles, was Bienen betraf. Er aß gern Honig, ließ ihn sich immer wieder zum Frühstück servieren und protzte mit seiner Fähigkeit, ihn nach seiner Herkunft klassifizieren zu können, ob Lindenblüten-, Akazien-, Wald- oder Wiesenhonig. Er dozierte über die Möglichkeiten, die deutsche Honigproduktion zu verzehnfachen und philosophierte über die Arbeitsethik und den Fleiß der Bienen und die Gemeinschaft zwischen Königin und Volk. Allerdings ist Vorsicht geboten, aus Hitlers Kindheitserfahrungen mit der Bienenhaltung Rückschlüsse auf sein späteres Leben, seinen Charakter und seine Handlungsweisen ziehen zu wollen. Völlig überzogen wirkt

Die Deutsche Bienenzucht in Theorie u. Praxis

Sonderbeilage zum Imker aus Thüringen

1938 Herausgeber: Pfarrer August Ludwig, Jena, Hafeweg 9 Nr. 2
Verlag Fritz Pfenningstorff, Berlin W 35, Steinmetzstr. 2

Aus der Heimat des Führers

Bienenstand in Braunau am Inn im Garten der Eltern Hitlers, den der Vater lange Jahre betreute. Hier hat sicherlich häufig der Führer als Kind dem emsigen Treiben und Schaffen der Bienenvölker zugeschaut. Die Bienenstöcke sind erfreulicherweise als Erinnerungsstücke an die Jugend des Führers stehen geblieben. Es sind Kästen mit Oberbehandlung und aufgesetzten Honigräumen.

(„Das deutsche Bild", Verlag Bernhard Kaufmann, Berlin W 57, Bülowstr. 56)

»Erinnerungsstücke an die Jugend des Führers«: Die Sonderbeilage der Zeitschrift »Der Imker aus Thüringen« präsentiert 1938 die in Leonding (in der Zeitung fälschlich »Braunau«) erhalten gebliebenen Bienenstöcke Alois Hitlers.

Verkauf von Bienenstöcken.

Bestbewährte, wenig stechlustige und sehr fruchtbare Krainer Mischlinge und Edelvölker mit vorjährigen Königinnen, wovon zeitlich Schwärme zu gewärtigen sind, mit 16 bis 18 ausgebauten Waben, Wachs, Honig und Brut, in mit Oelfarbe angestrichenen 8etagigen Dzierzon-Ständern mit Doppelwänden und Schubfenstern versehen, per Stück 10 bis 12 fl. loco Braunau. — Diese Stöcke, zur Neuanlage von Bienenständen empfehlenswerth, werden nach Maßgabe der Witterung nur im Monat März versendet.

Alois Hitler.

In einem Inserat zum Verkauf von Bienenstöcken in der »Neuen Warte am Inn« vom 1. März 1890 zeigte sich Alois Hitler als kenntnisreicher Fachmann.

Norman Mailers geradezu manischer Versuch, Diktatur, Führerkult, Judenvernichtung, Eugenik und die Ausmerzung unwerten Lebens auf Erfahrungen des kleinen Hitler mit der Imkerpraxis seines Vaters zurückzuführen.[127] »Warum soll Hitler später der Errichtung von Gaskammern zugestimmt haben, nur weil ihm als Kind eingeprägt wurde, dass man ein krankes Bienenvolk stets als Ganzes ausräuchern muss?«, fragte der Germanist Klaus Kastberger zu Recht in seiner Rezension von Norman Mailers Roman *Das Schloss im Wald.*[128]

»Meine Frau ist gerne thätig und besitzt auch das Verständnis für eine Ökonomie«

Bei Alois Hitlers Geldgeschäften und bei dem Vermögen, von dem auch der junge Hitler nach seinem verkrachten Schulende noch zehren konnte, wenn auch in bereits sehr zusammengeschmolzener Form, machen es sich die meisten Autoren sehr leicht: Alois Hitler habe eben glücklich geerbt.[129] Doch wie viel hätte er erben können? Von seinem Ziehvater und späteren Schwiegergroßvater, von seinen verschiedenen Gattinnen, von sonstigen Verwandten? Alois hat zweifellos einige Male Geld erhalten, hat sich aber auch immer wieder solches für seine Geschäfte ausgeborgt und zudem vergleichsweise gut verdient, eisern gespart und gar nicht so schlecht gewirtschaftet.

Zwischen 1876, als Alois Schicklgruber zu Hitler geworden war, und 1888, als sein Ziehvater und zumindest dem Gesetz nach auch Onkel Johann Nepomuk Hüttler starb, waren zwölf Jahre vergangen. Die Verhältnisse hatten sich inzwischen grundlegend geändert. Alois, der ab 1876 auch dem Namen nach zur Hitler-/Hüttler-/Hiedler-Verwandtschaft gehörte, hatte in diese Verwandtschaft im Jahr 1885 auch noch eingeheiratet, sodass sich eine 1876 vielleicht schon mitschwingende Anwartschaft auf eine Erbschaft mit einem Mal ganz anders darstellte. Johann Nepomuk brauchte Alois Hitler nunmehr nicht so sehr in der Rolle eines Ziehkinds oder Neffen an seinem Vermögen zu beteiligen, sondern konnte ihm in der Stellung des Ehegatten seiner Enkelin etwas zukommen lassen. So könnte man die Vorgänge im Jahr 1888 zumindest deuten. Denn plötzlich, nach dem Tod Johann Nepomuks, hatte Alois Hitler Geld, oder besser gesagt, hatte Klara Hitler Geld. Denn es scheinen alle drei Enkeltöchter Johann Nepomuks, Klara, Johanna und Theresia, aus dem Vermögen des Großvaters beteilt worden zu sein. Denn wie sollte Klaras Schwester, die Hanni-Tante, die ihr ganzes Leben nie irgendwo Geld verdient hatte und angesichts ihrer körperlichen Beeinträchtigung wohl auch schwer verdienen konnte, sonst zu dem Sparvermögen gekommen sein, das sie bis zu ihrem Tode besaß und verwaltete? Und auch Klara hatte plötzlich Geld, das später auf einem eigenen Sparbuch veranlagt wurde.

Dass eine Erbschaft oder Schenkung im Spiel war, als Alois im Todesjahr von Klaras Großvater Johann Nepomuk in Wörnharts Nr. 9, nicht weit entfernt von Spital, ein verhältnismäßig repräsentatives, massiv gebautes Bauernhaus mit Stall, Scheune, großem Hof, Garten und 26 ha Grundbesitz zu einem Preis von etwa 5.000 Gulden – zuzüglich der daraufliegenden Hypotheken in Höhe von 2.000 fl – kaufen konnte, muss angenommen werden.[130] Denn Alois verfügte bis dahin über keine größeren Ersparnisse und hätte solch hohe Summen angesichts seines Einkommens auch kaum ersparen können. Aus der auf zwei Sparbüchern mündelsicher veranlagten Erbschaft der Kinder Alois und Angela aus der zweiten Ehe mit Fanny Matzelsberger konnte er 800 fl zum Ankauf verwenden.[131] Der Rest muss aus anderen Quellen gekommen sein, von seiner Frau, von der Hanni-Tante und vom verstorbenen Ziehvater bzw. Schwiegergroßvater. Dass Klara beteiligt war, geht daraus hervor, dass nach dem Wiederverkauf ein Sparbuch mit 500 fl auf ihren Namen angelegt wurde. Auch die Hanni-Tante wird mitgeredet und mitgezahlt haben, weil sie offensichtlich dazu ausersehen war, auf dem Hof bis zu einer Übersiedlung der Familie nach dem Rechten zu sehen. Als sie diese Aufgabe dann doch nicht schaffte, wurde für sie nach dem Wiederverkauf des Bauernhauses im Jahr 1892 ebenfalls ein größerer Geldbetrag auf einem Sparbuch der Sparkasse Weitra hinterlegt.

Der Kauf des Hauses in Wörnharts könnte verschiedene Gründe gehabt haben: Wertanlage, Spekulation oder Vorsorge für die kommende Pension. Noch als aktiver Beamter dahin zu übersiedeln, gab wenig Sinn.[132] Von Braunau oder Passau nach Wörnharts oder Weitra zu gelangen, war nicht wirklich einfach: zuerst mit der Bahn von Braunau oder Passau nach Linz, dort Umsteigen in den Zug nach Budweis, wieder Umsteigen in die Kaiser Franz Josephs-Bahn bis Gmünd und von Gmünd mit einem Fuhrwerk nach Weitra oder Wörnharts. Bei genauer Planung war das vielleicht an einem Tag mit Mühe zu schaffen. Und die Schmalspurbahn von Gmünd nach Weitra, die erst 1902 in Betrieb ging, hätte da auch nicht viel Erleichterung oder Beschleunigung gebracht. Dass Alois nach Groß-Schönau versetzt worden sei, mitten ins Waldviertel, wo es damals weit und breit keine Grenze gab, ist ein Irrtum, der sich lange durch die Hitler-Biografien hindurchzog.[133]

Man könnte den merkwürdigen Kauf nur damit erklären, dass Klara darauf drängte, weil sie von der Braunauer Umgebung und dem zollamtlichen Milieu, in welchem sie sich wenig wohl fühlte, als angesehene Bäuerin in die Waldviertler Heimat zurückkehren wollte und dass das vielleicht auch Alois Hitler wollte, dessen Streben immer nach landwirtschaftlicher Tätigkeit und nach einem Ansehen bringenden Hausbesitz ging. Es könnte durchaus zutreffen, was sich in Wörnharts und Groß-Schönau als hartnäckige Erzählung bis heute behauptet, dass die Familie und mit ihr auch der neugeborene Adolf zwischen 1889 und 1892 zumindest die Sommer auf dem Hof verbrachten.

Aber es kam anders. Bereits am 18. Oktober 1890, also weniger als ein Jahr nach dem Kauf, bot Alois Hitler den Waldviertler Bauernhof in der *Neuen Warte am Inn* wieder zum Verkauf an: »Ein Bauernhof in sehr fruchtbarer Lage im Waldviertel in Niederösterreich (Kreis Krems) mit 10 Joch 1213 Quadratklafter Wald

(= 6,19 ha), 24 Joch 1396 Quadratklafter Acker (= 14,3 ha), 8 Joch 683 Quadratklafter Wiesen (= 4,85 ha), 1 Joch 988 Quadratklafter Weide (= 0,93 ha) nebst der Bauarea von 231 Quadratklaftern (= 0,08 ha), zusammen 45 Joch 1311 Quadratklafter (= 26,35 ha) in 9 Felder vertheilt, ist mit sämmtlichem fundus instructus nebst Viehstand und der dießjährigen Ernte um 8200 fl, ohne Viehstand um 7200 fl aus freier Hand zu verkaufen. Das Dienstpersonale ist bis Ende 1890 eingedungen und wird vom Verkäufer bezahlt. Anzahlung 4400 fl, – 3800 fl können liegen bleiben, und zwar 2000 fl zu 5 Percent und 1800 fl zu 4 Percent Verzinsung. Naheres bei Herrn Alois Hitler in Braunau am Inn.«[134] Es dauerte allerdings bis zum Oktober 1892, bis das Haus tatsächlich einen Käufer gefunden hatte, und die verlangten 8.200 fl konnte Alois keineswegs lukrieren. Das Anwesen wurde um 7.000 Gulden an die Eheleute Johann und Juliane Hobiger verkauft.

Etwas mehr Licht kommt in die Sache, weil nach mehr als 125 Jahren dem Autor von einem anonym bleiben wollenden Waldviertler Bürger der von Alois Hitler selbst erstellte und eigenhändig geschriebene Verkaufsvertrag vom 27. Oktober 1892 mit dem Ehepaar Hobiger zugespielt wurde. Mit amtlicher Genauigkeit hielt Hitler darin fest, was alles an Inventar mitverkauft wurde: Heu, Vieh, Wirtschaftswagen, Pflüge, Eggen, Jauchetruhe, Putzmühle, Futterschneidemaschine, Heu- und Düngergabeln, Rechen, Sensen, Sicheln, Hauen, Krampen, Schaufeln, Holzhacken, Sägen, etc., dazu an Einrichtungsstücken nur zwei Tische, ein Sessel, eine Bank, zwei Kästen, drei Bettstätten und das gemeine Kuchelgeschirr aus Ton. Das Haus um 6.400 fl und die Geräte und das Mobiliar um 600 fl.

Die Berichtigung des Kaufschillings erfolgte erstens durch Übernahme der auf dem Kaufobjekt pfandrechtlich haftenden Satzposten der Sparkasse Weitra aus einem Schuldschein vom 9. Juni 1872 beziehungsweise vom 12. Mai 1889 zu 600 fl, vom 16. Juli 1882 zu 500 fl und vom 20. Mai 1885 von 900 fl, zusammen 2.000 fl, zweitens aus Schuldscheinen der mj. Alois und Angela Hitler vom

27. Jänner 1889 zu je 400 fl, zusammen 800 fl, drittens durch Bezahlung eines Betrages von 1.000 fl sofort nach Unterzeichnung und des Restes von 3.200 fl bis zum 12. Februar 1893 unter vierprozentiger Verzinsung. Die 2.000 Gulden Hypothek blieben auf dem Haus liegen, das grundbücherlich eingetragene Erbteil von Alois und Angela in Höhe von 800 fl wurde später auf Sparbücher bei der Sparkasse Mauerkirchen übertragen und auf 1.000 fl aufgestockt. Und für Adolf und Klara wurden dort zwei Sparbücher zu je 500 fl errichtet. Mit Stand 31. Jänner 1895 lagen auf diesen Sparbüchern folgende Beträge:

Nr. 11919, lt. auf Hitler Adolf	Kapital	539, 30
	Zinsen	1,76
Nr.11920, lt. auf Hitler Clara	Kapital	539,30
	Zinsen	1,76
Nr.11921, lt. auf Hitler Alois	Kapital	483,21
	Zinsen	1,57
Nr.11922, lt. auf Hitler Angela	Kapital	483,21
	Zinsen	1,57
Zusammen		**2.051,68**

Hitler hatte zumindest einen kleinen Gewinn erzielt. Das Kapital der minderjährigen Kinder konnte er von 800 auf 1.000 fl erhöhen, auch Adolf und Klara hatten je 500 fl bekommen. Zusätzlich hatte er noch über 3.000 fl zu disponieren. Ein Teil gehörte vielleicht der Hanni-Tante, einen Teil brauchte er für die bei seiner Vorrückung und Versetzung nach Passau zu erlegende Dienstkaution, einen Teil aber hatte er für weitere Geschäfte flüssig. Im Mai 1892 fuhr Alois von Braunau nach Wien, wo er bis zum 6. Juni blieb. Was er dort tat, ist durch Dokumente und Zeugenberichte nicht zu belegen. Wahrscheinlich handelte es sich um eine Einschulung für die letzte Vorrückung und Versetzung nach Passau. Dass mit diesem Avancement auch der Hausverkauf zusammenhängt, ist denkbar. Entweder war der Stress zu groß geworden oder es war für Alois mit der Beförderung seine Pensionierung in so weite Ferne gerückt, dass er in dem so abgelegenen Haus keinen Sinn mehr zu erkennen vermochte.

Die Zollaußenstelle Passau

Während Adolf Hitler seine Geburt in Braunau zur symbolischen Fügung der »Vorsehung« stilisierte, maß er der Zeit in Passau eine andere Bedeutung zu: jene seiner ersten kindlichen Sozialisation im Deutschen Reich. So konnte er darauf verweisen, dass er eigentlich schon in der Kindheit ein Deutscher gewesen sei: der »erste Reichskanzler aus Bayern« wird es 1933 in der Politwerbung heißen.[135] Passau war freilich eine viel größere und vor allem viel geschichtsträchtigere Stadt als Braunau. Um 1900 zählte es fast 30.000 Einwohner und noch immer war es stark von den Bischöfen geprägt, war doch die Diözese Passau einst die größte Europas, und weil ihr Diözesangebiet bis ins 18. Jahrhundert zum größten Teil auf österreichischem Territorium lag, war Passau auch immer eng mit der Geschichte Österreichs verknüpft und war daher auch eine sehr österreichische Stadt.

Im August 1892 war Alois Hitler zum provisorischen Zollamtsoberoffizial, Rangklasse X, befördert worden, was eine Versetzung in das höherwertige Zollamt Passau voraussetzte, da ein so hohes Amt in Braunau, wo Alois 21 Jahre gearbeitet hatte, nicht vorgesehen war. Den Mai 1892 verbrachte er in Wien. Am 6. Juni kehrte er von dort zurück. Am 24. Juni wurde Otto begraben. Am 30. August erfolgte der Umzug nach Passau. Zuerst wohnte die Familie an der Adresse Am Neumarkt 449, heute Theresienstraße 23, ab 1. Mai 1893 dann in der Kapuzinerstraße 31, heute Kapuzinerstraße 5 nahe am Innufer. Angela und Alois besuchten die Schule in Passau. In der Innstadt geboren wurde Klaras fünftes Kind Edmund. Taufpate war nunmehr der Wiener Kaufmann Johann Hochheimer, wiederum ein Verwandter aus dem Waldviertel, weil Johann Prinz inzwischen verstorben war. Rosa Krieger, eine Passauer Nachbarin, fungierte diesmal als Stellvertreterin.

Über Adolf Hitlers zwei Jahre in Passau wissen wir noch weniger als von den drei Jahren in Braunau, obwohl die Zeit vom dritten bis zum fünften Lebensjahr für ihn viel prägender gewesen sein muss als die ersten drei Babyjahre in Braunau, wo er von der Umgebung noch kaum viel mitbekommen haben konnte. Es waren die entscheidenden Jahre des Spracherwerbs, auch wenn sich der Passauer Dialekt nur wenig vom Braunauer unterschied. Doch von Kindern im Vorschulalter gibt es für Chronisten wenig zu erzählen. Daher ist man für Aufregungen dankbar: lustige Streiche, gefährliche Abenteuer, schreckliche Unfälle. In der *Passauer Donau-Zeitung* vom 9. Jänner 1894 wurde von solch einem Vorfall berichtet, der von eilfertigen Erzählern später mit Adolf Hitler in Zusammenhang gebracht wurde: Ein Knabe sei im Eis des halb zugefrorenen Inns eingebrochen und gerade noch rechtzeitig vor dem sicheren Ertrinken gerettet worden. Die Zeitung nannte keine Namen, aber die spätere Legendenbildung fand welche: Es wohnte doch die Familie Hitler am Innufer und in der Nachbarschaft auch die Familie Kühberger. Hitlers Spielkamerad sei der später berühmte Passauer Priester, Organist und Kirchenmusiker Johann Nepomuk Kühberger gewesen, auf dessen Initiative dort später die größte Orgel der Welt gebaut wurde. Es sei in Passau allgemeines Gesprächsthema gewesen, dass »der Kühberger den Hitler gerettet hat«. Auch Kühberger selbst habe mit etwas Resignation darüber gesprochen und gemeint, er hätte das besser nicht tun sollen.[136] Mit objektiven Daten ist das schwerlich in Übereinstimmung zu bringen, denn Kühberger wäre, als er den viereinhalb Jahre alten Adolf Hitler so heldenhaft gerettet hätte, selbst erst vier Jahre alt gewesen. Wohl zu klein für eine derartige Tat am steilen Ufer des dort recht reißenden Inns im gefährlich eingebrochenen Eis.[137] Doch die Legende wurde modellbildend: man findet sie an allen Gewässern, an denen der junge Hitler in den nächsten Jahren wohnte, am Stegbach und an der Alm in Hafeld, am Mühlbach und an der Traun in Lambach, und selbst in Leonding, das von der Donau doch recht weit entfernt ist. Und man würde sie wohl auch in Urfahr finden, wo es von den Häusern in der Kreuzgasse oder in der Kaarstraße zum Donauufer nur ein paar Schritte ist, wenn diese Hitler-Adressen den Legendenerzählern bekannt gewesen wären.

Alois hatte an seiner neuen Dienststelle sicher genug Arbeit, verlief doch über Passau die wichtigste Verkehrslinie der Habsburgermonarchie in den Westen. Doch Passau eröffnete auch Möglichkeiten für seine Freizeitinteressen. Nach Haibach bei Passau, auf der österreichischen Seite der Grenze, wo Alois seine Bienen züchtete, kam er jeden Abend ins Gasthaus und traf sich dort mit etlichen Bauern, dem Bürgermeister und einmal in der Woche auch mit dem Pfarrer von Freinberg. Der Zollbeamte Emanuel Lugert, dessen erster Posten dort war, erzählte: »Sie versammelten sich immer am Ofentisch.« Der Pfarrer unterhielt sich laut Lugert gerne mit Hitler: »Ich kann nur sagen, dass er ihm gut gesinnt war. Politisiert wurde nie.« Lugert zufolge interessierte sich Hitler für alle landwirtschaftlichen Angelegenheiten, namentlich für Kleintierhaltung und Bienenzucht.[138] Hitler hatte ja vom von Passau aus gut erreichbaren Bildungsangebot des Agrarreformers Georg Wieninger ausgiebig Gebrauch gemacht.

Der vergessene Wohnort Urfahr

Am 1. April 1894 wurde Alois Hitler von Passau nach Linz versetzt. Ob und wie lange Klara danach noch in Passau verblieben war, war bislang unklar. Am 24. März 1894 war noch in Passau Edmund zur Welt gekommen. Im September 1894 begann Alois junior in Linz mit dem Besuch der Realschule, wo er allerdings nach einem Semester bereits scheiterte und ausschied. Die Übersiedlung der Familie mit den vier Kindern Alois, Angela, Adolf und dem neugeborenen Edmund in das Linz gegenüberliegende

Urfahr, damals noch eine selbstständige Ortsgemeinde und junge Stadt, muss also zwischen April und September erfolgt sein, wahrscheinlich im Frühjahr oder Sommer des Jahres 1894 und noch vor dem Schulbeginn der Realschule. Man kann den Termin sogar ganz genau angeben: Seit 4. Mai 1894 waren Alois, Klara und die Familie in Urfahr gemeldet, in einem Haus in der Kreuzstraße 9, von wo sie am 8. November 1894 in das neu erbaute Zinshaus in der Kaarstraße 27 übersiedelten und dort bis zum 7. Mai 1895 verzeichnet sind. Es kann also keine Rede davon sein, dass Alois mehr als ein ganzes Jahr lang von der Familie getrennt gelebt habe und mit dieser Absenz seinen Angehörigen, insbesondere dem jungen Adolf in Passau, »ein antiautoritäres Jahr« ohne das strenge väterliche Regime beschert habe.[139]

Es ist auffällig, dass die nationalsozialistische »Führer«-Gedenkstätten-Industrie, die 1938 alle Wohnhäuser des jungen Hitler in Oberösterreich unter Denkmalschutz stellte, ausgerechnet diesen einjährigen Aufenthalt in Urfahr 1894/1895 nicht erfasst hat.[140] Auffallend ist das umso mehr, als Hitler selbst, der zu diesem Zeitpunkt ja schon sechs Jahre alt war, sich viel eher daran erinnern hätte müssen als der Dreijährige an Braunau oder der Fünfjährige an Passau. Dass er und mögliche damalige Zeitzeugen lieber geschwiegen haben und auch die seinerzeitigen Historiker nicht recherchiert haben, muss Gründe haben. Sie sind leicht zu eruieren: Das Haus in der Kaarstraße 27 gehörte Leopold Mostny. Dieser Leopold Mostny, Hitlers damaliger Hausherr und Vermieter, war der reichste Bürger von Urfahr und der größte jüdische Industrielle von Linz. Gleichzeitig war er Zeit seines Lebens ein Anhänger der Deutschnationalen und in Urfahr lange Jahre in der Gemeindepolitik aktiv.

Urfahr, das von Linz nicht nur durch die Donau, sondern auch durch eine Steuergrenze getrennt war, war zu dieser Zeit ein dynamisch wachsender Ort. Die am nördlichen Donauufer gelegene Stadt war immer im Schatten von Linz gestanden. Lange hatten sich die Linzer gewehrt, dass Urfahr überhaupt eine eigene

Pfarre und ein Marktrecht erhielt. Erst 1808, nachdem es unter den Napoleonischen Kriegen furchtbar gelitten hatte, wurde es als Kompensation zum Markt erhoben. 1817 genehmigte man dem neuen Markt auch zweimal im Jahr ein Volksfest, ein Privileg, das bis heute mit den Urfahrer Märkten ausgiebig genutzt wird. Am 4. November 1882 wurde der rasch wachsende und sich industrialisierende Markt zur Stadt erhoben. Der ausschließlich deutschnational zusammengesetzte Gemeinderat der Stadt präsentierte sich auf einem Foto aus 1905 mit den langen Gehröcken und steifen Zylindern in einem geradezu großbürgerlichen Look. Man strotzte vor Selbstbewusstsein. Ein kleines Örtchen war die Stadt längst nicht mehr. 1910 zählte sie 15.489 Einwohner in 759 Häusern. 1888 war die Mühlkreisbahn eröffnet worden, deren Kopfbahnhof in der Urfahrer Kaarstraße lag. Und 1895 wurde die Linzer Pferdetramway von der bisherigen Endstelle am Urfahrer Hinsenkamplatz bis in die Kaarstraße am Mühlkreisbahnhof verlängert und elektrifiziert. Sie verband Urfahr mit Linz und führte durch die Linzer Landstraße zum Hauptbahnhof und in den Süden von Linz. Die Elektrifizierung von Linz unter maßgeblicher Beteiligung des führenden Kopfs der oberösterreichischen Deutschnationalen, Carl Beurle, nahm mit dieser Straßenbahn und dem Bau einer elektrischen Adhäsionsbahn auf den Pöstlingberg, der bis heute steilsten Europas, ihren Anfang. Leopold Mostny machte hier das Geschäft seines Lebens, weil er früh das Gelände zwischen der Rudolfsstraße und den Bahn- und Straßenbahntrassen in der Kaarstraße angekauft hatte und nun optimal verwerten konnte.[141]

Weil in Urfahr die Besteuerung der Konsumgüter, vor allem der Lebensmittel und Alkoholika, sehr viel niedriger war als in Linz, zog es nicht nur Leute, die niedrigere Lebenshaltungskosten suchten, in die junge Stadt, sondern auch Produzenten, vor allem aus dem Lebensmittelgewerbe, die durch die Lage an der Donau niedrigere Produktionskosten vorfanden. Juden, die von Böhmen zuzogen, eröffneten Branntweinbrennereien und Likörfabriken. Kaufleute nutzten die Steuervorteile. Alois Hitler als hoher

Zollbeamter, der auch für die Überprüfung der Steuergrenze zwischen Linz und Urfahr auf der Donaubrücke zuständig war, war hier höchst willkommen. Hitler wohnte beim jüdischen Branntweinindustriellen Mostny und nahm mit dem Kolonialwarenhändler Pfeiffer am Urfahrer Platzl täglich gemeinsam sein Mittagessen in einem der Urfahrer Gasthäuser ein. Als Zollbeamtem oblagen ihm nicht nur Export- und Importangelegenheiten, sondern auch die Kontrolle der Verzehrungssteuerlinie und die Einhebung der hohen indirekten Steuern auf die Lebens- und Genussmittelbranchen Branntwein, Likör, Zucker und Bier, alles Zweige, in denen Mostny und Pfeiffer tätig waren. Dass es hier nicht nur private Gemeinsamkeiten gab, sondern es auch um wirtschaftliche und politische Interessen und Netzwerke ging, ist anzunehmen.

Der deutschnationale Kaufmann Georg Pfeiffer (1831–1897), den Alois Hitler 1894/95 zu seinen persönlichen Freunden rechnete, hatte mit dem ehemals Strasser'schen Kolonialwarengeschäft in Urfahr, das er 1874 erworben hatte, den Grundstein für den bis in die Gegenwart anhaltenden Aufstieg zu einem der größten Handelsunternehmen Österreichs gelegt. Er war von 1870 bis 1891 Urfahrer Gemeindeausschussmitglied und hatte wesentlichen Anteil an der Errichtung der Urfahrer Sparkasse. Alois Hitler wollte ihn 1895 um einen Kredit ansprechen.[142] Auch der am 1. Mai 1843 geborene Leopold Mostny war um das Jahr 1857 von Südböhmen nach Urfahr gekommen und hatte Ende 1867 in der Kreuzstraße eine Branntwein-, Likör- und Essigfabrik eingerichtet, die er später in ein neu erbautes Haus im neuen Urfahrer Zentrum in der Rudolfsstraße verlegte. Der Betrieb wurde bis in die Kaarstraße hinauf erweitert. Mostny, der in Böhmen deutschsprachig aufgewachsen war, fühlte sich immer dem Deutschtum zugehörig, war deutschnationaler Urfahrer Mandatar und für seine Wohltätigkeit bekannt. Im Gemeindeausschuss von Urfahr war er vom 5. Oktober 1879 bis 7. Oktober 1888 und vom 16. Mai 1894 bis 31. Mai 1919 tätig und dazwischen als Ersatzmitglied vertreten. Große Verdienste erwarb er sich für den Bau der Mühlkreisbahn, für die Sparkasse und für die Bank für Oberösterreich und Salzburg.[143] 1910 zählte er zu jenen neunzehn Oberösterreichern, die ein Jahreseinkommen von mehr als 100.000 Kronen versteuerten.

Hitler selbst und den nationalsozialistischen Historikern und Denkmalerrichtern wäre es sicher unangenehm gewesen, wenn das Haus eines Juden, oder gar eines so prominenten Juden, als Hitler-Wohnhaus unter Denkmalschutz gestellt worden wäre. Daher hat man diese Urfahrer Wohnsitze damals lieber übersehen. Gleichzeitig ist belegt, dass Leopold Mostny nach 1938 auffallend lang in Linz verbleiben konnte, ja sogar mit relativ hohen Geldbeträgen aus beschlagnahmten jüdischen Vermögen unterstützt wurde, weil er wegen seiner deutschnationalen Gesinnung und seiner langjährigen Verdienste als deutschnationaler Gemeinderat von Urfahr angeblich unter dem speziellen Schutz des Gauleiters August Eigruber stand.[144] Es ist nicht auszuschließen, dass Eigruber dies im Einvernehmen mit Adolf Hitler tat, der sich an Mostny vielleicht noch erinnern konnte. Im Jahr 1942 jedenfalls konnten oder wollten weder Eigruber noch Hitler ihn weiter schützen.[145] Mostny war eines der letzten und sicher das älteste von über 200 Linzer Opfern des Holocaust. Am 2. Oktober 1942 wurde er als 99-Jähriger von seiner Wohnung abgeholt, auf einen Lastwagen verladen und trotz eines nicht ausgeheilten Oberschenkelhalsbruchs nach Theresienstadt deportiert, wo er bereits vier Tage später, am 6. Oktober 1942, verstarb.[146]

Da der Urfahr-Aufenthalt der Familie bislang völlig unbekannt geblieben ist, gibt es hier auch über etwaige Ereignisse aus dem Leben des jungen Adolf nichts zu berichten. Wenn Hitler am 4. Juli 1942 in der Wolfsschanze von einer missglückten Boots- oder Floßfahrt mit seinem Bruder auf der Donau bei Linz erzählte, so konnte das nur in Urfahr passiert sein: »Was habe er schließlich auch in einem Kahn verloren gehabt?« Dass er immer ein schlechter Schwimmer gewesen sei, sei seiner Abneigung gegen das Wasser geschuldet gewesen.[147] Am ehesten könnte das bislang immer in das doch etwas abseits der Donau gelegene Leonding eingeordnete Unterfangen der beiden Buben Alois und Adolf, mit einem selbst gebauten Floß auf der Donau davonzuschwimmen und den Vater zu einer handfesten Prugelstrafe herauszufordern, nach Urfahr passen. Denn damals lebte der ältere Sohn Alois noch bei der Familie, und von der Kreuzstraße oder der Kaarstraße sind es jeweils nur ein paar Schritte zum Donauufer.

Alois Hitler jedenfalls war an seinem letzten Dienstort an einer wichtigen Schaltstelle des wirtschaftlichen Wachstums der Region angelangt. Er klagte in den Briefen immer wieder über die übermäßige berufliche Anspannung. Aber mit dem Herzen war er bereits an seinem neuen Lebensabschnitt angelangt, den er im Jänner 1895 mit dem neuerlichen Ankauf eines Bauernhofs einleitete.

»Wenn dieses Hafeld kein ganz weltvergessener Ort ist …«

Linz war für Vater Alois die letzte Station seiner Karriere. Die Pension war mit einem Mal in Griffweite und sein Traum vom Bauernleben nicht vergessen: Als pensionierter Staatsbeamter wollte er wieder Landmensch und Bauer sein.[148] Am 4. Februar 1895 kauften er und seine Frau Klara je zur Hälfte wieder ein Bauernhaus, diesmal in Hafeld 15, heute Almsteg 29, Gemeinde Fischlham bei Lambach. Informiert worden war er über diese Realität von dem in Urfahr, Rudolfplatz 2 wohnhaften Realitätenvermittler Hans v. Ritterstein.[149] Verkäufer war der pensionierte Straßenmeister Josef Radlegger in Wels, der das Gut ein Jahr vorher bei einer Versteigerung erworben hatte.

Es gibt viel Verwirrung um diesen Ankauf. Wie groß war das Schrottaugut wirklich? Wie wurde der Kauf finanziert? Wie kam Alois mit der neuen Herausforderung zurecht? Und welche Auswirkungen gab es für die Familie und insbesondere auch für den kleinen Adolf? Mit der nunmehr bekannt gewordenen, umfangreichen Korrespondenz zwischen Alois Hitler und Josef Radlegger wird nicht nur der genaue Ablauf dieses Geschäfts klar, sondern auch ein authentischer Blick auf die finanzielle Situation der Familie und die Mentalität und Denkweise des Vaters möglich.

Da ist einmal das etwas vertrackte Amtsdeutsch dieser Briefe, in das sich immer wieder einzelne Dialektwörter einschleichen, wie »Fadeln« statt Ferkeln, »Dirn« für Magd, »Traid« für Getreide und »Gfrett« für Mühsal oder Ärger. Für viele Details von Wert ist die große Geschwätzigkeit der Briefe, die auf ein erhebliches Mitteilungsbedürfnis hindeutet: nach außen mit höflichen Grußformeln und in verbindlichem Tonfall, im Kern aber mit wenig Wertschätzung anderer Personen. Auch das ständige Bemühen fällt auf, mit diversen Fremdwörtern, einer ständig angedeuteten dienstlichen Überlastung und mit eingestreutem agrarischem und bürokratischem Wissen die eigene Wichtigkeit im Zollamt und die vermeintliche fachliche Überlegenheit in der Land- und Betriebswirtschaft herauszustreichen und gleichzeitig die Arbeit anderer, etwa verschiedener Beamter und Freiberufler, anzuzweifeln und abzuwerten. Vor allem aber ist es die Geringschätzung von Dienstboten und anderem untergebenen Personal, aber auch mancher Beamter und der Beamtenschaft ganz generell, die in den Briefen zum Ausdruck kommt. Man kann sich nicht vorstellen, dass Alois mit seinem Gesinde, wie das der Volksbildner Georg Wieninger praktizierte und propagierte, an einem gemeinsamen Tisch gegessen hätte, oder dass er zu diesem Staat und seinem Apparat, dem er als Beamter selbst angehört hatte, wirklich Vertrauen hatte.

Das Rauscher- oder Schrottaugut in Hafeld Nr. 15, Gemeinde Fischlham, das von Jetzinger und in der gesamten Hitler-Literatur mit sieben Joch oder 3,8 ha als Kleinbetrieb eingestuft worden ist und auf dem der nunmehr pensionierte Zollbeamte mit seiner Familie das »geruhsame Leben eines Kleinbauern und Bienenzüchters« geführt haben soll, war in Wirklichkeit mehr als viermal so groß.[150] Mit 30 Joch 55 Quadratklafter oder 17,27 ha und weiterem Zugehör von mehr als zwei Hektar war das »Gut« ein Bauernhof von respektabler Größe, der auch entsprechend viel

Der Verkäufer des Rauscherguts in Hafeld: der pensionierte Straßenmeister Josef Radlegger. Er hatte das Bauernhaus erst ein Jahr zuvor bei einer Versteigerung erworben.

Ein Brief nach Wels: Die Schreiben Alois Hitlers an Josef Radlegger erlauben einen authentischen Blick auf die finanzielle Situation der Familie sowie auf Mentalität und Denkweise des Vaters.

Arbeit erforderte und für »Geruhsamkeit« wenig Raum ließ. Man beschäftigte zwei Knechte und eine Magd. Es waren zwei Pferde, der »Fuchs« und der »Braune«, mehrere Kühe, Schweine und natürlich entsprechend viel Geflügel vorhanden, und auch für eine Bienenhütte war leicht Platz zu finden.

Man taxierte die Bauernhöfe in Oberösterreich damals gerne nach der Zahl der Pferde: Einrössler, Zweirössler und Vierrössler. Mit sechs Rössern war man schon einem Adeligen oder großen Gutsherrn gleich. Mit zwei Pferden zählte Alois zu den größeren Bauern. Der Hof, den er seinerzeit im Waldviertel gekauft hatte, war zwar von der Fläche her noch etwas größer als jener in Hafeld. Aber im Waldviertel, wo der Boden steinig und karg und das Klima viel rauer war als in dem in der Ebene gelegenen Hafeld, arbeitete man vorwiegend mit Ochsen. »Im Waldviertel sei ein großer Teil der Gehöfte so klein, dass man sich nicht einmal Ochsen leisten kann: Kühe werden vorgespannt«, erzählte Hitler am 6. August 1942 kenntnisreich im Führerbunker.

Pferde vermittelten nicht nur ein entsprechendes Ansehen, sondern man stattete sie auch noch mit weiteren Statussymbolen aus: mit blinkenden Messingschnallen, bunten Bändern und reich bestickten Geschirren. Für sonntägliche Ausfahrten hatte man eine Kutsche, wozu man unbedingt auch eine prächtige Fuhrmannspeitsche mitführte. Mit dem Hof in Hafeld konnte sich der Beamte Alois Hitler in der ländlichen Oberschicht angekommen fühlen, ja sich durch den Bildungsvorsprung, den er sich gegenüber vergleichbaren Bauern erworben hatte, geradezu in einer bäuerlichen Elite wähnen.

Alois hatte sich als Beamter eine bürgerliche Existenz erarbeitet. Sein Lebenstraum aber blieb ein eigener Bauernhof, wie er ihn in seiner Jugend verlassen musste. Adolf Hitler kommentierte das in *Mein Kampf* nicht unrichtig: »Da er endlich in den Ruhestand ging, hätte er doch diese Ruhe keinen Tag als ›Nichtstuer‹ zu ertragen vermocht. Er kaufte in der Nähe des oberösterreichischen Marktfleckens Lambach ein Gut, bewirtschaftete es und kehrte so im Kreislaufe eines langen, arbeitsreichen Lebens wieder zum Ursprung seiner Väter zurück.«[151] So reibungslos und friedlich, wie Adolf Hitler das darstellen wollte, gestaltete sich diese Rückkehr aber weder für Alois noch für seine Familie. Der Bauernhof überforderte nicht nur die finanziellen Möglichkeiten, sondern auch die Arbeitsressourcen. Zudem bedeutete der Übergang von der städtischen Umgebung in Braunau, Passau und Urfahr in das kleindörfliche Milieu von Hafeld wenn schon nicht einen Kulturschock, so doch den Verlust der bislang gewohnten bürgerlichen Lebensweisen und kulturellen Beziehungen. Das war für Alois wahrscheinlich sogar schwieriger zu ertragen als für Klara und die Kinder. Wo fand er Gesprächspartner und Freunde, mit denen er seine gesellschaftlichen Ansichten austauschen oder über die politische Lage fachsimpeln konnte, wo die benötigte Nachbarschaftshilfe, um sein aus Büchern und Vorträgen erworbenes landwirtschaftliches Wissen praktisch umsetzen zu können, wo die aus seiner Sicht geeignete Schule für die Kinder und wo die passenden Unterhaltungsmöglichkeiten und Bildungsangebote?

Hafeld war ein Weiler mit 24 verstreut gelegenen Häusern und 120 Einwohnern im Mündungsgebiet der Alm in die Traun. Die meisten Häuser waren Kleinbesitz, die Bewohner Flößer, Fischer oder Arbeiter in der kleinen Holzstoff- und Papierfabrik des Josef Wührer. Nur ein paar Höfe waren von der Größe des Rauscherguts. Die Lage war herrlich, inmitten von Obstbäumen, mit Blick auf den Traunstein und die Berge des Toten Gebirges. Aber die vorbeifließende Alm war ein unberechenbarer Fluss, unreguliert und wild. Immer wieder trat sie über die Ufer. Auf Gefahren musste man jederzeit gefasst sein. Leicht zu bewirtschaften war das Gut mit Sicherheit nicht, wie die zahlreichen Besitzwechsel vor und auch nach Hitler beweisen.

Das Rauschergut hatte oft den Besitzer gewechselt. Am 15. Juni 1892 hatte es Mathias Kemptner vom Vorbesitzer, dem Straßenmeister Josef Radlegger, gekauft. Lang konnte er sich am Besitz nicht erfreuen. Es müssen dramatische Ereignisse gewesen sein, die sich auf dem Hof im Sommer und Herbst 1894 abgespielt haben. Kemptner verstarb nach kaum mehr als zwei Jahren am 8. September 1894 mit 60 Jahren »mit allen hl. Sakramenten versehen« an »Lungensucht«, wie in den Sterbematriken der Pfarre vermerkt ist. Aber einiges ist merkwürdig. Kemptner hatte den Hof gerade erst gekauft, um mit seiner Verlobten, der 1859 in Desselbrunn geborenen Maria Anna Pühringer, mit der er bereits ein dreijähriges Kind hatte, einen Hausstand begründen zu können. Zur Heirat kam es nicht. Die in der Familie kolportierte Erzählung, dass er nach dem Verkauf einer Kuh den gesamten Erlös im Gasthaus verspielt und sich daraufhin am Dachboden erhängt habe, passt zwar mit dem Matrikeneintrag nicht zusammen,[152] aber die »Lungensucht« könnte vom Pfarrer oder Arzt auch konstruiert worden sein, um dem Bauern ein christliches Begräbnis und einen ehrenvollen Platz auf dem Friedhof zu ermöglichen. Denn Kemptner stand 1894 allem Anschein nach im Vollbesitz seiner Kräfte. Gerade hatte er mit seiner Verlobten ein weiteres Kind gezeugt, das im Juli 1894 im Alter von fünf Monaten verstorben war.

Kemptner dürfte sich aber mit dem Hauskauf finanziell völlig übernommen und beträchtliche Schulden hinterlassen haben. Nach all dem Unglück war das Gut nach mehreren Besitzveränderungen zur Versteigerung ausgeschrieben, damals mit einem Schätzwert von 5.800 fl. Als Käufer trat wieder Radlegger auf. Dass er deswegen zum Zug kam, weil er aus dem vorangegangenen Verkauf an Kemptner dessen Hauptgläubiger geworden war, ist anzunehmen. Zu welchem Preis der Straßenmeister Radlegger am 14. Juli 1894 den Zuschlag erhalten hatte, ist nichtbekannt. Aber Radlegger wollte es gleich wieder loswerden.[153] Alois Hitler wurde Anfang 1895 von einer Realitätenvermittlung auf das Anwesen aufmerksam gemacht und schrieb am 23. Jänner 1895 an Radlegger in umständlichem Amtsdeutsch: »Euer Wohlgeboren, Ihre gefälligen Mitteilungen bezüglich des Rauschergutes in Hafeld bei Fischlham haben mich in dem Maße interessiert, dass ich mir die Sache vorläufig ansehen werde. Indem ich nämlich künftigen Sonntag den 27. dienstfrei bin, beabsichtige ich an diesem Tag einen Ausflug nach Lambach zu unternehmen und, wenn die Witterung nicht stürmisch ist, auch meine Frau mitzunehmen. Bei dieser Gelegenheit werde ich mir das Rauschergut ansehen. Es interessiert mich vor allem die Beschaffenheit und Lage der Wohn- und Wirtschaftsgebäude, dann der Umstand, ob die Weide und Überschwemmungen ausgefasst sind und ob nicht ein Teil derselben wenigstens kulturfähig ist, z. B. als Wiesen. Allerdings lässt sich die Bodenbeschaffenheit der Gründe in der jetzigen Jahreszeit schon wegen der Schneedecke nicht untersuchen, allein eine vorläufige Orientierung ist doch möglich. Nur möchte ich bitten, wenn Sie schon persönlich nicht kommen können, irgendjemanden im Haus zu visieren und zu beauftragen, mir die gewünschten Auskünfte zu erteilen. Ich fahre von Linz mit dem Zug um 7 ¾ Uhr ab und treffe nach dem Fahrplan um 8 Uhr 58 in Lambach ein. In Lambach selbst, wo ich wohl schon oft vorbeifuhr, war ich noch nicht, glaube aber, mich jedenfalls durchzuschlagen, wenn dieses Hafeld kein ganz weltvergessener Ort ist. Mit der vorzüglichsten Hochachtung Euer Wohlgeboren sehr ergebener Alois Hitler, Zolloberamtsofficial am Hauptzoll Linz.«[154]

Am 27. Jänner 1895 fand die Besichtigung statt, und Hitler hatte es mit einem Abschluss eilig: »Mit Rücksicht darauf, dass ich am 2. oder 3. dieses Monats (gemeint war der Februar) auf das Gut hinauf fahren will, könnten wir es ja so machen, wie es z. B. bei dem Verkauf meines Anwesens in Niederösterreich geschah. Sind wir über den Wortlaut der Stipulation des Vertrags einig, so lassen Sie den Vertrag machen, unterschreiben denselben und schicken ihn mir zur Unterschrift, die wir hier legalisieren lassen. Ich aber schicke Ihnen mit Postwendung die Sparkassenbücher. Die genaue Verrechnung müsste ja nicht auf den Tag geschehen, weil es mir bei dem Umstand, dass ich zur Übersiedlung meiner Familie einen Wochentag frei habe und ich wie schon erwähnt, die Feiertage hinauf muss, um das Nötige zu verfügen. Ich würde bei diesem Vorgang einen Tag und eine Fahrt ersparen gegenüber unserer Vereinbarung, wo ich am 2. nach Wels soll und am 3. abermals ja nach Hafeld müsste. Genehmigen den Ausdruck der besonderen Hochachtung, womit ich bin Euer Wohlgeboren sehr ergebener Alois Hitler. Die besten Grüße von meiner Gattin.« In einem angehängten Postskriptum merkte er noch an: »Ich muss aber trachten, ob es mir nicht möglich wird, beim Beginn dieses Quartals meine Wohnung an den Mann zu bringen, sonst muss ich dieselbe noch das ganze Vierteljahr zahlen – während ich für ein Zimmer für meine Person um die Hälfte weniger zahle.«[155]

Alois hatte es eilig. Der Betrieb musste rasch in Gang kommen. Denn der 2. Februar, der Lichtmesstag, galt als Stichtag für die Dienstbotenverträge. Der Februar war überhaupt die Zeit, in der alles für das nächste Bauernjahr vorbereitet werden musste. »Meine Familie wird voraussichtlich am 4. oder 5. (Feber) hinauf übersiedeln und bis dahin muss man der Meierin Geld schicken. Ich hoffe nämlich, dass wir beide bezüglich des Vertragsabschlusses bis dahin schon im Reinen sind.«[156] Der Kauf wurde für eine derart hohe Investitionssumme unüblich rasch fixiert. Die Beglaubigung des Vertrags und der Unterschriften durch einen Linzer Notar erfolgte bereits am 4. Februar. Der Realitätenvermittler Hans von Ritterstein brachte schon am 3. Februar in einem Schreiben an Radlegger seine Freude zum Ausdruck, dass Alois, dem er »das Gut sehr warm zum Ankaufe wiederholt empfohlen habe«, wirklich gekauft hatte: »Es hat ihm nach der Beschreibung gleich anfangs recht gut gefallen, deswegen habe ich ihm auch kein anderes inzwischen offeriert.«[157] Mehr freute ihn wohl noch, wie rasch er zu seiner Provision kam.

Die Finanzierung

Doch wie sollte der vereinbarte Kaufpreis von 7.250 fl aufgebracht werden? Für die erste Rate wollte Alois die vorhandenen Sparbücher verwenden, die allerdings nicht auf seinen Namen lauteten, sondern auf den seiner Frau und seiner drei Kinder. Am 28. Jänner schrieb er bezüglich der Finanzierung an Radlegger: »Sie haben aber bemerkt, dass Sie statt des Bargelds über den betreffenden Betrag auch Sparkassenbücher übernehmen – da ginge die Sache schneller. Ich werde, wenn Sie einverstanden sind, Ihnen meine Mauerkirchener Sparkassenbücher über eine Gesamteinlage von ca. 1990 fl (auf den Gulden weiß ich den Betrag nicht auswendig, weil ich diesen Brief in der Kanzlei schreibe) übergeben. Die von zwei Jahren angesammelten Interessen (= Zinsen), welche, wie ich schon mündlich erwähnt habe, bis letzten Jänner noch auf meine Rechnung gehen, könnten Sie sowie das Kapital beliebig beheben oder auch liegen lassen, wir würden das diesfalls verrechnen.«[158] Alois schlug vor, 2.050 fl sogleich mit den Sparkassenbüchern zu bezahlen, 1.000 fl bis 1. März 1895 und weitere 1.000 fl bis 1. April 1895, während er 1.200 fl zu vier Prozent gegen viertel- oder halbjährige Kündigung »wie es beliebt«, von Radlegger als Kredit und 2.000 fl als Kredit von der Sparkasse zu bekommen hoffte.[159] Er werde am Lichtmesstag nach Hafeld kommen, schrieb Alois am 31. Jänner: »Da lade ich Sie ein, zum Zweck der Übergabe des Inventars sich ebenfalls einzufinden. Ich werde bei dieser Gelegenheit auch die vier Sparbücher mitbringen.«[160]

Verabredet und festgehalten wurde im Kaufvertrag vom 4. Februar 1895 Folgendes:

1. Herr Josef Radlegger verkauft und übergibt das von ihm am 16. Juli 1894 in öffentlicher Versteigerung erstandene und ihm mit Einantwortungsurkunde des k.k. Bezirksgerichts Wels am 9. Nov. 1894, Zahl 8468 ins Eigentum übertragene Rauschergut Nr. 15 zu Hafeld, vorgetragen im Grundbuch der KG Fischlham, EZ 61 samt dazugehörigen Grundstücken, sonstigen rechtlichen Zugehör und allen inventierten Fahrnissen und Herr Alois und Frau Klara Hitler kaufen und übernehmen zu gleichen Teilen diese Kaufsobjekte um den vereinbarten Kaufschilling zu 7250 fl, in Worten siebentausendzweihundertundfünfzig, wovon ein

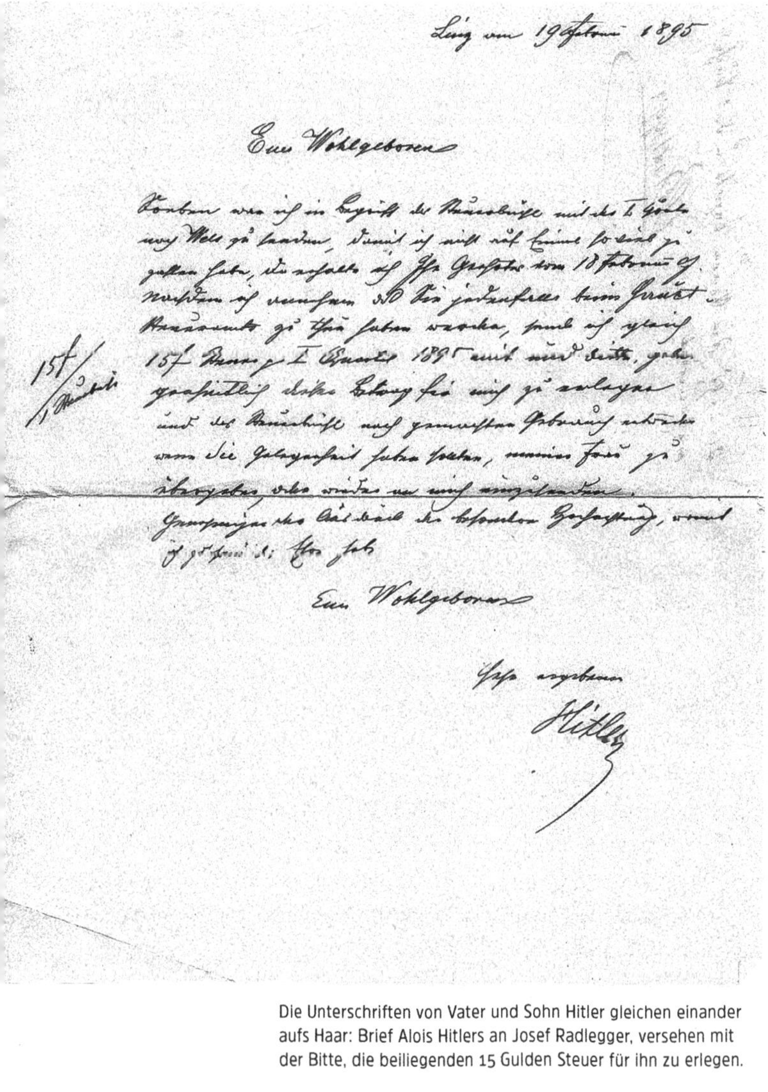
Linz am 19 Feber 1895

Euer Wohlgeboren

Euer Wohlgeboren

Ihr ergebener

Hitler

Die Unterschriften von Vater und Sohn Hitler gleichen einander aufs Haar: Brief Alois Hitlers an Josef Radlegger, versehen mit der Bitte, die beiliegenden 15 Gulden Steuer für ihn zu erlegen.

Betrag zu 4000 fl auf Haus und Grundstücke, ein Betrag von 1250 fl auf den Fundus Instructus und ein Betrag von 2000 fl auf die freien Fahrnisse gerechnet werden.

II. Dieser Kaufschilling wird auf nachstehende Art entrichtet: 1) Übernehmen die Käufer das auf der Realität für die Sparkasse Lambach aufgrund des Schuldscheins dto 26. Jänner 1876 pfandrechtlich einverleibte Darlehenskapital per 2000 fl samt Zinsen vom 1. Juli 1895 in Zahlungsverpflichtung. 2.) Haben die Käufer dem Verkäufer ein Sparkassenbüchl auf den Namen Clara Hitler und durch Ausfolgung von Einlagenbücheln der Sparkasse Mauerkirchen zu bezahlen den Kaufschillingsteil von 2050 fl, worüber sich beide Teile die genaue Verrechnung vorbehalten. 3.) Verpflichten sich die Käufer in Solidum dem Verkäufer in barem zu bezahlen bis 1. März 1895 1000 fl, bis 1. April 1895 1000 fl. 4.) Der hernach für den Verkäufer erbringende Kaufschillingsrest zu 1200 fl hat gegen 4 ½ % jährliche Verzinsung und beiden Teilen freistehende vierteljährliche Aufkündigung liegen zu bleiben unter Solidarhaftung der Käufer.

III. Der Verkäufer Herr Josef Radlegger bewilligt die sofortige Einverleibung des Eigentumsrechts der Käufer Herr Alois und Frau Klara Hitler bei dem verkauften Rauschergute Nr. 15 in Hafeld im Grundbuche der KG Fischlham EZ 61 je zu gleichen Teilen und die Käufer bewilligen die Einverleibung des Pfandrechts zur Sicherstellung des eben in Absatz II sub Z. 4 erwähnten Kaufschillingsrests per 1200 fl samt 4 ½ % Zinsen und eines Höchstbetrags per 40 fl für sonstige etwaige Nebensachen bei obbezeichnetem Rauschergut im oben erwähnten Grundbuch zu Gunsten des Verkäufers Herrn Josef Radlegger.

IV. Die physische Übergabe der Kaufobjekte mit Nutzen und Vorteil, Lasten und Gefahr erfolgt am heutigen Tage.

V. Nachdem die Käufer auf die verkaufte Realität für die mj. Alois und Angela Hitler eine Satzpost von zusammen 1000 fl öW zur pfandrechtlichen Einverleibung zu bringen gedenken, so erklärt der Verkäufer Josef Radlegger schon mit seinem laut Absatz III zu intabulierenden Kaufschillingsrest per 1200 fl diese Satzpost der mj. Alois und Angela Hitler im Satzvorrange zu weichen und die Pfandrechtsintabulierung dieser 1000 fl zu bewilligen.

VI. Bemerkt wird noch, dass bei der verkauften Realität ein Fahrrechtsservitut auf Grund eines Kaufvertrags vom 15. Juni 1892 einverleibt ist.

VII. Die Halbe-Wert-Klausel wird ausgeschlossen.

VIII. Die Kosten tragen die Käufer, die Veränderungsgebühr der Verkäufer. Wels, 4. Februar 1895.«[161]

Dazu kamen als Zusatzkosten das Honorar für den Welser Rechtsanwalt Dr. Carl Meinhart über 32 fl 41 kr und die Provision für den Realitätenvermittler in Höhe von drei Prozent des Kaufpreises.

Folgender Zahlungsplan war vorgesehen:

27. Jänner, Drangeld als Donum für die Gattin	10 fl
2. Feb. 1. Ratenzahlung	2.050 fl
21. Feb. 2. Ratenzahlung	1.000 fl
23. April 3. Rate Frau Hitler	500 fl
25. April 4. Rate Sparkasse Lambach	500 fl
5. Rate Darlehen Sparkasse Lambach	2.000 fl
Liegenbleibender Rest	1.200 fl
Summe	7.250 fl
Dazu	
Rechtsanwalt	32,41 fl
Vermittlungsgebühren	362,50 fl

Die Finanzierung hatte sich Alois Hitler allerdings leichter vorgestellt, als es dann tatsächlich der Fall war. Hitler hatte zwar Geld, aber zu wenig. Er verfügte über ein Jahresgehalt von 1.100 Gulden, zu dem in Passau 220 und in Linz 250 Gulden als Ortszuschlag hinzugekommen waren, die aber mit dem Antritt der Pension wegfielen. Nun, wo er mit seiner Frau und seinen vier und bald fünf Kindern, Alois, Angela, Adolf, Edmund und ab 1896 auch

Paula, und der mitarbeitenden Hanni-Tante von jährlich knapp 1.000 Gulden leben musste, war er zwar nicht zur Unterschicht zu rechnen, konnte aber auch nicht wirklich als Repräsentant einer gehobenen, gut situierten unteren Oberschicht gelten, die sich eine Hobby-Landwirtschaft als Statussymbol hätte leisten können. Da musste man schon auf einen entsprechenden Ertrag aus der Bewirtschaftung hoffen.

So weit, so gut. Vorerst ging es aber um Unklarheiten in der Auslegung des Kaufvertrags und um weitere notwendige Investitionen. Man stritt um Geräte, die Hitler als zum Haus gehörig betrachtete, die Radlegger aber für sich reklamierte. Am 15. Februar protestierte Alois: »Ferner schreibt mir meine Gattin, dass Sie den Werkzeug vom Haus nach Wels fahren lassen. Das hätte von meiner Seite gar keine Eile, denn wenn auch im Vertrag der Umstand nicht aufgenommen ist, ob Sie die Sachen ein Jahr lang im Stübl lassen können, haben Sie doch mein Wort, und dieses habe ich noch niemals verleugnet. Aber die Waidzille hätten Sie mir nicht wegnehmen sollen. Bei der damaligen Kälte war ich außerstande, die Au abzugehen und hinterdrein komme ich darauf, dass eine Kommunikation mit dem zwischen der Au und der Traun gelegenen Teil der Au nur mittels Überschiffung möglich ist. So kann ich mir zu den übrigen großen Auslagen auch noch eine Waidzille machen lassen. Dann möchte ich bitten – ich sage ausdrücklich, Sie waren im formellen Recht – aber aus Billigkeitsrücksichten könnten sie doch gestatten, dass der Franz (der am Hof vorhandene Knecht, Anm. d. Verf.) den Teil des beim Hause verbliebenen Eisenzeugs, der nicht mehr wert ist als altes Brucheisen, gegen die verwendbaren Stücke, die Sie sich ausgesucht und zurückbehalten haben, umtauschen darf. Für Sie ist ja das keine empfindliche Differenz, nachdem Sie diese Sachen jedenfalls verkaufen werden und man für alte Werkzeuge, ob dieselben etwas besser oder schlechter sind, in der Regel nicht viel mehr bekommt als für altes Eisen überhaupt, muss ich gleich im Anfang was neu anschaffen beziehungsweise reparieren lassen. Also lassen Sie diesfalls Gnade für Recht ergehen.«[162] »Ebenso bitte ich«, fährt Hitler fort, »meiner Frau eine Karte zu schreiben, ob Sie den Umtausch einiger sehr schlechter Stücke Werkzeug bewilligen oder nicht, wo dann der Franz die Sachen sofort Ihrem Wunsch entsprechend überführen wird«.[163]

Weil Radlegger offenbar auf die Bitte nicht eingehen wollte, meldete sich Hitler am 7. März aus Linz mit einem Vergleichsangebot: »Euer Wohlgeboren. Ich habe nicht an das Gericht, sondern an Ihr Billigkeitsgefühl appelliert und wenn Sie meine erste Anregung in dieser Angelegenheit aufmerksam gelesen hätten, hätten Sie entnehmen können, dass ich Ihr Recht ausdrücklich anerkenne. Das ginge mir auch noch ab, dass wir wegen einer solchen Lappalie vor Gericht kämen – ob Sie mir den Umtausch bewilligen oder nicht, reich wird deshalb keiner von uns und auch nicht ärmer. Es steht Ihnen jederzeit frei, Ihre Sachen wegzubringen und es wird Ihnen deshalben auf Wunsch, sobald wegen des gegenwärtigen Unwetters ein halbwegs fahrbarer Weg sein wird, mein Knecht hinunter fahren, oder wenn Sie sich die Sache durch jemand anders wegfahren lassen wollen, steht es Ihnen auch frei.«[164] Am 7. März war es dann so weit: »Übermorgen Samstag Abends fahre ich auf Hafeld und werde übern Sonntag dort bleiben, bei dieser Gelegenheit werde ich bezüglich der Überführung Ihrer Sachen Aufträge erteilen, übrigens wäre es besser, wenn Sie zu diesem Zweck ihrerseits persönlich hinauf kommen.«[165] »Aber ich kann es mir nicht versagen«, fügte Hitler hinzu, »zu Ihrer Behauptung sowie im Interesse der Klarstellung der Sachlage, als ich das Inventar verlangt habe, folgendes zu bemerken: Ich habe in meinem Fragebogen allerdings bemerkt, ob und welche Gegenstände beim Haus bleiben – allein das war eben eine Anfrage, um das Verkaufsobjekt halbwegs im Gegensatz zum Preis beurteilen zu können – aber nicht die Grundlage beim Verkaufsabschluss. Es wurde von mir sowohl als auch von meiner Frau ausdrücklich und wiederholt betont, ›wie alles liegt und steht.‹ – Ihre Bauwerkzeuge, die zum Ökonomiebetrieb nicht erforderlich sind, waren damit selbstverständlich nicht gemeint. Aber lassen wir das, es lohnt sich wirklich nicht eines Streits – und ich überlasse es, wie ich schon von allem Anfang bemerkt habe, einzig und allein Ihrem Entgegenkommen, Ihrer Loyalität, Ihrem Billigkeitsgefühl und erachte in dieser Angelegenheit unsere Korrespondenz als abgeschlossen. Also die Advokaten und Gerichte gehen in diesem Falle leer aus und ich hoffe, wir bleiben – die alten, Sie bestens grüßend hochachtungsvoll Ihr ergebener Hitler.«[166]

Aber es gab noch weitere Probleme, wie aus einem Brief vom 13. März hervorgeht: »Beim Haus liegen einige Dachziegel, diese lassen Sie mir, ebenso die Bretter, die über 40 Stück vorhanden sind. Berechnen Sie den Preis, wie er überhaupt dort üblich ist, und ich werde Ihnen denselben einfach zahlen. Sie nebst Familie bestens grüßend Ihr ergebenster Hitler.«[167]

Es klappte vieles nicht, auch was die notwendige Neuvermessung des Besitzes betraf: »Das scheint eine schöne Schlamperei zu sein bei diesem Geometer«, ärgerte sich Alois am 18. März. Auch gab es keinen Waagbaum zum Leiterwagen und Alois hatte den Schlüssel zur Wagenremise verlegt: »Bezüglich des Waagbaumes zum Leiterwagen habe ich meiner Frau sofort geschrieben. Mit dem Schlüssel zur Wagenremise geht es mir schon zum zweiten Mal so: Ich ging stets von der Wagenremise direkt in den Garten und außerhalb des Hauses herum, steckte den Schlüssel in den Sack und – vergaß darauf ihn herauszugeben. Ich danke Ihnen sehr, dass Sie so kulant waren und bemerke nur nebenbei, dass ich Ihre Sachen nicht gesehen habe. Ich habe dieselben grundsätzlich nicht angesehen; das was ich Ihnen seinerzeit geschrieben habe, wusste ich nur aus den Erzählungen des Franz Baumgartner; also ich habe davon weder etwas gesehen noch irgendeinen Umstand veranlasst. Dass Sie so entgegenkommend waren, danke ich nochmals.«[168] Den Überblick in einer doch nicht so vertrauten Materie zu bewahren, war für den Beamten und Neo-Bauern offensichtlich doch nicht ganz so leicht.

Auch bei den Zahlungen ging es nicht so glatt, wie Alois geglaubt hatte: Die erste Rate in Höhe von 2.085 fl 68 kr wurde zwar termingerecht aus den vier Sparbüchern beglichen und von der Sparkasse Mauerkirchen in einem Brief mit zehn Banknoten à 100 fl, 21 à 50 fl, drei à 10 fl und eine à 5fl, dazu noch 68 Kreuzern Inhalt gut versiegelt und eingeschrieben an Radlegger übersendet. So einfach funktionierte der Geldtransfer vor dem Giralverkehr! Immerhin nach dem aktuellen Geldwertrechner der Österreichischen Nationalbank eine Summe von 29.607 Euro oder zwei damalige Bruttojahresgehälter Hitlers. Alles in einem simplen Briefkuvert!

Die zweite, am 1. März fällig werdende Rate zu 1.000 fl wollte Alois mit seiner Dienstkaution begleichen, die er seinerzeit als Beamter hinterlegen musste und die er erst nach seinem Ausscheiden aus dem aktiven Dienst zurückfordern konnte. Hitler ersuchte Radlegger daher um eine Stundung, denn die Prüfung durch das Rechnungs-Dezernat dauere in der Regel ein halbes Jahr, bis die Obligation devinkuliert und die Barkaution ausbezahlt werden könne. »Für den Fall, als Sie mit diesem Geld nicht ein anderes Geschäft vorhaben«, meinte Alois, »wäre es Ihnen ja einerlei, ob Sie das Geld in die Sparkasse legen oder Papiere kaufen, oder ob Sie diese Transaktion mit mir eingehen – für 1000 fl sind um 1100 fl reale Sicherheit vorhanden, Sie riskieren also dabei gar nichts und ich wäre des langwierigen Herumsuchens enthoben. Mehr als 5 Prozent erzielen Sie ja auch anderwärts nicht. Stürbe ich in der Zwischenzeit, nun so würde meine Dienstkaution umso früher frei. Ich bitte, mir in der Sache gefälligst Mittheilung zu machen.«[169]

Da aber Radlegger Bargeld sehen wollte, versuchte Alois andernorts ein mit seiner ausstehenden Kaution besichertes Darlehen zu bekommen, zuerst bei dem mit ihm bekannten Urfahrer Kaufmann Pfeiffer: »Nachdem ich das am liebsten hier in Linz getan hätte«, schrieb Alois, »ließ ich durch den mir befreundeten Zolloberkontrollor Steinkogler bei Herrn Kaufmann Pfeiffer in Urfahr, meinem täglichen Tischnachbarn, sondieren, ob er nicht geneigt wäre, mir diese 1000 fl gegen 5 Prozent Verzinsung auf ein

Jahr (längstens) zu geben, weil nach längstens einem Jahr meine Kaution zu 1100 fl frei wird. Ich hätte ihm nämlich mittelst Schuldschein eine auf meinen Namen vinkulierte Silbernote zu 900 fl mit April- und Oktoberzinsen (102 fl) und die Kassenquittung der Linzer Landes Cassa über 200 fl Barkaution zu 5 % Verzinsung in Pfand gegeben und nachdem die Rente nicht ganz 5 Prozent Zinsen trägt, ich aber seit 1. Oktober 1894 für alle 5 Monate die Zinsen gut habe, aus diesem Betrag den Zinsenabgang für diese 900 fl auf 5 Prozent ergänzt.«[170] Der Urfahrer Kolonialwarenhändler Pfeiffer dürfte darauf nicht eingegangen sein.[171] Daher wandte sich Alois an alte Braunauer Freunde.

Am 17. Februar berichtete er Radlegger aus Braunau: »Euer Wohlgeboren, ich bekomme hier in Braunau von meinen alten Freunden leicht die benötigten 1000 fl zur Zahlung der 2. Kaufschillings-Rate, somit ist der letzte Passus in meinem Brief bezüglich einer Transaktion mit meinen Pensionseffekten gegenstandslos; ich werde den Betrag zum festgehaltenen Termin in barem zahlen.« Das dürfte auch geklappt haben. Johann Murauer, ein Braunauer Hausbesitzer, borgte ihm das Geld. Aber wenige Wochen später stand bereits die nächste Rate für den am 1. April fälligen Rest von 1.000 fl bevor. Dafür wollte Hitler ein Darlehen, das mit einem Pfandrecht auf das Rauschergut besichert werden sollte, wofür aber wegen des Erbteils der minderjährigen Kinder Alois und Angela, mit deren Sparbüchern der Kauf des Guts mitfinanziert worden war, eine gerichtliche Bewilligung notwendig war.

Alois und Klara Hitler richteten daher am 19. März an das Bezirksgericht Braunau ein Ansuchen um obervormundschaftliche Bewilligung dieses Darlehens von 1.000 fl auf das mütterliche Erbteil ihrer minderjährigen Kinder Alois und Angela Hitler gegen vier Prozent Verzinsung und um grundbücherliche Einverleibung des dafür geforderten Pfandrechtes auf das Rauschergut.[172] Alois hatte zwar mit dem Bezirksrichter in Braunau als Obervormund der minderjährigen Kinder bereits Rücksprache gepflogen, der ihm, so versicherte er, unter der Voraussetzung der Richtigkeit der Angaben die Gewährung bereits zugesichert habe. Zu diesem Zweck habe er schon am 5. März sowohl beim städtischen Bezirksgericht Wels um einen Grundbuchauszug als auch beim Stadtfinanzamt Wels um einen Grundbesitzbogen angesucht, weil der von Radlegger übergebene Grundbesitzbogen wegen der darin vorhandenen Korrekturen nicht angenommen worden war. »Den Grundbuchsauszug«, schrieb Alois an Radlegger, »habe ich schon längst in Händen, den Grundbesitzbogen aber noch nicht, was die Sache zu meinem Verdruss verzögert«. »Haben Sie«, fragte er Radlegger, »beim Stadtfinanzamt niemand näheren Bekannten, bei dem Sie die Sache urgieren könnten? Sie würden mir gegebenen Falls eine Gefälligkeit erweisen. Die Stempelmarken habe ich dem Gesuche beigeschlossen, die allfällige Schreibgebühr, deren Höhe mir nicht bekannt ist, nicht, in der Voraussetzung, dass man letztere per Post wird annehmen.«[173]

Aber auch die Sache am Bezirksgericht Braunau zog sich in die Länge, wie Alois am 27. März feststellen musste: »Euer Wohlgeboren«, musste er Radlegger eingestehen: »Leider habe ich vom k.k. Bezirksgericht Braunau bezüglich der 1000 fl bis heute noch keine Erledigung und werde unter einem die Sache betreiben. Selbst wenn die Erledigung heute noch kommen sollte, so muss ich den Schuldschein in Wels erst intabulieren lassen, sodann mir erst die Valuta ausgefolgt werden wird. Bei dem schleppenden Geschäftsgang, der in derlei Angelegenheiten üblich zu sein scheint, sehe ich schon die Unmöglichkeit voraus, die Zeit am 1. April einzuhalten und bin daher gezwungen, Sie um Verlängerung bis längstens 1. Mai 1895 zu bitten und werde Ihnen für dieses Kapital die pro April entfallenden Zinsen mit 4 ½ Prozent bezahlen. Wenn ich das geahnt hätte, wäre ich doch selbst nach Braunau gefahren. Ich wollte die Kosten dieser Reise ersparen, indem ich ohnehin erst vor 14 Tagen in Weng bei Altheim war wegen dem Naturalauszug und dem Transport der Möbel meiner Schwiegermutter, was mir ebenfalls Auslagen verursachte, und ich andrenfalls zur Empfangnahme der Valuta werde doch nach Braunau reisen müssen. Im Laufe des

Monats April wird das Kapital jedenfalls flüssig und werde Ihnen dasselbe nach dem Erhalt sofort schicken. Sobald es zu regnen aufhört und der Weg halbwegs praktikabel sein wird, wird Ihnen Franz Ihre Sachen überführen. Nachdem ich meine Bitte um diese Gefälligkeit wiederhole, habe ich die Ehre zu sein Euer Wohlgeboren sehr ergebener Alois Hitler.«[174]

Am 26. März 1895 stand der Entscheid des Bezirksgerichts fest, und er war negativ ausgefallen: »Ihrem Ansuchen um Gewährung eines Darlehens per 1000 fl aus dem Pupillarvermögen ihrer Kinder Alois und Angela Hitler gegen grundbücherliche Besicherung auf das von Ihnen mit Kaufvertrag vom 4. Feber 1895 im Preis von 7250 fl erworbene Rauschergut Nr. 15 in Hafeld auf den Satzpost der Sparkasse Lambach zu 2000 fl kann nicht Folge gegeben werden«, lautete der amtliche, sprachlich recht komplizierte Bescheid: »Und zwar aus folgenden Gründen. Erstens. Laut Grundbesitzbogen hat das Rauschergut zu Hafeld bei einem Ausmaße von 30 Joch 55 Quadratklafter (= 17,27 ha) nur eine Bewertung von 97 fl 15 kr, welches einer Grundsteuer von 22 fl 5 kr entspricht. Unter Zugrundelegung der 70fachen Grundsteuer wird sich der Wert des Grund und Bodens auf mindestens 1543 fl 26 kr feststellen. Zweitens: Nachdem von zitiertem Haus und Grund mit Ausschluss der Fahrnisse ein Wert von 4000 fl, dann hinzu extra der Grundwert 1543 fl 56 kr abgezogen, verbleiben für das Bauernhaus allein ein Werthaufschlag von 2546 fl 56 kr, mithin würde das zugewiesene Pupillarvermögen per 1036 fl die nach § 230 der k.k. Pupillar-Regelung erforderliche Sicherstellung nicht genießen, indem die Sicherheit nur dann gesetzmäßig ist, wenn die Sicherheit mit Einrechnung der vorhandenen Lasten im Haus nicht über die Hälfte und die Grundstücke nicht über 2/3 des wahren Werts beschwert werden. Zu Ihrem Einschreiten steht Ihnen jedoch frei, durch eine freiwillige gerichtliche Schätzung den Wert der Grundstücke und des Bauzustandes, und zwar getrennt nach Einlagezahlen, feststellen zu lassen.«[175] Das war Alois dann doch zu bürokratisch und zu teuer!

Am 2. April stand für ihn daher fest: Er brauchte eine neue Lösung für die Finanzierung: »Euer Wohlgeboren! Nach so langem Warten erhielt ich gestern vom Bezirksgericht Braunau a. I. den leider abweislichen Bescheid, den ich Ihnen hier zur gefälligen Einsichtnahme beischließe und um dessen gelegentliche Rücksendung ich bitte. Die Gründe der Abweisung sind in dem Bescheid aufgeführt. Jetzt handelt es sich für mich zunächst darum, entweder das Haus gerichtlich schätzen zu lassen, was mich voraussichtlich wieder eine Menge Geld kostet – oder trachten, ob ich dieses Darlehen nicht etwa von der Lambacher Sparkasse erlangen könnte, was für mich mit weniger Unkosten verbunden sein dürfte. Es war ein Fehler, dass ich nicht doch nochmal nach Braunau gefahren bin. Obwohl ich mit dem damaligen Bezirksrichter, der erst nach Braunau kam, als ich schon weg war, persönlich nicht näher bekannt bin, wäre es meiner persönlichen Einflussnahme eher doch gelungen, dessen Bedenken zu zerstreuen. Dieses Geld habe ich seinerzeit bei meinem deprimierten Gemütszustand freiwillig hergegeben, um es im Falle, mich vorzeitig der Tod ereilen sollte, meinen Kindern zu sichern – und siehe da, jetzt bindet man mir die Hände und macht man mir jetzt alle erdenklichen Schwierigkeiten. Der Bezirksrichter in Braunau darf ja doch nicht glauben, dass meine Frau mit ihrer Pension von 350 fl imstande wäre, im Falle meines Ablebens die Kinder zu erhalten. Ich will Ihnen ja eben deshalb eine Heimat gründen, und bin überzeugt, dass mir dieses auch gelingen wird. Meine Frau ist gerne tätig und besitzt die nötige Freude und auch das Verständnis für eine Ökonomie, und ich bleibe auch nicht müßig. Am 28. dieses Monats vollende ich mein vierzigstes Dienstjahr, Ende Mai oder in der ersten Hälfte Juni komme ich ganz hinauf; es ist mir maßgebenden Ortes vor ein paar Wochen versprochen worden, dass man beim Finanzministerium beantragen wird, mir 200 fl jährlich Aktivitätszulage zu belassen, weil ich sonst dank der von mir abgelegten höheren Zollprüfung und der erfolgten Avancements in Fall einer Pensionierung wirtschaftlich im Nachtheil wäre gegenüber meiner früheren

Stellung als Zollamtsoffizial, wo ich schon vor drei Jahren 200 fl Dienstalterszulage erhalten hätte – also mit meiner Pension von 1300 fl wird es mir bei unserer bescheidenen Lebensführung ja gar nicht schwer, monatlich 50 fl zurückzulegen, wovon mir für den Haushalt noch monatlich 58 fl übrig bleiben.«[176]

Dazu ergänzte er: »Wenn ich von der Sparkasse mutual bloß 700 fl bekommen könnte, wäre es genug, weil ich über den Rest ohnehin verfüge.«[177] Aber trotz der anstehenden Finanzierungsschwierigkeiten hatte Alois weitere, noch höher fliegende Ausbaupläne für den Hof: Er interessierte sich am 13. März bei Radlegger für zusätzliche Grundstücke: »Euer Wohlgeboren! Aus Ihrem geschätzten Schreiben vom gestrigen Tage entnehme ich, dass der Grund, welcher in mein Feld hineinragt, verkäuflich wäre. Ich wäre allerdings nicht abgeneigt, denselben zu erwerben und wäre auch in der Lage, über ca. 350 fl ab sofort zu verfügen, allein ich kenne mich in Ihrem Schreiben zu wenig aus und erlaube mir deshalb die Frage: Also 2 ½ Joch wären es? Ist derselbe mit irgendeinem Servitut etc. belastet? Wie hoch ist der eigentliche Preis? Sind diese 2 ½ Joch bei den 5 ½ Joch inbegriffen, wo Sie die Haftung bezüglich des Auszugs allfällig haben? Ist davon ein Auszug zu entrichten? Übrigens könnte ich mich auf irgendeine Unterhandlung nicht früher einlassen, als bevor der Grund von Ihnen bloß gelegt ist.«[178] Es war klar: Alois musste wissen, ob darauf nicht weitere Lasten, insbesondere eine Alterssicherung oder Leibrente eingetragen waren. Am 2. April wusste Alois dann Bescheid: »Mit dem Bauern habe ich wegen dem Grund gesprochen, er begehrt für diese 2 ½ Joch 600 fl – ich habe ihm vorläufig 300 fl und so lange der Auszug davon lebt, jährlich 15 fl versprochen. Übrigens hört sich dieser Kauf meinerseits von selbst auf, falls ich diese 1000 fl nicht voll auftreiben könnte.«[179]

Am 13. April hakte er nach: »Noch etwas. Sie schreiben mir, dass Sie gesonnen seien, sich wieder eine Ökonomie zu kaufen. In diesem Falle werden Sie am Ende die letzten 1200 fl kündigen – dann könnte ich allerdings mich auf den Kauf des freien

Grundes momentan nicht einlassen, weil ich da mein Geld zusammen halten muss. Sie glauben nicht, was mich die Sache bisher gekostet hat, bare 300 fl sind durch diese Kaufaffaire aufgegangen, für Verhandlung, Steuer, Offenbarung, Stempel etc.«[180]

Nach einer eingehenden Besichtigung des Grundstücks und einem neuerlichen Überschlag seiner Finanzsituation sagte Alois diese zusätzliche Investition ab. Sie war ihm zu teuer: »Vor 14 Tagen hat es geregnet, da konnten wir nichts anschauen, erst letzten Sonntag sind wir Ihre Au abgegangen. Dieselbe würde zum Hause allerdings passen, allein ich kann mir die Situation nicht über den Kopf wachsen lassen, und das wäre vor Ablauf von zwei Jahren, innerhalb welcher ich die 500 fl an die Sparkasse werde gezahlt haben, schon zu vermeiden. Ferner habe ich gefunden, dass in der Au allerdings einige Grasflecke, Wiesen kann man sie wegen deren geringer Ausdehnung nicht nennen, vorhanden sind, worauf bei entsprechender Behandlung etwas wachsen kann. Aber an vielen Stellen, und das sind die überwiegend größten, lässt sich in absehbarer Zeit nichts erzielen; wo der spärliche und schüttere Schwarzholzbestand ist, ist lauter Schatten und es werden diese Stellen nach Entfernung des Schwarzholzes fast wertlos. Wenn man sonach durchschnittlich das Joch mit 100 fl veranschlagt, ist es bezahlt genug, denn wenn auch durch das Abmaißen der Weiden etc. einmal ein größerer Betrag sich erzielen lässt, so hängt das von Umständen ab, auf die der Besitzer keinen Einfluss hat z. B. Lohnänderung, Abnahme des Bedarfs zum Wasserbau etc. Und dann verteilt sich der Erlös wieder mindestens auf fünf Jahre, innerhalb welcher Zeit der Bestand wieder nachwachsen muss. Auch die Auen am Inn, welche nicht groben Schotter, sondern durchgehend nur feinen Flusssand zur Unterlage haben und daher viel leichter kulturfähig sind als die Auen an der Traun mit einer Unterlage aus grobem Kalkschotter, werden durchschnittlich das Joch um hundert bis allerhöchst 150 fl ge- und verkauft. Also mehr als 100 fl das Joch könnte ich auf keinen Fall geben. Ich kann jetzt wegen Mangel an Zeit auf die näheren Details nicht eingehen, hoffe aber bis längstens Mitte Juni frei zu werden, dann bin ich Herr meiner Zeit und werde mir das Vergnügen machen, mich mit Ihnen persönlich zu besprechen.«[181]

Dass Alois die ganze Zeit über sein land- und betriebswirtschaftliches Wissen verbessert hatte, machte sich jetzt bezahlt: So einfach konnte man ihm, dem anscheinend fachfremden Beamten, dann doch nicht irgendwelche Grundstücke aufschwatzen. Am 22. April kündigte Alois, wenn auch mit Verspätung, die Überweisung des ersten Teils der nächsten Rate an und meldete neue Schwierigkeiten: »Euer Wohlgeboren! Meine Gattin, welche heute behufs Erhebung von 200 fl auf die Postsparkasse nach Fischlham gefahren ist, wird Ihnen heute meiner Weisung gemäß einen Betrag von 500 fl per Post anweisen. Bezüglich der weiteren 500 fl war ich gestern mit meiner Gattin beim Herrn Notar Heidinger in Lambach, um die Dokumente zu unterfertigen. Der Herr Notar besteht auf einer Erklärung Ihrerseits, dass Sie auf die Dislokation dieser 500 fl statt der stipulierten Satzpost meiner Kinder zu 1000 fl, welche natürlich nunmehr unterbleibt, einverstanden sind. Es werde somit der Satzposten folgendermaßen lauten: I. Sparkasse 2000 fl, II. Sparkasse 500 fl, III. Ihr Kaufschillingsrest zu 1200 fl. Weiters wird auf das Haus überhaupt nichts intabuliert. Wegen Ihres Schuldscheins über die erstlichen 1200 fl, welche, nebenbei bemerkt, im Grundbuch bereits vorgemerkt sind, bitte ich mir noch bis nächsten Monat zu warten, weil ich diesen Monat unsäglich viele Auslagen hatte. Dieser Notar hat uns geradezu erschreckt mit seiner Forderung. Für Schuldschein, Intabulationsgesuch mit drei Rubriken und Ihrer abzugebenden Erklärung begehrt der Mann einschließlich Stempel sage 21 fl 60 kr, dann die Sparkassenzinsen bis 1. Oktober von 12 fl 65 kr, somit habe ich deshalb allein bezahlt 34 fl 25 kr, auf das war ich nicht gefasst. Wenn ich das geahnt hätte, hätte ich es mir bis auf die Legalisierung selbst gemacht – wie ich es bei dem Haus, welches ich in Niederösterreich hatte, auch getan habe. Allein, dienstlich übermäßig in Anspruch genommen, blieb mir keine Zeit, und ich dachte, es wird die Sache höchstens bis 12 fl kosten. Wenn diese 1000 fl in Ihren Händen sein werden, bitte ich, mich gefälligst davon zu verständigen. Ich hätte Ihnen eine Menge zu schreiben, aber leider keine Zeit.«

Am 5. Juni war die Sache immer noch nicht ganz ausgestanden: »Sobald ich werde ausgespannt haben«, schreibt Alois unter diesem Datum, »wird es mein erstes sein, Ihnen den Entwurf des Schuldscheins bezüglich der 1200 fl zur Einsichtnahme zukommen zu lassen, wo dann die Sache sofort perfekt gemacht wird. Ich kann mir ja diese Sache, die ich schon gemacht habe, selbst besorgen und erspare bedeutende Kosten. Der Notar in Lambach rechnete mir bei den 500 fl Sparkassengelder für Mühewaltung und Stempel 2 fl 50 kr, der Betrag ist über 22 fl, das ist horrend, hiezu kommen noch die halbjährigen Zinsen – so dass ich folglich über 34 fl zahlen musste.«[182]

Alois Hitler erkannte, allerdings viel zu spät, dass ihm die ganze Sache finanziell und organisatorisch über den Kopf zu wachsen drohte.

»Auf diesem Haus muss es mir noch gut gehen«

Denn nicht nur die Finanzsorgen, sondern auch die landwirtschaftlichen Startschwierigkeiten waren groß. Die Hitlersche Familie bestand aus sieben Personen: Alois und Klara, die vier Kinder und die Hanni-Tante. Als Arbeitskräfte kamen sie alle nicht voll infrage. Alois war 60 Jahre alt und in manueller Arbeit sicherlich nicht geübt, Klara hatte mit den Kindern zu tun und wurde zudem bald wieder schwanger. Der sechsjährige Adolf kam als Hilfe noch nicht in Betracht. Die zwölfjährige Angela war noch schulpflichtig. Man hat sie aber wohl schon für verschiedene Arbeiten herangezogen, insbesondere zur Aufsicht über den doch erst zweijährigen Edmund und dann bei der neugeborenen Paula. Mit Alois, der als Dreizehnjähriger gerade die Realschule abgebrochen hatte, kam es rasch zu Konflikten, sodass er nach Linz in eine Lehre geschickt wurde. Was der Auslöser der Zwistigkeiten war, kann man nur raten: Möglicherweise war es das Schulversagen, das den Vater in Zorn versetzte, vielleicht auch die Weigerung des Sohnes, bei der Arbeit mit Hand anzulegen, oder das Faktum, dass der Vater das Sparbuch des Sohnes mit seinem mütterlichen Erbe, immerhin eine sehr beträchtliche Summe, für den Hauskauf verwendet hatte. Später sollte es darüber noch zu heftigen Auseinandersetzungen kommen. Wie sehr man auf die körperlich beeinträchtigte Hanni-Tante bauen konnte, ist unklar. Kurzum: Man brauchte Dienstboten, welche die viele Arbeit erledigen konnten.

Der Lichtmesstag, der 2. Februar, war traditionell der Tag des Dienstbotenwechsels oder der Verlängerung der Dienstverhältnisse für ein weiteres Jahr. Auf dem Gut lag vieles danieder, wie Alois bereits am 28. Jänner bei seinem ersten Besuch bemerkt hatte, vor allem mit den Arbeitskräften, aber auch mit den Vorräten und dem Saatgut: »Euer Wohlgeboren. Wollen die Güte haben, mir die Namen der Dienstboten sowie die Höhe des Lohnes, den jeder bekommt und endlich den Postzustellungsbezirk, in dem Hafeld liegt, mitzuteilen, damit ich der Maierin schreiben kann; wie nämlich meine Frau wahrgenommen hat, geht am Gut das Traid aus.«[183] Man musste Getreide zukaufen, nicht nur, um die Frühjahrsaussaat besorgen zu können, sondern auch den Hausbedarf zu sichern.

Am 15. Februar setzte Alois nach: »Ich hätte es ja mit dem Kaufe des Hauses und der Übernahme desselben nicht so eilig gehabt, wenn ich nicht die Misswirtschaft mit den Dienstboten gesehen und befürchtet hätte, dass unter solchen Umständen im Frühling an dem vorhandenen Getreide, welches ohnehin schon um die Hälfte weniger war, kaum mehr etwas vorhanden wäre. Als meine Leute hinauf kamen, fingen auf einmal die Hühner zu legen an, nachdem Ihre Frau Gemahlin, wie sie sagte, heuer noch kaum Eier sah. Die Magd jammerte, dass sie kaum so viel Milch habe, um notdürftig im Haus auszukommen und siehe da – meine Familie besteht aus sieben Köpfen und sie haben von dieser Kuh so viel Milch, dass sie Butter machen können. Zu der Dienstbotenwirtschaft kenne ich aus Erfahrung davon noch etwas.«[184]

Auch mit der Magd, die offensichtlich keine gewöhnliche Magd war, sondern mit dem im Herbst 1894 verstorbenen Vorbesitzer Mathias Kemptner liiert gewesen war und mit ihm zumindest zwei oder sogar alle ihre sechs unehelichen Kinder hatte, zuletzt den 1890 geborenen Franz und den 1894 geborenen und mit einem halben Jahr verstorbenen Alois, gab es Schwierigkeiten: Maria Pühringer, die in den Pfarrmatriken 1894 nicht als Magd, sondern als »Schaffnerin«, das heißt Wirtschafterin, bezeichnet wurde, stand nach dem plötzlichen Tod ihres Bauern und Kindsvaters zwar nicht als Witwe, aber doch allein und mit einem Kleinkind da. Alois wollte sie an sich weiter beschäftigen: Schon am 31. Jänner hatte er ihr ein diesbezügliches Angebot übermittelt und ihr bis zu seiner Ankunft am Lichtmesstag, den 2. Februar, 5 fl als Anzahlung geschickt.[185] »Ich werde mit meiner Frau nämlich am Lichtmesstag nach Hafeld kommen mit dem vor ca. 9 Uhr Vormittag in Lambach ankommenden Zug«, schrieb Alois am 31. Jänner: »Ich habe aber wahrgenommen, dass es in Hafeld nicht anders ist als anderen Ortes bezüglich der Wirtschaft mit Dienstboten in Abwesenheit des Eigentümers.«[186]

»Die Magd kommt auch weg oder ist schon fort«, musste Alois erfahren. »Dieselbe behauptet, ihre alte Ziehmutter bleibe ihr nimmer beim Kind. Ob das der wahre Grund ist oder der Umstand, dass sie im Hause nimmer frei schalten und walten kann, will ich dahingestellt sein lassen.«[187] Offensichtlich war sie mit Alois` Angebot nicht zufrieden. Sie fand eine neue Stelle und einen neuen Partner, den neun Jahre jüngeren Josef Kraxberger, den sie am 7. Mai 1895 auch heiratete und mit dem sie vier weitere Kinder zur Welt brachte. Alois brauchte daher rasch eine neue Magd. Daher wurde von Klara am 9. März ein Inserat in der *Tages-Post* aufgegeben: »Ordentliche Dienstmagd wird am Rauschergute zu Hafeld bei Lambach aufgenommen. Jahreslohn 84 fl. Klara Hitler.«[188]

Eine neue Magd kam rasch ins Haus. Doch auch bezüglich des Knechts gab es Unstimmigkeiten: »Sie schrieben mir seinerzeit, Franz bekommt jährlich 80 fl, indes derselbe behauptet, monatlich 7 fl 50, somit jährlich 90 fl zu bekommen. Ich habe es ihm auch zugestanden.« Aber am 18. März sah Alois, wie schlecht alles auf dem Haus funktionierte: »Denken Sie. Ich war am Sonntag oben.« Als Franz, der Knecht, ihn, seine Frau und das Mädchen, gemeint war wohl Angela, um 3 Uhr mit der Pferdekutsche wieder zum Bahnhof Lambach brachte, kam es zum Eklat: »Den Fuchs«, entrüstete sich Alois über die schlechte Verfassung des Pferdes und über die Unverlässlichkeit des Knechts, »ließ ich fast den ganzen Weg im Schritt gehen und siehe da, als wir am Bahnhof ankamen, war das Tier in Schweiß gebadet. Ich befahl dem Franz, langsam herum zu fahren, bis die Frau wird ein Glas Bier getrunken haben. Sah aber das Fuhrwerk nimmer vorbeifahren. Da stieg in mir der Verdacht auf, ob er nicht etwa gar das Fuhrwerk beim Gasthaus unten stehen ließ und im Gasthaus sitze. Ich schickte das Mädchen nachschauen und richtig war es so. Ich darf nichts sagen in der Befürchtung, dass mich der Knecht aufsitzen lässt, wäre ich aber schon ganz oben, dieser wäre nimmer mit mir gefahren. Ich werde mich um einen anderen Knecht umsehen und überhaupt einen neuen Grund legen. Die Kühe sind ganz vermolken, sie gaben anfangs bloß einen Teil Milch, aber nicht die ganze ab. Es entsteht der Verdacht, dass dieselben zuerst zur Hälfte gemolken und diese Milch als das Erträgnis ausgegeben, später aber der Rest abgemolken und verschleppt wurde. Das Kalb, erklärte Rosa (die Magd) meiner Schwägerin (gemeint die Hanni-Tante), darf ein Jahr nicht geputzt werden – natürlich, bis es an Ungeziefer wimmelt. Bei Ihrem früheren Maier, erzählen sie, haben sie oft schon nach der 3 Uhr Jause Feierabend gemacht und nichts mehr getan. Natürlich wenn dieselben Ihren Besuch nicht zu fürchten hatten. Überhaupt müssen diese Leute in der unverantwortlichsten Weise gewirtschaftet haben. Wenn man nicht persönlich dahinter sein kann, ist es vorteilhafter, man verschenkt ein solches Anwesen zur Hälfte. Mit dem Pferd ist es dasselbe, wenn es den ihm zugemessenen Hafer bekommt, ist es gar nicht dankbar. Dass es, wie es Sonntag der Fall war, derart in Schweiß kommt. Diese meine Anschauung wird mir auch von hiesigen mir bekannten Pferdebesitzern bestätigt, z. B. Herr Stabauer in Urfahr besitzt auch ein sehr gut erhaltenes Pferd, dem er täglich 1 ½ Maß Hafer gibt, aber so matt ist es nicht.«[189]

Alois war entschlossen, reinen Tisch zu machen: »Hat Ihnen der Knecht schon gekündigt und wie lange ist die Kündigungsfrist? Kann der zweite Knecht mit den Pferden umgehen?«, fragte er.[190] Er verkaufte den »Braunen«, eines der beiden Pferde, mit dem offenbar weder der Knecht noch er selbst zurechtkamen: »An Einheimische hätten Sie das Tier überhaupt gar nicht verkaufen können«, erzählte er dem Straßenmeister: »Jeder, der es sah, kannte es. ›Das Luder möchte ich nicht geschenkt‹, waren die nicht sehr ermutigenden Bemerkungen. Erst ein Wiener Händler kaufte das Vieh um 190 fl. Ich habe selbstverständlich für das Tier dermalen keine Beschäftigung, wenn ich es noch einige Monate füttern muss, verfrisst es mehr als den Erlös beim Verkauf – und für die vorhandene Ökonomie reicht auch der Fuchs allein aus. Ich werde mir dafür eine schöne Kuh samt Kalb kaufen, wo ich mehr profitiere.«[191]

Anfang April kam die nächste Hiobsbotschaft mit den Dienstboten: Alois sah sich gezwungen, auch den zweiten Knecht zu wechseln, und bald darauf auch die Magd, die er gerade erst eingestellt hatte: »So aber kommt mein Bub (gemeint Adolf) mit der Nachricht, dass meiner Frau heute früh ohne jede Ursache der Knecht entlaufen ist und die neue Dirn ist krank. Ich telegrafierte soeben an meinen Schwiegervater (gemeint der Altbauer Johann Baptist Pölzl in Spital bei Weitra) und muss abends nach Hafeld fahren. Seitdem die Rosl (offensichtlich die Magd) weg ist, hatte er keine Freud. Mir ist um den faulen Schlingl nicht leid, nur ist es eine Ungehörigkeit, ohne Kündigung augenblicklich wegzugehen.« »Auf diesem Haus muss es mir noch gut gehen«, fährt er mit etwas Resignation fort, »weil ich anfangs mit so viel Schwierigkeiten zu kämpfen habe. Ja wenn dieses Monat schon um wäre, aber jetzt, wo ich absolut auch nicht einen Tag abkommen kann, außer an Sonntagen. Ich hätte gestern keinen Augenblick Zeit gefunden, nur eine Zeile zu schreiben und muss mich auch jetzt eilen, um diesen Brief noch fertig schreiben zu können. Mit herzlichem Gruß an Sie nebst werte Familie Euer Wohlgeboren sehr ergebener Hitler.«[192]

Am 7. Mai berichtete Hitler dem Straßenmeister, dass die Magd, die gerade eben über das Inserat im März angeworben worden war, schon wieder weg war: »Wir haben schon wieder eine neue Dirn, die andere heiratet diese Woche, wenn es nicht schon geschehen ist. Einen neuen Pflug musste ich auch kaufen, der andere hatte einen schiefen Gründl (= Pflugbalken, Anm. d. Verf.) und ist das Streichbrett schlecht gestellt, darum haben Ihre Knechte eine so miserable Ackerei vollbracht, als wenn die Maulwürfe gegraben hätten.«[193] Und am 5. Juni 1895 gab es mit der neuen Magd, die man in aller Eile gefunden hatte, schon wieder Ärger: »Mit der Dirn haben wir auch wieder ein Gefrett (= Ärger, Anm. d. Verf.), jetzt stellt es sich heraus, dass die Person mit Epilepsie behaftet ist, und zwar in bösartiger Weise, die Krämpfe dauern gleich tagelang, so dass man den Arzt zu Hilfe nehmen muss – also nicht nur, dass dieselbe dann gleich wochenlang nicht arbeiten kann, sondern sie muss liegen bleiben und verursacht auch noch den anderen Schererei und Arbeit. Wir müssen uns leider wieder um eine andere umsehen.«[194] Mit dem neuen Knecht hingegen war Alois zufrieden: »Er ist sehr brav und tüchtig.«

Aber die Magd! Am 28. Juli musste Alois sie entlassen: »Wir mussten vorigen Monat unsere Dirn weggeben, weil dieselbe an der Fallsucht litt und vermögen keine aufzutreiben. Ich bitte, wenn Ihnen zufällig etwas bekannt sein sollte bzw. zur Kenntnis kommen sollte, uns zu avisieren bzw. die Person zu schicken. Etwaige Kosten decken wir dankbarst«, schrieb Alois an Radlegger.[195] Leider brechen dann die Briefe ab, sodass wir nicht wissen, wie es weiterging und was noch alles an Ungemach nachkam.

Schweine schlachten und Brot backen

Es war die Zeit des Faschings. Die Zeit zum Schlachten. Alois wollte die Chance ergreifen, jetzt, da er die Möglichkeit hatte, ein Schwein zu besitzen, auch dessen Früchte genießen zu können, kurz, es schlachten zu können. Aber er sah sich von allen Seiten betrogen: »Eben«, schrieb er am 7. März an den Straßenmeister, »erhielt ich Ihren zweiten Brief mit der Hiobspost, dass die Bande das Schwein abgestochen hat. Es fragt sich nur, ob das mit Ihrer Erlaubnis geschah. Wenn sie es eigenmächtig getan haben, habe ich schon genug davon.«[196] Was blieb ihm aber übrig, als ein anderes Schwein zu erwerben: »Wir wollen aber ein lebendes Schwein mit einigen Leuten zum Stechen kaufen, weil man im Hause eben alles verwenden kann und zugleich auch die Selchvorrichtung vorhanden ist, indes man hier, um ein geschlachtetes Schwein zu kaufen, für das Selchen des Fleisches extra zahlen müsste und die Schererei mit dem Transport hätte.«[197] Am 13. März hatte er dann ein neues Schwein mit 130 Kilo gekauft, denn das, »welches sie abgestochen haben, war ja zu gering und hatte wenig Speck«. Auch die »kleineren zwei Bakonier«, gemeint war die ungarische oder Bakonier-Rasse, eine zwar wohlschmeckende, aber nicht sehr ertragsstarke Schweinerasse, wollte er weggeben oder schlachten:[198] »Sie fressen eine Menge, raufen und zerbeißen sich fortwährend, die werden eher schlechter statt besser. Der Metzger will dafür nichts hergeben, so sagte ich meiner Frau sonntags, sie solle diese zwei Binkel einfach abstechen und bei nächster günstiger Witterung in Wels dafür zwei deutschenglische kaufen.«[199] – Alois war aufgefallen, dass die anderen zwei jungen deutsch-englischen Schweine, die bereits im Stall standen,

Ein stattliches Anwesen: Die Bewirtschaftung des Bauernhofes in Hafeld wurde zu einer Herausforderung, der Alois Hitler nicht wirklich gewachsen war.

Schon am 30. September 1896 bot Alois Hitler im Anzeigenteil der »Linzer Tages-Post« das Rauschergut wieder zum Verkauf an. »Sechs Herrschaftszimmer« waren eine gelinde Übertreibung ...

Das Rauschergut

zu Hafeld bei Lambach mit sechs Herrschaftszimmern ꝛc. außer den Oekonomieräumen, über 26 Joch arrond. Grund, ist um 8200 fl. bei 3000 fl. Anzahlung verkäuflich. Bei größerer Anzahlung entsprechend billiger. Auskunft beim Eigenthümer Herrn A. Hitler. 15470

»schlechteres und weniger Futter« bekamen und dennoch »vorzüglich« gediehen. Für den Fleischnachschub im Hause Hitler war also gesorgt.

In Hafeld hatte Alois auch genug Platz, um eine schöne Bienenhütte errichten zu lassen: »Die Pfingstfeiertage war ich in Hafeld«, schrieb er am 5. Juni 1895 an den Straßenmeister, »musste mich aber wieder ärgern mit den Zimmerleuten, die meine Bienenhütte gemacht haben. Diesen musste ich an Arbeitslohn 19 fl 80 kr zahlen und überdies ist das Objekt nicht nach der Zeichnung und meiner Anweisung ausgefallen. In Braunau hat mir der Zimmermann ein Bienenhaus um 23 fl hergestellt und auch hiezu noch das sämtliche Material geliefert.«[200]

Alois protzte nicht nur mit seinen Kenntnissen aus moderner Viehzucht, sondern auch mit pflanzenbaulichem und betriebswirtschaftlichem Wissen. Am 5. Juni waren schon erste Ernteaussichten erkennbar und die waren nicht ermutigend: »Das Getreide steht nicht schön und es war der ausgiebige Regen Anfang Mai eine Wohltat, dass es sich doch einigermaßen zusammengewachsen hat, sonst hätte ich fast nichts bekommen«, klagte er. »Es wurde im Herbst viel zu spät und zu dicht angebaut, auch ist der Samen schon degeneriert, so dass ich mir heuer zur Wintersaat Sommergetreide kaufen muss. Ich werde es mir aus einer Gegend mit kalkarmem Boden kommen lassen und hoffe, dass es auf dem Hafeldner Boden gut gedeihen wird.«[201]

Alois vertraute nicht nur auf neue Viehrassen und besseres Saatgut. Vor allem setzte er auch auf das moderne, damals von den Bauern noch mit viel Skepsis betrachtete Versicherungswesen: Eine Brandschadenversicherung gab es am Hof, eine Hagelversicherung wollte er demnächst abschließen und eine Pferdeversicherung schien ihm unabdingbar: »Herr Pühringer schrieb mir wegen der Versicherung gegen Hagelschlag, für heuer werde ich es unterlassen; nächstes Jahr werde ich mich auf jeden Fall versichern.«[202] Alois fragte auch wegen der Versicherung der besonders wertvollen und gleichzeitig besonders anfälligen Pferde bei Radlegger an: »Haben Sie außer den Statuten und den Empfangsbestätigungen über die eingezahlten Beträge keine Aufnahmekarte oder Buch etc. bezüglich der Pferdeversicherung?«, schrieb er am 7. März 1895 an Radlegger. Dieser schickte ihm die Unterlagen.

So fordernd die Betriebsführung war, so langweilig muss es in Hafeld privat gewesen sein: Gesprächspartner und Freunde konnten die Hitlers hier im kleinen Dorf nur schwer finden. Unweit des Bauernhofes stand die Holzstofffabrik des Josef Wührer, dessen Familie für Hitler offenbar die einzige in der Gegend war, mit der man soziale Beziehungen aufnehmen konnte. »Pfingstmontag waren wir mit der Familie Wührer im Fischlhamer Märzenkeller, es waren auch Herrschaften aus Wels anwesend«, berichtete Alois aus Linz am 5. Juni 1895. Er tat ja immer noch Dienst in der Stadt. Den Kontakt mit den Wührers ließ Alois auch später nie abreißen, auch als er längst nach Lambach und weiter nach Leonding umgezogen war, wie vereinzelte Postkarten bis kurz vor seinem Tod belegen.

Die Informationsvermittlung zwischen Linz, Wels und Hafeld war nicht immer einfach. Am 5. Juni 1895 schreibt Alois an den Straßenmeister: »Euer Wohlgeboren, Entschuldigen Sie, dass ich Ihr letztes Schreiben, welches Sie so liebenswürdig waren, bezüglich des verfehlten Rendezvous an mich zu richten, erst heute beantworte. Heute ist Mittwoch und an diesem Tage in der Woche ist meistens der geringste Parteienverkehr somit auch ein Augenblick um auszuschnaufen. Ich kam am bezeichneten Tag in Wels tatsächlich mit dem Zug um 7 Uhr 14 abends an und verblieb am Bahnhof bis zu dem um 8 Uhr 40 Minuten abgehenden Zug. Ich setzte voraus, dass Sie wegen des unsicheren Wetters sich nicht fortgetraut haben, hielt mich in der II. Classe der Restauration auf, bin zwar einige Male nachsehen gegangen, auch in der III. Classe, ohne Sie zu sehen.«[203] Es war höchste Zeit, dass Alois auf Dauer nach Hafeld übersiedelte. Das war aber erst nach erfolgter Pensionierung möglich.

Die Pension

»Am 1. dieses Monats«, gemeint der Juni, »habe ich mein Pensionsgesuch überreicht, weiß zwar noch nicht, wann ich werde abkommen können, hoffe aber bald und werde daher auch nächsten Samstag kaum hinaufkommen, weil ich dann in wenigen Tagen ganz zu übersiedeln gedenke. Sobald ich werde ausgespannt haben und ich einmal frei bin, worauf ich mich schon lebhaft sehne, werde ich Ihnen einen Besuch abstatten. ... Empfehlen Sie mich Ihrer verehrten Familie und indem ich Sie herzlich grüße bin ich Euer Wohlgeboren sehr ergebener Alois Hitler.«[204]

Am 25. Juni 1895 trat Alois Hitler die Pension tatsächlich an. Sein Einkommen belief sich nun auf 1.100 Gulden oder umgerechnet auf die kommende neue Währung 2.200 Kronen. Der Beamte Alois Hitler hatte gut verdient. Er lag auch mit seiner Pension im obersten Zehntel der Einkommen der Habsburgermonarchie.[205] Und diese 2.200 Kronen blieben Alois netto, denn Einkommenssteuer zahlte er nur wenig: bei seinem Einkommen jährlich etwa 20 Kronen, also 0,8 Prozent. Aber verglichen mit der wirklichen Oberschicht des Landes war Hitler nur ein »kleiner Mann«. Zwar war in Oberösterreich die Einkommensverteilung deutlich gleicher als in Wien und auch etwas gleicher als im Durchschnitt der gesamten österreichischen Reichshälfte der Habsburgermonarchie. Aber auf jene vier Prozent der Bevölkerung, die mehr verdienten als Hitler, entfielen in Wien und Niederösterreich im Jahr 1910 mehr als 40 Prozent aller Einkommen und in Oberösterreich auch 25 Prozent. Alois Hitlers Jahrespension von etwa 2.200 Kronen war also einerseits hoch, andererseits gegenüber jenen Spitzenverdienern, die zwanzigmal oder noch mehr als er erhielten, verschwindend gering.

Der Personal- und Pensionsakt wurde zwar 1938 von der Gestapo beschlagnahmt und ist seitdem verschollen. Doch Hitlers Antrag auf Rückerstattung seiner Dienstkaution blieb erhalten: »Hohe k.k. Finanz-Direktion! Der ehrfurchtsvollst Gefertigte«, schrieb er am 19. September 1895 an die vorgesetzte Behörde, »wurde mit dem hohen Dekrete vom 25. Juni 1895 in den dauernden Ruhestand versetzt. Nachdem derselbe nicht verantwortlicher Rechnungsleger war, erlaubt er sich, um gnädige Erfolglassung, beziehungsweise Devinkulierungsbewilligung seiner Dienstkaution, welche Eigentum des Johann Murauer, Hausbesitzer in der Theatergasse Nr. 7 zu Braunau a. Inn ist, ehrfurchtsvollst zu bitten. Zu diesem Behufe überreicht derselbe in der Anlage ehrfurchtsvoll die auf dessen Namen als Dienstkaution vinkulierte Silberrente-Obligation Nr. 36322 vom 1. April 1877 per 900 Gulden nebst 1 Stück Zinsenzahlungsbogen, sowie die Kassaquittung über die am 27. Juli 1892 erlegte Barkaution per 200 Gulden, zusammen also 1100 fl.«[206] Das Gesuch wurde am 19. September 1895 in Hafeld geschrieben und mit 50 Kreuzern gestempelt. Am Ende des Gesuchs brachte Alois oberhalb der Unterschrift das sogenannte Ergebenheitszeichen an, das bei Schreiben an Höhergestellte üblich war: eine von oben nach unten gezogene Schlinge.

Die Verpflichtung zur Erlegung einer Dienstkaution galt für alle Dienststellen, die mit der Verrechnung von Geldern zu tun hatten. Die Höhe entsprach in der Regel einem Jahresbezug in der jeweiligen Gehaltsklasse und konnte in Bargeld oder Wertpapieren gegeben werden. Die Auflassung der Vinkulierung und die Rückzahlung samt Zinsen erfolgten nach der Erledigung auf ein Gesuch hin. Am 21. September 1895 wurde dieses von der Finanzdirektion an das Hauptzollamt in Linz weitergeleitet und am 19. August 1896 wurde Hitler in Kenntnis gesetzt, dass er die freigeschriebenen Kautionsobligationen samt Ausgleichszinsen im Betrag von 37 fl 80 kr beim Steueramt Lambach beheben könne. Am 3. September 1896 erging ein weiteres Schreiben an Hitler, dass er nunmehr auch die Barkaution in Höhe von 200 fl samt Zinsen von 16 fl 72 kr abholen könne.[207]

Die Mühen des Landlebens

In Hafeld war inzwischen am 21. Jänner 1896 ein weiteres Kind dazugekommen, ein Mädchen, das den Namen Paula erhielt. Damit lebten am Hof neun bis zehn Personen, die Eltern, die 13-jährige Angela, der siebenjährige Adolf, der 1894 geborene Edmund und ab 1896 auch Paula. Die Hanni-Tante war ebenfalls da, dazu kamen meist zwei Knechte und eine Magd. Für einen Hof dieser Größe war das eigentlich zu wenig. Da mussten die Bauersleute mitarbeiten und auch die Hilfe der Kinder war immer wieder gefragt.

Wohnraum war genügend vorhanden. Das Haus war zum größten Teil aus Holz gebaut und mit Stroh gedeckt. Die Lage am Stegmühlbach, unweit des Almflusses, von Wald umgeben, war zweifellos malerisch. Das Wohnhaus enthielt die große Stube und zwei Kammern, dazu Vorhaus, Keller und Speis, und oben im ersten Geschoss die sogenannte »Hohe Stube«, die vom Wohlstand des Besitzers zeugen sollte, im Hitlerschen Fall aber wohl leer war, und dazu noch ein oder zwei weitere Zimmer. In der Bauernstube stand im Fenstereck der große Esstisch unter dem Herrgottswinkel, an den beiden Fensterseiten gab es eine die Wand entlang laufende feste Sitzbank, im anderen Eck einen Kachelofen, der zum Heizen und Kochen und mit einem sogenannten »Schiff« auch zur Warmwasserbereitung benutzt wurde, dazu kamen Truhen, vielleicht auch ein Bett oder Sofa. In einer Ecke steckte wohl wie in den meisten damaligen Bauernstuben für die Kinder gut sichtbar die »Gacht«, eine Haselnussgerte oder Birkenrute, die im Hitler-Haushalt zweifellos recht häufig zum Einsatz kam.[208]

Truhen und Kästen dienten zur Aufbewahrung von Kleidung und Wäsche. Die Betten waren nach heutigen Begriffen sehr kurz, man schlief halbsitzend. Als Bettzeug dienten Stroh- oder Flaimsäcke (mit Stroh oder Spreu gefüllte Matratzen). Dicke, mit Gänsedaunen gefüllte Tuchenten schützten vor der im Winter oft grimmigen Kälte. Heizbar war nur die Stube. In den

Schlafräumen benutzte man ins Bett gelegte, im Ofenrohr vorgewärmte »Bettsteine« oder »Bettziegel«. Beleuchtet wurde mit Kienspänen, Kerzen und Laternen. Einige etwas heller strahlende Petroleumlampen mögen bereits vorhanden gewesen sein. Aber auf elektrisches Licht musste man in Hafeld noch bis nach dem Ersten Weltkrieg verzichten. Eine Handpumpe stand vor dem Haus, von der man das Wasser in Eimern holte, und ein Plumpsklo, das »Häusl«, hinter dem Haus, zu dem man sich auch nachts begeben musste, wenn man nicht einen Nachttopf vorzog. Es gab kein Fließwasser, schon gar kein Warmwasser.

Die Eltern schliefen wohl in der einen Kammer, die Hanni-Tante in der andern, die größeren Kinder und die Magd in den Zimmern, die Knechte im Stall oder am Heuboden. Die »hohe« Stube diente der Repräsentation und Aufbewahrung wertvollerer Gegenstände. Bei aller Bescheidenheit der Wohnsituation: Räumlich so großzügig wohnte die Familie Hitler weder vorher noch nachher. Die Wohnräume des Hafelder Hauses waren zweifellos bäuerlich und sehr geräumig. Die sechs »Herrschaftszimmer«, die in dem Verkaufsinserat von 1896 angepriesen wurden, darf man sich aber trotzdem nicht in bürgerlicher Manier vorstellen, sondern als Gesindestuben und Speicher- und Lagerräume. Man kochte und aß in der großen Stube. Hier wurden auch viele Arbeiten verrichtet. Adolf Hitlers spätere Vorliebe für Wohnküchen hatte sicher hier ihre Wurzeln. Eigene Möbel dürften die Hitlers kaum besessen haben. Das viele Übersiedeln hätte das schon rein praktisch unmöglich gemacht. Wir wissen merkwürdigerweise auch nichts über Bilder. Dass im Herrgottswinkel ein Kruzifix hing und dazu links und rechts ein Heiligenbild, meist Öldruck oder Hinterglas, ist anzunehmen. Auch eine Wanduhr war schon selbstverständlich. Das alles war Alois und Klara auch aus der Situation vertraut, die sie in ihrer Kindheit im Waldviertel erlebt hatten.

Um das Haus gruppierten sich die Nebengebäude: der Pferde-, Kuh-, Schweine- und Hühnerstall, der Troadkasten (Getreidespeicher), die Haarstube (Flachsdörre), die Bienenhütte, die sich

Alois neu errichten ließ, eine Holzhütte und ein Wagenschuppen. Man war auf eine weitgehende Selbstversorgung ausgerichtet: Das Getreide wurde in die Mühle zum Mahlen gefahren, das Brot alle paar Wochen im eigenen Backofen gebacken, das Sauerkraut in einem steinernen Bottich eingemacht. Die Kartoffeln lagerten im Keller, der Speck hing im Rauchfang, das Gemüse kam aus dem Garten. Im Schuppen war der Sautrog aufbewahrt, in dem die geschlachteten Schweine abgebrüht und geputzt werden konnten, im Vorhaus stand der große Kessel, in dem man nicht nur die Wäsche kochte, sondern auch das Futter für die Tiere zubereitete. Auch ein Mostkeller mit Mostpresse, Obstquetsche und Holzfässern war vorhanden.

Das Essen der Region war bäuerlich, wobei die Essgewohnheiten der Familie Hitler sicher nicht jene der Bauern der Umgebung waren. Da mögen die Kochvorlieben, die Klara und die Hanni-Tante aus dem Waldviertel mitgebracht hatten, sich mit Innviertler und Traunviertler Gewohnheiten vermischt haben. Und nicht zuletzt fühlte man sich ja auch als bürgerlich. Ob man mit den Dienstboten am selben Tisch aß, wie es bei kleineren Bauern üblich war und es der Agrarreformer Wieninger vormachte, oder ob es getrennte Tische gab, wie es auf großen Höfen, vor allem aber in den bürgerlichen Haushalten der Fall war, weiß man nicht.

Die Kost im Hitler-Haushalt war nicht sehr fleischreich: Das gekochte Rindfleisch, das einem Wiener Hofrat täglich aufgetischt wurde, gab es nicht, aber auch nicht den täglichen Schweinsbraten, den man sich vielleicht vorstellen würde. In der Braunauer Gegend war die Bauernküche des 19. Jahrhunderts auffällig fleischarm: Täglich Rohrnudeln aus Germteig, also eine Art Buchteln ohne Fülle, aber gut geschmalzen, waren das Übliche. Hier im oberösterreichischen Zentralraum und wohl auch in Hafeld war Fleisch etwas häufiger, aber wohl meist in geselchter Form. Aber Alois legte, wie man aus den Briefen unschwer erkennen kann, auf Fleisch großen Wert. Doch überwogen insgesamt Kraut, Knödel und geformte Mehlspeisen. Adolf Hitlers spätere Ernährungsgewohnheiten orientierten sich zweifellos an dieser eher fleischlosen Bauernküche: Kaiserschmarrn, Eiernockerln, Rohrnudeln. Als Getränk gab es für die Erwachsenen den alkoholhaltigen, meist recht säurehaltigen Most von den eigenen Birn- und Apfelbäumen und für die Kinder Wasser. Ob der Beamte Alois Hitler statt des im Haus gepressten Apfel- und Birnenmosts Wein trank, sei dahingestellt. Für das in Braunau und im bayerisch geprägten Innviertel allgegenwärtige Bier gab es in Hafeld wenig Gelegenheit. Das Gasthaus war zu weit entfernt und Flaschenbier gab es noch nicht.

In einem Haushalt, in dem die Bienenwirtschaft eine so zentrale Rolle einnahm, wird auch der Honig eine große Rolle gespielt haben, ebenso Marmelade und Kompott von Pflaumen, Dörrzwetschken, Kirschen und Holunderbeeren. Kaffee war noch sehr wenig üblich und wenn, dann Ersatzkaffee. Zum Frühstück wurde eine Milch- oder Rahmsuppe gegessen, an Feiertagen vielleicht auch eine Kaffeesuppe. Nur am Sonntagnachmittag trank man Kaffee oder Tee. Das Essgeschirr war aus Holz oder Steingut, zum Kochen gab es irdene oder eiserne Töpfe. Die Vorratsgefäße waren aus Ton, Holz oder Stroh. Die Holzschaffel hatten noch Reifen aus Weidengerten statt Eisen. Die Wäsche wurde am Brunnen gemacht, mit Waschrumpel und Seifenlauge. Das dafür notwendige Warmwasser kam von einem extra dafür beheizten Heizkessel. Gebügelt wurde, wenn überhaupt, wohl mit einem Stacheleisen.

Maschinen waren keine vorhanden, weder eine Dreschmaschine noch eine Sämaschine, einzig eine Futterschneidemaschine und ein Obstwalzl samt Mostpresse. Die Arbeit wurde von Hand erledigt. Doch auch dazu brauchte man Geräte: Sensen, Sicheln, Wetzsteine, Heu- und Mistgabeln, Dreschflegel, Siebe, Wagen, Schlitten, Pflüge, Eggen, Seile, Ketten, Pferdegeschirre, eine Zille. Hitler hatte wie in Wörnharts auch in Hafeld ein genaues Inventar angelegt, was aber Missverständnisse und Diskussionen mit Radlegger nicht verhinderte. Die Handgriffe und Fertigkeiten wurden von Generation zu Generation weitergereicht. Alois Hitler hatte sich durch Kurse und Lektüre sicherlich einiges an agrarischem

Fachwissen angeeignet, auf das er sehr stolz war. Er wirtschaftete »nach dem Buch«, sagte etwas skeptisch der Leondinger Bürgermeister und Ortsbauer Mayrhofer. Die praktische Erfahrung hingegen fehlte ihm. Denn was er als Kind in Spital mitbekommen hatte, war sicherlich zu wenig oder längst verflogen. Und es gab so viele bäuerliche Handgriffe und Tätigkeiten, die man nicht nachlesen konnte, sondern nur durch Erfahrung lernte: mit einer Sense mähen und diese auch dengeln, einen Pflug führen, ein Pferd anschirren, einen Wagen lenken, Heu aufladen, Korn schneiden, es zu Garben binden und aufmandeln, mit Dreschflegeln dreschen, Kühe per Hand melken, Schweine schlachten und zerteilen. Vor allem aber galt es, alles zum richtigen Zeitpunkt zu erledigen: säen, düngen, pflügen, Unkraut jäten, Gras mähen und Getreide ernten. Eine Landwirtschaft führen, das beinhaltete einen riesigen Erfahrungsschatz. Und dann sollte man ja noch die Innovationen vollziehen, die man bei Wertheimer und Wieninger in den Vorträgen und Büchern kennengelernt hatte, und diese bei den unwilligen Knechten und Mägden dann auch noch durchsetzen! Eine für einen gelernten Beamten nicht leicht zu bewältigende Herausforderung.

Adolfs Schulbeginn

Die Schule in Fischlham war eine typische Landschule, die noch bis 1930 einklassig geführt wurde. Ab dem Jahr 1870 gab es zwar nach dem Reichsvolksschulgesetz die achtjährige Schulpflicht vom 6. bis zum 14. Lebensjahr. Aber es gab verschiedene Erleichterungen. So mussten die Schüler des 7. und 8. Jahrganges den Unterricht nur an einem einzigen Halbtag der Woche für drei Stunden und an Sonntagen für zwei Stunden, einschließlich der »Christenlehre«, besuchen. Der Handarbeitsunterricht für Mädchen wurde in Fischlham im Jahr 1883 eingeführt. Die Handarbeitslehrerin war die Ehefrau des Schulmeisters.

Das Schuljahr in ländlichen Gegenden endete im April und das neue begann am 1. Mai. Das war 1895 ein Mittwoch. Mit größter Wahrscheinlichkeit war es Adolf Hitlers erster Schultag.[209] Er kam im Matrosenanzug, an der Hand seiner bereits ortskundigen zwölfjährigen Halbschwester Angela. Viel Schulzeug brauchte man nicht: Eine Schiefertafel, einen Griffel, einen Schwamm. Der Beamtensohn Hitler passte nicht in diese einklassige Dorfschule. Sein Lehrer Karl Mittermaier bezeichnete ihn als »etwas Besseres« und stellte ihm zu Schulschluss ein Zeugnis mit lauter Einsern aus. Hitler rühmte sich später in *Mein Kampf:* »Ich hörte dort, als ich in der untersten Klasse war, schon immer bei den Schülern der zweiten Klasse mit, und später bei der dritten und vierten. Gott sei Dank, dass ich dann weg kam. Sonst hätte ich die letzte Klasse zwei bis drei Jahre lang durchsitzen müssen.«[210]

1896 gab es in der Schule 134 Schüler, die gemeinsam von einem einzigen Lehrer unterrichtet wurden. Erst 1899 kam anlässlich einer Schulinspektion der Auftrag, dass die Schüler der 5. und 6. Schulstufe statt der Schiefertafeln Papier zu verwenden hätten, wobei der Wunsch angeschlossen wurde, dass nach Möglichkeit auch schon Schüler der 4. Schulstufe Papier benutzen möchten. Obwohl die räumlichen Verhältnisse in dieser Schule unzumutbar waren und längst nicht mehr den gesetzlichen Bestimmungen entsprachen, wurde erst 1902 beschlossen, ein neues Schulhaus für zwei Klassen zu erbauen. Aber es fehlte das Geld. So mussten weiterhin mehr als hundert Schüler von einem einzigen Lehrer im alten Schulhaus in einem 60 m^2 großen Unterrichtsraum versammelt werden. Erst 1908 gab es in Fischlham die neue »Kaiser Franz Josef I. Jubiläums-Volksschule«. Immer wieder wird in der Schulchronik auch von Unterbrechungen des Unterrichts, verursacht durch Diphtherie und Scharlach, berichtet.

Was trieb man als Kind in Hafeld? Der alte Nachbar Pfarl erzählte, wie Adolf Holzrechen in den Stegmühlbach geworfen hätte, weil sie von der ziemlich starken Strömung so lustig abgetrieben wurden, diese aber, als man sie brauchte, nirgends

Auch Klara und Alois Hitler kamen am Sonntag auf ein Bier hierher: der Märzenkeller in Fischlham, unweit vom Bauernhof in Hafeld gelegen.

Eine Schiefertafel, ein Griffel, ein Schwamm: Am 1. Mai 1895 begann in der einklassig geführten Volksschule von Fischlham der Schulalltag. Bild aus einem 1939 gedrehten Film über die Wohnorte des »Führers«. Nordico Stadtmuseum Linz. Reproduktion Thomas Hackl.

zu finden waren, bis der Vater durch ein Strafgericht ihren Verbleib feststellte.[211] Andere Zeitzeugen berichteten von sehr viel gefährlicheren Vorfällen. Vom Rauschergut führte ein Steg über den Stegmühlbach zum Anwesen des Rechenmachers am anderen Ufer. »Einer ist reingefallen!«, gellte ein Schrei. Zufällig sei der Verwalter des Frh. v. Handelschen Schlossguts Franz Gschwendtner, der das Fischwasser gepachtet hatte und die Geschichte später oft erzählte, zur Stelle gewesen und habe mit einem frisch erstandenen Rechen einen achtjährigen Buben aus dem Wasser gezogen, der, wie damals üblich, des Schwimmens nicht mächtig war. Sein Name: Adolf Hitler.[212]

Kann man hier bleiben?

Bereits am 20. September 1896, nach kaum eineinhalb Jahren, inserierte Alois Hitler das Rauschergut zum Verkauf. Die Ankündigung war großsprecherisch und Alois hoffte auf einen guten Preis: »Das Rauschergut zu Hafeld bei Lambach mit sechs Herrschaftszimmern etc. außer den Ökonomieräumen, über 26 Joch arrondierter Grund, ist um 8200 fl bei 3000 fl Anzahlung verkäuflich. Bei größerer Anzahlung entsprechend billiger.«[213] Einfach dürfte der Verkauf nicht gewesen sein. Hitler versuchte daher, das Objekt nicht nur bäuerlichen, sondern auch industriellen und städtischen Interessenten schmackhaft zu machen, mit einer jeweils etwas anderen Textierung, einerseits für Gewerbetreibende, wo auf die Möglichkeit zur Einrichtung eines Kalkofens verwiesen wurde, andererseits für ein städtisches Publikum, wo der »herrschaftliche Charakter« und die Bahnnähe betont wurden.[214]

Die Verkaufsbemühungen zogen sich fast ein ganzes Jahr hin. Im Mai 1897 gab Hitler nochmals eine Anzeige auf, die auf städtische Käufer zielte und die Preisvorstellungen bereits deutlich reduziert hatte: »Schönes Landhaus, außer den Oekonomieräumen mit neu gebautem Herrenstöckl, 6 schönen Zimmern und neu gebauter Stallung, 26 Joch beim Haus flach arrondierten Gründen, angenehme Lage, ist inklusive Fundus Instructus um 7800 fl verkäuflich. Anzahlung 3000 fl. Dasselbe liegt eine ½ Gehstunde vom Bahnhof Lambach in Oberösterreich und ist namentlich zum Landaufenthalt sowie für Pensionisten vorzüglich geeignet. Auskunft bei Herrn Alois Hitler in Hafeld, Post Fischlham, Oberösterreich.«[215]

Mit Vertrag vom 21./22. Juni 1897 konnte der Hof dann tatsächlich verkauft werden, und zwar an einen Stadtherrn. Der Preis, den Hitler erzielen konnte, ist nicht bekannt, doch dürfte er an dem Geschäft im Gesamten einiges Geld verloren haben. Dabei hatte er immer noch unwahrscheinliches Glück. Denn einen Monat später, am 30./31. Juli 1897 verwüstete das größte Hochwasser des 19. Jahrhunderts, das größte, das man hier seit 150 Jahren verzeichnet hatte, die Flusslandschaften im Einzugsbereich der oberen Donau. Auch Hafeld war schwer betroffen. Hitler hätte den Hof nachher sicherlich noch viel schwieriger und nur zu einem noch niedrigeren Preis an den Mann bringen können.

Käufer war der Wiener Adelige Dr. Konrad Ritter von Zdekauer, der als Literat und Schriftsteller auch unter dem Pseudonym Curt von Zelau bekannt ist. Dieser war nach einem Jusstudium 1872 in den Staatsdienst eingetreten, hatte 1879 den Titel eines Hof- und Ministerial-Konzipienten im literarischem Bureau des Außenministeriums erreicht, wo er 1898 in den Ruhestand trat und sich wohl ähnlich wie Hitler ein ländliches Refugium schaffen wollte. Zdekauer war als Schriftsteller mit Reiseberichten in schöngeistigen Blättern, aber auch mit Erzählungen und Theaterstücken bekannt geworden und ist auch als Mäzen für den 1875 gegründeten Schulverein für Beamtentöchter (heute Expositur des Bundesgymnasiums und Bundesrealgymnasiums Wien 8, Albertgasse 38) hervorgetreten, wo er 1916 sogar eine Gedenktafel erhielt.[216] Der adelige Diplomat und Schriftsteller dürfte das Haus seinen Ansprüchen entsprechend umgebaut haben (Fließwasser, Innentoilette, Beheizung, Balkone etc.). Auf späteren Bildern macht das Haus jedenfalls einen villenartigen Eindruck, den es zu Hitlers Zeit nicht hatte.

Aber auch Zdekauer wurde dort nicht glücklich. Zweimal hintereinander, 1897 und 1899, wurde die Umgebung bei den größten Überschwemmungen des 19. Jahrhunderts verwüstet, sodass sich Zdekauer schon 1901 entschloss, den Besitz wieder zu verkaufen. Etwas schadenfroh schrieb Alois am 29. Dezember dieses Jahres an seinen ehemaligen Nachbarn Wührer: »Ich habe erfahren, dass Frau von Zdekauer das Rauschergut wieder zu verkaufen gedenkt, jedenfalls wieder an eine Wiener Herrschaft. Für solche Leute ist es auf einige Jahre wieder eine Abwechslung und sie werden wieder um eine Erfahrung reicher, nämlich um die Erfahrung, dass alles gelernt sein muss. Übrigens wird sie es im Winter nicht so bald an den Mann bringen können.«[217] Auch Alois Hitler selbst hatte, obwohl er sich das nicht eingestehen wollte, recht ähnliche Erfahrungen gemacht: es müsse wohl alles gelernt sein, und so leicht war das Gut nicht zu verkaufen.

Der Preis von 15.500 Kronen, den Dr. Zdekauer erzielen konnte, entsprach ziemlich genau dem, was Hitler seinerzeit gezahlt hatte.[218] Aber Zdekauer hatte baulich viel investiert. Die neuen Besitzer, das Gastwirteehepaar Mathias und Antonia Trauner aus Hohenfurt, die es bereits ein Jahr später, am 29. September 1906 neuerlich verkauften, und zwar an Marie Hittmair, Private in Linz, mussten sich allerdings mit 10.200 Kronen zufriedengeben.[219]

Adolf Hitler blieben wenige Eindrücke von den zwei Jahren in Hafeld. Ob es eine glückliche Zeit war? Die Volksschulzeit in Fischlham hat er jedenfalls in angenehmer Erinnerung behalten und die kleine Schule später als Reichskanzler mit seinem Besuch beehrt. Für die wirkliche Bauernarbeit war er noch zu jung. Aber die Pferde bei der Feldarbeit am Halfter führen, die Kühe zur Weide bringen, bei der Getreideernte einfache Handgriffe wie das Einsammeln der Garben zu erledigen, das konnte er sicher.

Die Eindrücke aber dürften nachhaltig gewesen sein, weil er sich später recht gerne als Landwirtschaftsexperte hinstellte.

Was sich in Alois Gedankenwelt abspielte, muss offenbleiben. War er an seinem Vorhaben, ein Musterbauer zu werden, gescheitert, weil der Unterschied zwischen theoretischem Agrarwissen und praktischer Bauernarbeit doch zu groß war? Oder war er an der dörflichen Umwelt des abgelegenen Hafeld zerbrochen? Oder sah er, dass das Schulangebot in Fischlham die Bildungsvorstellungen, die er bei seinem Sohn hatte, nie und nimmer würde abdecken können? Der Hof hatte ihn wohl finanziell und physisch überfordert und die Enttäuschung mit Sohn Alois mag vielleicht zu dem Wunsch nach einer besseren Volksschule für Adolf beigetragen haben. Lambach war da wahrscheinlich nur als Zwischenstation gedacht, bis eine Bleibe in Linzer Nähe gefunden war. Wie hätte sich Adolf Hitlers Leben wohl entwickelt, hätte der Vater die Landwirtschaft in Hafeld nicht aufgeben müssen und wäre man in dem kleinen Dorf verblieben? Hitlers Freunde? Hitlers Sprache? Hitlers schulische Ausbildung? Hitlers berufliche Möglichkeiten? Seine politische Karriere? Adolf Hitler selbst meinte: »Gott sei Dank, dass ich dann wegkam.«[220] Die Weltgeschichte hängt von so vielen Zufälligkeiten ab!

»Zufahrtstraße zum Elternhaus des Führers«: Der Kult um die Wohnorte der Familie Hitler schloss auch das Haus in Leonding ein.

Der Traum, Politiker zu sein

Im Juli 1897 verkaufte Alois Hitler sein Hafelder Anwesen und übersiedelte in das nahe gelegene, rund 1.700 Einwohner zählende Lambach, wo er und seine Familie zunächst rund ein halbes Jahr lang im späteren Gasthof Leingartner wohnten und dann in eine 1897 neu errichtete Wohnung in der Schmiedmühle am Sand 7/1 wechselten, die einige Jahre zuvor von dem aus Alois Hitlers Geburtsort Strones zugewanderten Schmiedegesellen Hans Wieser durch Heirat übernommen worden war (Freundlicher Hinweis Dr. Peter Deinhammer). Dass sich Hitler Lambach wählte, mag bloß eine Verlegenheitssache gewesen sein. Oder hat das Waldviertler Netzwerk eine Rolle gespielt? Dachte er an die bekannte Sängerknabenschule, hatte er am Ortsbild Gefallen gefunden oder schien ihm die günstige Verkehrslage angenehm? Ziemlich sicher aber bot der liberal und deutschnational geprägte und kulturell lebendige Klostermarkt Lambach für Alois Hitlers politische Interessen einen besseren Boden als das dumpfe Hafeld in der Bauerngemeinde Fischlham.

»In Lambach, wo ich wohl schon oft vorbeifuhr …«

Lambachs Schicksal ist es, dass man durchfährt. Der kleine Markt war einst ein wichtiger Ort: Zahlreiche berühmte Reisende hatten hier ihren Fußabdruck hinterlassen, hatten hier genächtigt, gerastet, gespeist: Napoleon wäre hier beinahe einem im letzten Augenblick verhinderten Attentat zum Opfer gefallen, Marie Antoinette wohnte auf ihrer Reise nach Frankreich im berühmten Barocktheater des Stifts der Aufführung einer Bauernkomödie bei, Mozart wurde hier gastlich aufgenommen und arbeitete an seiner

Zwei Bilder aus einem 1939 gedrehten Film über die Wohnorte des »Führers«:

Die Schmiedmühle in Lambach, in der die Familie Hitler nach dem gescheiterten Experiment von Hafeld eine erste Unterkunft fand. (oben).

Von der Mühle am Wasser übersiedelte man dann in den repräsentativen »Schwarzen Adler« am Marktplatz Nr. 58 in Lambach, dem späteren Gasthof Leingartner (unten). Beide Filmstills Nordico Stadtmuseum Linz. Reproduktion Thomas Hackl.

Lambacher Symphonie, Kaiser Ferdinand machte 1848 auf der Flucht vor der Revolution hier Station, auch der Bauernbefreier Hans Kudlich warb hier um Unterstützung, und Kaiser Franz Joseph musste immer wieder durch den Ort kommen, wenn er nach Ischl zum Sommerurlaub wollte. Im Jahr 1898 passierte auch der Sarg mit der ermordeten Kaiserin Elisabeth auf der Fahrt von Genf nach Wien den Markt. Während der langen franzisko-josephinischen Regierungszeit verzeichnete die Lambacher Chronik jedes Jahr ein paar Berühmtheiten, die hier ausstiegen, umstiegen, aßen oder sich durch das Stift führen ließen. Lambach war ein weltoffener Ort: Hier führte nicht nur die wichtige Reichsstraße von Wien nach Salzburg durch, sondern verkehrte auch die Pferdebahn Budweis–Linz–Gmunden und dann die Westbahn. Bis weit ins 19. Jahrhundert schuf nicht zuletzt auch die Traunschifffahrt Einkommen.

Der Markt ist schon rein topografisch vom Kloster beherrscht. Man entkommt seiner Baumasse nicht. Aber anders als heute war das Stift damals auch ökonomisch, kirchlich und kulturell eine Großmacht. Im Unterschied zum rein bäuerlichen Fischlham, aber auch im Unterschied zur Grenzstadt Braunau und zur Linzer Stadtrandgemeinde Leonding, die sich mitten in der Entwicklung vom Bauerndorf zur Arbeitersiedlung befand, hatte Lambach vergleichsweise viel Kultur zu bieten.

Dass die Familie die zuerst gewählte Wohnung in dem direkt am Lambacher Hauptplatz gelegenen, sehr repräsentativen, aber sicher teuren Gasthof Leingartner bereits nach einem halben Jahr wieder verließ, könnte daran gelegen haben, dass die Wohnung im Markt doch zu teuer oder die am Wasser gelegene Schmiedmühle noch nicht beziehbar gewesen war. Es erwies sich aber als Vorteil, weil man oben im Markt nicht von dem schweren Hochwasser betroffen war, das Ende Juli 1897 die Lambacher Traunauen und Fluss- und Bachufer verwüstete.[221] Als im Jahr 1899 ein weiteres, fast noch größeres Hochwasser die ganze Gegend an der Alm und Traun traf, war man schon in Leonding und fern von jedem größeren

Gewässer.[222] Es war ein tiefer Fall für Alois Hitler: vom eigenen Haus wieder in eine Mietwohnung, auch wenn ihm als Beamter zumindest das sonst an ein Haus geknüpfte Wahlrecht nicht verloren ging. Keine Herrschaft mehr über Dienstboten, auch wenn diese immer wieder mit Ärger verbunden waren. Vor allem aber kein Pferd und kein Wagen mehr. Alois musste wieder zu Fuß gehen. Wie stolz war er auf dieses Statussymbol gewesen! Er hatte es nicht einmal selbst ein- und ausschirren müssen. Das hatte der Knecht besorgt, während er und Klara gemütlich im Gasthaus ein Glas Bier konsumieren konnten. Ja, nicht einmal eine Bienenhütte stand ihm in Lambach zur Verfügung. Und an seiner Kompetenz als Imker zeigte niemand Interesse, als auch dort ein Bienenverein gegründet wurde. Vorgeschlagen als Obmann wurde nicht er, sondern der Stiftsprior, gewählt wurde schließlich ein Forstingenieur.

Auch für Klara änderte sich viel. Sie war nun keine Bäuerin mehr, sondern eine Hausfrau, hatte keine Magd mehr als Hilfe und auch keinen Zugriff auf Lebensmittel aus der eigenen Wirtschaft. Ihre Arbeit war eine andere, aber nicht weniger geworden. Vielleicht hatte sie weniger Ärger mit den Unwägbarkeiten der Selbstständigkeit und der Dienstbotenwirtschaft. Vielleicht gab es auch etwas mehr Abwechslung. Ihre Stellung in der Öffentlichkeit hatte sich rechtlich zwar nicht geändert, aber sozial sehr wohl. Eine Bäuerin war mit mehr Ansehen verbunden als eine in Miete logierende Hausfrau, auch wenn sie eine Beamtengattin war.

Alois Hitler hatte in Lambach zwar kein Pferd und keinen Wagen mehr zur Verfügung, war aber durch die Bahn- und Straßennähe trotzdem direkter am Weltgeschehen als in Hafeld. Er und Adolf konnten auf der durch Lambach führenden Reichsstraße im Jahr 1898 auch erstmals den neuartigen Automobilwagen sehen, der auf dem Welser Volksfest von der Wiener Firma Bierenz und Hermann vorgestellt worden war und der auf der Reichsstraße am 11. September 1898 durch den Ort in Richtung Ischl weiterfuhr. Die *Linzer Tages-Post* berichtete: »Es bot einen eigenartigen Anblick, als dieser mit vier Personen besetzte Wagen, von unsichtbarer Kraft getrieben, in schneller Fahrt sich durch die frequentesten Straßen bewegte. Die Maschine – ein Benzinmotor – ist an der Rückseite des Fuhrwerkes angebracht, beansprucht nicht mehr Raum als ein großer Reisekoffer und gehorcht auf das präciseste der im Innern des Wagens angebrachten Steuerung.«[223] Das pferdelose, dafür aber umso mehr die Pferde irritierende Fahrzeug erregte allgemeine Neugierde: »Der Motor ist ein vierpferd-kräftiger Benzinmotor der Firma Daimler in Cannstatt (Württemberg). Das Gefährt macht 33 Kilometer in der Stunde, bietet sechs Personen Raum, ist äußerst leicht auf jedem Terrain lenkbar und kann im Momente angehalten werden«, staunte der Reporter. »Es unterliegt keinem Zweifel, dass dieser Erfindung eine große Zukunft bevorsteht«, war die Zeitung überzeugt. Die Faszination für große und schnelle Autos sollte Adolf Hitler nie mehr loslassen. Zwanzig Jahre später machte es auf den 18-jährigen Baldur von Schirach den größten Eindruck, als der Parteiführer Adolf Hitler in Weimar mit seinem von Ferdinand Porsche gebauten Mercedes-Kompressor, sechssitzig, mit sechs Zylindern, 6,8 Liter Hubraum und sportlichen Speichenrädern vorfuhr. Der letzte Schrei![224]

Der Pensionsschock

Das Leben für die Familie Hitler in Lambach hatte sich gegenüber Hafeld verändert. Alois Hitler hatte die Sorgen mit dem Hof los. Und er war nunmehr wirklich Pensionist und nicht mehr Bauer. Er hatte viel Zeit. Er begann sich für Politik zu interessieren, was ihm als Beamter ja versagt gewesen war. Eigentlich war es dafür altersmäßig schon zu spät und hatte er als »Zugezogener« auch nicht das nötige Standing und trotz Beamtenuniform nicht genug Ansehen bei den Einheimischen. Aber er konnte etwas, was die Gemeindepolitiker in diesen kleinen Orten nicht konnten: in Zeitungen schreiben und Berichte formulieren.

Schon in Hafeld hatte er 1896 einen Artikel in der *Linzer Tages-Post* platziert. Er war unter dem Titel »Stimmen aus dem Publicum« erschienen. Stil und Inhalt bestätigen die Vermutung, dass nur Alois Hitler als Autor infrage kommt: »Im Interesse der öffentlichen Sicherheit«, betitelte er seine Forderung nach einer Sanierung der Jägerbrücke zu Hafeld: »Wer es unterlässt, seine Hauslacke zu versorgen oder das Ufer seines Gewässers, an dem knapp ein Fußsteig vorbeiführt, mit einem Geländer zu versehen, wird behördlich verwarnt, beziehungsweise wegen Unterlassung der nötigen Vorkehrungen zum Schutze gestraft. Werden z. B. an den ärarischen Brücken über den Inn Ennsbäume ausgewechselt, so wird seit alters her an geeigneter Stelle für die Fußgeher aus Brettern ein schmaler Steg gelegt, um den Passantenverkehr nicht länger, als unumgänglich notwendig ist, zu unterbrechen. Bei der über die Alm und Traun führenden Landesbrücke, der Jägerbrücke zu Hafeld aber besteht eine Ausnahme; ja, Bauer, das ist etwas anderes, da wird einfach verlautbart, dass diese Brücke so und so viele Tage wegen Vornahme von Reparaturen für den Verkehr gesperrt bleibt und im Übrigen überlässt man es den Passanten, unter Gefährdung ihrer Gesundheit und des Lebens auf den schwankenden, angemoderten und schlüpfrigen Ennsbäumen hinüber zu klettern, wenn sie es nicht vorziehen, einen stundenlangen Umweg über Lambach zu machen und hiedurch oft das wichtigste Geschäft zu versäumen. Eine Rettungszille ist daselbst ein ganz unbekanntes Requisit, selbst während der Arbeitszeit. Diese alle Jahre wiederkehrende Calamität wäre so einfach durch einige Bretter zur Herstellung eines schmalen Notsteges abzustellen, die ja für den nächsten Bedarfsfall aufbewahrt werden könnten. Wir sind überzeugt, dass es nicht erst ein Menschenopfer, sondern bloß dieser Zeilen bedarf, um da Abhilfe zu schaffen; führt ja doch über diese Brücke der nächste und stark frequentierte Verbindungsweg von den Gemeinden Fischlham, Steinerkirchen u. s. w. zum Bahnhofe nach Lambach. Hafeld, am 17. September 1896.«[225]

Auf Hitler deutet nicht nur der Stil des Berichts, sondern auch der Verweis auf die Gepflogenheiten am Inn. Die Kritik an der Bürokratie, die bereits in den Briefen an Josef Radlegger immer wieder anklingt, wird hier fortgeführt. Auch die Vertrautheit mit Fachausdrücken, im konkreten Fall den »Ennsbäumen«, horizontal gelegten Balken, die in der Zimmermannstechnik zum Bau der Holzbrücken verwendet wurden, passt zu Alois Hitler.[226] Das wasserbauliche Fachwissen, das aus dem Beitrag herausleuchtet, könnte er von einem seiner Freunde erhalten haben, von dem späteren Linzer Oberbaurat Ronneck, der von 1887 bis 1901 in Braunau an der Regulierung des Inns mitarbeitete und mit Hitler allabendlich am Stammtisch zusammengesessen sein soll, wo eifrigst politische Tagesfragen erörtert wurden.[227]

Lambach war anders als Braunau, vor allem aber anders als das dörfliche Fischlham, von schweren sozialen Spannungen gekennzeichnet: Hier prallten das Kloster mit seiner geistlichen und wirtschaftlichen Kraft als katholisch-konservatives Zentrum und der verkehrsoffene, liberale und deutschnationale Bürgermarkt hart aufeinander. Und unten an der Traun lag der vom Ende der Salzschifffahrt und dem Niedergang der Flößerei schwer getroffene Industrieort Stadl, der mit neuen Fabriken, vor allem der Lambacher Flachsspinnerei, ein sehr kämpferisches Arbeiterproletariat entwickelt hatte. Schon in der Revolution 1848 war es hier zum einzigen Maschinensturm in Oberösterreich gekommen, als am 16. April ungefähr 100 Stadlinger Schiffsleute, denen die Rothschildsche Pferdebahn die Existenzbasis geraubt hatte, sich unter der Führung eines gewissen Mathias Puchinger zur Bahntrasse aufmachten und im Gebiet des sogenannten »Langen Holzes« ungefähr 200 Meter Schienenstrecke herauszureißen begannen.[228] Stadl-Paura blieb bis weit nach dem Zweiten Weltkrieg eine sehr linke Gemeinde mit hohem kommunistischem Wählerpotenzial.

Man war um 1900 in Lambach-Stadl-Paura religiös-klerikal und gleichzeitig freisinnig-links. Die Lambacher Bürger gingen fleißig zur Kirche und dachten dennoch mehrheitlich antiklerikal und deutschnational. Der Lambacher Gemeinderat, der seit einigen Jahren national-fortschrittlich zusammengesetzt war, hatte bei einer am 3. Juni 1898 stattgefundenen Ausschusssitzung nach einer heftigen Debatte den Beschluss gefasst, sein tiefstes Bedauern über die beiden Badenischen Sprachenverordnungen für Böhmen und Mähren und insbesondere auch darüber auszudrücken, dass die deutschen Klerikalen mit den Feinden der Deutschen gehen. Zugleich wurde dem Reichsratsabgeordneten für Lambach, dem aus dem nahen Vorchdorf gebürtigen Apotheker und christlichsozialen Mandatar Josef Zaunegger, die schärfste Missbilligung über sein Verhalten im Reichsrat ausgesprochen, und zwar umso mehr, da er bei einer Wahlrede in Lambach die feierliche Zusicherung gegeben hatte, wenn er gewählt werden sollte, nie gegen die Deutschen anzutreten. »Herr Zaunegger kann sich jetzt schön langsam eine nette Sammlung von solchen Missbilligungen anlegen«, meinte die *Tages-Post* in einem Artikel, hinter dem sich stilistisch Alois Hitler vermuten lässt.[229]

Ein paar Tage später wurde eine Zuschrift abgedruckt, die wieder mit einiger Wahrscheinlichkeit Alois Hitler zuzuordnen sein könnte: Ein Angehöriger der klerikal-slawisch-polnischen Regierungspartei habe es für gut befunden, »den allerdings zum Ärger gewisser Kirchenlichter in seiner Mehrheit fortschrittlich und deutsch gesinnten Gemeinderath des Marktes Lambach wegen der von demselben gefassten Resolution gegen die Sprachenverordnungen und nicht minder wegen des den regionalen Abgeordneten gespendeten Misstrauensvotums anzurempeln.«[230] Dass mit der Erlassung der Badenischen Sprachenverordnungen ein großer Fehler gemacht worden sei, »der den deutschen Michel endlich einmal aus seiner Zipfelmützigkeit aufrütteln musste, das sehe jedenfalls sogar schon der Vater dieser Verordnungen ein, aber er kann sie nicht mehr bannen, die Geister, die er gerufen, so gern er es thäte …«, meinte der Schreiber.[231]

Der Stein des Anstoßes, die Badenischen Sprachenverordnungen, betrafen weder das praktisch rein deutschsprachige

Oberösterreich oder gar Lambach, noch waren sie für den bereits inaktiven Alois Hitler relevant. Aber sie regten trotzdem auf, weil die Reichsratswahlen von 1897 die Zusammensetzung des Wiener Parlaments grundlegend verändert hatten, sodass die Deutschen die Mehrheit verloren und Karl Lueger daraufhin nach vier vergeblichen Anläufen vom Kaiser zum Wiener Bürgermeister bestellt worden war. Für Böhmen und Mähren wurden Sprachenverordnungen erlassen, die zur Zweisprachigkeit im Amtsverkehr verpflichteten. Das war für tschechische Beamte, die meist ohnehin zweisprachig waren, kein Problem, für deutsche aber oft sehr wohl. Für den Beamten Alois Hitler war eine andere Amtssprache als Deutsch undenkbar. In einer Gleichberechtigung der tschechischen Sprache in Böhmen und Mähren sah er wie alle deutschsprachigen Beamten eine existenzielle Bedrohung. Da machte es auch nichts aus, dass in Braunau Tschechen wie Novotny zu seinen engsten Freunden gezählt hatten, von denen allerdings als selbstverständlich erwartet wurde, dass sie sich der deutschen Sprache bedienten. Der »Furor Teutonicus« war losgelassen, gerade unter der deutschsprachigen Mittelschicht und unter der Beamtenschaft. Der 1891 gegründete und 1894 reorganisierte Alldeutsche Verband, der eine Wende vom liberalen Nationalismus zum pangermanischen Rassismus vertrat, begann seine Propagandaarbeit in der Habsburgermonarchie. »Los von Rom« und »Los von Österreich« gingen zusammen, auch im weitab von den Konfliktzonen liegenden kleinen Markt Lambach.

Sängerknabe und Ministrant

Für Angela ging in Lambach die Schulpflicht zu Ende, für den achtjährigen Adolf war der Schulweg wesentlich kürzer geworden, für den vierjährigen Edmund und die inzwischen fast zweijährige Paula änderte sich gegenüber Hafeld nichts. Vielleicht fehlten ihnen die Tiere, die Hühner, Schweine, die Pferde. Die

Wege in Lambach waren für alle kürzer geworden, zum Greißler, zum Postamt, zur Sparkasse, zur Kirche, zum Bahnhof. Alles war in der Nähe. Und der Markt Lambach hatte zweifellos Besseres zu bieten als die einklassige Dorfschule in Fischlham: Es gab die öffentliche Volksschule im Markt, die durch das vom Stift geführte Sängerknabeninstitut ergänzt wurde. Was mag Alois Hitler, der später durch seine antiklerikale Einstellung bekannt war, veranlasst haben, den jungen Adolf der Obhut der Mönche anzuvertrauen? Nicht unplausibel ist, dass Alois sich erst in Lambach und Leonding immer mehr zu den Freisinnigen hin orientiert hat.

Die Lambacher Volksschule genoss einen guten Ruf. Sie war nicht nur neu gebaut und anders als jene in Fischlham entsprechend geräumig. Auch die Lehrer tauchten wiederholt im überregionalen Kulturgeschehen auf, so auch Adolf Hitlers Klassenlehrer Franz Rechberger, der als ein weit über Lambach hinaus anerkannter Musiker und Chorleiter galt. Er soll es gewesen sein, der auf Adolfs gute Stimme aufmerksam geworden war und ihn für das Sängerknabeninstitut empfohlen hatte. Adolf war von der dritten Schulstufe der einklassigen Volksschule in Fischlham in die zweite Klasse der vollorganisierten Volksschule Lambach übergetreten, weil die Lambacher Lehrer den Fischlhamer Schulerfolgen offensichtlich nicht ganz trauten.[232] Umso leichter bewältigte er den Stoff und war wohl Klassenbester, weil er im Zeugnis des zweiten Quartals zehn Einser nach Hause brachte, ebenso im nächsten Quartal. Dann tauchten Zweier und auch ein Dreier auf, aber sein letztes Zeugnis in dieser Schule, bevor er im Februar 1899 nach Leonding wechselte, erstrahlte wieder mit zwölf Einsern.[233]

Dass der Schüler Adolf in Lambach besonders negativ aufgefallen sei, ist daher unbewiesen und unwahrscheinlich. Der kolportierte Lausbubenstreich mit den zerschossenen Porzellan-Isolatoren der elektrischen Straßenbeleuchtung kann zum Beispiel so nicht stattgefunden haben, weil Lambach erst nach dem Ersten Weltkrieg eine Elektrizitätsversorgung erhielt.[234] Der zerstörerische Lausbubenstreich hätte sich bestenfalls auf die im Sommer

1896 im Marktgebiet aufgestellten Masten der Telefonleitung von Wien nach Salzburg beziehen können.[235] Das Zerschießen von Isolatoren ist ein Lausbuben-Klischee der Jahrhundertwende, mit dem die Zeitungen voll waren und das sich auch in nicht so wenigen Lebenserinnerungen findet, nicht zuletzt auch in der Autobiografie des oberösterreichischen Bauernbundpolitikers und späteren Landeshauptmannstellvertreters Johann Blöchl, der sich als Freistädter Klosterschüler damit brüstete: »Triafst es eh net ... Tschinbum, räumten wir auf einer Strecke von fünfviertel Kilometer sämtliche Isolatoren herunter«, was nach Blöchls eigenen Angaben bedeutet habe, dass mindestens vierhundert bis fünfhundert Stück kaputt waren: »Wir hatten Glück, wir flogen nicht auf.«[236] Das ist schon der Anzahl nach ins Reich der Legende zu verweisen und hätte zweifellos einen Niederschlag in den Zeitungen und bei dem schon etwas älteren Blöchl auch ein gerichtliches Nachspiel finden müssen. Ganz anders war es in Lambach. Denn wie sollte ein acht- oder neunjähriger, immer als schmächtig beschriebener Knabe wie Adolf Hitler die körperliche Kraft gehabt haben, die hoch oben an den Masten angebrachten Isolatoren mit Steinen zu zerschießen? Derartige Berichte können getrost in die Reihe der Hitlerschen Legendenbildungen eingereiht werden.[237]

Ähnlich verhält es sich mit der Erzählung vom Zigarettenrauchen im Stiftshof, für das der junge Hitler vom Präfekten oder Prior ein paar Ohrfeigen eingefangen haben soll. Zigaretten waren 1897/98 etwas so Neuartiges und Teures, dass acht- oder neunjährige Kinder in Lambach sicher noch nichts damit zu tun hatten. Auch ein weiterer Hitlerscher Lausbubenstreich, eine gefährliche Zillen- oder oberösterreichisch »Sautrogfahrt« bei Hochwasser und die Rettung durch mutige Zeitgenossen, wird für Lambach nach Passau und Hafeld zum dritten Mal erzählt.[238] Auch wenn es höchst unwahrscheinlich ist, dass Adolf dreimal oder noch öfter dem Ertrinkungstod nahe gewesen sei, ob nun in Passau, Hafeld, Lambach oder Linz, so dürfte es doch einen harten Kern geben. Lebenslang blieb bei Hitler, der mehrere Jahre seiner Kindheit an verschiedenen Wasserläufen verbracht hatte, die Angst vor dem Wasser.

Als Hitler in Lambach zur Schule ging, regierte im Kloster Abt Cölestin Baumgartner im Stil eines Kirchenfürsten, der es verstand, die Armutsgelübde des heiligen Benedikt mit den Insignien weltlicher Machtfülle zu verknüpfen. Er war ein sehr selbstbewusster Abt, der das Stift von 1890 bis 1934 führte, ein Mann mit vielen weltlichen und geistlichen Funktionen: Senior aller österreichischen Äbte des Benediktinerordens, Konsistorialrat, Komtur des Franz-Joseph-Ordens, langjähriger Reichsrats- und Landtagsabgeordneter, Lambacher Gemeinderat, Vorsitzender des dortigen Sparkassenausschusses, Oberkurator der oberösterreichischen Landeshypothekenanstalt, Mitglied der Geschäftsführung des Sauerstoff- und Wasserstoffwerkes Lambach, Präsident der Lokalbahn-Aktiengesellschaften Lambach-Haag und Lambach-Eggenberg-Vorchdorf etc. Das war vor dem Krieg. Nach dem Krieg war von seiner öffentlichen und wirtschaftlichen Omnipräsenz nicht mehr viel übrig geblieben. Kriegsanleihen, Hyperinflation und wirtschaftliche Fehlentscheidungen hatten das Stift an den Rand des Bankrotts gebracht.[239]

Weltliche Machtfülle und kirchlicher Prunk, monastischer Gehorsam und barockes Zeremoniell mussten auf Hitler großen Eindruck gemacht haben. Jedenfalls schreibt er in *Mein Kampf*: »Da ich in meiner freien Zeit im Chorherrenstift zu Lambach (Lambach ist allerdings ein Mönchs- und kein Chorherrenkloster, Anm. d. Verf.) Gesangsunterricht erhielt, hatte ich beste Gelegenheit, mich oft und oft am feierlichen Prunke der äußerst glanzvollen kirchlichen Feste zu berauschen. Was war natürlicher, als dass, genau wie einst dem Vater der kleine Herr Dorfpfarrer, nun mir der Herr Abt als höchst erstrebenswertes Ideal erschien. Wenigstens zeitweise war dies der Fall.«[240] Er habe, so erzählte Hitler sehr viel später der Kunstverlegerin Helene Hanfstaengl, als kleiner Junge den glühenden Wunsch gehabt, Pfarrer zu werden.[241] Häufig habe er sich vom Dienstmädchen die große Küchenschürze ausgeborgt, sie um die Schultern gelegt und von einem Sessel herab feurige Predigten gehalten und den Segen erteilt.

Gesehen, gehört und erlebt hat Hitler in Lambach viel Weihrauch, viel Choral, viel Orgelmusik, viele feierliche Messgewänder, festliche Aufzüge und ausladende Zeremonien. Das Klosterleben vermag bei jungen Menschen einen nachhaltigen Eindruck zu hinterlassen: Das feierliche Chorgebet, das über den Tag und die Nacht hin siebenmal angestimmt wird, ist eine ideale Vorschule für wirkungsvolle Rhetorik und schafft eine integrale und unmittelbare Verschmelzung von Ritual und Mystik. Als Mitglied der Sängerknaben des Stifts war Hitler sicherlich auch Ministrant bei den Messen und Hochämtern, die in so einem Kloster in großer Zahl anfallen. Ein Ministrantenleben prägt. Für ein Kind ist es die unmittelbare Partizipation an einem feierlichen Hoheitsakt. In rot-weißen Kleidern nahe am Altar sein, immer wieder Aufstehen und Niederknien, dem Zelebranten Wein und Wasser reichen, zu den Höhepunkten des Messopfers immer wieder klingeln, das Weihrauchfass bedienen, beim Sündenbekenntnis sich auf den Boden werfen und mit der Hand dreimal an die Brust klopfen: *mea culpa, mea culpa, mea maxima culpa …*

Das Sängerknabeninstitut lag im Nordflügel des Stifts, unmittelbar gegenüber der Volksschule. Eine alte, holzgedeckte Treppe führte zu den Unterrichtsräumen, über denen die Schlafräume der Sängerknaben lagen, von denen ein großer Teil im Internat wohnte. Für Hitler stellte sich diese Notwendigkeit nicht. Er konnte von der elterlichen Wohnung am Marktplatz, aber auch von jener in der Mühle bequem ins Stift hinübergehen. Der Tag war reichlich ausgefüllt: von 8 bis 11 Uhr Schule, dann von 11 bis 1 Uhr Sängerknabeninstitut; von 1 bis 3 Uhr wieder Schule und von 3 bis 6 Uhr wieder Sängerknabenunterricht. Die Leitung des Instituts war im Jahr 1895 von Pater Bernhard Grüner neu übernommen worden, der sich 1933 im Alter von 82 Jahren noch genau entsinnen wollte, als die Rede auf seinen einstigen Schüler kam: »Der Adolf Hitler war schon ein Wilder, aber er hat's zu was gebracht!«[242] Sein später laisierter Mitbruder DDr. Franz Weber (Pater Konrad) hingegen behauptete, dass Pater Grüner sich, auf Hitler angesprochen, an diesen gar nicht mehr erinnert habe.[243]

Eines der berühmten, knapp vor dem Ersten Weltkrieg entstandenen Glasfenster im Linzer Neuen Dom, die die Macht der Kirche im katholischen Land dokumentieren sollten, zeigt in einem Feld die Musikpflege in Lambach: im Vordergrund Pater Bernhard Grüner, Regenschori und Sängerknabenpräfekt, neben ihm drei Sänger und vier Sängerknaben.[244] Grüner war für sein strenges Regiment bekannt, das recht stark der Rohrstockpädagogik verhaftet war. Dass es körperliche Übergriffe des damaligen Leiters der Sängerknabenschule und späteren Priors gab, ist nicht unwahrscheinlich.[245] »Der ›Spanische‹ stand in verschiedenen Qualitätsstufen sichtbar in der Ecke des Studierzimmers«, erinnerte sich einer der Sängerknaben, der spätere Prof. Mag. Anton Kränzl, der dennoch Pater Bernhard Grüner für die solide Ausbildung, die er dort erfahren hätte, dankbar gewesen sein wollte: »Streng ist er schon gewesen, der P. Bernhard, aber wir haben bei ihm auch etwas gelernt.«[246] Hitler selbst meinte später, er habe dabei erkannt, dass sein Gesangstalent doch nicht so groß gewesen sei: Da er schon als Chorknabe die Erfahrung gemacht habe, dass er schlecht und falsch sang, habe er das auch nie wieder versucht.[247]

Natürlich muss Adolf Hitler in Lambach wie jedes katholische Kind zur Erstbeichte und Erstkommunion gegangen sein, auch wenn das keinen schriftlichen Niederschlag gefunden hat. Der deswegen von verschiedenen Autoren geäußerte Zweifel – »wenn überhaupt« – ist völlig realitätsfremd.[248] Das ist auch ohne »kirchenamtlichen« Nachweis selbstverständlich. »So sicher wie das Amen im Gebet« war die Familie Hitler in die religiösen Traditionen eingebunden. Hitler erlebte in Lambach die prunkvollen Höhepunkte des Kirchenjahrs: die Fronleichnamsprozession, die Bittgänge im Mai, die Feste des Ordenspatrons Benedikt und des Klostergründers Adalbero und natürlich die drei kirchlichen Hochfeste Weihnachten, Ostern und Pfingsten. Viele Stunden lang dauerten die Karwochen- und die Osterliturgie, die Palmprozession durch den ganzen Markt mit grünen, bunt geschmückten Palmbuschen, die Abendmahlfeier am Gründonnerstag, die Karfreitagsandacht am Nachmittag, das stille Gedenken am Grab Christi am Karsamstag und die vom Dunkel der Nacht in hellstes Kerzenlicht wechselnde Feier der Osternacht. Im Ohr hatte Adolf mit Sicherheit auch die damaligen antijüdischen und antisemitischen Sätze der Karfreitagsliturgie: »Lasset uns auch beten für die treulosen Juden!« und die Verfluchung der Juden in der Matthäuspassion am Palmsonntag: »Sein Blut komme über euch und eure Kinder.«

Der Höhepunkt des kirchlich-römischen Selbstbewusstseins in Lambach aber war das Adalbero-Fest. Es war die mächtigste Demonstration des katholischen Lambach und des romtreuen Oberösterreich. Adalbero, der Bischof von Würzburg und Gründer des Klosters Lambach, der sich in den Auseinandersetzungen zwischen Papst Gregor VII. und Kaiser Heinrich IV. im mittelalterlichen Investiturstreit ganz entschieden auf die Seite des Papstes gestellt hatte, war eine politische Ansage im neuzeitlichen Kulturkampf. 1883 war Adalbero auf Betreiben des Linzer Bischofs Franz Joseph Rudigier vom Papst heiliggesprochen worden, um gegen die deutschnationalen und romfeindlichen Strömungen ein bewusstes Signal zu setzen.

Kein kirchliches Fest in Lambach bot ein größeres Spektakel: der viele Weihrauch, die flackernden Kerzen, die Blumen und Birkenreiser, das Krachen der Böller, die schmetternde Musik. Ganz Lambach war auf den Beinen. Voran ein Meer von Fahnen, Kränzen, Blumen, Bildern und Statuen, die Schulkinder von Stadl-Paura mit dem alten Adalberobild, die Schulkinder von Lambach mit dem elfenbeinernen Pontifikalkamm des Heiligen, dahinter die Zünfte der Zimmerleute, Maurer, Fischer, Schneider und Schiffsleute mit ihren Fahnen, dann eine stattliche Anzahl von Jerusalempilgern mit der Pilgerfahne, die marianischen Kongregationen der Nachbarorte mit der Muttergottesstatue und mit zahlreichen Bildern der Wundertaten des Heiligen, begleitet von Lilien tragenden Jungfrauen, dahinter die katholischen Arbeitervereine von Wels und Lambach, die Rosenkranzbruderschaft, die Sängerknaben des Stifts mit weißen Schärpen, schließlich die Adalberofahne, der alte romanische Adalberokelch und die Reliquien des heiligen Passauer Bischofs Altmann, begleitet von zahlreichem Ordens- und Weltklerus mit Kerzen in den Händen. Vier Stiftspriester trugen den Schrein mit dem Leib des Heiligen. Dahinter kamen wieder weiß gekleidete Mädchen mit Laubgirlanden und Lilien. Unter einem Traghimmel schritt der hochwürdige Herr Abt mit der Monstranz und dem Allerheiligsten. Zuletzt folgten der Magistrat, die Beamtenschaft und eine große Menge Volkes. An zwei Altären wurde Halt gemacht, der von einer Blechharmonie begleitete Hymnus *Iste Confessor* angestimmt, der heilige Leib inzensiert und das Adalbero-Gebet gesungen. Den Schluss der Feierlichkeiten bildete der Segen in der Kirche und das mächtige, von allen gesungene *Großer Gott, wir loben Dich.*[249]

Man verstand in Lambach aber auch die großen weltlichen Feste zu feiern: jedes Jahr »Kaisers Geburtstag«, regelmäßig auch die Christbaumfeiern für die Asyl- und Sängerknaben und die Theatervorstellungen im barocken Stiftstheater. Zur Aufführung kamen in den für Hitler fraglichen Jahren 1897/98 *Auf zan Volksföst!,* ein heiteres Spiel in zwei Akten von E. Koglgruber, und *Vertrau' auf Gott und lass' ihn walten,* ein Schauspiel in zwei Aufzügen. In den Zwischenpausen gab es Gesang von Lambacher Schülern unter der Leitung von Pater Bernhard und Franz Rechberger.[250]

Im Jahr 1898 sollte auch in Lambach das 50. Regierungsjubiläum des Kaisers den Höhepunkt bilden: Am 4. September 1898 luden das Sängerknabeninstitut, die Mädchengesangsschule und der Männerarbeitergesangsverein Frohsinn in den Marmorsaal des Stifts zu einer Matinee. Die Sängerknaben unter Pater

Bernhard wurden vom Zeitungskritiker für ihr treffliches Singspiel *Habsburgs Krone* gelobt. Zum Abschluss gab es wie immer die Kaiserhymne.[251] Das Reinerträgnis kam der Lambacher Suppenanstalt für arme Kinder zugute. Auch im Markt gab es eine Kaiserfeier mit allen Vereinen, beginnend mit der Einweihung der Jubiläums-Kapelle und der Kaisereiche, danach Feldmesse und Ansprachen. Die Mädchen der Volksschule trugen ein Gedicht vor, die Sängerknaben ein Lied, die Musikkapelle Schuberts *deutsche Messe*. Abt Baumgartner zelebrierte. Danach marschierte man in die verschiedenen Gasthäuser.[252] Alois Hitler hatte also ausreichend Gelegenheit, seine Beamtenuniform vorzuführen.

Eine Woche später rollte der Zug mit dem Sarg der in Genf ermordeten Kaiserin Elisabeth durch Lambach. Wieder waren die Sängerknaben im Einsatz. Als um 5 Uhr nachmittags der Separatzug in langsamem Tempo die Bahnstation passierte, hatten sich die Behörden- und Gemeindevertreter vollzählig eingefunden: die Beamten des Bezirksgerichtes und des Steueramtes, die Finanzwache und die Gendarmerie, die Offiziere des Staatshengstendepots, die Mönche der Abtei, die Sparkassenvertretung, der Arbeiterverein »Frohsinn« mit umflorter Fahne, die Feuerwehren der Gegend und die gesamte Schuljugend. Alle Schüler erhielten eine Medaille und eine Jause.[253] Adolf Hitler hat vielleicht auch beim Pontifikalrequiem, das am 15. September 1898 für die Kaiserin abgehalten worden war, ministriert oder als Sängerknabe mitgewirkt.

Ob Adolf Hitler in Lambach auch zum Hakenkreuz inspiriert wurde, ist umstritten. Jedenfalls hätte er das Zeichen, das sich Theodorich Johann Georg Hagn als 51. Abt des Klosters zwischen 1858 und 1872 als sprechendes Wappensymbol gewählt hatte, in Lambach an mehreren Stellen sehen können: auf der 1860 unter Abt Hagn errichteten Freitreppe im großen Stiftshof, aber auch am Brunnen im Klosterhof, an den Paramentenschränken der Sakristei, in den Gängen der Klausur, schließlich auf seinem Grabstein im Konventfriedhof – überall im Stift Lambach, wo

Abt Theodorich Reparaturen, Restaurierungen und Ergänzungen vornehmen ließ, auch auf Bucheinbänden, finden sich sein Abtwappen und das Hakenkreuz. Anton Drexler, der Gründer der Deutschen Arbeiterpartei, die sich im Sommer 1920 in Nationalsozialistische Deutsche Arbeiterpartei umbenannt hatte, wollte von Hitler erfahren haben, dass ihm das Hakenkreuz zum ersten Mal während seiner Schulzeit in Lambach begegnet sei. Aber das berichtete der nicht immer verlässliche Werner Maser.[254] Hitler selbst erwähnte mögliche Vorbilder für seine Hakenkreuzidee mit keinem Wort, und ob Abt Hagn das Hakenkreuz nur wegen der Anspielung auf seinen Familiennamen führte oder darin auch ein Heilszeichen erkennen wollte, kann man nicht beantworten. Aber die Lambacher Hakenkreuze, so auffallend sie auch waren, haben mit Sicherheit keinen deutschnationalen oder gar nationalsozialistischen Hintergrund.[255]

Hitler soll persönlich das Parteisymbol mit dem schwarzen Hakenkreuz auf weißem Grund im roten Rahmen entworfen haben. Rot sei die traditionelle Farbe der Arbeiterbewegung, Weiß stehe für das konservativ-nationalistische Bürgertum und das schwarze Hakenkreuz sei als völkisches und antisemitisches Zeichen fest etabliert, erklärte Hitler in *Mein Kampf* seine Entscheidung. Mit der Lambacher »Wolfsangel« hat es nur eine entfernte formale Ähnlichkeit und keinerlei inhaltliche Bezüge. Ein Hinweis auf das Kloster Lambach, wenn es tatsächlich als Anstoß für das Hakenkreuz eine Rolle gespielt hätte, hätte Hitler zweifellos nicht ins Konzept gepasst. Sein Anspruch war, das politische Erkennungszeichen selbst geschaffen zu haben, ohne dafür kirchliche Anleihen genommen zu haben. Das war bei den regionalen und lokalen Parteigenossen anders. Sie beschworen nach 1938 die Vorbildwirkung der Lambacher Hakenkreuze: »Durch den prächtigen Torbogen des Stiftshofes, der in seinem Wappenschild – welch tiefe Sinnwerdung des Zufalls! – das Zeichen des Hakenkreuzes zeigt, ging der junge Hitler als Sängerknabe ein und aus …«, schrieb der Schriftsteller und Beamte am

Oberösterreichischen Landesmuseum Arthur Fischer-Colbrie in einer Eloge auf den jungen Hitler.[256] Ausgerechnet auf dem von Fischer-Colbrie erwähnten Torbogen gab es allerdings mit Sicherheit nie ein Hagn- oder Hakenkreuz.[257]

Hitlers Leonding

Warum Alois Hitler den Markt Lambach mit seiner Familie nach kaum zwei Jahren wieder verließ, kann man nur vermuten. Jedenfalls hatte er aus dem Hafeld-Verkauf noch Geld, das er wieder in einem Haus anlegen wollte, auch wenn das Vermögen beträchtlich kleiner geworden war. Aber es reichte, um das Haus in Leonding anzukaufen. Seine Pension war hoch. Es wird wohl auch die Stadtnähe gewesen sein, die er suchte, um für die Kinder höhere Schulen erreichbar zu machen. Leonding war dafür günstig. Hier bewegten sich die Grundstückspreise noch in erschwinglichen Höhen und wegen der niedrigeren Verbrauchssteuern waren auch die Lebenshaltungskosten niedriger. Auf eigenen Grundstücken konnte man sich leichter mit Lebensmitteln selbst versorgen oder sie direkt beim Erzeuger kaufen. Und für sein »Hobby«, die Imkerei, gab es auch einen geeigneten Platz.

Lambach war ein Kirchenmarkt, Leonding hingegen ein Dorf, zwar in Stadtnähe, aber mit selbstbewussten Bauern. In Lambach hatte Alois sich nie wohlgefühlt: einerseits wegen der übermächtigen Präsenz der Kirche mit ihrem zeremoniellen Prunk und ihrem alle Phasen des Alltags dominierenden politisch-wirtschaftlichen Einfluss, andererseits auch wegen des alteingesessenen Bürgertums, zu dem er auch schon in Braunau keinen Zugang gefunden hatte. Das dörfliche Leonding mit seinen strohgedeckten, mächtigen Bauernhöfen zeigte einerseits noch ein ländliches Ambiente, besaß aber durch die Stadtnähe und Zuwanderung eine Politkultur, die sehr in Bewegung

Das Haus von Alois und Klara Hitler in Leonding.
Bleistiftzeichnung von Robert Angerhofer, 1963.
Nordico Stadtmuseum Linz. Reproduktion Thomas Hackl.

Imposante Vierkanthöfe dominierten den bäuerlichen Ort in Stadtnähe:
Leonding im Winter vom Kirchturm aus.
Foto von Hans Wöhrl, 1939. Nordico Stadtmuseum Linz. Reproduktion Thomas Hackl.

geraten war und sich an einer religiösen Praxis orientierte, die sehr viel mehr dem entsprach, was Alois auch aus Braunau gewohnt war. Anders als in Lambach fand Alois in Leonding schnell Ansprechpartner in der Gemeindeverwaltung, einerseits den 1897 gerade zum Bürgermeister gewählten Josef Mayrhofer, dem Alois mit seiner bürokratischen und medialen Kompetenz gute Dienste leisten konnte, andererseits den Bäckermeister Hagmüller, mit dem er sich gut verstand, und schließlich auch bäuerlich-dörfliche Wirtshäuser, in denen er sich wohl fühlte.

Im Jahr 1900 zählte Leonding 3.844 Einwohner und war im Ortsbild immer noch eine Bauerngemeinde, in der die Vierkanter, verstreut auf 22 Dörfer, mit ihrer festungsartigen Gestalt die Landschaft dominierten. »Leonding, eine Stunde von Linz entfernt, liegt in einer angenehmen, fruchtbaren und gesunden Gegend am Leondinger Bache, welch letzterer mit dem kleinen Kirnberger- und dem Staudingerbache zusammenfließt«, schrieb der damalige Schulleiter in die Schulchronik.[258] Ackerbau und Viehzucht waren die wichtigsten Einkommensquellen der Bewohner. Auch der Gemüsebau, dessen Erzeugnisse in der nahen Stadt durch Marktfahrer hinreichend Absatz fanden, war wichtig.

Einen tiefen Einschnitt für die Gemeinde bedeutete die 1860 eröffnete k.k. Kaiserin Elisabeth-Bahn. Sie teilte die Gemeinde nicht nur in zwei annähernd gleich große Hälften, sondern veränderte auch ihre Bevölkerungsstruktur und ihr Wirtschaftsleben. Die rasche Verbindung mit Linz verbesserte den Absatzmarkt für die Leondinger Gemüsebauern, die ihre Produkte nun nicht nur mit Hundewägelchen und Pferdefuhrwerken, sondern auch mit der Eisenbahn nach Linz bringen konnten. Aber sie trieb auch das Bevölkerungswachstum nach oben. Es siedelten sich Industriearbeiter, Eisenbahner, Pendler und Pensionisten an. Leonding zählte vor dem Ersten Weltkrieg bezüglich der Bevölkerungszunahme zu den am raschesten wachsenden Gemeinden Oberösterreichs. Hatte man im

Jahr 1880 noch 2.402 Einwohner erhoben, so stieg diese Zahl bis 1890 auf 3.041 und hatte Ende 1900 schon 3.800 überschritten.

Mit Kaufvertrag vom 14. November 1898 erwarben Alois und Klara vom Postmeister August Breslmayr in Leonding 61, heute Michaelsbergstraße 16, ein Haus auf einer Bauparzelle von 231 m^2 mit einem zugehörigen Acker von 1.925 m^2, also zusammen 2.156 m^2. Vom Kaufpreis von 7.700 Kronen oder 3.850 fl wurden 2.500 fl = 5.000 Kronen bar bezahlt. Der Rest von 1.250 fl blieb als Pfandschuld stehen. Die Käufer zahlten ein Angeld von 100 fl und vor Vertragsunterzeichnung inklusive der Spesen weitere 2.565 fl 95 kr, also nicht einmal ein Drittel dessen, was man seinerzeit für Hafeld aufzubringen hatte.[259] Am 23. Februar 1899 wurde übersiedelt: Alois, Klara, Tante Johanna, Adolf, seine Halbschwester Angela, seine Schwester Paula und der Bruder Edmund.

Die Familie hatte wieder ein eigenes Haus, was ihr in Lambach doch sehr gefehlt hatte. Aber ein richtiger Bauernhof war das nicht mehr. Bienenzucht war möglich, dazu ein paar Obstbäume, ein Kartoffel- und Gemüsegarten, Hühner, Kaninchen, am Anfang eine Kuh, später eine Ziege, im Volksmund etwas herablassend »Eisenbahnerkuh« genannt. Der neunjährige Adolf wird beobachtet, wie er die Ziege auf die Weide führt. Wenn man weiß, wie wenig angesehen Ziegen in einem Vierkanterdorf wie Leonding waren, dann mag man den damit verbundenen Spott erahnen: Ziegenpeter, Ziegenpeter! Auch Goebbels äußerte sich ein halbes Jahrhundert später mehr herablassend als bewundernd über das Häuschen: »Ganz klein und primitiv. Man führt mich in das Zimmer, das sein Reich war. Klein und niedrig. Hier hat er Pläne geschmiedet und von der Zukunft geträumt. Weiter die Küche, in der die gute Mutter kochte. Dahinter der Garten, in dem der kleine Adolf sich nachts die Birnen und Äpfel pflückte. Hier also wurde ein Genie. Mir wird ganz groß und feierlich zumute … Die Mutter, sagen seine Jugendfreunde, war lieb und herzensgut. Der Vater barsch, schweigsam und streng. Ich gehe noch einmal durch alle Zimmer und sauge so tief die Luft dieses Hauses ein.«[260] Alles nahm sich recht idyllisch aus. Auch die Zeichnung, die Adolf Hitler angeblich vom Elternschlafzimmer anfertigte, zeigt kleinbürgerliches Biedermeier: zwei Betten, zwei Nachtkästchen, zwei Kästen, drei Bilder. Wahrscheinlich Heiligenbilder.[261] Über die Tante Johanna sagte der Großbauer Mayrhofer, damals Bürgermeister von Leonding: »Manchmal nett, manchmal recht verdrossen, als sie eine Kuh hatten, war sie Kuhmagd.«[262]

Auch wenn Adolf Hitler bei seinen Monologen im Führerhauptquartier den lauschenden Paladinen viel vorflunkerte, so wirkt seine Erinnerung an Leonding doch glaubhaft: »Dass einen ein Hendl, das da immer hereinkommt, wahnsinnig ärgern kann, das weiß ich. Wir hatten in meiner Jugend in Leonding einen Garten, daneben saß eine Frau, die jagte unentwegt ihre Hühner durch unseren Garten durch. Eines Tages habe ich einen alten Vorderlader geladen und habe da hereingeschossen.«[263] Leonding war ein Dorf: »Warum kämmen wir uns, warum machen wir uns einen Scheitel? Niemand läuft ganz so, wie die Natur ihn geschaffen hat! Wie ich ein Bub gewesen bin, sind nur Schauspieler und Pfaffen rasiert gewesen, in Leonding hat lediglich einer keinen Bart gehabt; er galt als Gigerl!«, sprich als Modegeck, erzählte Hitler.[264]

Als Alois das Bauernhaus in Hafeld verkauft hatte, war auch das Bienenhaus an den neuen Besitzer übergegangen. Ob Alois in Lambach Bienen hatte, weiß man nicht. In Leonding hatte er 1899 jedenfalls wieder Platz dafür und fragte bei seinem ehemaligen Hafelder Nachbarn Wührer an, was aus der Bienenhütte geworden sei: »Sollte die Dame (die neue Besitzerin), wie ich vermute, keine Bienen mehr besitzen, wohl aber die leeren Kästen, und darunter zwei Dreietagenständer, die ich in Hafeld aus Pappelholz gemacht habe, verkaufen wollen, so könnten Sie mir dieselben zurückkaufen, schon als Andenken an meine

Hitlers Schulweg über Wiesen und Felder: Panorama von Leonding.
Foto von Max Kolar, 1939. Nordico Stadtmuseum Linz. Reproduktion Thomas Hackl.

Es ging auch an den »Linzer Türmen« vorbei: der Turm 13 »Genoveva« der Maximilianischen Turmlinie, auch als »Pulverturm« bekannt. Foto von Max Kolar, 1939. Nordico Stadtmuseum Linz. Reproduktion Thomas Hackl..

dortige Tätigkeit.«[265] Ob er sie tatsächlich kaufte, ist nicht bekannt. 1938 waren jedenfalls die Bienenstöcke der Bienenhütte in Leonding noch vorhanden und wurden zu begehrten Sammler- und Ausstellungsstücken. Sie standen im Garten und wurden in den Imkerzeitungen wie Reliquien abgebildet.

Die Familie fiel auf, weil sie sich vom bäuerlichen Ambiente, das der Ort immer noch bot, etwas abhob. Eine Leondinger Schülerin erinnerte sich, Klara Hitler habe die kleine Paula immer »bis zum Zauntürl begleitet und ihr einen Kuss gegeben; mir ist das deshalb aufgefallen, weil das bei uns Bauernmädchen nicht üblich war, es hat mir aber gut gefallen, ich habe die Paula fast etwas beneidet.«[266] Doch die Idylle täuschte.

Politik in der Pension

Was machte man in Leonding? Das Kulturleben war ländlich: Feuerwehrfeste, Sängerfeste, Kaiserfeste. Vielleicht hat Alois Hitler am 15. November 1899 die Abendunterhaltung zugunsten der Suppenanstalt besucht, die im Gasthaus Stiefler stattfand und vom Lehrkörper der Volksschule Leonding gestaltet wurde: mit Klavier, Harfe, Zither und heiteren Vorträgen, mit Skioptikon- oder Laterna-magica-Bildern und Kunststücken aus der höheren Zauberei und heimischen Gesangskunst.[267] Einmal gab es im Gasthaus Stiefler eine Ausstellung abnorm gestalteter Haustiere, dann wieder ein Bestkegeln, einen Vortragsabend oder eine Schultheateraufführung.

Höhepunkt im Festkreis war immer Kaisers Geburtstag, der 18. August, zu dem das ganze Dorf Festschmuck anlegte und die meisten Häuser beflaggt und beleuchtet wurden. Im Jahr 1900, berichteten die Zeitungen, war das Fest so prächtig wie nie zuvor. Am Vorabend gab es den Festzug, voran die Gemeindevertretung, dahinter die Männer der freiwilligen Feuerwehr, 50 an der Zahl, die Musikkapelle und eine ungeheure Menschenmenge.

Nach den Reden, einem dreimaligen Hoch auf den Kaiser und einem prachtvollen Feuerwerk folgte bis 12 Uhr Mitternacht ein Konzert. Der eigentliche Feiertag am 18. August begann um 7 Uhr früh mit einem Hochamt, an welchem die Gemeindevertretung, die Feuerwehr, der gesamte Lehrkörper und alle Schulkinder teilnahmen. Nach den Festansprachen bei der »Kaiserlinde« spielte wieder die Feuerwehrmusik auf.[268] Vater und Sohn Hitler waren sicherlich dabei.

Politisch war der Ort im Umbruch. Leonding galt bis 1897 als »feste Burg der clericalen Partei«.[269] Im Juli 1897 hatten Neuwahlen in den Gemeindeausschuss stattgefunden. Der Bauer Anton Zeller (vulgo Loibenböck oder Zeller in Holzheim Nr.6/7), der 18 Jahre lang als Bürgermeister amtiert hatte, wollte nicht mehr. Neuer Bürgermeister wurde der junge Bauer Josef Mayrhofer, der spätere Vormund Adolfs, der nach dem Tod der Eltern zum Waisenkind geworden war. Obwohl die Leondinger Gemeindevertretung von Bauern dominiert war, hatte diese dennoch seit der Wahl von 1897 ein ausgesprochen freisinniges Gepräge erhalten. Man verstand sich zwar als gläubig, aber als antiklerikal, zwar als deutsch, und doch auch habsburgtreu: »Unsere Bevölkerung weiß, dass auch die radikalsten Leute ihre Religionspflichten erfüllen«, schrieb die deutschnationale *Linzer Tages-Post.*[270]

Mayrhofer blieb bis 1906 Bürgermeister. Sein Bildungshorizont war der Bauernstolz. Sein Wissen bezog er aus der Erfahrung. Eine über die Volksschule hinausreichende Ausbildung hatte er nicht erhalten. Er wurde als »noch junger, aber sehr intelligenter Wirtschaftsbesitzer« geschildert, der von den Christlich-Konservativen gegen seinen ausdrücklichen Wunsch und Willen zum Bürgermeister nominiert worden war, sich aber dann als »keiner der Ihrigen erwiesen habe und es auch hartnäckig vermieden habe, sich dem »schwarzen« Programm mit Haut und Haaren zu verschreiben, da dasselbe gegen seine Überzeugung war«.[271] Die spätere Nachbarin von Hitlers Mutter in der Urfahrer Blütenstraße hingegen beschrieb ihn in einem Brief als etwas einfältigen Bauernpolitiker. Er sei »ein ganz einfacher Wirtschaftsbesitzer, ein sehr braver Mann, aber so wie ich glaube, versteht er nicht viel«.[272]

In der Funktion eines Gemeindedieners und Ortspolizisten bildete Mathias Amesberger das bekannteste Dorforiginal. Seine Strafmaßnahmen waren mehr als gefürchtet, nahm er doch die Raufbolde, Diebe und was ihm sonst an Delinquenten in die Hände fiel, recht eindeutig in Empfang, und sein privater, wenig zimperlicher Strafvollzug ging selten ohne großes Geschrei ab: »In der Kanzlei zeigte er ihnen auf seine Art, was recht und unrecht war, und seine Sprache war deutlich. Man erzählte sich damals, man habe nie gehört, dass einer von denen rückfällig geworden wäre.«[273] Aber für die Abwicklung der amtlichen Geschäfte war er keine Stütze. Als professionelle Hilfe standen für die Bürgermeister anders als heute weder ein Gemeinde- noch ein Parteiapparat zur Verfügung. Daher war Alois Hitler zweifellos höchst willkommen, auch wenn man in Wahrheit den »großkopferten« Beamten, wie die Bauern sagten, nicht als einen der »Ihrigen« akzeptierte.

Dass Alois Hitler, wie ein Zeitzeuge in den 1960er Jahren erzählte, in Leonding für die Freisinnigen und Deutschnationalen die Rolle, wie man heute sagen würde, des örtlichen Parteisekretärs ausfüllte, würde mit seiner schreiberischen Tätigkeit für die deutschnationale *Tages-Post* recht gut zusammenpassen.[274] Jedenfalls fand er schnell Zugang zur Gemeindepolitik. Häufig traf er mit Bürgermeister Josef Mayrhofer zusammen. Der Großbauer Mayrhofer, der auch ein leidenschaftlicher Sänger war und politisch zwischen freisinnig und christlichsozial changierte, schilderte Alois nachträglich in den 1930er Jahren als »strammen Freisinnigen« und »wie alle Freisinnigen in dieser Zeit stramm deutschnational gesinnt, ein Pangermane, dabei merkwürdiger Weise doch kaisertreu«.[275] Diese Gegend hier sei sehr klerikal, fuhr Mayrhofer fort, umso mehr sei der

Freisinn des alten Hitler aufgefallen. Seinem Sohn gegenüber aber sei er nicht freisinnig und liberal gewesen, sondern, ganz im Gegenteil, ein richtiger Tyrann, fügt er hinzu. Mayrhofer erzählte weiter: »Der alte Hitler kam täglich vormittags in meine Bauernstube, wenn wir bei der Jause saßen. Er interessierte sich für alles. Seine Bienenstöcke waren nicht rentabel, seine Obstbäume behandelte er nach dem Buch, in Hafeld hat er schwer draufgezahlt. Von uns weg ging er immer hinüber ins Gasthaus Wiesinger auf ein Viertel Wein, abends war er jeden Abend beim Bürgerabend. Am Biertisch war er sehr rechthaberisch, aufbrausend, er rauchte stark, fast nur Pfeife, getrunken hat er zwei bis drei Halbe, Rausch hat er nie gehabt. Daheim war er streng, kein Feiner, seine Frau hat bei ihm nichts zu lachen gehabt.«[276]

Alois interessierte sich in der Gemeinde für Schulfragen, Verkehrsfragen, Sicherheitsfragen. Im Sprachenkonflikt, zu dem er sich ja schon von Lambach aus geäußert hatte, blieb er weiterhin engagiert. In Religionsfragen wurde er zunehmend radikaler. Mag sein, dass er sich wie sein Sohn auch für den Burenkrieg interessierte, weniger, dass er sich auch für Karl May und seine Indianergeschichten begeistern hätte können.[277] Als Parteisekretär entfachte er eine rege Pressearbeit. Mit gutem Grund können eine Reihe von Artikeln in der *Linzer Tages-Post* ihm zugeordnet werden, einerseits aufgrund einer sprachlichen Analyse, auch aufgrund vorheriger Artikel aus Hafeld und Lambach, aber auch, weil die *Tages-Post* ihm im Jahr 1903 nach seinem überraschenden Tod einen für einen Pensionisten und Beamten seiner Rangklasse auffällig ausführlichen Nachruf gewidmet hat.

Einmal ging es um die Schulen, dann wieder um die Haltestelle der Westbahn, bei der das Dach fehlte, sodass man »beim Warten nicht einmal die Geldtasche aufmachen könne, ohne dass es hineinregne«. Dann wieder war es die Postzustellung, die für Leonding übermäßig lang dauerte, oder auch die Suppenanstalt, bei der mehr Geld an die Kirche als an die bedürftigen Kinder gehe. Und manchmal traf man sich auch beim Kleinen Bezirksgericht: Eine Witwe, in den Augen ihrer Gegner »augenscheinlich eine eifrige Parteigängerin der Leondinger Pfarrhofpartei«, hatte dem Bürgermeister Mayrhofer vorgeworfen, er sei gar kein »Burgamoasta«, sondern »eh nur ein Bua« und verkehre »nur mit Sozialdemokraten, Deutschnationalen und Pensionsfressern«. Der »Burgamoasta« und Großbauer klagte. Der Pensionist Hitler, der sich wahrscheinlich mit dem »Pensionsfresser« angesprochen fühlte, unterstützte ihn medial. Auch das *Linzer Volksblatt* mischte sich ein, weil sich Mayrhofer unterstanden habe, »ein harmloses altes Weiberl«, welches mit »einem anderen alten Weibe« plauderte, gerichtlich mit einer Strafe von zehn Kronen oder 24 Stunden Arrest abstrafen zu lassen.[278] Es sei hier besonders aufgefallen, dass »sogar Herren aus Linz nach Leonding zum Agitieren kämen, darunter einige Beamte (!) und ein von der katholischen Kirche abgefallener Geschäftsmann«.[279] Unter diesen Beamten war auch Alois Hitler.

Ab dem 8. Juli 1900 erschienen in der *Tages-Post* regelmäßig Berichte über den Leondinger Gemeinderatswahlkampf, in denen dem Leondinger Bürgermeister Mayrhofer recht wortgewaltig die Mauer gemacht wurde. Angegriffen wurden die Klerikalen, ganz besonders der Kaplan und der Schulleiter.[280] Am 9. Oktober 1900 war die Wahl entschieden: »Somit besteht der neugewählte Ausschuss der Gemeinde Leonding aus neun ausgesprochen freisinnigen und aus sechs klerikalen Mitgliedern, von welch letzteren auch einige mit der klerikalen Partei nicht immer durch dick und dünn gehen dürften. Der Sieg ist auf Seite der fortschrittlichen Wähler und wurde auch noch abends in den gedrückt vollen Räumen des Zacherl'schen Gasthauses gefeiert.«[281] Zum Gemeindevorstand wurde Josef Mayrhofer wiedergewählt.[282] Alois hatte erfolgreich mitgekämpft.

Die Ortspolitik bestimmten Ortspfarrer und Bürgermeister. Der Pfarrer war mächtig, obwohl die aktive Beteiligung der Bevölkerung am Pfarrleben nicht wirklich groß war. Religion war mehr Gewohnheit als Überzeugung. In die sonntägliche Messe kamen viele erst nach der Predigt und gingen bereits vor der Kommunion. Das genügte für die Erfüllung der Sonntagspflicht. Den Pfarrer brauchte man zu Taufen, Versehgängen und Begräbnissen. Auf der anderen Seite muss man sich die bürokratische Wichtigkeit des jeweiligen Ortspfarrers vergegenwärtigen: Er war nicht nur Pfarrherr und Kontaktperson zu den Kirchen-, Gemeinde-, Bezirks- und Landesstellen, sondern auch Mitglied der Gemeindevorstehung und Vorsitzender des Ortsschulrats, weil damals noch viele Schulagenden (Armenschüler, Religionspädagogik, soziales Engagement, Bestätigungen) in kirchlicher Hand lagen. Dementsprechend vielfältig und umfangreich war der Schriftverkehr, der vom Pfarramt bewältigt werden musste: Armenzeugnisse, Sittenzeugnisse, Taufscheine, Trauscheine, Totenscheine, Heimatscheine, Impflisten, Stellungslisten, Sammlungslisten, Messlisten ... Seit 1876 war Johann Baptist Ecker Pfarrer in Leonding und schon durch sein Alter eine gewichtige Autoritätsperson. 1896 ließ er sich den Kooperator Mathias Koller beistellen, der auch der Katechet Adolf Hitlers war.

Viermal im Jahr wurden die Schüler zur Beichte geführt. Regelmäßig fanden Religionsprüfungen statt. Leonding zählte im Unterschied zu den nahe gelegenen Gemeinden Thening, Scharten und Wallern zwar nicht zu den sogenannten oberösterreichischen Toleranzgemeinden, wo ein starker Kryptoprotestantismus die Gegenreformation überdauert hatte und 1781 die ersten evangelischen Kirchen des Landes errichtet werden durften. Aber es ist sehr wahrscheinlich, dass auch hier der evangelische Geist nicht ganz erloschen war und unter der Decke weiterlebte. 1903 wurde das letztlich haltlose Gerücht verbreitet, dass der Gemeindevorstand, gemeint war Mayrhofer, und einer seiner Gesinnungsgenossen lutherisch werden möchten.

Auch die Zusammensetzung des Ortsschulrats konstituierte sich im Jahr 1900 neu. Ortspfarrer Johann Baptist Ecker blieb Obmann und Ortsschulinspektor, der Oberlehrer Kaufmann fungierte als Stellvertreter. Die Ortsschulräte waren durchwegs Bauern und Wirte. Eines der Leondinger Hauptprobleme war die Schulraumnot. Obwohl im Jahr 1877 zusätzlich zum seit 1832 bestehenden Schulhaus ein neues Schulgebäude, die Michaelischule, und 1892 auch noch ein Anbau errichtet worden waren, wurde der Schulraum immer knapper. Allein in den drei Jahren von 1896 bis 1899 war die Gesamtzahl der Schüler von 308 auf 445 angestiegen. Aus heutiger Sicht müssen die damaligen Schülerzahlen eine enorme Belastung dargestellt haben, saßen doch in den einzelnen Klassen im Jahr 1898 zwischen 81 Kindern in der ersten Klasse und 120 Kinder in der zweiten Klasse. Jede Klasse wurde entweder im Abteilungsunterricht parallel geführt oder musste vormittags und nachmittags getrennt, aber vom selben Lehrer unterrichtet werden. Ein Schulneubau erschien unerlässlich. Dennoch ging nichts weiter, nicht nur weil man sich über den Standort nicht einigen konnte, sondern weil bei manchen Verantwortungsträgern immer noch ganz generell das Verständnis für die Notwendigkeit einer Schule fehlte. Doch wer regte sich in Leonding schon wirklich über das Schulwesen auf? Was die Leute und den Gemeinderat im bäuerlichen Leonding tatsächlich interessierte, waren die Bettler und Landstreicher, die Morde und Nachbarschaftsstreitereien und vor allem die häufigen Brände und Brandlegungen.

Hitlers Leondinger Volksschuljahre

Am 27. Februar 1899 trat Adolf Hitler laut Schulchronik von Lambach kommend in die dritte Klasse der Volksschule Leonding über. Als Klassenlehrerin war damals Fräulein Anna Bayer eingetragen. Doch schon im April 1899 war Lehrerwechsel:

Vierte Klasse Volksschule Leonding: Adolf Hitler in der letzten Reihe Mitte überragt seine Mitschüler fast um einen halben Kopf. Foto, 1899.

Die Volksschule in Leonding. Hier trat der Schüler Adolf Hitler am 27. Februar 1899 in die dritte Klasse ein. Foto von Max Kolar, 1939. Nordico Stadtmuseum Linz.
Reproduktion Thomas Hackl.

Unterlehrer Josef Brauneis, aus St. Wolfgang überstellt, übernahm die Klasse. Er dürfte auch jener Lehrer sein, der auf dem Klassenfoto mit der korrekt zu lesenden Aufschrift »IV. Klasse« zu sehen ist, das zwischen Mai und Dezember 1899 aufgenommen worden sein muss. Hitler, in der hinteren Reihe, überragt seine Klassenkameraden fast um einen halben Kopf.[283] Im folgenden fünften Schuljahr dürfte Josef Sixtl die Klasse geführt haben, dem Hitler 1928 ein Exemplar von *Mein Kampf* mit einer Widmung übereignet haben soll. Auch erkundigte sich Hitler, als er am 13. März 1941 Leonding besuchte, noch einmal nach dem allerdings schon im August 1932 verstorbenen Sixtl.

»Aus froher Jugend und bitteren Tagen« sollte das später auf »Im Elternhaus« umbenannte erste Kapitel von *Mein Kampf* ursprünglich heißen.[284] Frohe Zeiten könnten sowohl der Vater wie der Sohn in Leonding erlebt haben. Der Vater erstmals wirklich stressfrei und zufrieden, wichtigtuerisch und wichtig in der Gemeinde, aber ohne die finanziellen Sorgen von Hafeld und den Ärger von Lambach, der Sohn in einer heilen Welt, ohne Schulängste und mit viel Freizeit. Für die Kinder gab es hier noch genug Freiraum auf den Wiesen und Hängen nächst dem Dorfzentrum, aber auch an den Rändern des Kürnberger Waldes. Dort konnte man sich austoben, spielen, sich verstecken und den beliebten Indianer- oder Räuber-und-Gendarm-Spielen nachgehen, bei denen Adolf Hitler gern mitgemacht oder sogar eine führende Rolle beansprucht haben soll. Der Burenkrieg wurde nachgespielt: die Leondinger als die von den Engländern geknechteten Buren und die näher bei Linz wohnenden Untergaumberger als die mit ihnen verfeindeten Engländer. Auch gefährlichere Lausbubenstreiche soll es gegeben haben: Einmal soll ein Schnellzug der Westbahn mit Steinen beworfen, ein anderes Mal das Salpeterdepot in Hart beinahe in die Luft gesprengt worden sein. Immer soll der Schüler Adolf Hitler dabei Regie geführt haben, auch noch, als er schon die Realschule in Linz besuchte, aber noch in Leonding wohnhaft war.

Hitler schwärmte in einem Brief an seinen Schulfreund Seidl im Jahr 1923 von der damaligen Lausbubenzeit. Auch in *Mein Kampf* stilisierte er sich als junger Krieger: »Ich war eben schon als Junge kein ›Pazifist‹, und alle erzieherischen Versuche in diese Richtung wurden zu Nieten.«[285] Der spätere Abt Balduin von Wilhering, einer von Hitlers Schulkollegen, sah das ähnlich: »Krieg spielen, immer nur Krieg spielen, uns Buben wurde das schon langweilig, aber er fand immer wieder einige, insbesondere jüngere, die mittaten.«[286]

Auch Hitlers späterer Vormund Mayrhofer erzählte vom Soldatenspielen. »Krieg und Soldaten waren seine einzigen Interessen.« Max Sixtl, der Sohn seines Volksschullehrers Josef Sixtl, sah das ähnlich: »Er war unser Führer. Adolf war ein blasser schwacher Jüngling, wir waren alle kräftiger als er. Trotzdem war er der leitende Geist unter uns. Immer wieder habe er von Krieg und Kampf gesprochen. Wir hielten ihn alle für ein wenig teppert, aber es gefiel uns, und wir folgten ihm gern.« Da mag manches in den Erinnerungen von Max Sixtl und Adolf Hitler erfunden sein. Aber dass es solche Kampfspiele gab und diese kindlichen Auseinandersetzungen durchaus gefährlichen Charakter annehmen konnten, wird auch in Zeitungsberichten bestätigt, etwa über einen 13-jährigen Leondinger Schüler namens Hambuchner, der von seinen Mitschülern wegen seines rauflustigen und äußerst rohen Charakters allenthalben gefürchtet worden sei und der auf einen anderen Jungen derart brutal eingeschlagen habe, dass er vom Lehrer in das Haus des Gemeindearztes gebracht wurde, der ihm Erste Hilfe leisten musste.[287]

Hitler interessierte sich leidenschaftlich für den Burenkrieg: »Ich lauerte jeden Tag auf die Zeitungen und verschlang Depeschen und Berichte und war schon glücklich, Zeuge dieses Heldenkampfes wenigstens aus der Ferne sein zu dürfen.«[288] Der Deutsch-Französische Krieg von 1870/71 und die Burenkriege, insbesondere der zweite zwischen 1899 und 1902, waren prägende

Leserlebnisse für den Schüler Hitler. Dass sie für seine späteren imperialistischen Absichten Bedeutung hatten, ist wahrscheinlich. Nicht der Sowjetunion und dem Bolschewismus galt Hitlers Hauptinteresse und Hauptfeindschaft. Vielmehr habe er sich während seiner ganzen Karriere an Frankreich, Großbritannien und den USA abgearbeitet, argumentiert Brendan Simms in überspitzter Weise in der neuesten Hitler-Biografie.[289]

Von Hitler für seine Eltern selbst entworfen: der Grabstein am Friedhof in Leonding. Das Grab wurde 2012 aufgelassen, die sterblichen Überreste von Alois und Klara Hitler blieben jedoch unter der Erde.

Die Folgen, den Vater zu verlieren

Leonding war Alois Hitlers letzter Wohnort und Lebensmittelpunkt. Doch für den Sohn Adolf verlagerte sich, als er nach einem Jahr die Realschule in Linz begann, das Blickfeld immer mehr in die Landeshauptstadt. Doch nicht einmal zwei Jahre, von Herbst 1905 bis Mai 1907, war die Stadt Linz Adolf Hitlers tatsächlicher Wohnort und vier Jahre, von 1900 bis 1904, nur seine Schulstadt. Denn als Schüler wohnte er ja nicht in Linz, sondern musste täglich den weiten Weg von Leonding über den Gaum- und Freinberg bis zur Schule in der Linzer Steingasse zurücklegen. Dass er bei einer Kostfrau am Graben und dann in der Huemerstraße zu Mittag aß und bei schlechter Witterung auch zeitweise übernachtete, machte ihn noch nicht zu einem Linzer. Und auch wenn man das Jahr in Urfahr 1894/95 und den letzten Aufenthalt von Mai 1907 bis Februar 1908 in dem damals noch nicht nach Linz eingemeindeten Urfahr dazurechnet, wird die Linzer Zeitspanne nicht viel länger.

Weder die Wohndauer noch die mäßigen Schulerfolge, die Hitler in Linz erreichen konnte, würden es in Wahrheit rechtfertigen, die Stadt als »Patenstadt des Führers« zu bezeichnen oder unter die fünf »Führerstädte« des Großdeutschen Reichs einzureihen, neben Berlin, Hamburg, München und Nürnberg. Auch als »Gründungsstadt des Großdeutschen Reichs« wurde Linz gefeiert, ebenso als »Jugendstadt des Führers«.[290] Ganz bestimmt entwickelte Hitler zu keinem anderen Ort eine ähnlich enge Beziehung wie zu Linz. In *Mein Kampf* schreibt er von Linz als einer »glückseligen Zeit«.[291] Zweifellos hat er nicht Braunau, sondern Linz als seine »Heimatstadt« betrachtet, so noch am 29. April 1945 in seinem »privaten Testament«.[292]

Linz und die Provinz

Dass sich Linz auf Provinz reimt, ist ungerecht, aber nicht wegzudiskutieren. August Kubizek beschrieb das Linz, in das Adolf Hitler in der Realschule kam, als eine noch »stark ländlich bestimmte Stadt«: In den Vororten die »burgenartigen Vierkanthöfe« der Bauern, zwischen den Mietshäusern noch »Wiesen und weidendes Vieh«, in den Schenken die Leute beim »landesüblichen Most«, überall der »breite, behäbige Dialekt«. Kein Auto, kein elektrisches Straßenlicht, nur eine einzige Straßenbahnlinie, die bis zur Jahrhundertwende noch von Pferden gezogen wurde, überall Pferdefuhrwerke, Hundegespanne und Frauen mit Tragkörben in der Hand und am Kopf.

Aber Linz war um 1900 keineswegs mehr die hinterwäldlerische Provinzstadt, über die 1845 der Dichter Eduard von Bauernfeld den oft zitierten Reim von Linz und der Provinz in sein *Poetisches Tagebuch* niedergeschrieben hatte, der seither als ein Thema mit Variationen verblieben ist:

Mit Cyankali hat's keine Eile!
Man kann auch ruhig sterben – vor Langeweile.
Wie in der Provinz, zum Beispiel in Linz.[293]

Doch das Klischee war nicht wegzubekommen. Helmut Qualtingers Stoßseufzer aus dem Jahr 1959 »In Linz müsste man sein« ist sprichwörtlich geworden. »In Linz geboren, allein das ist ein fürchterlicher Gedanke«, legte noch sehr viel später, im Jahr 1988, Thomas Bernhard nach.[294] Und der surreale Spötter und Mitglied des von Jörg Lanz von Liebenfels gegründeten esoterischen Neutempler-Ordens Fritz von Herzmanovsky-Orlando schrieb: »Sie wissen: Ihnen droht Linz!«[295] Doch er korrigierte seine eigenen Worte mit einem Loblied auf Linz in *Zerbinettas Befreiung*:

Der Städte Kronjuwel und stolzer Prinz
Das ist Arkadiens bunte Hauptstadt Linz.
Ihr seht, voll Kurzweil ist das Linzer Treiben –
Drum auf nach Linz, und lasst uns dorten bleiben!

Blick auf Linz von der Donau aus: im Vordergrund der Umschlagplatz an der Unteren Donaulände mit dem Hauptzollamt, dem letzten Arbeitsplatz Alois Hitlers. Foto, 1903.

Stieß beim jungen Hitler auf Interesse: der Eislaufplatz des »Bicycle-Clubs« in der Weingartshofstraße, der größte der Habsburgermonarchie. Foto, 1900.

Das größte Linzer Bauvorhaben der Zeit: der Bau des Mariä-Empfängnis-Doms. Foto, 1896. (Fotos aus dem Nordico Stadtmuseum Linz. Reproduktion Thomas Hackl.)

Man weiß bei Herzmanovsky-Orlando nie, wo der Spott aufhörte und der Ernst anfing. Stefan Zweig gab wohl die beste Charakteristik der Stadt: »Linz – man lächelt immer in Österreich, wenn jemand diesen Stadtnamen nennt, er reimt sich zu unwillkürlich auf Provinz. Eine kleinbürgerliche Bevölkerung ländlichen Ursprungs, Schiffsarbeiter, Handwerker, meist arme Leute, nur ein paar Häuser altangesessenen österreichischen Landadels.«[296]

Doch die Linzer wollten in ihrem Selbstverständnis freilich weder Provinz sein noch im Gesellschaftsleben viel hinter Wien zurückstehen. Das Linz von Adolf Hitlers Kindheit war Landeshauptstadt, Bischofsstadt, Beamtenstadt, Garnisonsstadt, Schulstadt, Einkaufsstadt und werdende Industriestadt. In Wahrheit war es auch schon damals mehrheitlich eine Arbeiterstadt. War es auch eine Kulturstadt? Geschäftswelt, Beamtentum und Garnison bestimmten den Ton der Gesellschaft. Im geschäftigen Betrieb auf der Landstraße hinkte man zwar weit hinter dem abendlichen Leben auf der Wiener Ringstraße hinterher. Aber das Musik- und Theaterleben war getragen von Intendanten, die nicht nur Richard Wagner noch persönlich gekannt hatten, sondern auch die Vertreter der damaligen musikalischen und literarischen Avantgarde schätzten und die in ihren Spielplänen auf der Höhe der Zeit waren.[297] Zumindest bildeten sich das die Linzer ein.[298] Hitlers musikbegabter und Musik studierender Freund Kubizek hingegen hielt das Linzer Theater für miserabel und ärgerte sich über das Provinzniveau der grässlichen Inszenierungen, die Mängel der Bühnentechnik und die unzähligen, ins Lächerliche gehenden Missgeschicke und Hoppalas der Darsteller.[299] Hitler seinerseits urteilte viel milder und bezeichnete es als »verhältnismäßig nicht so schlecht«.[300]

Um 1850 war Linz eine Stadt mit etwa 26.000 Einwohnern und angeblich berühmt für die »schönen Linzerinnen« und für den »Linzer Kasperl«: eine Bürger- und Beamtenstadt, die zwischen mittelalterlich-anachronistischer Wehrhaftigkeit und neuer Industrialisierung changierte. Bis 1900, als Adolf Hitler erstmals mit Linz in Berührung kam, hatte sich die Einwohnerzahl in den damaligen Grenzen auf fast 60.000 mehr als verdoppelt und zählte die Stadt, auf heutiges Gemeindegebiet bezogen, sogar schon etwa 85.000 Einwohner. Zur textilindustriellen Tradition war nach der Jahrhundertmitte eine große Tabakfabrik dazugekommen. Dampfmühlen, Branntweinbrennereien und Presshefe-Fabriken siedelten sich in den steuerlich begünstigten Vororten an. Die aus Württemberg zugewanderte Familie Franck belieferte von Linz aus die gesamte Habsburgermonarchie mit billigem Kaffee-Ersatz aus Zichorienwurzeln, Gerstenmalz, Eicheln oder getrockneten Feigen. Diese evangelische Unternehmerfamilie wurde nicht nur für ihr patriarchalisches Sozialmodell mit innovativen Sozialeinrichtungen bekannt, sondern prägte auch das deutschnationale Klima in Deutschland wie in Österreich.[301] Nicht zuletzt ist die rasch expandierende Linzer Brauwirtschaft zu nennen: Die jüdischen Brüder Jacob und Filipp Hatschek, die 1869 das Linzer Stadtbräuhaus erworben hatten, entwickelten daraus die »Linzer Aktienbrauerei und Malzfabrik«, während der Führer der oberösterreichischen Deutschnationalen Carl Beurle die kleine »Poschacher Brauerei in Linz AG« zum Stammhaus der »Österreichischen Brau-Union« machte, dem dominierenden Bierkonzern des heutigen Österreich. Auch Maschinen- und Chemiefabriken kamen dazu.

So hatte Linz, das zu Unrecht immer noch als eine etwas »überdimensionierte bajuvarische Bauernstadt« charakterisiert wurde, in seinem demografischen Erscheinungsbild bereits einen stark industriellen, aber auch deutschnationalen Charakter angenommen, auch wenn der junge Adolf Hitler damals von der Industrie, und schon gar nicht von der Industriearbeiterschaft, viel bemerkt zu haben scheint. Politisch und gesellschaftlich wurde die Stadt immer noch von Handelsbürgern, Handwerkern und Beamten dominiert. Für den hausbackenen Beamten- und Bürgerstand hatte Adolf nichts übrig, und zum Hausbackensten zählte er die Vielzahl der »Schreiber«, der Beamten.[302]

Das 19. Jahrhundert war in Linz die große Zeit der kleinen Kaufleute: Zuckerlgeschäfte, Kolonialwarenhandlungen, Wein- und

Spirituosengeschäfte, Tabaktrafiken, Textilkaufleute, Papier-, Buch- und Kunsthandlungen, Antiquariate und diverse Gebrauchtwarenhändler. Dazu kamen die Marktstände am Hauptplatz, der Kleinviehmarkt am Taubenmarkt und am Freitag der Fischmarkt mit Hechten und Karpfen, Rutten und Barben und auch noch mit den riesigen Welsen, die es heute in der Donau gar nicht mehr gibt. Eine Attraktion war die Spielzeughandlung Lippe, mit einer Auslage für Mädchen mit Puppen und für Buben mit Kriegsspielzeug, zuerst aus dem Burenkrieg, dann aus dem Russisch-japanischen Krieg, an der der junge Realschüler Hitler wohl immer wieder vorbeikam. Und auch die Buch- und Musikalienhandlung Steurer, die nicht nur Musiknoten, sondern auch extrem deutschnationales Schrifttum verkaufte, wurde von Kubizek und Hitler recht oft besucht. Erst im Jahr 1909 entstand in Linz allerdings das erste moderne Warenhaus, deutlich später als in Salzburg, Graz, Laibach oder Czernowitz und um etwa dreißig Jahre später als in Wien. Es wurde zwar allseits bestaunt, aber auch in Linz nicht weniger stark als »jüdischer Basar« verunglimpft als anderswo.

Auch in Linz war alles schneller geworden. Die Fahrzeiten nach Wien, Ischl oder Salzburg waren gegenüber der Mitte des 19. Jahrhunderts, als man noch auf das Schiff oder die Postkutsche angewiesen war, auf ein Fünftel gesunken: Eine Eisenbahnfahrt nach Bad Ischl dauerte im Jahr 1900 nur mehr 2 Stunden und 30 Minuten und nach Wien 3 Stunden 10 Minuten. 1880 erhielt Linz eine Pferdestraßenbahn, 1885 gab es das erste Telefon in der Stadt, 1893 wurde die neue Wasserleitung eröffnet und Anfang Mai 1897 die elektrische Zentralstation, nachdem im Gemeinderat schon seit 1883 über die Elektrifizierung diskutiert worden war. Kubizek lobte den Bummel auf der Landstraße, durch die die einzige Straßenbahn der Stadt führte. Nicht zu Unrecht sprach man von »Linz an der Tramway«. Die Elektrifizierung der Haushalte schritt nur langsam voran. Was die Straßenbeleuchtung betraf, war Linz bis 1914 noch recht rückständig. Elektrische Lampen gab es nur sechs auf dem Hauptplatz und eine auf der Donaubrücke. Daher waren es die elektrisch hell erleuchteten Straßen, die auf den jungen Hitler, als er erstmals nach Wien kam, einen ganz besonderen Eindruck machten.

Hochmodern, wenn auch immer noch teuer, war das Radfahren. Aber die Preise fielen rasch. Um 1900 erhielt man ein gutes Fahrrad bereits um ein Viertel bis ein Drittel dessen, was es noch fünf Jahre vorher gekostet hatte. 1894 hatte die Stadt Linz noch eine »Radfahrordnung« samt vorgeschriebener Radfahrprüfung und Vergabe von Fahrradnummern erlassen. Doch 1898 war das Radfahren ganz freigegeben und der Prüfungs- und Nummernzwang aufgehoben worden. Ende 1899 gab es in Linz etwa 2.000 Radfahrer. In den acht Radfahrvereinen wurde neben dem gesellschaftlichen Leben auch für die politische Ausrichtung gesorgt. Es gab liberal-bürgerliche, deutschnationale, christlich-konservative und sozialdemokratische Radfahr-Vereine. Der Linzer Bicycle-Verein mit einem neu erbauten Klubhaus und einer Rennbahn interessierte Hitler aber nur deswegen, weil er im Winter den größten Eislaufplatz der Habsburgermonarchie unterhielt.[303] Dass Hitler nie mit dem Radfahren angefangen hat, ist überraschend. Laut Kubizek hasste er Radfahrer. Zum Automobil hingegen entwickelte der spätere Diktator ein frühes und fast manisches Verhältnis. Im Jahr 1907, im letzten Linzer Jahr Hitlers, waren in ganz Oberösterreich erst 57 Automobile registriert. Wo eines auftauchte, erregte es Aufsehen und Unwillen, nicht nur wegen der Staub-, Lärm- und Geruchsplage, sondern auch wegen der nicht selten rücksichtslosen Fahrweise der Automobilisten und einer damit verbundenen, etwas undifferenzierten Animosität gegen Millionäre.

Der Sport begann die Massen zu erobern: Rudern, Schwimmen, Schifahren. Angeblich ging Hitler mit Kubizek schwimmen. Aber ob und wie gut er schwimmen konnte, ist strittig. Vom Bootsfahren hingegen hatte er für sein Leben lang genug und wollte später nie mehr gerne auf ein Schiff. Zum Rudern, einer der bevorzugten deutschnationalen Sportarten, war er zu schmächtig. Dass er in Steyr verhältnismäßig gut Schifahren gelernt habe, behauptete er später mehrmals. Einer seiner dortigen Lehrer war der oberösterreichische

Schipionier Gregor Goldbacher. Kubizek beschreibt in der Urfassung seiner Erinnerungen Hitler jedoch als Stubenhocker: wenig Sport, kein Wirtshaus, keine Kaffeehauser, keine Liebeleien und auch keine Rüpeleien.[304]

Das Stadtwachstum beschäftigte die Stadtpolitik. Neben der Infrastruktur war die Wohnungsfrage zur dringendsten sozialen Frage der Stadt geworden: Es war nicht nur das Problem der feuchten und finsteren Kellerwohnungen und der im Sommer unerträglich heißen und im Winter genauso kalten Dachbodenwohnungen. Die Wohnproblematik wurde durch die häufigen Wohnungswechsel verstärkt. 40 Prozent der Wohnungen waren in Linz im Jahr 1900 kürzer als drei Jahre bewohnt, die Hälfte der Wohnungen wurde jedes Jahr gewechselt. Durch Aufnahme von Bettgehern und Untermietern wurde versucht, einen Teil der Wohnungskosten auf zusätzliche Mitbewohner zu verteilen. Die Folge war nicht nur eine bedrückende Überfüllung der Wohnungen, sondern auch der Verlust jeglicher Intimität und Wohnlichkeit. Abgesehen von den volkswirtschaftlichen Kosten des oftmaligen Umziehens und den sozialen Problemen, die sich daraus ergaben, machte eine derartige Mobilität auch die Erwerbung umfangreicherer Fahrnisse unsinnig und unmöglich.[305]

Einkaufen, Vergnügen, Information, Verwaltung, Kultur, das waren die neuen Aufgaben der Stadt. Zu einer Stadt gehörten nunmehr Restaurants und Kaffeehäuser, Theater und Tanzsäle, Bibliotheken und Museen, Banken und Warenhäuser, Parks und ein Grüngürtel, Bordelle und Varietés. Eine bürgerliche Vereinskultur hatte sich bereits in der ersten Jahrhunderthälfte etabliert: Schon 1821 entstanden der Vorläufer des Musikvereins und 1851 der Oberösterreichische Kunstverein, bereits 1833 der Musealverein und 1872 der Linzer Volksbildungsverein, deren Bibliotheken auch der junge Hitler benutzte.

Linz war eine Schülerstadt. Der junge Hitler kritisierte die klerikalen und klösterlichen Schulen, die wie die Pilze aus dem Boden schießen würden und eine Gefahr für die Jugend darstellten, die ganz im klerikalen Sinn herangezogen würde.[306] Die Volksschüler hatten Janker, kurze Hosen, gestrickte Wollstrümpfe, Bundschuhe. Die Gymnasiasten gaben sich nobler. Der junge Hitler trug Anzug, Krawatte, Spazierstöckchen, breitkrempigen Hut, zu festlichen Anlässen auch schwarze Glacéhandschuhe und Zylinder. Die Realschüler sahen sich als Studenten. Aber die schon seit 1848/49 immer wieder mit viel Engagement vorgetragenen Linzer Forderungen nach einer Universität oder Hochschule waren nicht von Erfolg gekrönt, weder das Projekt einer Technischen Hochschule, verbunden mit einer Handelshochschule, das 1869/72 von der Stadt und dem Landtag gemeinsam mit der Handels- und Gewerbekammer verfolgt wurde, noch die Errichtung einer Medizinischen Fakultät, die zwischen 1876 und 1900 immer wieder verlangt wurde. Auch das neuartige Konzept einer Handelshochschule, verbunden mit einer juridischen Fakultät, das 1909 ins Spiel gebracht wurde, konnte nicht realisiert werden. Das galt auch für die Idee einer Technischen Hochschule, die von der Handels- und Gewerbekammer 1913 aufgegriffen wurde. Eine Hochschulgründung gehörte nach 1938 zu Hitlers Linzer Vorhaben.

Es wurde viel gebaut: das Landesmuseum, das Kaufmännische Vereinshaus, das Hauptgebäude der Allgemeinen Sparkasse an der Promenade zwischen 1886 und 1892 und jenes der Bank für Oberösterreich und Salzburg auf dem Hauptplatz von 1906 bis 1908, dessen ins historische Ensemble passende Ausführung dem jungen Hitler ein besonderes Anliegen war – er ließ sich von Kubizek noch nach Wien Berichte und Fotos nachschicken. Dazu kamen Schulbauten, Bürogebäude, Mietshäuser und Villen. Die Architekten stammten aus dem regionalen Establishment. Der junge Hitler, dem alles Moderne missfiel, entwarf Villenbauten im historistischen Heimatstil. Hitlers Jugendtraum war ein Theaterneubau, für den er mehrere Skizzen anfertigte und dessen mangelnde Fortschritte er kritisierte. Der Theaterbauverein, der 1908 die erste Generalversammlung abhielt, hatte 1911 bei den Wiener Theaterarchitekten Fellner & Helmer ein Detailprojekt nach dem Vorbild des Wiener

Bürgertheaters in Auftrag gegeben, das allerdings keinen Gefallen fand und nicht verwirklicht wurde. Auch ein akustisch passables Konzerthaus fehlte. Hitler fühlte sich auch zu recht verschwommenen akustischen Skizzen bemüßigt.

Um die Jahrhundertwende waren auch die ersten, noch recht flimmernden »lebenden Photographien« zu sehen. Im Varieté Roithner fand im Sommer 1896, nur wenige Monate nach den ersten öffentlichen Experimenten in Paris, auch in Linz eine Vorführung der neuen Sensation der Brüder Lumière statt. Im Pferdestall des Hotels zum Goldenen Schiff wurde ein »Bio-Kinematographen«-Theater eingerichtet, das Hitler öfter besuchte. Das frühe Kino war als mehr oder weniger frivoles Beiprogramm etwas für Jahrmärkte, Wanderbühnen und Hinterhöfe. Die Filme waren kurz, wackelten stark und waren stumm. Gezeigt wurden Alltagsszenen in technisch wenig ausgereiften Sequenzen. Die Filmtitel reichten von *Meeresstrand, Ankunft eines Zuges, Einstürzende Mauer, Die Schmiede, Fabrikarbeiter gehen nach Hause* bis zu den *Sieben Todsünden* und *Die Pariserin im Bade.* An einer der Kassen soll es zu einem etwas verlegenen Zusammentreffen zwischen Hitler und einem seiner Lehrer gekommen sein. Hitler selber brüstete sich später: »Ich bin in alle Panoptiken gegangen, und überall, wo stand, nur für Erwachsene.«[307] Man wollte ja informiert sein.

Bei aller Kulturbeflissenheit und Unterhaltungssucht positionierte sich der Linzer Kunst- und Kulturbetrieb unter der Dominanz eines deutschnational ausgerichteten Wirtschafts- und Bildungsbürgertums in bewusstem Kontrast zur kosmopolitischen Modernität Wiens und zur ethnisch-kulturellen Vielfalt der Habsburgermonarchie. Dieses Wirtschaftsbürgertum sponserte auch das Kulturleben: Landestheater, Landesmuseum, Musikverein, Architektur, Malerei. Die zeitgenössische Kunst war da wenig vertreten. Man war ganz am Althergebrachten orientiert. In Linz dominierte die Heimatkunst und nicht die Avantgarde: »Ich wünsche nichts anderes als in Linz zu wirken, zu schaffen, zu leben und zu sterben«, schrieb die Heimatdichterin Enrica von Handel-Mazzetti. Der

Jugendstil ging an Hitler und an Linz vorbei und wurde angefeindet, erst recht noch Moderneres und noch Revolutionäreres. Hinter dem Biedermeier der Provinzstadt steckten die Tristesse der Arbeiterstadt und die Abgründe des Landlebens.

Auch die politischen Parteien formierten sich: die Klerikalen, die große Zeremonien, Wallfahrten und Prozessionen liebten, die Nationalen, die mit Sängerfesten, Turnparaden und Sonnwendfeiern antworteten, die Sozialdemokraten, die ihr wachsendes Selbstbewusstsein in Streiks, Aufmärschen und Vereinen demonstrierten, und das immer mehr in den Hintergrund gedrängte liberale Bürgertum, das seine fest abgegrenzten Clubs und Zirkel hatte. Im Landtag dominierten die Katholisch-Konservativen. Anders als in Wien beherrschten in Linz nach der Jahrhundertwende nicht die Christlichsozialen oder Katholisch-Konservativen, sondern die Deutschnationalen die Stadtpolitik. »Der Liberalismus ist aus, eine neue Zeit bricht an. Platz für uns!«, rief der »Herr aus Linz« Hermann Bahr seinem Vater zu.[308] Das »Linzer Programm« von 1882 war ein antiliberales Wirtschaftsprogramm, unterfüttert mit deutschnationalen und antisemitischen Leitlinien, wo sich spätere deutschnationale, christlichsoziale und sozialdemokratische Politiker noch gemeinsam getroffen hatten. Der Liberal-Politische Verein wurde aber immer mehr unterwandert und in den Deutschen Verein umgetauft. In Linz fand der Burschenschafter und Rechtsanwalt Dr. Carl Beurle im gewerblichen Mittelstand eine Massenbasis, mit der er die Liberalen besiegte. 1894 errangen die Deutschnationalen den ersten Sitz im Gemeinderat, 1896 hatten sie bereits sechs und nach der Jahrhundertwende die Mehrheit im Landtag. Die Liberalen waren eine absterbende Gruppierung, was sich auch im Durchschnittsalter ihrer Vertreter ausdrückte. Sie wurden von den jungen Deutschnationalen aufgesogen. Der junge Franz Dinghofer, der von 1907 bis 1918 als Linzer Bürgermeister amtierte, entsprach in vielerlei Hinsicht dem älteren Wiener Vorbild Karl Lueger, nur dass er nicht christlichsozial und antisemitisch, sondern antiklerikal und antisemitisch geprägt war. Mit 34 Jahren war er bei seinem

Dienstantritt der jüngste Bürgermeister einer größeren Stadt der damaligen Monarchie. Nicht nur der Bürgermeister, sondern der ganze deutschnationale Linzer Gemeinderat waren extrem jung. 43,8 Prozent der Mitglieder waren 1905 unter 35 Jahren. Die Kommunalpolitik war innovativ: Man schuf die ersten Schrebergärten Österreichs, betrieb die Kommunalisierung des Gasnetzes, organisierte städtische Milch- und Fleischverkaufsstellen und baute kommunale Arbeiterwohnungen. Franz Dinghofer war der Karl Lueger von Linz. In Urfahr bestand der Gemeinderat 1905 ausschließlich aus Deutschnationalen. Linz und Urfahr waren »überhitzt deutschnational«.[309] Zahlreiche deutschnationale Vereine waren in Linz aktiv, vor allem der Verein Südmark, der seit 1894 eine Ortsgruppe in Linz hatte, und der Deutsche Schulverein, der 1905 mit einem mehrtätigen Festprogramm sein 25-jähriges Verbandsjubiläum in Linz beging. Doch von der Bevölkerungsstruktur her gesehen überwog auch damals bereits die Arbeiterschaft, die längst sozialdemokratisch durchsetzt war, auch wenn sie vom Wahlrecht ausgeschlossen und sozial diskriminiert war.

Das Linz zur Zeit des jungen Hitler war zwar deutschnational regiert, aber im äußeren Erscheinungsbild klerikal dominiert: Die vielen Barockkirchen mit ihren Türmen und Kuppeln, der mächtige neugotische Bischofsdom, die theologische Lehranstalt, die vielen Klöster mit ihren Schulen und Spitälern, die Jesuiten, Karmeliter, Kapuziner, Barmherzigen Brüder, Ursulinen, Kreuzschwestern, Barmherzigen Schwestern, Elisabethinen und die katholischen Eliteschulen Kollegium Aloisianum und Kollegium Petrinum prägten das Stadtbild. Das größte Linzer Bauvorhaben, sowohl von den Dimensionen wie von der Bauzeit, war der von Bischof Franz Joseph Rudigier 1862 begonnene Mariä-Empfängnis-Dom im neugotischen Stil. Die Pläne kamen vom Kölner Dombaumeister Vinzenz Statz. Der 1884 verstorbene Bischof erlebte noch die Fertigstellung des Chores. 1886 bis 1901 wurde der Turm errichtet, der mit 134 Metern dem Wiener Stephansturm in der Höhe sehr nahekam, aber auf Anweisung des Kaisers diesen nicht übertreffen durfte. 1902 wurde mit den Bauarbeiten am Lang- und Querschiff begonnen, die erst 1924 abgeschlossen waren. Der junge Adolf Hitler hielt seinem Freund Kubizek lange Vorträge über die architektonischen und bildhauerischen Leistungen der Steinmetze, die in der Dombauhütte arbeiteten, und über den deutschen Geist, der von der Gotik ausgehe.[310] »In meiner Heimat«, erzählte Hitler sehr viel später seiner Tischgesellschaft, »war der Bischof vor hundert Jahren der Sohn eines Bauern. 1845 fasste er den Plan, einen Dom zu bauen. Die Stadt hatte 22.000 Einwohner; der Dom sollte 23.000 Menschen fassen. 28 Millionen Gold-Kronen hat dieser Dom gekostet.«[311] Da stimmte zwar nicht alles, denn Bischof Rudigier war kein Bauernsohn, sondern der Sohn eines Schuhmachers, 1845 war er noch gar nicht Bischof, und der Baubeschluss fiel erst zu Anfang der 1860er Jahre. Aber in den Dimensionen hatte Hitler schon Recht. Er bewunderte das Werk und ließ sich 1938 nach dem »Anschluss« von einem Mitglied des Domkapitels, dem Prälaten Karl Schöfecker, eine Einzelführung geben. Der dafür eigentlich angeforderte Bischof – bis 1941 noch der strikte Nazi-Gegner Johannes Maria Gföllner – hatte keine Zeit für den »Führer«.[312]

Zeitenwende 1900

Das Jahr 1900 war ein Wendejahr, nicht nur in der Zeitrechnung. Mit der Einführung der Goldwährung und der Umstellung vom Gulden zur Krone glaubte man die Habsburgermonarchie endlich voll in die globale Wirtschaft eingebunden. Wien war am Gipfel seines kulturellen Glanzes angelangt. Ein bisschen davon strahlte auch auf die Provinz ab. Auch für Alois Hitler war das Jahr ein Einschnitt. Aber es muss für ihn sehr belastend gewesen sein: Da war zunächst die Tragödie mit dem Tod des jüngeren Sohnes Edmund am 29. Juni 1900 im Alter von nur sechs Jahren an den Folgen einer Maserninfektion. Nachdem man schon Ida und Gustav verloren hatte, die noch als Kleinkinder der Diphtherie zum Opfer gefallen waren, und Otto wenige Tage nach der Geburt verstorben war, muss der Tod Edmunds, der knapp vor dem Schuleintritt stand, bei Eltern und Geschwistern eine entsprechend starke Betroffenheit ausgelost haben. Man fühlte sich so ohnmächtig.

Dann kam die Nachricht über die Gefängnisstrafe des älteren Sohnes Alois. Die Katastrophe hatte sich zwar schon sehr viel länger abgezeichnet. Alois war im Herbst 1894 in die Linzer Realschule eingeschrieben worden. Es war beabsichtigt, ihn später auf eine technische Schule zu schicken und Ingenieur werden zu lassen. Dass er die Realschule bereits im ersten Semester mit einer »minderentsprechenden« Sittennote verlassen musste, hinterließ beim Vater einen tiefen Schock. Was konkret vorgefallen war, vermochte Adolfs späterer Klassenvorstand Eduard Huemer, der 1894 noch nicht an der Anstalt unterrichtet hatte, 1923 in einem für das Münchener Gericht im Hitler-Prozess angeforderten Gutachten nicht mehr genau zu eruieren, auch wenn er es für möglich hielt, dass der dem beginnenden Politiker Adolf damals in Gerüchten vorgeworfene Kommunionfrevel aus einer Verwechslung mit dem älteren Alois herrühren hätte können.[313]

Dr. Huemer schrieb: »Ich fand im Jahrgang 1894/95 tatsächlich einen Alois Hitler, der im ersten Semester ein Zeugnis ›dritter Klasse‹ erhalten hatte mit ›minderentsprechend‹ in Sitten (›wegen grober Verletzung der Disziplinarvorschriften‹) und der die Anstalt nach diesem Misserfolg verließ. Die Art, auf die er sich gegen die Schulzucht vergangen hatte, ließ sich nicht mehr feststellen ….«[314] Für den Vater muss die Enttäuschung groß gewesen sein. Jedenfalls war er nicht mehr weiter bereit, größere Summen in die Ausbildung des Sohnes zu stecken. Für den dreizehnjährigen Alois war die Schulpflicht damit zu Ende. Am damals neu erworbenen Hof in Hafeld mitzuarbeiten, wo seine Arbeitskraft sicherlich gebraucht worden wäre, kam nicht infrage, ebenso zu einem Bauern in den Dienst zu gehen. Stattdessen wurde er in die Lehre zu einem Linzer Gastwirt gegeben, der von Alois selbst bzw. seiner späteren Ehefrau als recht grob beschrieben wurde.[315] Die Stiefmutter Klara habe Alois aus dem Haus gedrängt, behauptete die irischstämmige Bridget später. Ohne einen Groschen in der Tasche sei er nach Linz geschickt worden. Seinen Vater habe er flehentlich um die Rückkehr ins Elternhaus gebeten. Dieser sei jedoch unter dem Einfluss der Stiefmutter gestanden, die ihn nicht wieder aufnehmen wollte und das gesamte Geld für ihren Liebling Adolf gebraucht habe.[316] Diese Darstellung von Bridget Dowling, die von Alois 1911 geheiratet und 1914 ohne Scheidung verlassen worden war, ist sicher nicht vorurteilsfrei und zweifellos ohne genaue Kenntnis der Verhältnisse geschrieben. Aber die Konflikte zwischen Vater und Sohn müssen dramatisch gewesen sein.

Im Jahr 1898 waren die Linzer Lehrjahre für den jungen Alois beendet. Das Lehrzeugnis bestätigte, »dass er die Profession eines Kellners ordentlich und mit Bereitwilligkeit, Fleiß und Genauigkeit erlernt und während seiner Lehrzeit eine untadelhafte, rechtschaffene Aufführung gepflogen« habe und zum Gehilfen freigesprochen worden ist.[317] Dann ging Alois nach Wien, wo er bessere Chancen erwarten konnte. Doch bereits 1899 wurde er aktenkundig. Im Haus Weihburggasse Nr. 9 im Wiener ersten Bezirk waren im Stiegenhaus wiederholt Auer-Gasglühlampen gestohlen worden. Am 21. Dezember 1899 nachmittags bemerkte die Hausmeisterin zwei Burschen, die ihr verdächtig erschienen, und veranlasste deren Verhaftung. Man fand unter ihren Mänteln einen vollständigen Auer-Brenner samt Zylinder und Schirm. Der 18-jährige Kellner Alois Hitler und sein 19-jähriger Komplize Eugen Martinetz wurden dem Polizei-Kommissariat Wien Innere Stadt überstellt, das erhob, dass sie in den letzten Wochen mehr als 24 Gasglühlampen im Werte von 260 Gulden erbeutet hatten. Gegen Martinetz war bereits von früher her beim Landesgericht ein Verfahren wegen Diebstahls und Veruntreuung anhängig.[318] Alois wurde im Jahr 1900 deswegen zu fünf Monaten Kerker verurteilt. Im Dezember 1901 war er aber bereits wieder straffällig: »Heute nachts wurde der Kellner Alois Hitler in dem Augenblicke festgenommen, als er das Delicatessengeschäft des Rudolf Hoffmann, Prater, Ausstellungsstraße Nr.

19, aufbrechen wollte. Hitler, der wegen Einbruchsdiebstahls schon mit fünf Monaten schweren Kerkers abgestraft ist, wurde dem k.k. Landesgerichte eingeliefert.«[319] Er wurde zu weiteren acht Monaten Kerker verurteilt.

Nach der Verbüßung der zweiten Strafe und dem Tod des Vaters im Jahr 1903 ging Alois vorübergehend wieder nach Linz, wo er Stellen im »Schwarzen Bären« und im »Goldenen Löwen« annahm. Bald aber wechselte er ins Ausland: in die Schweiz, nach Frankreich und schließlich 1905 nach London, wo er 1910 Bridget Dowling heiratete. 1911 wurde in Liverpool der gemeinsame Sohn William Patrick geboren. Alois jr. war ein Trinker und verprügelte seine Frau und vielleicht auch das kleine Kind so regelmäßig wie er trank. 1914 verließ er die Familie und kehrte auf den Kontinent zurück. Einen wirklichen Halt fand er nie mehr: Im Krieg war er untauglich. In Hamburg, wo er als Gastwirt eine Kneipe eröffnete und wieder heiratete, ohne von der ersten Ehefrau rechtskräftig geschieden zu sein, wurde er 1924 wegen Bigamie verurteilt. In Berlin begann er zuerst einen Handel mit Rasierklingen und versuchte, als sein Halbbruder Adolf immer bekannter wurde, mit einem Prominentenlokal namens »Alois« aus seiner Verwandtschaft mit dem Reichskanzler Kapital zu schlagen, der ihn aber möglichst auf Distanz halten wollte. Dennoch schafft er es, sein Lokal fast bis zum Ende des Krieges offen zu halten. Nach 1945 wurde er wegen seines Familiennamens und seiner Geschichte weiter verfemt, bis er schließlich den Namen auf »Hiller« wechselte. In Hamburg lebte er von einer kleinen Gastwirtschaft und einem gelegentlichen geschäftlichen Kokettieren mit seinem alten Namen. 1956 starb er. Das frühere schwarze Schaf der Familie hatte es schließlich doch nicht ganz so schlecht gemacht wie sein berühmter Halbbruder.[320]

Mit Adolfs Eintritt in die Realschule im Jahr 1900 kamen beim Vater jene Erfahrungen wieder hoch, die er schon mit dem abrupten Schulende und der kleinkriminellen Entwicklung seines älteren Sohnes gemacht hatte. Umso mehr musste sich die Aufmerksamkeit nunmehr auf Adolf konzentrieren. Denn eine Enttäuschung und

Tragödie wie mit dem älteren Alois wollte er keinesfalls noch einmal erleben. Er war fest entschlossen: Adolf musste zwar wie Alois in die Realschule, aber im Unterschied zu diesem, das stand für den Vater fest, sollte er erfolgreich sein. Er wollte ihm eine Karriere ermöglichen, die jedenfalls weiter führen sollte als seine eigene. Denn er hatte zwar alles erreicht, was er mit seiner Volksschulbildung im Beamtendienst erreichen konnte. Aber umso deutlicher waren ihm die Grenzen bewusst geworden, die ihm mit seinem Bildungsweg gesetzt waren und die er seinem Sohn ersparen wollte. Die Erziehungsmittel, die er allerdings einzig kannte, waren Schläge und psychischer Druck. Adolf fügte sich und wehrte sich auf seine Art.

Die Realschule

Das alte Linzer Realschulgebäude in der Steingasse ist ein trister Bau. Schon die Gasse ist finster und eng. Das Gebäude war viel zu klein. Die Zahl der Schüler war rapid angestiegen, von 219 im Schuljahr 1891/92 auf 308 im Jahr 1901/02 und 571 im Jahr 1909 vor der Übersiedlung in das neue Gebäude in der Fadingerstraße, das nach dem von der deutschnational orientierten Lehrerschaft hoch geschätzten oberösterreichischen Bauernkriegsführer Stefan Fadinger benannt worden war.[321]

Hitlers erster Schultag in der 1-B-Klasse der Realschule muss Montag, der 17. September 1900, gewesen sein. So reibungslos wie in der Volksschule ging es für Adolf allerdings nicht weiter. Die neue Umgebung und die damit verbundenen Herausforderungen waren ungewohnt: täglich in der Früh der einstündige Fußweg von Leonding in die Steingasse, zu Mittag eine kurze Erholung bei der Kostfrau und am späteren Nachmittag wieder der Rückweg nach Leonding. Die Mitschüler, zum Großteil vornehme Stadtkinder, ließen dem Buben, der »täglich von den Bauern hereinkam«, ihre Überlegenheit spüren.[322] Auch mit den Lehrern war es nun sehr viel schwieriger: das ungewohnte Hochdeutsch, die höheren

Anforderungen, in jedem Fach eine andere Bezugsperson. Die Professoren mit ihrer vorwiegend liberalen oder deutschnationalen Sozialisation, auf jeden Fall aber mit ihrem autoritaren Gehabe und den teilweise skurrilen Gewohnheiten, waren Vorbilder, deren Gedankenwelt begierig aufgesaugt wurde, und zugleich Feindbilder, die zum unbedingten Widerstand herausforderten.[323]

Auf dem Klassenfoto der 1 B sind 41 Schüler zu sehen. Hitler steht nicht mehr im Zentrum und überragt nicht alle anderen wie auf dem Leondinger Foto ein Jahr zuvor, sondern versteckt sich am Rande in der Menge der Mitschüler. Dass Hitler, wie es von Lambach oder Leonding behauptet wird, auch in der Realschule ein anerkannter Anführer unter den Klassenkameraden gewesen sei, bestreitet der Zeitzeuge Hugo Rabitsch, was auch durch das Foto betätigt wird.[324] Er sei vielmehr wenig aufgefallen, schreibt Rabitsch.

Für den jungen Adolf Hitler war die Realschule ein Ort völlig neuer Erfahrungen. Erstmals kam er in eine Großstadt, auch wenn an Linz noch manches recht kleinstädtisch anmutete. Erstmals kam er mit Kindern aus der Oberschicht in Berührung und erstmals auch mit einem Schulklima, das sich vom ländlichen und kirchlichen Umfeld, das er in Fischlham, Lambach und Leonding erlebt hatte, deutlich unterschied. Denn hinter dieser Realschule verbarg sich keine kleinstädtische Schule mit Kindern aus dem Arbeiter-, Kleinbürger- und Bauernmilieu, sondern eine großbürgerliche Schule mit großteils deutschnationalen Lehrern und mit Schülern, deren sozialer Hintergrund die Oberschicht und obere Mittelschicht der Stadt und des Landes war. Das Schulgeld war hoch. Für einige wenige ärmere Schüler gab es Beihilfen. 1902/03 war Adolf als einziger seiner Klasse vom Schulgeld befreit, was nicht nur die Sozialstruktur offenlegt, sondern auch andeutet, dass Adolfs Verhalten nicht durchgehend negativ bewertet wurde, weil es Schulgeldbefreiungen satzungsgemäß nur für »sehr brave und recht bedürftige« Schüler geben sollte.[325]

Die Schüler kamen großteils aus Familien an der Spitze der Einkommenspyramide des Landes. Ludwig Wittgenstein, Adolfs

Ein trister Bau, eine finstere und enge Gasse: das alte Linzer Realschulgebäude in der Steingasse. Foto, Ernst Fürböck zugeschrieben, um 1900. Nordico Stadtmuseum Linz. Reproduktion Thomas Hackl.

Ein Ort völlig neuer Erfahrungen: Klassenfoto der 1 B der Realschule mit Adolf Hitler in der letzten Reihe ganz rechts und Klassenlehrer Professor Langer. Erstmals kam er mit Kindern aus der Oberschicht in Berührung. Foto 1900/1901.

Mitschüler in der Realschule, ein paar Klassen höher als er und aus einer der zehn reichsten Familien der ganzen Habsburgermonarchie, bezog im Jahr 1911 ein Jahreseinkommen von 237.308 Kronen, sein Vater Karl Wittgenstein sogar eines von 1,349.750 Kronen, also mehr als 500-mal höher als jenes von Hitlers Vater.[326] Auch das Einkommen des Linzer Bierindustriellen und Asbesterfinders Ludwig Hatschek, dessen Sohn Hans Hatschek Hitlers Klassenkamerad war, wird 1910 nahe an die 100.000 Kronen herangereicht haben.

Gleich die erste Klasse musste Adolf mit zwei »Nicht genügend« in Mathematik und Naturgeschichte und mit zwei »Tadeln« in Betragen und Fleiß wiederholen.[327] Er stellte, zumindest in späteren Rechtfertigungen, die Entscheidung für diese Schule als Zwangsmaßnahme seines Vaters dar, um ihn in eine Beamtenkarriere hineinzupressen, die ihm sein wirkliches Leben als Künstler verbauen würde. Seine Misserfolge sah er als Folge dieses Zwangs oder als Ausdruck seines Widerstands dagegen: »Alle Versuche, mir durch Schilderungen aus des Vaters eigenem Leben Liebe oder Lust zu diesem Berufe erwecken zu wollen, schlugen in das Gegenteil um. Ich wollte nicht Beamter werden. Nein, und nochmals nein. Mir wurde gähnend übel bei dem Gedanken, als unfreier Mann in einem Büro sitzen zu dürfen, nicht Herr zu sein über die Zeit, in auszufüllende Formulare den Inhalt eines ganzen Lebens zwängen zu müssen …«[328] »Zum ersten Male in meinem Leben wurde ich, als damals noch kaum Elfjähriger, in Opposition gedrängt. So hart und entschlossen auch der Vater sein mochte in der Durchsetzung einmal ins Auge gefasster Pläne und Absichten, so verbohrt und widerspenstig war aber auch sein Junge in der Ablehnung eines ihm nicht oder nur wenig zusagenden Gedankens.«[329]

Das ist zweifellos eine beliebte Stilisierung: Ob es Opposition war oder nicht doch eher Schwäche? Es mag ja in manchen Biografien und Lebensläufen chic sein, schulische Misserfolge und schlechte Noten als Ausweis für Erfolge im späteren Leben darzustellen. Auch Adolf Hitler bediente sich dieses Topos. Er stellte seine Position wohl recht zutreffend dar: »Ich sollte studieren. Aus meinem ganzen Wesen und noch mehr aus meinem Temperament glaubte der Vater den Schluss ziehen zu können, dass das humanistische Gymnasium einen Widerspruch zu meiner Veranlagung darstellen würde. Besser schien ihm die Realschule zu entsprechen. Besonders wurde er in dieser Meinung noch bestärkt durch meine ersichtliche Fähigkeit zum Zeichnen; ein Gegenstand, der in den österreichischen Gymnasien seiner Überzeugung nach vernachlässigt wurde. Vielleicht war aber auch seine eigene schwere Lebensarbeit noch mitbestimmend, die ihn das humanistische Studium als in seinen Augen unpraktisch, weniger schätzen ließ. Grundsätzlich aber war er der Willensmeinung, dass sein Sohn Staatsbeamter werden müsste. Seine bittere Jugend ließ ihm ganz natürlich das später Erreichte umso größer erscheinen, als dieses doch nur ausschließlich Ergebnis seines eisernen Fleißes und eigener Tatkraft war. Es war der Stolz des Selbstgewordenen, der ihn bewog, auch seinen Sohn in die gleiche, wenn möglich natürlich höhere Lebensstellung bringen zu wollen. Der Gedanke einer Ablehnung dessen, was ihm einst zum Inhalt eines ganzen Lebens wurde, erschien ihm unfassbar. So war der Entschluss des Vaters einfach, bestimmt und klar …«[330]

Doch gleichzeitig entspricht Hitlers Darstellung auch einer beliebten Dramaturgie der Bildungsromane: »Ich sollte studieren«, so beginnt auch Richard Wagner seine Abrechnung über die Dresdener Gymnasialjahre.[331] »Ich glaubte«, behauptete Hitler nachträglich, »dass, wenn der Vater erst den mangelnden Fortschritt in der Realschule sähe, er gut oder übel eben doch mich meinem erträumten Glück würde zugehen lassen«.[332] Die Mutter musste oft in die Schule kommen, um nachzufragen.[333] Hitler behauptet in *Mein Kampf*, er habe sich absichtlich nicht angestrengt: »Was mich freute, lernte ich, was mir bedeutungslos erschien oder mich auch sonst nicht anzog, sabotierte ich vollkommen.«[334] Und er kritisierte später jene Eltern, die ihre Kinder in bestimmte Berufe drängen oder zwingen würden, und, wenn es nicht klappt, vom verlorenen oder missratenen Sohn sprechen würden.[335] Der Vater habe ihn mit dreizehn Jahren in das Linzer Hauptzollamt geschleppt, »einen wahren Staatskäfig, in dem die alten Herren aufeinander gehockt seien, so dicht wie die Affen«. Das habe ihm die Beamtenlaufbahn gründlich verdorben.[336]

Für eine Karriere im höheren Gerichts- oder Verwaltungsdienst, für die damals eine juridische Ausbildung die Voraussetzung bildete, wäre die Realschule, von der man nur schwer auf eine Universität wechseln konnte, tatsächlich die falsche Wahl gewesen. Sie war für Architekten, Bauingenieure und andere technische Berufe gedacht. Doch Hitler wollte Maler werden, wofür man gar keine Matura brauchte. Maler? Ja, Kunstmaler? Der Vater war entsetzt. Ein Künstler werden zu wollen, entsetzte ihn wahrscheinlich noch mehr, als nicht Beamter werden zu wollen. »Nein, solange ich lebe, nein, niemals.«[337] Doch für eine Laufbahn als Architekt oder Baumeister, zu der Hitler geraten wurde, hätte die Realschule gut gepasst. Nur benötigte man dazu den Abschluss mit Matura, den er 1905 leichtfertig aufgegeben hatte.

In der Linzer Realschule wurde viel politisiert: Auf der einen Seite standen »Klerikale« und »Habsburgtreue«, auf der anderen Seite Freisinnige und Deutschnationale. Man sprach von »Germanen« und »Slawen«, unterschied »Schwarzgelbe« und »Schwarz-Rot-Goldene«, kaufte entweder Franz-Joseph-Bilder oder Bismarck-Köpfe. »Für Südmark und Schulverein wurde da gesammelt, durch Kornblumen und schwarzrotgoldene Farben die Gesinnung betont, mit Heil begrüßt und statt dem ›Gott erhalte‹ der österreichischen Kaiserhymne lieber ›Deutschland über alles‹ gesungen, trotz Verwarnung und Strafen.«[338] Die Melodie war ja dieselbe. Man brauchte nur einen anderen Text zu unterlegen. Wer wirklich deutschnational dachte, sang ohnehin die *Wacht am Rhein* oder *Heil dir im Siegerkranz*. Was es an der Schule offensichtlich gar nicht gab, waren Sozialdemokraten oder Arbeiterkinder.

Die Tschechen, weniger die Juden, waren in Linz und an der Schule das erklärte Feindbild. Die Abwehr gegen die tschechische Zuwanderung oder gegen vermeintliche slawische Besitzansprüche bzw. umgekehrt die Bewahrung und Ausweitung des Deutschtums wurden immer wieder thematisiert. Die Schüler waren dabei deutlich radikaler als ihre Lehrer und die Söhne radikaler als ihre Väter. Deutschnational und kaisertreu mussten sich aber nicht unbedingt widersprechen. Der Schuldirektor Hans Commenda, der die Fächer Naturgeschichte, Mathematik, Physik und Geografie unterrichtete, war ein verdienter Heimatforscher und kein Sprecher des nationalen Lagers, auch wenn er in seiner Jugend eher radikalen Burschenschaften angehört hatte und sich kulturell für nationale Symbolfiguren wie Stelzhamer, Fadinger und Palm engagierte, die auch für Hitler wichtig wurden. Als Direktor verhielt er sich aber klerikal und kaisertreu.

Der von Hitler als Lieblingslehrer bezeichnete Dr. Leopold Poetsch unterrichtete ihn von der ersten bis zur dritten Klasse (1901–1904) in Geografie und in der zweiten und dritten Klasse auch in Geschichte. Poetsch leitete auch die Schulbibliothek. Hitler durfte dem verehrten Lehrer als besondere Auszeichnung die Landkarten tragen.[339] Ein Mitschüler berichtete den Lieblingssatz des Dr. Poetsch: »Ihr müsst ordentlich lernen, damit wir in Österreich unsere führende Rolle nicht verlieren müssen und damit ihr euch im nationalen Kampf bewähren könnt.«[340] Hitler über Poetsch: »Unser kleiner nationaler Fanatismus ward ihm ein Mittel zu unserer Erziehung, indem er öfters als einmal, an das nationale Ehrgefühl appellierend, dadurch allein uns Rangen schneller in Ordnung brachte, als dies durch andere Mittel je möglich gewesen wäre.«[341]

Poetsch war eine durchaus bekannte Linzer Größe und ein überzeugter Deutschnationaler, der als Festredner und Referent im »Oberösterreichischen Volksbildungsverein«, im »Verein der Staatsbeamten«, in der Turngemeinde Jahn oder in der Ortsgruppe Linz des Schulvereins Südmark auftrat, deren stellvertretender Obmann er war. Gleichzeitig war er auch der Festredner zum Kaiserjubiläum 1908, wirkte in kirchlicher Hinsicht versöhnend, setze sich für eine Kapelle in der Schule ein oder dass der Festsaal auch für kirchliche Zwecke verwendet werden dürfe. Wie Hitlers Vater war er deutschnational und gleichzeitig kaisertreu. 1905 wurde er für die Deutsche Volkspartei in den Linzer Gemeinderat gewählt. Der spätere Linzer Bürgermeister Ernst Koref, der selbst Mittelschullehrer war, erinnerte sich an Poetsch: »Er war wohl ein national gesinnter, doch auch ein guter Österreicher, eine höchst ehrenwerte Persönlichkeit.«[342] Das war wohl eine etwas zu wohlwollende kollegiale Einstufung des immer auf Ausgleich bedachten Sozialdemokraten Koref. Poetschs Vorträge, etwa zur deutschen Geschichte, mit Bildern zur frühen deutschen Kaiserzeit, aber auch zur germanischen Heldensage, orientierten sich an nationalen Mythen: »Seit den großen Tagen der herrlichen deutschen Siege 1870/71 sind wir uns des Germanentums mehr bewusst geworden und blättern nun mit größerer Liebe in den Büchern deutscher Mythe, Sage und Geschichte.« Mit solchen Sätzen konnte er den jungen Hitler begeistern.[343]

Mit den meisten Professoren stand Hitler allerdings auf Kriegsfuß: »Wenn wir nicht ein paar Professoren gehabt hätten, die für mich gesprochen haben, so wäre es mir schlecht gegangen«, erzählte er im Führerbunker.[344] Gerda Daranowski, eine seiner Sekretärinnen, fragte: »Hat ein Teil Ihrer Professoren Ihren Aufstieg noch erlebt?« »Ja, einige schon. Vorzugsschüler war ich nicht, aber ich bin trotzdem allen in Erinnerung geblieben. Das besagt sehr viel.«[345] Hitler protzte damit, dass er absichtlich nichts gelernt habe. Am 3. März 1942 wiederholte er vor seinen Tischgästen in der »Wolfsschanze« seine schon in *Mein Kampf* geäußerten Feststellungen: »Ich habe im Allgemeinen nicht mehr als 10 Prozent von dem gelernt, was die anderen gelernt haben. Ich war mit meiner Vorbereitung immer sehr rasch fertig.«[346]

Zu seinem besonderen Feindbild und zum Gespött aller Schüler wurde der »schwarzgelbe« Religionsprofessor Franz Sales Schwarz.[347] Hitler über ihn: »Der Religionsunterricht wurde bei uns nur von Priestern gegeben. Ich war der ewige Frager. Den reinen Prüfungsgegenstand habe ich beherrscht wie kein anderer. Man konnte mir deshalb nichts machen. In der Religion habe ich lobenswert und vorzüglich gehabt, dafür im sittlichen Betragen ungenügend.«[348] Das sind freilich Stilisierungen. In Wahrheit hatte Hitler in seinen Realschulzeugnissen in Religion nie ein »sehr gut« und im letzten vom 16. September 1905 nur ein »Genügend« und im sittlichen Betragen andererseits nie ein »Ungenügend«.[349]

Die Lausbubengeschichten, die Hitler selbst von sich so gerne wiedergab und die von diversen Zeitzeugen weiter ausgeschmückt wurden, darf man nicht wörtlich nehmen. Hitler liebte es, die Schulstreiche seiner Jugend bei den Tischgesprächen im Führerhauptquartier aufzutischen: mit einem Taschenspiegel die Lehrer zu blenden, Nussschalen auf dem Boden auszustreuen, Maikäfer im Klassenzimmer loszulassen etc. Der gereimte Klassenbucheintrag »Hitler ist ein Bösewicht, er spiegelt mit dem Sonnenlicht«, den er seiner Sekretärin aufschwatzte, ist sicher solch eine Erfindung. Denn kein Lehrer würde sich selbst zum Gespött der Kinder machen und einen solchen Eintrag verfassen.[350]

Dass Hitler über die Institution Schule und ihre Vertreter nur wenig gute Worte fand, entspricht nicht nur Hitlers Geniekult, sondern auch dem Vorbild des Vaters, der sich als Autodidakt so weit hinaufgearbeitet hatte. Einzig die Volksschullehrer und sein verehrter Geschichte- und Geografielehrer Poetsch kamen in Hitlers Einschätzung besser weg.[351] Sein langjähriger Klassenvorstand Dr. Huemer, der für den Münchener Rechtsanwalt Dr. Lorenz Roder 1923 im Hitler-Prozess ein Gutachten über den seinerzeitigen Realschüler Hitler verfasst hatte, bestätigte den mangelnden Fleiß und die zweifellos vorhandene Begabung, bei der er »unbestreitbar viel bessere Erfolge erzielen hätte müssen: Betragen ›Entsprechend‹, Fleiß ›Ungleichmäßig‹, Mathematik und Naturgeschichte ›Ungenügend‹.« Huemer kommentierte auch die Schulerstreiche, wie sie »bei unreifen Jungen nicht selten seien«, ebenso die Indianer- und Karl-May-Affinität und die dadurch und durch den langen Schulweg verursachte Zeitvergeudung. Hitler sei von den Karl-May- und Lederstrumpf-Geschichten angekränkelt gewesen, habe sich in der Führerrolle gefallen und von seinen Mitschülern unbedingte Unterordnung verlangt.[352] Charakterlich stufte Huemer Hitler als widerborstig, eigenmächtig, rechthaberisch und jähzornig ein. Es sei ihm sichtlich schwergefallen, sich in den Rahmen einer Schule zu fügen. Begabung billigte er ihm aber zu: »Er war nicht nur ein flotter Zeichner, sondern wusste gelegentlich auch in den wissenschaftlichen Fächern Ansehnliches zu leisten. Nur pflegte seine Arbeitslust sich immer rasch zu verflüchtigen. Belehrungen wurden mit Widerwillen empfangen.« Huemer wiederholte eine alte Schulkritik, die häufig falsch ist, nicht nur bei Hitler: »Wie die Erfahrung immer wieder lehrt, beweist die Schule nicht viel fürs Leben – und während die Musterknaben oft spurlos untertauchen, entwickeln sich die Schulrangen erst, sobald sie die für sie nötige Ellbogenfreiheit erlangt haben.«[353]

Der Vater-Sohn-Konflikt

Alois sei gegenüber Adolf sehr streng gewesen und dieser habe seine Strenge gefürchtet, erzählte der ehemalige Leondinger Volksschulkamerad Max Sixtl. Der alte Bauer Josef Mayrhofer, Adolf Hitlers einstiger Vormund, hingegen bezog Partei für den Vater: Alois habe Adolf wohl nicht geschlagen, sondern nur »g'schimpft und belfert«, wie er sich ausdrückte, was auf Bayerisch zusammenschimpfen, zanken oder niederbellen meint: »Der Mistbub, der elende, derschlagen tu ich ihn noch!«[354] Körperliche Züchtigungen waren im bäuerlich-kleinbürgerlichen Milieu um 1900 noch durchaus die Regel, waren im familiären Rahmen gesetzlich geduldet und gehörten immer noch, wenn auch verboten, zum schulischen Strafenkatalog. Und nicht nur alte Bauern wie Mayrhofer, sondern der Großteil der Zeitgenossen und Zeitzeugen war geneigt, sich auf die Seite der Täter zu stellen und Gewalt gegen Kinder zu verharmlosen, zu entschuldigen oder sogar als notwendig einzustufen.

Adolf Hitler war ein vom Vater unterdrücktes und geschlagenes Kind. Paula berichtete 1945/46 gegenüber den amerikanischen

Militärbehörden von den vielen körperlichen Strafen, die der junge Adolf ertragen musste: »Mein Bruder Adolf forderte meinen Vater zu extremer Strenge heraus und erhielt dafür jeden Tag eine richtige Tracht Prügel.«[355] »Der alte Hitler«, sagte Mayrhofer 1933 im Interview mit dem Londoner *Guardian*, »war ein richtiger Tyrann«. Als Hundezüchter war Alois Hitler gewohnt, nicht nur seine Hunde, sondern auch seine Kinder mit schrillen Pfiffen und kurzen Befehlen zu kommandieren. Seiner Sekretärin erzählte Adolf: »Meinen Vater habe ich nicht geliebt, dafür aber umso mehr gefürchtet. Er war jähzornig und schlug sofort zu. Meine arme Mutter hatte dann immer Angst um mich.«[356] Die Schläge, die wohl deutlich über das damals übliche Maß hinausgingen, sind von mehreren Seiten bezeugt: von den Nachbarn, aber auch von der Schwester Paula, der Halbschwester Angela und vom Halbbruder Alois, von dessen Sohn William Patrick und von seiner irischen Mutter Bridget. Auch dass Hitler selbst später immer wieder darauf zu sprechen kam, darf man als Bestätigung sehen.

Die polnisch-jüdisch-schweizerische Psychologin Alice Miller hat sich der Frage gewidmet, was sich in einem Kind abspielt, das einerseits von seinen Eltern gedemütigt und herbeigepfiffen wie ein Hund wird und andererseits unter dem Gebot steht, die Person, die ihm das antut, zu respektieren, zu lieben und seine Schmerzen auf keinen Fall zum Ausdruck zu bringen.[357] Dass Adolf Hitler später Schläge nicht nur als Erziehungsmittel akzeptierte, sondern auch zur Heranbildung abgehärteter völkischer Krieger forderte, passt in dieses Muster: »Vor allem aber der junge, gesunde Knabe soll auch Schläge ertragen lernen.« Der völkische Staat habe eben nicht die Aufgabe, eine »Kolonie friedsamer Ästheten und körperlicher Degeneraten aufzuzüchten«, forderte er in *Mein Kampf*.[358] »Meine Pädagogik ist hart. Das Schwache muss weggehämmert werden!«[359]

Hat Hitler seine eigene Familiengeschichte implizit in dem *Mein Kampf*-Kapitel »Der Leidensweg des Arbeiterkindes« geschildert?[360] Hat der Vater vielleicht nicht nur die Kinder, sondern auch seine Frau geschlagen? Der Text könnte dafür sprechen: »Wenn dieser Kampf unter den Eltern selber ausgefochten wird, und zwar fast jeden Tag, in Formen, die an innerer Rohheit oft wirklich nichts zu wünschen übriglassen, dann müssen sich, wenn auch noch so langsam, endlich die Resultate eines solchen Anschauungsunterrichtes bei den Kleinen zeigen. Welcher Art sie sein müssen, wenn dieser gegenseitige Zwist die Form roher Ausschreitungen des Vaters gegen die Mutter annimmt, zu Misshandlungen in betrunkenem Zustande führt, kann sich der eben ein solches Milieu nicht Kennende nur schwer vorstellen.« Adolf Hitler kannte es offenbar, er schreibt weiter: »Übel aber endet es, wenn der Mann von Anfang an seine eigenen Wege geht und das Weib, den Kindern zuliebe, dagegen auftritt. Dann gibt es Streit und Hader, und in dem Maße, in dem der Mann der Frau nun fremder wird, kommt er dem Alkohol näher. Kommt er endlich Sonntag oder Montag nachts selber nach Hause, betrunken und brutal, immer aber befreit vom letzten Heller und Pfennig, dann spielen sich oft Szenen ab, dass Gott erbarm. In Hunderten von Beispielen habe ich dies alles erlebt, anfangs angewidert oder wohl auch empört, um später die ganze Tragik dieses Leides zu begreifen, die tieferen Ursachen zu verstehen. Unglückliche Opfer schlechter Verhältnisse.«[361]

War Alois Hitler ein Trinker? Hans Frank, dem späteren Generalgouverneur des Generalgouvernements Polen, soll Adolf erzählt haben, wie oft er seinen Vater betrunken aus dem Gasthaus nach Hause brachte: »Da musste ich als zehn- bis zwölfjähriger Bub immer spätabends in diese stinkende, rauchige Kneipe gehen. Ich trat dann immer ohne jede Schonung auf, trat an den Tisch, wo mein Vater saß und mich stier anschaute, und rüttelte ihn. Dann sagte ich: ›Vater, du musst jetzt heim! Komm jetzt, wir müssen gehn!‹ Und oft musste ich gleich eine viertel oder halbe Stunde betteln, schimpfen, bis ich ihn endlich so weit hatte. Dann stützte ich ihn und brachte ihn heim. Das war die grässlichste Scham, die ich je empfunden habe.« Er wisse, was für ein Teufel der Alkohol ist: »Er war – über meinen Vater – eigentlich mein größter Feind in meiner Jugend.«[362] Aber wie verlässlich ist der ehemalige Gauleiter Frank, der seine

Erinnerungen, als quasi reuiger Sünder, knapp vor der Vollstreckung des Todesurteils verfasste und sich vor der Nachwelt reinwaschen wollte? Denn dass Adolfs Vater ein Trinker gewesen sei, ist nicht wirklich glaubwürdig. Nicht nur seine berufliche Karriere, sondern auch seine Handschrift, seine privaten Interessen und seine Aktivitäten nach der Pensionierung deuten auf das Gegenteil. Man muss sich für ein Urteil auch die Trinkgewohnheiten der damaligen Zeit vor Augen führen. Der tägliche Gasthausbesuch mit Bürgerstammtisch war eine weit verbreitete Gewohnheit und gehörte zum politischen Geschäft. Die Wirtshäuser fungierten als Parteilokale. Es war instrumentales und soziales, aber nicht narkotisches Trinken. Laut hergegangen ist es dort sicher. Adolf Hitlers späterer Vormund Josef Mayrhofer meinte über Alois Hitler: »Am Biertisch war er sehr rechthaberisch, leicht aufbrausend … Daheim war er streng, kein Feiner, seine Frau hat bei ihm nichts zu lachen gehabt.«[363] Vielleicht hatte sich Alois auch noch jene eher bäuerlichen oder proletarischen Gewohnheiten des saisonalen Trinkens beibehalten, alle paar Wochen einmal mit einem kräftigen Rausch heim zu kommen und dort seine Launen auszuleben. Emanuel Lugert bestätigte das: »Ich muss Ihnen beipflichten, dass Hitler kein fürsorglicher, vorbildlicher Familienvater war. Die Hauptlast hatte die Frau zu tragen.«[364]

Die liebende Mutter

»Ich hatte den Vater verehrt, die Mutter jedoch geliebt«, schrieb Adolf in *Mein Kampf*.[365] Auch Paula setzte dem harten Vater die liebevolle Mutter entgegen: »Wie oft hingegen streichelte meine Mutter ihn, Adolf, und versuchte, mit ihrer Freundlichkeit erfolgreich zu sein, wo der Vater mit Härte nicht erfolgreich sein konnte.« Gleichzeitig bestätigte Paula ihren Eltern eine harmonische Ehe: »Das Eheleben meiner Eltern war sehr glücklich, trotz ihrer sehr unterschiedlichen Charaktere. Mein Vater, der in der Erziehung seiner Kinder von großer Härte war und mich nur als Liebling seiner Familie verwöhnte, war der absolute Typ des alten österreichischen Beamten, konservativ und seinem Kaiser gegenüber treu bis zum letzten. Meine Mutter war jedoch eine sehr weiche und zarte Person, das ausgleichende Element zwischen dem fast zu harten Vater und den sehr lebhaften Kindern, die vielleicht etwas schwierig zu zähmen waren. Wenn es jemals Streit oder Meinungsverschiedenheiten zwischen meinen Eltern gab, war es immer wegen der Kinder.«[366] Auch Joseph Goebbels notierte im August 1932 nach einem Gespräch mit Hitler: »Hitler hat fast genau dieselbe Jugend durchgemacht wie ich. Der Vater Haustyrann, die Mutter eine Quelle der Liebe und Güte.«[367]

Das war alles haargenau das, was dem nationalsozialistischen Frauenbild entsprach. Kubizek wiederholte das: »Die Ehe Alois Hitlers mit Klara wird von verschiedenen Bekannten, die in Braunau, Passau, Hafeld, Lambach und Leonding in der Familie verkehrten, als durchaus glücklich geschildert, was wohl nur auf das fügsame und anpassungsfähige Wesen der Frau zurückzuführen ist. Zu mir sagte sie einmal darüber etwa folgendes: ›Was man sich als junges Mädel von der Heirat erhofft und erträumt, ist meine Ehe auch nicht geworden.‹ Und dann fügte sie resigniert hinzu: ›Aber wo kommt dies schon vor?‹«[368] Kubizek hatte schon Recht. Klara hatte es nicht leicht: Die schweren Schicksalsschläge bei den Kindern, die vielen Ortswechsel, die Launen und die Hobbys des Mannes, der Zwang, ihm viele Aufgaben abnehmen zu müssen.

Klara muss eine bemerkenswerte Frau gewesen sein. Magdalena Hanisch, ihre Vermieterin in der letzten Wohnung in Urfahr, sagte über sie: »Ich hatte diese Frau sehr gern. Sie wohnte neben mir im ersten Stock.«[369] Klara war ganz in ihrem Mann aufgegangen. Obwohl Alois Hitler, als Kubizek sie kennengelernt hatte, schon fast zwei Jahre tot war, sei er für sie noch immer »allgegenwärtig« geblieben: »Am besten Platz des Zimmers hing immer noch sein Bild. Auf dem Regal in der Küche standen, sorgfältig aufgereiht, mit buntbemalten Köpfen, die langen Pfeifen, die er geraucht hatte, nicht anders, als könnte sich im nächsten Augenblick die Tür öffnen und der Herr Zolloberamtsoffizial träte, etwas brummig vom Dienst heimkehrend, soeben ein, um nach kurzem Gruß eine der Pfeifen vom Regal zu nehmen. Diese Pfeifen waren in der Familie förmlich das Symbol der Allgewalt des Vaters.«[370]

Dass kein einziges Schriftstück von Klara bekannt ist, bedeutet gar nichts. Die *Tages-Post* hat sie nachweislich regelmäßig gelesen. Ihre Briefe, die Adolf immer bei sich trug, ließ er kurz vor seinem Selbstmord verbrennen. Dass sie das Gesuch um eine Witwenpension, das sie nach dem Tod ihres Ehemanns 1903 einbrachte, von einem Schreiber verfassen ließ, heißt nur, dass sie sich dafür eines rechtskundigen Helfers bediente. Es bedeutet auch nichts, wenn Adolf Hitler später einmal meinte, dass seine Mutter, hätte man sie gefragt, ob ein eisernes Schiff schwimmen könne, sicher nicht die richtige Antwort gegeben hätte.[371] Sie war nicht ungebildet, und sie war nicht nur eine unterdrückte Gattin, liebende Mutter und leidende Frau, die vom Mann nur ausgenutzt wurde, vier ihrer sechs Kinder früh verloren hatte und mit 47 Jahren unter großen Schmerzen an Krebs verstarb, sondern sie war auch eine strukturiert disponierende Hausfrau und Teilhaberin am Hitlerschen Vermögen, die mitten im Leben stand und eine durchaus selbstbewusste Frau gewesen sein musste. Sie war jedenfalls mehr unterwegs, als man glauben würde. Sie ging von Hafeld nach Fischlham auf die Post, um Geldgeschäfte und Korrespondenzen zu erledigen, nach Lambach auf die Sparkasse, um Geld zu beheben, und reiste nach Weitra, um die Sommerfrische zu genießen. Sie musste im Haushalt für viele sorgen, bewirtschaftete den Garten, half beim Melken des Viehs, rupfte die Hühner, zerlegte das geschlachtete Schwein. Sie trank auch dann und wann ein Bier im Gasthaus und agierte wie eine recht selbstsichere Frau. Ihre Lebenshaltung, die der Hausarzt für die letzten Monate des Jahres 1907 von ihr berichtete, war schlicht und vegetarisch: Kohl- und Kartoffelsuppe, Brot, Knödel, Birnen- und Apfelmost …[372] Klara jedenfalls war nicht oder nicht nur die unterwürfige, unterdrückte und liebende Hausfrau, als die sie meist hingestellt wurde. In Wahrheit war sie wesentlich einflussreicher und auch wirtschaftlich bestimmender, als die bisher bekannten Quellen vorgaben: »Meine Frau ist gerne thätig und besitzt die nothige Freude und auch das Verstandnis für eine Ökonomie, und ich bleibe auch nicht müßig«, schrieb Alois Hitler 1895 an Josef Radlegger.[373]

Vieles war in ihrer Zeit im Umbruch. In Hafeld, Lambach und Leonding musste sie noch mit Kerzen und Petroleumlampen hantieren, in Linz in der Humboldtstraße gab es wahrscheinlich schon Gaslicht, in der modernen Drei-Zimmer-Wohnung in der Urfahrer Blütenstraße, in die sie die letzten drei, vier Monate ihres Lebens gezogen war, schon Elektrizität. Die moderne Technik hielt Einzug: Es hätte für sie ein friedliches und geruhsames Alter werden können.

Der Tod des Vaters

Es war ein rascher Tod. Am 3. Jänner 1903 war Alois wie jeden Morgen in sein Leondinger Stammlokal gekommen. Nach dem ersten Schluck sei er im Gastzimmer umgesunken und auf dem heute noch immer zur Schau gestellten ledergepolsterten, braunroten Sofa verschieden, noch bevor der eilig herbeigerufene Arzt und der ebenfalls verständigte Priester zugegen waren.[374] Die vom Arzt bescheinigte Todesursache: Lungenblutung. Gesundheitliche Beschwerden hatten sich allerdings schon länger abgezeichnet: Im Dezember 1901 schrieb er an Wührer, mit dem er den Kontakt offenbar immer aufrecht erhalten hatte, er habe ihn in diesem Herbst nicht treffen können, da er wieder »den schon fast gewohnten Besuch einer alten Freundin, der Influenza, erhalten« habe, mit der er »fast drei Wochen hindurch eine keineswegs angenehme Unterhaltung, großenteils im Bett« gepflegt habe. Dann habe er in Lambach zu tun gehabt, sich aber den Weg nach Hafeld nicht zumuten wollen.[375] Im August 1902 war die Situation viel ernster geworden, wie aus einer Postkarte hervorgeht, die er am 28. Dezember 1902, also eine Woche vor seinem Tod, schickte: »Prosit

Neujahr! Konnte leider infolge Mitte August erlittenen Lungenblutsturz, ausgelöst durch Überanstrengung beim Kohlenverladen in den Keller, nicht hinauffahren.«[376] Am 5. Jänner des neuen Jahres war ihm nicht mehr zu helfen.

Dass Alois ohne die katholischen Sterbesakramente verschieden war, mag den Freigeist nicht gestört haben. Aber ein katholisches Begräbnis wollte er zweifellos haben. Ein explizit agnostisches mit Verbrennung des Körpers, wie es sein landwirtschaftlicher Mentor, der Innviertler Agrarpionier Georg Wieninger, zwanzig Jahre später demonstrativ anordnete, wäre 1903 noch gar nicht möglich gewesen. Aber es wäre auch zu bezweifeln, ob Alois als Staatsbeamter sich ein solches überhaupt gewünscht hätte. Jedenfalls wurde er mit dem vollen katholischen Zeremoniell bestattet: Requiem, Einsegnung, Parte und Totenbilder, Grabkreuz. Ob er auch einen so teuren Metallsarg bekam, wie Adolf ihn später für die Mutter bestellte, lässt sich nicht mehr klären. Wir wissen nicht, was das Begräbnis gekostet hat. Auf jeden Fall muss es billiger gewesen sein als jenes für Klara, weil die teuren Überführungskosten von Linz nach Leonding nicht anfielen. Dafür richtete man für die Verwandten und Freunde wohl die im ländlichen Leonding übliche Totenzehrung aus: Totensemmel, Suppe, Rindfleisch mit Semmelkren. Es waren jedenfalls seine Leondinger politischen Gefährten anwesend, aber auch seine alten Kameraden aus der Zollwache: Emanuel Lugert, der ein Jahr später für Adolf die Firmpatenschaft übernahm, und sein alter Freund Wessely aus Braunauer Zeiten, der ein Jahr später, ebenfalls um 10 Uhr vormittags, in seinem Amtszimmer überraschend versterben sollte und auch recht ähnliche Vorlieben wie der alte Alois Hitler hatte: Dämmerschoppen und Blasmusik.

Auf dem Grabkreuz, das Adolf Hitler persönlich entworfen hatte und das inzwischen nicht mehr existiert, stand: »Hier ruhet in Gott Herr Alois Hitler, k.k. Zollamts-Oberoffizial i. P. und Hausbesitzer, gest. 3. Jänner 1903 im 65. Lebensjahr.« Dass die *Linzer Tages-Post* Alois Hitler am 8. Jänner 1903 einen auffallend langen und lobenden Nachruf widmete, ist nur dadurch zu erklären, dass

Am 12. März 1938, dem Tag des »Anschlusses«, besuchte Hitler das Grab seiner Eltern in Leonding.

Wurde zur makabren Quasi-Reliquie: das Ledersofa im ehemaligen Wirtshaus Wiesinger in Leonding, auf dem Alois Hitler am 3. Jänner 1903 starb.

Alois die Zeitung seit Längerem immer wieder mit Beiträgen beliefert hatte und er im politischen Hintergrund nicht so unbedeutend war, wie es den Anschein hatte: »Wir haben einen guten Mann begraben«, heißt es da in geschachtelten Sätzen: »Dies können wir mit Recht sagen von Alois Hitler, k.k. Zollamts-Oberoffizial i. R, der heute hier zur letzten Ruhestätte getragen wurde. Am 3. d. M. hatte, als er, unwohl, wie er sich fühlte, im Gasthause des Herrn Stiefler mit einem Gläschen Wein sich stärken wollte, ein Schlagfluss seinem Leben ein plötzliches Ende bereitet. Alois Hitler stand im 65. Lebensjahre und hatte eine freud- und leidbewegte Vergangenheit. Er hatte, nur mit Volksschulbildung ausgestattet, ursprünglich das Schuhmacherhandwerk gelernt, sich aber in der Folge auf autodidaktischem Wege für die Beamtenlaufbahn vorbereitet und auf diesem Gebiete Ersprießliches geleistet, außerdem auch als Ökonom seinen Mann gestellt. Salzburg, Braunau, Simbach, Linz u. a. waren seine Dienstorte. Alois Hitler war ein durch und durch fortschrittlich gesinnter Mann und als solcher ein warmer Freund der freien Schule. In der Gesellschaft war er stets heiter, ja von einem geradezu jugendlichen Frohsinn. Fiel auch ab und zu ein schroffes Wort aus seinem Munde, unter einer etwas rauen Hülle barg sich ein gutes Herz. Für Recht und Rechtlichkeit trat er jederzeit mit aller Energie ein. In allen Dingen unterrichtet, konnte er überall ein entscheidendes Wort mitsprechen; ein Freund des Gesanges, fühlte er sich glücklich inmitten sangesfroher Brüder. Auf dem Gebiete der Bienenzucht war er eine Autorität. Nicht zum wenigsten zeichneten ihn eine große Genügsamkeit und ein sparsamer, haushälterischer Sinn aus. Alles in allem: Hitlers Heimgang riss eine große Lücke nicht nur in seiner Familie – er hinterlässt eine Witwe und vier, zumeist noch unversorgte Kinder – sondern auch im Kreise seiner Freunde und Bekannten, die ihm ein gutes Andenken bewahren werden.«[377]

Die Familie war geschockt. »Uns alle in tiefstes Leid versenkend«, sagte Adolf Hitler.[378] Auch wenn die brachialen Erziehungsmethoden des Vaters nun weggefallen waren – für Adolf bedeutete es den Verlust der Leitfigur. Aber vielleicht wäre Adolfs Schulkarriere mit dem Vater als stets mahnendem Korrektiv im Hintergrund doch besser verlaufen. Was auf jeden Fall klar war: Die Familie musste jetzt mit weniger Geld auskommen, auch wenn bei Beamten wegen der Pensionsregelung, die auch die Angehörigen absicherte, sich ein Todesfall weniger dramatisch auswirkte als bei Arbeitern, Handwerkern oder Bauern. Seine letzte Pension für Jänner 1903 in Höhe von 183 Kronen 33 Heller hatte Hitler am 2. Jänner behoben. Gut hatte sich noch ausgewirkt, dass sie mit Erlass vom 27. Dezember 1902 auf 2.420 Kronen jährlich erhöht worden war. Die auf den Monat entfallende Differenz in Höhe von 18 Kronen und 33 Heller sei den Erben noch auszufolgen, die Pension aber mit Ende Jänner einzustellen, lautete der Bescheid.

Wenige Tage nach dem Tod reichte die Witwe das Gesuch um die Witwenpension, einen Erziehungsbeitrag für die drei noch unversorgten Kinder und die Erstattung des obligaten Sterbequartals ein. Am 17. Jänner wurde ihr dieses in Höhe von 605 Kronen und ab 1. Februar die Witwenpension in Höhe von jährlich 1.200 Kronen und ein Erziehungsbeitrag von je jährlich 240 Kronen für die drei Kinder bis spätestens zur Vollendung des 24. Lebensjahres oder bis zu deren früherer Versorgung zuerkannt.

Als Vormund der Kinder stellte sich der Leondinger Bauer und Bürgermeister Mayrhofer zur Verfügung. Er tat das nicht als Bürgermeister, sondern als Freund der Familie, für den sich Alois seinerseits publizistisch immer wieder eingesetzt hatte. 1905 wurde das Leondinger Haus um 10.000 Kronen verkauft. Man brauchte das Geld. Zudem wurde Paula bald zehn Jahre alt und sollte in Linz eine passende Schulbildung finden. Abzüglich der Hypothek von 2.520 Kronen verblieben Klara 7.480 Kronen. Sie hatte also in den sieben Jahren eine sehr respektable Wertsteigerung erzielen können. Von dem Verkaufserlös war allerdings auch das Erbe der vier Kinder zu begleichen, das im Grundbuch eingetragen war. Die Erbteilsforderung der beiden minderjährigen Kinder Adolf und Paula Hitler in Höhe von je 652 Kronen wurde im Grundbuch zwar gelöscht. Aber das Geld musste weiter mündelsicher veranlagt werden und blieb bis zum 24. Lebensjahr gesperrt. Die beiden Stiefkinder Alois und Angela hingegen wurden abgefertigt.

Adolf und Paula blieben vorerst bei der Mutter. Alois arbeitete in Linz, ging aber bald darauf ins Ausland. Angela heiratete neun Monate nach dem Tod des Vaters am 14. September 1903 den 24-jährigen Steuerbeamten Leo Raubal, Sohn eines Finanzsekretärs aus Ried im Innkreis. Adolfs Vormund Josef Mayrhofer war Trauzeuge in der Linzer Karmeliterkirche: »A fesche Braut, blond, rundgesichtig, ganz der Vater«, meinte er später. Das Paar wohnte zuerst im Gasthof Waldhorn in der Bürgerstraße in Linz, später bezogen die beiden eine Wohnung in der Karl-Wieser-Straße 11. Am 2. Oktober 1906 kam der Sohn Leo zur Welt, im Juni 1908 folgte als zweites Kind Angela Maria, genannt Geli. Die jüngste Tochter Elfriede, genannt »Friedl«, wurde am 10. Jänner 1910 in Linz geboren. Leo Raubal ließ sich im Hitler-Haushalt wenig sehen. Adolf mochte ihn nicht. Raubal starb überraschend am 10. August 1910. Angela konnte nur mit einer minimalen Pension rechnen.

Das Steyrer Jahr

Adolf Hitler war beim Tod des Vaters vierzehn Jahre alt. Am Beginn der Pubertät. Ein Jahr später, im Jahr 1904, als er gefirmt wurde, muss er nach Schilderung der Firmpaten noch recht kindlich gestimmt gewesen sein. Er war ziemlich orientierungslos geworden. Eine glückliche Kindheit war es für ihn bis dahin wohl nicht gewesen. Die vielen Umzüge, die vielen Schulwechsel, die zwangsweise rasch wechselnden Freunde. Auch zu seinen Geschwistern hatte er wenig Bezug gefunden, auch nicht zu seinen Paten, weder zu seinem Tauf- noch zu seinem Firmpaten. Der Tod des Vaters hatte Adolf zwar von einigem Druck befreit. Bei Adolfs Schulleistungen war zwar nach dem Tod des Vaters keine grundsätzliche Änderung erkennbar. Sie wurden nicht schlechter oder besser, als sie schon vorher gewesen waren. Aber es war nun auch niemand mehr da, der den jungen Realschüler Hitler in die Schranken weisen hätte können.

Adolf hatte, solange der Vater lebte, in Leonding gewohnt. Um ihm den Tag in der Stadt zu erleichtern, schickte man ihn zum Mittagessen zu Frau Emma Sekira am Graben 9 als Kostgänger. Da Emma Sekira aus Döllersheim stammte, könnte man sie von dort gekannt und ihr Adolf deshalb als Kostkind anvertraut haben.[379] Auch als Frau Sekira in die Huemerstraße 6 übersiedelte, dürfte sich nichts geändert haben. Nach dem Tod des Vaters allerdings war er nicht mehr nur zur Mittagsküche zugegen, sondern wurde auch mit einem Nebenwohnsitz angemeldet, nicht nur weil ihm vielleicht der tägliche Schulweg zu beschwerlich war, sondern weil er auch die Vorteile der Stadt stärker auskosten wollte.

Als wieder eine Wiederholungsprüfung zu absolvieren war, diesmal in Französisch, bestand Adolf zwar die Prüfung. Aber man entschloss sich, die Schule zu wechseln, ob auf Druck seiner Lehrer, wie Adolf behauptete, oder als Entscheidung der Mutter, ist nicht zu beantworten. Im September 1904 übersiedelte Adolf in die vierte Klasse der Staatsoberrealschule Steyr. Eine Unterkunft fand er bei dem Gerichtsbeamten Conrad Edler von Cichini am Grünmarkt 19. Die Vermieter mussten vertrauenswürdige Leute sein, die von der Schule ausgesucht und überwacht wurden, so stand es in der Schulordnung. Hitler erzählte später »Ich habe am Grünmarkt Nr. 9 (recte 19) gewohnt in einem Zimmerchen nach rückwärts heraus mit einem Kameraden; er hieß Gustav; den Namen weiß ich nicht mehr.«[380] Es ist schwer, diesen »Gustav«, wenn er überhaupt so hieß, zu identifizieren.[381] In der Steyrer Meldekartei, die nur nach Familiennamen geordnet ist, lässt sich das nicht bewerkstelligen.

»Das Zimmer war sehr nett, aber ganz unheimlich war es im Hof. Da habe ich immer Ratten geschossen«, so Hitler.[382] Der Wohnungsinhaber Conrad Edler v. Cichini war Gerichtsbeamter. »Er hatte einen Vollbart, das ist jetzt schwer zu sagen, ich würde sagen, er war 45 Jahre. Er entstammte einem verarmten Adelsgeschlecht, hieß Ritter und Edler von Tschichina (recte: Cicini) und war bei der Stadtgemeinde angestellt. Österreich hat ja ungezählte verarmte Adelige gehabt«, erzählte Hitler weiter. Seine Frau schätzte er in seiner Erinnerung auf gut dreißig Jahre. »Die Quartiersfrau hat uns sehr gern gehabt; sie hat eigentlich immer mehr zu uns gehalten als zu ihrem Mann. Der hatte gar nichts zu reden zu Hause. Sie hat ihn immer angefahren wie eine Viper. Einmal hat es einen Krach gegeben.«

Die Schulzeit in Steyr kam der Familie teuer. Wie viel der Beitrag für die Untermiete ausmachte, wissen wir nicht. Doch muss man mit etwa fünf bis zehn Kronen im Monat rechnen. Dazu das Schulgeld in Höhe von achtzig Kronen je Semester, die Aufnahmetaxe von vier Kronen und zwanzig Hellern, ein Schülerbibliotheksbeitrag von zwei Kronen und eine Krone für die Deckung der Auslagen für Jugendspiele und die Zugfahrten nach Steyr, die angeblich recht oft erfolgt seien. Das summierte sich auf mindestens 250 bis 300 Kronen, ohne Kost und Taschengeld. Bei 1200 Kronen Pension der Mutter plus 240 Kronen Erziehungsbeitrag für die drei Kinder eine erhebliche Summe. Unter den Stipendienbeziehern, die im Jahresbericht 1904/05 aufgeführt werden, ist Hitler nicht aufgeführt.

Steyr war anders als Linz wirklich eine Industriestadt mit einer sehr selbstbewussten Industriearbeiterschaft. »Nun war Steyr für mich ein unangenehmer Platz: der Gegensatz von Linz; Linz war national, Steyr schwarz und rot«, erinnerte sich Hitler später.[383] Er hatte nicht unrecht. In Steyr regierten, anders als in den übrigen Städten des Landes, die damals bereits in der Hand der Deutschnationalen waren, bis zum Jahr 1911 immer noch die von den Klerikalen gestützten Liberalen. Steyr nahm im politischen Spektrum Oberösterreichs eine Sonderstellung ein. Es war, wie Lothar Höbelt es formulierte, ein trotziges Bollwerk der »altliberalen« Fortschrittspartei.[384] Diese war zwar durchaus antiklerikal, aber auf die mit ihr ein Wahlbündnis bildenden Klerikalen angewiesen. »Ich erinnere mich«, schreibt Karl Honisch, einer der wenigen Zeitzeugen aus Hitlers Wiener Zeit, »dass es immer wieder zwei Faktoren waren, die ihn zur Stellungnahme entflammten. Das waren die Roten und die Jesuiten.«[385] Mit »roten« Arbeitern hatte Hitler in seiner Steyrer Zeit erstmals Gelegenheit, wirklich Bekanntschaft zu machen. Und das muss auch für die Jesuiten gelten, die in Steyr seit der Gegenreformation sehr stark vertreten waren. Ihr Sitz lag nur wenige Schritte von Hitlers damaliger Steyrer Wohnadresse entfernt.

Für den jungen Hitler war die Stadt der »Ort der Verdammten«.[386] Gegenüber Goebbels klagte er später, wie sehr er sich heimgesehnt und »zergrämt« habe, als seine Mutter ihn nach Steyr geschickt habe.[387] Später in seiner Altersnostalgie aber träumte er: »Ach, das war eine schöne, sonnige Zeit! Aber für mich mit sehr viel Sorge verbunden, weil ich die größten Schwierigkeiten hatte, mich durch die Schlingen der Schule hindurch zu winden, besonders wenn die Prüfungen nahten. Ein Jahr bin ich dort gewesen. Auf dem Damberg habe ich Schifahren gelernt.«[388]

Das bezieht sich auf den 1904 gegründeten Steyrer Schiverein, der sich als »Erster oberösterreichischer Skiclub Telemark« bezeichnete. Als Initiator fungierte Hitlers Geometrie- und Stenographie-Lehrer Gregor Goldbacher. Die Vereinstätigkeit war eng mit der Oberrealschule verknüpft. Als Übungsgebiet diente der Damberg. Ein Foto aus dem Februar 1905 zeigt Goldbacher mit einer Schülergruppe, alle in Einstocktechnik, die Schüler mit Hüten und Kniehosen, teilweise auch mit Krawatte, der Lehrer mit Schimütze und Schihose. Unter den 25 Schülern ist auch Adolf Hitler zu identifizieren, mit Steirerjanker, Hut und Mascherl, genauso wie Zeitzeugen ihn damals beschrieben.[389]

Das von Adolf erwähnte erste Semesterzeugnis vom 11. Februar 1905 sah nicht nur »nicht ganz wunderbar«, sondern miserabel aus. Seine Leistungen in den Fächern Deutsch, Französisch, Mathematik und Stenographie waren mit »Nicht genügend« bewertet worden. Außer im Freihandzeichnen und Turnen, wofür er »Lobenswert« und »Vorzüglich« erhielt, hatte er sonst nur »Befriedigend« und »Genügend« bekommen. Im Sommersemester besserte sich die Situation. Dennoch musste er im Herbst zu

Schülergruppe auf dem Steyrer Damberg mit Gregor Goldbacher, Februar 1905. Hitler in der hinteren Reihe, vierter von rechts (siehe Detail unten).

einer Nachprüfung antreten, die er aber bestand. Damit hätte er zwar schlechte, aber durchwegs positive Abschlussnoten gehabt. Dass die Nachprüfung allerdings ausgerechnet in Geometrisch Zeichnen war, wirft nicht gerade das beste Licht auf seine angeblichen Fähigkeiten als Architekt oder Baumeister.

Aber für einen Übergang in die Oberstufe fehlte ihm ohnehin der Wille. Er suchte nach einem Grund, die Schule verlassen zu können: Wieder an eine andere Schule wechseln, einen Beruf ergreifen, sich in Tagträume flüchten, Künstler werden? Er selbst berichtete vielsagend: »Da kam mir plötzlich eine Krankheit zu Hilfe und entschied in wenigen Wochen über meine Zukunft und die dauernde Streitfrage des väterlichen Hauses. Was ich so lange im Stillen ersehnt, für was ich immer gestritten hatte, war nun durch dieses Ereignis fast von selber zur Wirklichkeit geworden. Unter dem Eindruck meiner Erkrankung willigte die Mutter endlich ein, mich aus der Realschule nehmen zu wollen und die (Kunst-)Akademie besuchen zu lassen.«[390] Adolf absolvierte einen Gesundheitsaufenthalt bei den Waldviertler Verwandten, die ihn mit einem Ochsengespann von der Bahn in Gmünd abholten. Der Weitrauer Stadtarzt Dr. Karl Keiss nahm sich seiner an. Auf dem Bauernhof ging es ihm gut: Er trank viel Milch und genoss die herzhafte Waldviertler Küche, spielte Zither, zeichnete, malte und schaute den Verwandten bei der Feldarbeit zu, ohne sich viel daran zu beteiligen. Sonntags besuchte er mit dem Onkel und den Cousins sogar die Messe in der kleinen Kirche von Spital.[391]

Die große Orientierungslosigkeit

Die Zeit des gemütlichen Lebens hatte begonnen. Zurück in Linz boten sich für den Schulabbrecher die Möglichkeiten der Stadt: Theater, Kino, Büchereien, Museen. Er wurde Mitglied der Bücherei des Volksbildungsvereins und des Musealvereins. Ein Klavier wurde gekauft, das dann doch recht unbenutzt blieb.[392] Für fünf

Kronen monatlich nahm er Klavierunterricht, ging regelmäßig ins Theater, manchmal ins Kino, zeichnete, malte, schrieb Gedichte, komponierte, entwarf Theater-, Brücken-, Städte-, Straßen- und Villenbauten und diskutierte mit dem Tapeziererlehrling Kubizek irreale und fantastische Kulturvorhaben.[393]

Hitler fuhr nicht Rad, ging nicht schwimmen oder turnen, spielte nicht Fußball. Die neuen Massensportarten der Jahrhundertwende erreichten ihn nicht. Zum Rudern auf der Donau war er zu schwach.[394] Eislaufen ging er mehr als Zuschauer.[395] Nur Schifahren hatte er gelernt. Ob so gut, wie er selbst behauptete, ist schwierig zu beurteilen.[396] Ausgeübt hat er es wahrscheinlich nur in dem einen Winter, den er in Steyr verbrachte.[397] Ob er sich auch verliebte, muss offen bleiben. Die merkwürdige Geschichte von dem Mädchen, das er aus der Ferne verehrte und nie anzusprechen wagte, klingt etwas zu konstruiert, als dass man sie vorbehaltslos glauben würde.[398]

Dass es ein gemütliches Leben war, bestätigte Hitler selbst.[399] Gelegentlichem Alkoholkonsum war er nicht abgeneigt.[400] Auch das Rauchen habe er in dieser Zeit begonnen und in Wien wieder aufgegeben. »Dreizehn Kreuzer habe ich jeden Tag für Zigaretten ausgegeben, fünfundzwanzig bis vierzig Stück habe ich geraucht am Tag!«[401] Dieses Leben, das Kubizek vielleicht ganz treffend als »Nachahmung studentischer Sitten« bezeichnete und Hitler selbst mit der »Hohlheit des gemächlichen Lebens« umschrieb, kostete Geld.[402] Dagegen wandte sich vor allem sein Schwager Raubal.[403] Weil das Geld der Mutter nicht reichte, hielt Adolf sich, wie die Notizen im Haushaltsbuch zeigen, an die »Hannitante«.[404] Immer wieder steckte sie ihm kleinere Beträge und einmal eine wirklich große Summe zu. Adolf steuere völlig ins Ungewisse, fürchtete die Mutter. Der jüdische Hausarzt der Familie Dr. Bloch hingegen zeichnete ein sehr viel positiveres Bild dieses jungen Hitler, der weder ein Raufbold noch unordentlich oder frech gewesen sei: »Das ist einfach nicht wahr.« Er habe stets geduldig gewartet, sich regelmäßig verbeugt und stets höflich gedankt. Gekleidet in kurzen Lederhosen, grünem Lodenhut mit Feder, mit großen, melancholischen Augen – ein wohlerzogenes Kind, vielleicht zu sehr ein Träumer.«[405]

1905 und nicht bereits 1902 oder 1901 dürfte Adolf mit den Besuchen am Linzer Landestheater begonnen haben. In diesem Jahr standen jene Stücke auf dem Spielplan, von denen der junge Hitler so beeindruckt war: *Wilhelm Tell, Lohengrin* und *Rienzi.* Er fühlte sich als kleiner Dandy, in seinem grau gesprenkelten Salz-und-Pfeffer-Anzug mit Bügelfalte und weißem Hemd, mit schwarzen Glacéhandschuhen, Ebenholzstöckchen mit Elfenbeingriff und gelegentlich auch Zylinderhut. Er will Student sein. Dass er im Unterschied zur Umgebung nunmehr Hochdeutsch sprach, zeigte einen gegenüber der Realschulzeit völlig veränderten jungen Hitler. Mit den ehemaligen Mitschülern brach er jeglichen Kontakt ab, sofern er überhaupt einen gehabt hatte. Auf dem Stehplatz des Landestheaters dürfte er im Herbst 1905 auch den Tapeziererlehrling August Kubizek kennengelernt haben, der genauso wie Hitler von einer Künstlerkarriere träumte und Dirigent oder Komponist werden wollte.

Im Mai 1906 fuhr Adolf nach Wien und besuchte Museen und andere Sehenswürdigkeiten der Stadt. Er begeisterte sich am Barock der Kaiserstadt und an der Pracht der Ringstraßenbauten. Der Aufenthalt war teuer, sicher an die 100 Kronen, auch wenn er wahrscheinlich bei seiner Taufpatin leben konnte, die in diesem Jahr noch an ihrer Adresse im dritten Bezirk gemeldet war. Am 7. Mai schrieb er seinem Freund Kubizek: »Ich bin … gut angekommen und steige nun fleißig umher. Morgen gehe ich in die Oper in ›Tristan‹, übermorgen in ›Fliegenden Holländer‹ usw.«[406] Das war zweifellos eine andere Dimension als die Wagner-Aufführungen am beengten Linzer Provinztheater. Dennoch: »Es zieht mich doch wieder zurück nach meinem lieben Linz und Urfahr«, schrieb er am 8. Mai 1906 an Kubizek. »Also, ich komme am Donnerstag um 3.55 in Linz an.« Die Aufnahmeprüfung für die Kunstakademie verschob er auf das nächste Jahr.

»Linz hatte in meiner Jugend ein verhältnismäßig nicht schlechtes Theater«, erinnerte sich Hitler später in *Mein Kampf*. Auch sonst war in Linz manches los. »Buffalo Bill« kam 1906 in die Stadt, mit 100 Indianern und 500 Pferden. Am 7. Juni trafen sich 150 Herrenfahrer mit ihren Luxuswagen, am 5. August wurde die Grottenbahn am Pöstlingberg eröffnet, am 26. September gastierte in der Volksfesthalle die amerikanische Kinotruppe »The Royal Bio«, am 13. Oktober wurde *Die lustige Witwe* im Landestheater gegeben. Ob Adolf sie sah, ist ungewiss. Aber bis zum Ende in Berlin blieb Franz Lehárs berühmteste Operette Hitlers Lieblingsstück.

Die Zeit und das Geld schmolzen dahin. Im Herbst 1907 trat er zur Aufnahmeprüfung an der Wiener Kunstakademie an. Er scheiterte wie 85 andere, unter ihnen auch Robin Christian Andersen, der später das schöne Glasfenster der Zigarrenarbeiterinnen am Neubau der Linzer Tabakfabrik gestaltete. Nur 28 von 113 Kandidaten hatten bestanden. Doch inzwischen bahnte sich in Linz eine familiäre Katastrophe an: Die Mutter war schwer erkrankt. Unheilbar, wie sich rasch herausstellte.

Der Tod der Mutter

Schlicht, wie eben Todesnachrichten sind, liest sich die kurze Notiz in der Linzer *Tages-Post* am Christtag, Mittwoch, 25. Dezember 1907: »Am 21. des Monats starb in Urfahr Frau Klara Hitler, Zollamts-Oberoffizialswitwe, im 47. Lebensjahre. Das Leichenbegängnis fand am 23. des Monats vom Hause Blütenstraße Nr. 9 aus statt. Der Leichnam wurde nach Leonding überführt.«

Klara Hitler war schon länger krank: Aber 1906 wurden die Zeichen ihrer Krankheit immer offenkundiger. Sie verspürte starke Schmerzen in der Brust. Der Arzt, den sie aufsuchte, der jüdische Praktiker Dr. Eduard Bloch, der auf der Landstraße Nr. 12 ordinierte, riet zu einer Operation. Am 18. Jänner 1907 unterzog sie sich, noch keine 47 Jahre alt, im Linzer Krankenhaus der Barmherzigen Schwestern diesem einstündigen schweren Eingriff durch den Chirurgen Dr. Karl Urban, der die linke Brust entfernte und danach in die Krankengeschichte eintrug: *Sarcoma musculi pectoralis minoris* – »bösartiges Geschwulst im kleinen Brustmuskel«. Klara wurde am 5. Februar zwar aus dem Spital als »geheilt« entlassen. Aber schon im April hatte sie einen ernsten Rückschlag erlebt und musste immer wieder den Arzt konsultieren.[407]

Doch man wiegte sich in Hoffnung, auch wenn die Belastungen, seelisch und materiell, hoch waren. Die Familie übersiedelte Anfang Mai 1907 von der Linzer Humboldtstraße in das billigere Urfahr, weil dort keine Verzehrungssteuer eingehoben wurde und sie dort vielleicht auch etwas mehr Grün sehen konnte. Dass sie zuerst vom 2. bis 16. Mai für zwei Wochen in der Urfahrer Hauptstraße 46 gemeldet war und erst am 16. Mai von dort in die Blütenstraße 9 übersiedelte, gibt Rätsel auf. Lebte die Familie tatsächlich zwei Wochen in diesem Übergangsquartier? Es wäre recht aufwendig und wohl auch teuer, für so kurze Zeit ohne ersichtlichen Grund solch eine Zwischenadresse zu nehmen. Erklärbar wäre es nur dadurch, dass der Mutter das Stiegensteigen in der Humboldtstraße bereits zu beschwerlich geworden war. Denn dass die Übersiedlung nach Urfahr tatsächlich die Lebenshaltungskosten senkte, trifft nicht zu. Die 50 Kronen pro Monat für die drei Räume in der Urfahrer Blütenstraße 9 waren sehr viel. Aber die Räume waren heller und moderner als im dritten Stock der Humboldtstraße. So schön hatte Klara noch nie gewohnt: elektrisches Licht, Fließwasser, Klosett in der Wohnung. Aber 50 Kronen waren die Hälfte von Klaras monatlicher Pension. Man teilte die Kosten mit der Hanni-Tante. Das Haus gehörte Frau Magdalena Hanisch, der Witwe eines Landesgerichtsrates. Im Haus wohnten noch ein pensionierter Postmeister mit Frau, ein pensionierter Professor und, wohl im Keller oder am Dachboden, zwei Taglöhner. Der Hausarzt erinnerte sich an den Eindruck, den die Wohnung machte: einfach möbliert, vor allem aber sauber:

»Es glänzte geradezu, kein Stäubchen auf Stühlen und Tischen, kein verstreuter Schmutzfleck auf dem gescheuerten Boden, keine Schmierspur auf den Fensterscheiben. Frau Hitler war eine hervorragende Hausfrau«, meinte Bloch.[408] Doch die Hauptarbeit erledigte wohl ihre Schwester, Adolf Hitlers Hanni-Tante.

Regelmäßig verbrachte die Familie seit dem Tod des Vaters die Sommer im Waldviertel. 1907 besuchten Hanni und Klara mit Adolf und Paula ein letztes Mal das Heimatdorf Spital und ihre Schwester Theresa. Im November 1907 aber verschlechterte sich Klaras Zustand dramatisch. Auch die teuersten damals möglichen, aber äußerst schmerzhaften Behandlungen, bei denen mit Jod getränkte Watte auf die bereits eiternde Wunde gelegt wurde, wirkten nicht. Rückblickend bekannte Bloch, dass er den Fall schon im Jänner 1907 für unheilbar gehalten hätte.[409] Die Metastasen hatten sich über den ganzen Brustkorb ausgedehnt. Angela, die genügend eigene Sorgen hatte und hochschwanger war, konnte der Mutter in den schwersten Stunden nur wenig beistehen. Aber die Hanni-Tante war da. Wie sehr sich Adolf um die Mutter kümmerte, ist umstritten. Einerseits war er in Wien, um seine Aufnahmeprüfung zu machen, andererseits soll er sich aufopfernd in die Pflege der Mutter eingebracht haben. Nach dem Misserfolg an der Akademie hatte er ausreichend Zeit und wohl auch den Willen, bei der Mutter etwas gut zu machen. Dr. Bloch bestätigte im Jahr 1938 gegenüber der Gestapo: »In innigster Liebe hing er (Adolf Hitler, der Verf.) an seiner Mutter, jede ihrer Bewegungen beobachtend, um rasch ihr kleine Hilfeleistungen angedeihen lassen zu können. Sein sonst traurig in die Ferne blickendes Auge hellte sich auf, wenn die Mutter sich schmerzfrei fühlte.«[410] Allerdings ist zu berücksichtigen, dass Bloch das im Jahr 1938 sagte, als er auf eine wohlwollende Behandlung durch Hitler und die nationalsozialistischen Behörden angewiesen war und auch schon ziemlich an Vergesslichkeit litt. Doch auch Kubizek stimmt mit Blochs Darstellung überein, während einzelne Hausnachbarn dem nachforschenden Franz Jetzinger das Gegenteil erzählten.[411]

Wann Hitler nach Linz zurückkehrte, ist unklar. Wohl irgendwann im November 1907. Die von Kubizek als sehr fürsorglich und hingebungsvoll hingestellte Betreuung und Haushaltsführung durch Adolf, etwa dass er ihn beim Bodenaufwischen oder Kochen angetroffen habe, klingt recht schönfärberisch und dürfte eine Legende sein.[412] Tatsächlich wurde der Haushalt wohl weitgehend von Klaras Schwester Johanna geführt, die Kubizek überhaupt nie erwähnte und wohl überhaupt nicht kannte, was jedenfalls darauf hindeutet, dass er nicht viel in der Hitlerwohnung war.[413] Auch Adolf Hitlers späteres Verhalten im Wiener Männerheim spricht nicht für haushälterische Erfahrungen. Sein dortiger Mitbewohner Reinhold Hanisch berichtete von seinen desaströsen Kochversuchen.[414]

Dr. Bloch fühlte mit der Familie mit: »Die Krankheit, an der Frau Hitler litt, verursachte sehr starke Schmerzen. Sie trug ihre Last tapfer, ohne Wanken und Klagen. Aber ihren Sohn schien der Schmerz der Mutter zu martern. Sein Gesicht war angstverzerrt, wenn er sah, wie die Schmerzen ihr Gesicht zusammenzogen. Es konnte nur noch wenig getan werden.« Bloch, der in seinem Arztleben Tausende Patienten behandelt hatte, bestätigte 1941 im New Yorker Exil seine Linzer Aussagen und erzählte: »Ich werde die Klara Hitler dieser Tage nie vergessen. Sie war zu dieser Zeit 48 (recte 47) Jahre alt, groß, schlank und ziemlich hübsch, wenn auch durch die Krankheit verwüstet. Sie sprach mit sanfter Stimme, war geduldig und sorgte sich mehr über das, was ihrer Familie geschehen würde, als über ihren nahen Tod. Adolf ist noch so jung, sagte sie immer.«[415]

Am 21. Dezember verschied die Mutter. Morphium hatte ihr die letzten Tage erleichtert. Dr. Bloch kam am nächsten Morgen, um den Totenschein auszufüllen. In seinen Erinnerungen wird auch dieser letzte Besuch geschildert: »Adolf, dessen Gesicht die Übermüdung einer schlaflosen Nacht zeigte, saß neben der Mutter. Um einen letzten Eindruck von ihr festzuhalten, hatte er sie gezeichnet, wie sie auf dem Totenbett lag. Ich saß noch eine Weile mit der Familie beisammen und versuchte, ihren Kummer zu lindern. Ich erklärte ihnen, dass in diesem Fall der Tod ein Erlöser gewesen war – und sie verstanden.« Und er zog gegenüber der New Yorker Zeitung *Colliers Illustrated Weekly* im Frühjahr 1941 folgendes Resümee: »In meiner beruflichen Praxis habe ich viele solcher Szenen erlebt, aber keine machte einen so großen Eindruck auf mich. In meiner ganzen Karriere habe ich niemanden gesehen, der so vom Kummer vernichtet war wie Adolf Hitler.« Dr. Bloch, der 1941 knapp dem Nazi-Terror entkommen war, war ratlos: Kein Mensch hätte damals auch nur im Mindesten geahnt, dass er einmal die Verkörperung aller Schlechtigkeit würde.[416]

Die Kosten des Spitals, die Honorare der Ärzte und der Aufwand für die Bestattung waren in Relation zum Familieneinkommen beträchtlich. Das Spital verrechnete 100 Kronen für den 20-tägigen Aufenthalt vom 17. Jänner bis 5. Februar 1907. Die Familie hatte den teureren Klassesatz von fünf Kronen statt des normalen von zwei Kronen gewählt. Dazu kamen die Rechnungen des operationsführenden Chirurgen und die des Hausarztes Dr. Bloch. Auch in weiterer Folge musste immer wieder der Arzt konsultiert werden. Bei einer Zwischenabrechnung im September des Jahres für 19 Ordinationstermine und die Medikamente standen 60 Kronen zu Buch. Im Oktober kam wohl ein ähnlicher Betrag dazu und von der Zahlung am 4. November bis zum Tod Ende Dezember fielen noch einmal 300 Kronen an, für 42 Hausbesuche à 4 Kronen insgesamt 168 Kronen und für das teure Jodoform pauschal 172 Kronen. Dabei war Bloch, verglichen mit den Honorarnoten der beiden Amtsärzte, die für die wenig zeitaufwendige Leichenbeschau in Urfahr und dann noch einmal in Leonding insgesamt 40 Kronen verrechneten, erstaunlich billig. Bloch war als ein Arzt bekannt, der für die Leute da war.

Das Begräbnis war auffallend großzügig. Adolf hatte einen schweren Sarg mit Metalleinsatz für 110 Kronen bestellt. Der Leichenbestatter verrechnete für die Überführung und Beisetzung 369 Kronen und 90 Heller. Die Kosten für das von Adolf entworfene Grab machten 56 Kronen aus: »Stein 36 K 20 He/Grab 20 K.«[417]

Klara Hitlers Begräbniskosten (in Kronen)[418]	
Kirche	17,00
Totengräber	5,80
Leichenträger, Kondukt in Urfahr	22,00
Bahrtuch und Kruzifix	10,00
Überbringen der Geräte	3,40
Harter polierter Holzsarg mit Metalleinsatz	110,00
Matritze für Totenbilder	6,00
Polster, Übertan, Handkreuz, Rosenkranz	10,00
Bekleiden des Leichnams	2,40
Leichenwagen in Urfahr und Überführen nach Leonding	50,00
7 Mann und Monturpauschale	32,00
Arrangeur in Leonding	7,00
Kerzen	2,72
Schwarz lackiertes Holzkreuz mit Schrifttafel	5,00
Bezirksarzt Dr. Veril, Urfahr	20,00
Bezirksarzt Dr. Zehetner, Leonding	20,00
Spengler für das Verlöten des Sarges	10,00
Stempelmarken	9,00
Sterbekleid	5,00
100 Parten	6,00
100 Totenbilder	6,00
Verteilen der Bilder	0,60
Porto	0,32
Begräbniskosten insgesamt	**370,24**
Grabstein	56,20
Die Krankenkosten	
Spital	100,00
Chirurg	?
Dr. Bloch, Frühjahr und Sommer	?
Dr. Bloch, Sept.	60,00
Dr. Bloch, Okt.	60,00
Dr. Bloch, Nov. und Dez.	300,00
Krankenkosten insgesamt (geschätzt vom Autor)	**ca. 620,00**

Insgesamt machten die Spitals-, Arzt- und Begräbniskosten nahezu eine ganze Jahrespension von Klara Hitler aus. Insbesondere die 370 Kronen für das Begräbnis waren ein sehr hoher Betrag. Dass Adolf Hitler eine derart teure Feier organisierte, kann nicht allein mit Statusbedürfnissen erklärt werden. Denn wer und wie viele Leute hätten davon Notiz nehmen können? Es war wohl der ungeeignetste Tag für ein Begräbnis, der Tag vor dem Heiligen Abend. Der 23. Dezember 1907 war ein feuchtkalter, windiger Dezembertag. Es kamen nur wenige Bekannte in die Kirche in Urfahr und auf den Friedhof in Leonding. Der teure Sarg, die extrem teure Überführung nach Leonding, der Geistliche, die Utensilien, das ging ins Geld. Es ist klar: Hitler wollte seiner Mutter ein christliches Begräbnis mit allen auch auf das Jenseits gerichteten Erwartungen, die damit verknüpft waren, sicherstellen. Dem Wagen mit dem Sarg auf der langen Fahrt von der Kirche in Urfahr zum Friedhof in Leonding folgten zwei Einspänner, in dem einen Paula und Adolf, der schwarze Handschuhe und einen Zylinder trug, in dem anderen die hochschwangere Angela und ihr Mann. In Leonding gab es nur mehr wenige Bekannte, die auf den Friedhof gekommen waren: der ehemalige Bürgermeister und jetzige Vormund der Kinder Mayrhofer, ein paar frühere Nachbarn, der Kondukt führende Pfarrer, der Amtsarzt, der den Sarg begutachten musste, der Totengräber, vielleicht ein paar Schaulustige.

Mehrere Tage nach dem Begräbnis machte die Familie einen Dankesbesuch bei Dr. Bloch und beglich die Rechnung. Mehrere Postkarten, die ihm Hitler später noch schickte (»Ihr dankbarer Adolf Hitler«), bewahrte Bloch sorgfältig auf. 1938 sollten sie ihm sehr nützlich werden. Weihnachten verbrachte Adolf allein, obwohl ihn die Familie Kubizek zu sich eingeladen hatte.[419] Auf den Partezettel ließen die Kinder drucken: »Adolf und Paula Hitler geben in ihrem eigenen sowie im Namen der übrigen Verwandten von dem Ableben ihrer innigst geliebten, unvergesslichen Mutter, beziehungsweise Schwiegermutter, Großmutter und Schwester, der Frau Klara Hitler, k.u.k. Zollamts-Oberoffizials-Witwe Nachricht, die am 21. Dezember 1907 um 2 Uhr früh entschlafen ist.«

»Seit dem Tage, da ich am Grabe der Mutter stand, hatte ich nicht mehr geweint«, schrieb Adolf Hitler sehr viel später in *Mein Kampf* über den Tag des Waffenstillstands im Wald von Compiègne am 11. November 1918.[420] Damals stand er am Grab des Deutschen Reichs, seinerzeit am Grab der Mutter, damals am Ende all dessen, wofür er vermeintlich gekämpft hatte, seinerzeit am Ende seiner familiären Beziehungen.

Die finanzielle Hinterlassenschaft

Fürs Erste galt es, die finanziellen Angelegenheiten zu ordnen. Adolf und Paula waren nun Waisenkinder. An sich hätte es keine Probleme geben dürfen. Der Vater hatte genug hinterlassen: einerseits den Anspruch auf eine Rente, andererseits einiges Vermögen. Nach seinem Tod waren Klara jährlich 1.210 Kronen Pension zugestanden, die Hälfte der Bezüge ihres Manns. Dazu kamen die Erziehungsbeiträge für Adolf und Paula in Höhe von insgesamt 600 Kronen.

Die Wohnungs- und Lebenshaltungskosten waren durch die Übersiedlung nach Linz allerdings höher geworden. Das Geld saß in diesen Monaten auch sonst locker. Es waren kleine Beträge, die sich in einem ohnehin nicht übermäßig mit Gütern bedachten Haushalt aufsummierten: Adolfs Mitgliedschaft in Vereinen, die Theaterbesuche, die Reisen, die Zeichenmaterialien, der Klavierunterricht und überhaupt die Teuerung, die in diesen Jahren immer spürbarer wurde. Adolf Hitlers bohèmehafter Linzer Künstlerlebenswandel (Kleidung, Theaterbesuche, Klavierunterricht) und die Krankheit Klara Hitlers zehrten an den Familienfinanzen. »Anstatt das kleine Erbteil zusammenzuhalten, wird es leichtfertig vertan«, soll die Mutter sich gegenüber Kubizek beklagt haben: »Und was dann? Mit der Malerei wird es nichts … Ich kann ihm dann auch nicht helfen. Ich hab ja noch die Kleine. Sie wissen selbst, was für ein schwächliches Kind sie ist. Und doch soll sie etwas Ordentliches lernen. Aber daran denkt Adolf nicht.«[421] Der Schwager Leo Raubal formulierte es härter. Für ihn war Adolf ein Versager oder Schlawiner, nicht so weit weg von seinem Halbbruder Alois, von dem man Schreckliches hörte. Er habe die »Verrücktheiten« des 18-Jährigen satt und erwarte von ihm, etwas »Rechtschaffenes« zu lernen.[422]

Nach dem Tod der Mutter fiel auch ihre Pension weg. Adolf und Paula standen als Waisenrente zusammen 50 Kronen monatlich zu, die ihnen am 29. Februar 1908 von der Oberösterreichischen Landesfinanzdirektion zuerkannt wurden, allerdings nur solange sie beide in Ausbildung standen, bei Adolf längstens bis zur Vollendung des 24. Lebensjahres am 19. April 1913. Dazu kam das mütterliche Erbteil. Dieses war seit 1905, seit dem Verkauf des Hauses, beträchtlich geschrumpft. Setzt man das, was 1905 nach dem Hausverkauf übrig geblieben war, mit etwa 5.000 Kronen an, so wäre ja noch einiges zu verteilen gewesen. Aber die Ausgaben der Familie zwischen 1905 und 1908, Adolfs viel zu teurer Lebenswandel, die hohen Kranken- und Bestattungskosten und die erhöhten Aufwendungen für die Urfahrer Wohnung hatten die Einnahmen beträchtlich überstiegen: Wie viel beim Tod der Mutter noch vorhanden war, kann man nur schätzen. Brigitte Hamann nimmt 2.000 Kronen an, die Adolf mit seiner Schwester teilen hätte müssen.[423] Aber es könnte auch so sein, wie Adolf selbst behauptete, dass 1908 eigentlich gar nichts mehr vorhanden war.

Adolfs Vormund Mayrhofer hatte wenig Verständnis fürs Studieren. Adolf solle eine Lehre machen oder eine Anstellung finden und die Waisenrente zur Gänze der kleinen Schwester überlassen.[424] Die teure Wohnung in Urfahr musste bald aufgegeben werden. Die Hanni-Tante kehrte ins Waldviertel zurück, Paula zog zu den Raubals, für Adolf wollten sich die Verwandten und Bekannten um ein Einkommen umsehen. Ein Nachbar dachte an eine Stelle bei der Postverwaltung, die Eigentümerin der Wohnung in der Blütengasse, Magdalena Hanisch, vermittelte über eine Wiener Bekannte einen Kontakt mit dem berühmten Bühnenbildner Alfred Roller: »Der Sohn einer Partei von mir«, so stellte sie ihrer in Wien lebenden Freundin Johanna Motloch ihren Schützling vor, »wird Maler, studiert in Wien seit Herbst, er wollte in die k.u.k. Akademie der Bildenden Künste, fand dort aber keine Aufnahme mehr. Er ist ein ernster, strebsamer junger Mensch, 19 Jahre alt, reifer, gesetzter über sein Alter, nett und solid, aus hochanständiger Familie. Die Mutter ist vor Weihnachten gestorben, litt an Brustkrebs, war erst 46 Jahre alt, Witwe eines Ober-Offizials beim hiesigen Hauptzollamt; ich hatte diese Frau <u>sehr</u> gern … Die Familie heißt Hitler, der Sohn, für den ich bitte, heißt Adolf Hitler … Er hat den festen Vorsatz, etwas Ordentliches zu lernen! Soweit ich ihn jetzt kenne, wird er sich nicht ›verbummeln‹, da er ein ernstes Ziel vor Augen hat; ich hoffe, Du verwendest Dich für keinen Unwürdigen! Thust vielleicht ein gutes Werk.«[425] Der »Führer« soll ganz gerührt gewesen sein, als ihm 1940 diese in Wien aufgefundene Korrespondenz vorgelegt wurde.

Frau Motloch, die Roller gut kannte, verwendete sich umgehend für Hitler, und Roller sagte in einem langen Brief sofort zu, ihn zu empfangen, und gab genau an, wo er ihn in der Hofoper treffen könne: »Der junge Hitler soll nur kommen und soll Arbeiten mitbringen.« Adolf bedankte sich zwar sehr höflich bei Frau Motloch: »Drücke Ihnen hiermit, hochverehrte gnädige Frau, für Ihre Bemühungen, mir Zutritt zum großen Meister der Bühnendekoration, Prof. Roller, zu verschaffen, meinen innigsten Dank aus. Es war wohl etwas unverschämt von mir, Ihre Güte, gnädige Frau, so stark in Anspruch zu nehmen, wo Sie dies doch einem für Sie ganz Fremden tun mussten. Umso mehr aber bitte ich auch meinen innigsten Dank für Ihre Schritte, die von solchen Erfolgen begleitet waren, sowie für die Karte, welche mir gnädige Frau so liebenswürdig zur Verfügung stellten, entgegennehmen zu wollen. Ich werde von der glücklichen Möglichkeit sofort Gebrauch machen. Also nochmals meinen tiefgefühltesten Dank, und ich zeichne mit ehrerbietigem Handkuss.«[426] Aber er nahm seiner eigenen Darstellung zufolge den Termin dann doch nicht wahr, aus Angst vor einem Versagen. Oder war er vielleicht doch bei Roller und hat sich eine dort erfahrene Ablehnung nur nicht eingestehen wollen?

Nach dem Tod der Mutter war Adolf Hitler auf sich allein gestellt und nach heutigen Begriffen erwachsen. Er hatte die monatliche Waisenrente von 25 Kronen. Das war nicht viel. Ob Adolf aus dem Erbe der Mutter noch viel bekommen hat, ist unsicher. Wenn es 1.000 Kronen gewesen wären, hätte er in Wien für einige Zeit ganz gut leben können. Aber er hatte noch andere Geldquellen: Das Fragment eines zufällig erhaltenen Haushaltsbuches der Familie Hitler, das in den ersten Monaten nach Klaras Tod entstanden sein muss, verrät, dass auch die Hanni-Tante über einen Zeitraum von fünf Monaten hinweg ihrem Neffen immer wieder Geld zukommen ließ, insgesamt vierzehn kleinere Beträge zwischen 20 Heller und 80 Kronen, die sich auf mehrere hundert Kronen aufsummierten. Die Eintragungen beginnen am 12. Februar 1908, also bald nach Klaras Tod, und enden im Juni desselben Jahres. Nur ein einziges Mal fühlte sich die Tante zu einer für ihre Verhältnisse ausführlichen Eintragung in das Haushaltsbuch veranlasst: »Adolf Hitler 924 Kronen gelihen Johana Pölzl.« Gleich auf der gegenüberliegenden Seite ist nochmals vermerkt: »Adolf 924 Kronen.« Die zweifache Notierung und die hervorgehobene Form machen deutlich, dass es sich um etwas Wichtiges handelte, aber sicher nicht, dass Adolf diese Summe zweimal erhalten hat. Die 924 Kronen, die Hanni Adolf geliehen hatte, fallen schon wegen des ungewöhnlich unrunden Betrags auf. Offensichtlich wurde ein Sparbuch übergeben, wahrscheinlich ein Sparbuch der Postsparkasse, auf dem zu einer geraden Summe zusätzliche Zinsen angefallen waren. Schon das macht es unwahrscheinlich, dass Hanni Adolf gleich zweimal genau diese Summe übergeben hätte.[427] Die Hanni-Tante entspricht genau dem Typ jener aufopfernden Mägde, die Franz Werfel in seinem 1939 veröffentlichten Roman *Der veruntreute Himmel* darstellte. Dort geht es um ein Postsparbuch, das die arme Magd Teta ihrem Neffen für sein verkrachtes Theologiestudium gibt – hier unterstützt Hanni Adolfs verkrachtes Kunststudium. Dass Adolf diesen Kredit jemals zurückgezahlt hat, ist auszuschließen. 924 Kronen waren ein sehr ansehnlicher Betrag: Das entsprach etwa zwei Jahresmieten für eine schöne Drei-Zimmer-Wohnung oder dem Jahresgehalt eines jungen Juristen oder Lehrers; es war mehr als jenes väterliche Erbteil Adolfs in der Höhe von rund 700 Kronen, auf das er Anspruch hatte, das ihm aber erst mit der Erreichung des 24. Lebensjahres ausbezahlt werden durfte.

Über Adolf Hitlers Einkommens- und Vermögensverhältnisse in seiner Wiener Zeit sind die Meinungen daher sehr geteilt. Hitler selbst stellte seine Wiener Zeit als Zeit der bitteren Not dar. Das stimmt schon. Denn von 25 Kronen monatlicher Waisenrente konnte man unmöglich leben. Erstaunlich ist nur, wie lange er diese Waisenrente noch beziehen konnte, nachdem er doch die Ausbildung an der Akademie längst abgebrochen oder überhaupt nie angetreten hatte. Dass er in Wien sofort zu einem Zuverdienst aus verschiedensten Tätigkeiten gezwungen gewesen wäre, als Taglöhner oder Bauarbeiter, sind bestenfalls Teilwahrheiten. Adolf Hitler konnte über Geld verfügen, als er nach Wien kam. Die Zuwendungen der Tante waren gar keine so niedrigen Beträge, er bezog seine Waisenrente, und vielleicht waren vom Hausverkauf auch noch Gelder da. Aber mit Sicherheit waren sie bald verbraucht. Ausschließen muss man, dass Adolf gar keine Kontakte mehr nach Oberösterreich und mit seinem Vormund hatte. Denn wie wäre er sonst an seine monatlich von Amts wegen an den Vormund ausbezahlte Waisenrente gekommen?

Wenn Adolf Hitler in Wien hungerte und fror, so war er eindeutig selbst daran schuld. Sein Vater hätte für ihn gut vorgesorgt gehabt. Seine Finanzmittel erlaubten es Adolf vorerst, bis 1908 als kleiner Bohèmien aufzutreten, während er 1909 mit geringeren und ab 1910/11 mit sehr geringen Mitteln auskommen musste. Das vom Vater aufgebaute Vermögen war kontinuierlich kleiner geworden, bis zuletzt nichts mehr übrig war und Adolf Hitler als vermögenslos, aber wegen der Waisenrente nicht einkommenslos gelten konnte. Einmal noch schnorrte er die Tante um 80 Kronen an. Aber als 1911 auch diese gestorben war und die Verwandten merkten, dass Adolf jahrelang von ihr insgeheim unterstützt worden war und gar nicht studiert hatte, zwangen sie ihn, auf seinen Anteil an der Waisenrente zugunsten seiner Schwester zu verzichten. Wie viel ihm die in der Not aufgenommene Bilderproduktion einbrachte, ist schwer zu beziffern. Hitler sei zu faul gewesen, regelmäßig etwas zu produzieren, behauptete sein Kumpel Reinhard Hanisch. Auch ein aus Brünn stammender Mitbewohner im Männerheim bestätigte für das Jahr 1911 Hitlers verwahrlostes Aussehen und dürftiges Dasein, und führte dies darauf zurück, dass Hitler für seine Zeichnungen und Bilder viel zu wenige Abnehmer fand.[428]

Hitlers eigenen Erinnerungen zufolge war es ab Herbst 1909 eine »unendlich bittere Zeit«, bis sich im Jahr 1913 nach der Auszahlung des bis zum 24. Lebensjahr gesperrten väterlichen Erbes seine Lage zumindest kurzfristig wieder besserte.[429] Am 16. Mai 1913 verfügte das Bezirksgericht Linz die Freigabe der inzwischen auf 819 Kronen 98 Heller angewachsenen Summe. Sie wurde ihm per Post an die Wiener Adresse übersandt. Am 24. Mai 1913 meldete sich Hitler ordnungsgemäß bei der Wiener Polizei ab. Er konnte sich erlauben, bessere Kleidung zu kaufen, nach München zu übersiedeln und dort wieder ein ordentliches Zimmer zu mieten.[430] Aber wie lange hätte der plötzliche kleine Reichtum gereicht? Er erlaubte ihm zwar eine neuerliche Flucht aus dem Alltag, aus dem ungeliebten Wien, aus dem ungeliebten Habsburgerreich und aus seiner ungeliebten Vergangenheit, bis im Krieg alle Träume zusammenbrachen und alle bereits erlernten Vorurteile und Aggressionen ihre ganze Wirkkraft entfalteten.

Seine Herkunft ließ Hitler nicht los: vor dem Modell der Planungen für Linz im Berliner Führerbunker, Frühjahr 1945.

Die Unmöglichkeit, der Provinz zu entkommen

Der Schatten des Vaters

Adolf Hitler war ein Kind der Provinz. Seine Eltern stammten aus dem niederösterreichischen Waldviertel. Sein Vater hatte als uneheliches Kind völlig verarmter Eltern und ohne viel Schulbildung eine beachtliche Position in der österreichischen Beamtenhierarchie erreicht. Oft war er übersiedelt, bis er in Braunau eine feste Position erreichte, von der ihn seine Karriere über Passau zuletzt nach Linz ans Hauptzollamt führte. Adolf lernte mit seinem Vater das Land kennen. Eine Heimat fand er nicht wirklich. In den achtzehn Jahren, die er in Oberösterreich verbrachte, musste er achtzehn Wohnungs- und Ortswechsel mitmachen und neue Nachbarschaften finden. Immer wieder neue Milieus und Umgebungen: von der Grenzstadt Passau ins bischöfliche Passau, ins vorstädtische Urfahr, dann das dörfliche Hafeld, der Klostermarkt Lambach, das großbäuerliche Leonding. Zuletzt die Großstadt Linz und die Industriestadt Steyr. Immer wieder musste er sich in neue Umgebungen einleben. Ob man da Freunde finden, Beziehungen aufbauen, Identitäten ausbilden konnte?

Von den Zeitzeugen werden uns zwei extrem gegensätzliche Bilder des jungen Hitler präsentiert: einerseits der dominante, herrische junge Mann, der seine Lehrer bis aufs Blut herausforderte, der in den Jugendgangs überall die führende Rolle einnahm und zu jedem bösen Streich bereit war, andererseits der extrem schüchterne Jüngling, der sich zum großen Künstler und Bühnenbildner Alfred Roller nicht hintraute, der das von ihm angebetete junge Mädchen nicht ein einziges Mal anzusprechen wagte und der eigentlich außer Kubizek keinen einzigen Freund hatte.

Viel Freiraum hatte Adolf als Kind wohl nicht: Der alte Hitler, sagte Mayrhofer 1933 dem Londoner *Guardian*, war ein richtiger Tyrann.[431] Adolf hasste und liebte seinen Vater, er wollte weg und kam nicht los. »Mein alter Herr war ein Ehrenmann«, bekräftigte er in einem seiner Monologe im Führerhauptquartier.[432] Er selbst war, anders als sein Vater Alois, sicher kein Ehrenmann und ein wirklicher Tyrann. Aber er wurde von seinem Vater stark geprägt. Stärker als er je zugab. Er stilisierte seine Jugend zum Kampf mit dem Vater. Und doch hat er ihn in erstaunlichem Ausmaß kopiert. Was sofort auffällt: Die zum Verwechseln ähnlichen Unterschriften von Alois und Adolf, von Vater und Sohn, als hätte er es immer wieder geübt, sie perfekt nachzuahmen. Auch die Höflichkeitsfloskeln in der Korrespondenz, die Grüße an die Familie, die Ehegattin, die Eltern, finden wir beim Vater und beim Sohn. In seinen Briefen gab sich Adolf wie sein Vater wohlerzogen und artig. »Nie vergaß er, mir an meine Eltern Grüße aufzutragen, auf keiner noch so flüchtigen Karte fehlte der Gruß an meine ›werten Eltern‹«, schrieb Kubizek.[433] Das mag Adolf in der Schule gelernt haben, aber auch vom Vater abgeschaut haben.

Die tiefe emotionale Bindung des Sohns zum Vater blieb bis 1945 aufrecht. Er hing an seinem Vater, an der von ihm geerbten silbernen Remontoir-Taschenuhr, bei der er immer wieder auf das Aufziehen vergaß, am Foto, das er in seiner Brieftasche mit sich trug, und am Vorbild »Vater«, das er zu übertreffen suchte, um damit in fataler Weise zu scheitern und die ganze Welt in den Abgrund mitzureißen.[434] Die Ungewissheit, die den Vater plagte, muss beim Sohn noch stärker gewesen sein, das diffuse Gefühl, über seine Herkunft nicht genau Bescheid zu wissen, ja vielleicht sogar jüdisches Blut in den Adern zu haben. Dieses unsinnige Gerücht, das weder belegbar noch widerlegbar war, konnte Adolf zwar verdrängen, aber nicht einfach abstreifen.

Adolf sah sich nach dem Tod seines jüngeren Bruders Edmund und nach der sozialen Abseitsstellung, in die der ältere Bruder Alois durch seine kleinkriminellen Handlungen geraten war, als

Adolf hasste und liebte seinen Vater, er wollte weg und kam nicht los: Porträt Alois Hitlers von einem unbekannten Künstler, wohl um 1940 nachgemalt.

Familienoberhaupt und legitimen Nachfolger des Vaters. »Er sprach mit großem Respekt von seinem Vater«, bestätigte Hitlers Jugendfreund Kubizek und behauptete: »Dass der Vater völlig selbstherrlich und autoritär den künftigen Lebensweg seines Sohnes festgelegt hatte, nahm er ihm nicht übel; denn der Vater hatte das Recht, ja die Pflicht dazu.«[435] Auch Adolf rechtfertigte die Schläge, die ihm sein Vater verabreicht hatte, im Nachhinein als richtige Erziehungsmaßnahme: »Es war notwendig, es wäre sonst nicht gegangen mit mir.«[436] Adolfs Bild und Ideal eines Vaters war in seiner nachträglichen Sicht das eines autoritären, auch gewaltbereiten Patriarchen, als den er sich auch selbst verstand und den er in der Politik auch für sich realisierte. Die Meinung anderer männlicher Verwandter, insbesondere seines Schwagers Leo Raubal, verbot er sich: ein ungebildeter Mensch, ein kleiner Steuerbeamter. Aber auch die Meinung des Firmpaten Lugert ließ er nicht gelten, ebenso die des Vormunds Mayrhofer, erst recht nicht die Meinung seines gleichaltrigen Freundes August Kubizek. Und als Adolf zum allmächtigen Tyrannen aufgestiegen war, brachen ohnehin alle Dämme.

Was Adolf von seinem Vater vor allem übernommen hatte, war die Skepsis gegenüber jeglichem Schulwissen. Beide, Vater und Sohn, erwarben sich ihre Bildung als autodidakte Aufsteiger abseits der Schule; ein Wissen, das, obwohl durchaus groß, dennoch oder gerade deswegen Stückwerk blieb und zu einer geradezu manischen Ablehnung von Lehrern und Experten führte. Adolf Hitlers Überheblichkeit, Beratungsresistenz und öffentlich zur Schau gestellte Verachtung von wissenschaftlicher Kompetenz und Betonung eigener Besserwisserei war schon vom Vater her vorgeprägt, der die Rolle des allwissenden Autodidakten in seinen Briefen stolz hervorkehrte. Alois Hitler hatte sein Wissen aus Vorträgen, Zeitungen und Büchern bezogen. Er wurde, wenn er gegenüber erfahrenen Bauern mit seinem angelesenen Buchwissen prahlte, nicht immer für voll genommen. Sein Sohn Adolf Hitler hingegen konnte diese Besserwisserei angesichts seiner Machtfülle ungehemmt ausleben, in militärischen Führungsentscheidungen,

Prunkvolle Neubauten vor 1914 in Linz und Oberösterreich. Widmungsblatt für Präsident Richard Wildmoser, Oberösterreichische Baugesellschaft, Mischtechnik, Rudolf Pichler, 1923. Nordico Stadtmuseum, Linz. Reproduktion Thomas Hackl

Von links oben, außen, im Uhrzeigersinn: Staatsgewerbeschule (1890/91), Volksgartensalon (1903), Landesmuseum (1895), Eisenbahndirektion (1899), Allgemeine Sparkasse (1892), Sedlaczek-Haus (1902), Löwenfeld-Villa (1881/82), Versorgungshaus (1895), Österreichisch-Ungarische Bank, Kreisgericht Wels, Petrinum (1897), Villa Jost (1909), Bahnhof Salzburg (1909), Stabilimento Technico, Krankenhaus Ischl (1910), Arme Schulschwestern Vöcklabruck, Villa Baron Hornstein. Links oben, innen, im Uhrzeigersinn: Lehrerhaus (1900), Villa Wildmoser, Villa Heinisch (1915), Koschek-Haus, Kaufmännisches Palais (1898), Kaiserin Elisabeth-Kinderspital Bad Hall (1905), Villa Hatschek (1899/1900), Militärunterrealschule Enns (1908), Oberbank Linz (1907).

Das Lambacher Fenster im Linzer Neuen Dom zeigt in einem Feld die Musikpflege im Stift: Links mit dem Taktstock P. Bernhard Grüner, neben ihm drei Patres und ein Violinspieler. Im Vordergrund vier Sängerknaben. Foto: Augustin Baumgartner.

aber auch in Fragen der Architektur und des Kunstgeschmacks und auch in seinen welt- und kulturpolitischen Betrachtungen, die er bei den Tischgesprächen im Führerhauptquartier so sehr liebte. »Die Lehrer, ich kann sie nicht leiden!«[437]

Alois stilisierte sich als vielbeschäftigter Beamter: »Euer Wohlgeboren! Heute früh erhielt ich Ihren Brief, war aber im Amt so beschäftigt, dass ich gar keine Zeit hatte denselben zu öffnen, konnte dieses erst auf der Tramwai *(sic!)* in der Mittagsstunde während einer dienstlichen Fahrt auf den Bahnhof tun«, eröffnete er seinem Briefpartner Radlegger.[438] Alois Hitler war aber kein aus der Wurzel gewachsener Beamter, sondern kam aus der Zollwache. Seine Verachtung für die in den Amtsstuben residierenden Beamten, die er in den Briefen immer wieder durchklingen ließ, entstammte einem ausgeprägten Gegensatz innerhalb der habsburgischen Beamtenschaft zwischen den stubenhockenden Verwaltungs- und Gerichtsbeamten und den sehr viel mehr im praktischen Außendienst stehenden Zoll- und Polizeibeamten. Schon deswegen ist es wenig glaubwürdig, dass der Vater den Sohn in eine Verwaltungslaufbahn habe drängen wollen, wie Adolf behauptete. Es ist auch deswegen wenig glaubwürdig, weil die Realschule, die Adolf besuchte, kaum zu einer klassischen Beamtenkarriere prädestinierte. Sie bereitete auf technische Berufe vor. Zu einem Rechtsstudium, damals wie heute der Schlüssel für eine Beamtenkarriere, berechtigte sie nicht. Hitlers Architekturbegabung und künstlerischem Interesse hätte sie hingegen gut entsprechen können.

Adolf Hitlers Kindheit war von Beamten geprägt: von seinem Vater, seinem Schwager, seinem Firmpaten. Obwohl er den beamteten Vater hoch verehrte und immer das Bild seiner erfolgreichen Karriere vor Augen hatte, der »sich einst vom armen Dorf- und Schusterjungen zum Staatsbeamten emporgerungen hatte«, konnte er sich in der generellen Verachtung der Beamtenschaft nicht genug tun. Schon beim jungen Hitler habe das Wort »Beamter« Wutausbrüche ausgelöst, erinnerte sich Kubizek: »Alles künftige Staatsdiener!« Diese Sichtweise behielt er ein Leben lang bei: »Der staatliche Beamtenapparat wird immer auf das Mittelmaß der Begabung zugeschnitten sein«, äußerte er sich in den Tischgesprächen. »Der Staat ist und bleibt eine Versorgungseinrichtung.«[439] Allein schon das Wort sei nicht schön. »Wenn ich es höre, steht mir vor Augen, wie mir mein alter Herr auf den Einwand, Vater, denk doch mal …!, zu antworten pflegte: Ich habe nicht zu denken, ich bin Beamter!«[440] Zum Lob der Bürokratie könne er gar nichts sagen, meinte Hitler: Sie sei überorganisiert, alles werde abhängig gemacht, dazu das ewige Kleben an den Sitzen.[441]

Vor allem die Juristen waren für beide, den Vater wie den Sohn, das Ziel ihrer Vorurteile und Aggressionen: Alois schimpfte über Richter und Notare, Adolf über alle: Wenn er all die Juristen, die einmal in sein Leben getreten seien, vor allem aber all die Advokaten und Notare, an seinem Auge vorüberziehen lasse, wisse er, dass jeder, der Jurist sei, entweder von Natur defekt sein müsse oder aber es mit der Zeit werde.[442] »Die Juristen sind für mich erledigt!«[443]

Alois Hitler kam aus dem Bauerntum und fühlte sich dem Landleben zugehörig, auch wenn er seine Stadtkontakte pflegte und lieber mit seinesgleichen umging als mit Bauern. Den Bürgern fühlte er sich nahe, auch wenn diese ihrerseits Zollbeamte nicht als ihresgleichen ansahen. Zum Klerus fand er, je älter er wurde, umso weniger Bezug. Für die Bauern, denen er sich zeitlebens verwandt fühlte, galt er als Respektsperson. Den Adel verachteten sowohl der Vater wie der Sohn, obwohl beide adelige Statussymbole schätzten: der Vater Pferd und Wagen, der Sohn große Automobile.

In der äußeren Lebensführung waren sich Vater und Sohn eher unähnlich. Anders als dem Sohn war dem Vater Fleisch ein großes Anliegen. Davon zeugen die ausführlichen Erörterungen über die Schweinehaltung in den Briefen. Mehr als 130 kg schwere Schweine mit entsprechend Fett, dreimal die Woche Geselchtes mit Kraut und Knödeln, zur Schlachtzeit auch Blutwürste, Beuschel, Sulz, Grammeln, davon schwärmte Alois. Drei bis vier Halbe Bier könnten es schon gewesen sein, aber nie war er betrunken,

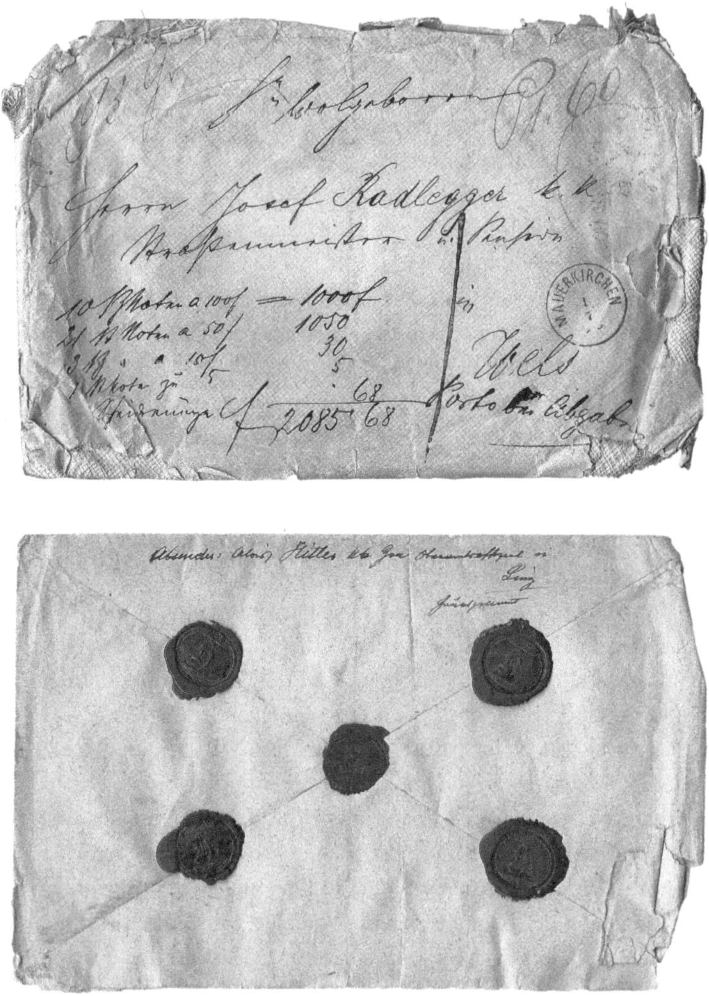

Alois Hitler bezahlt die erste Rate für den Bauernhof in Hafeld. Der Inhalt des Briefes: 10 Banknoten à 100 fl, 21 à 50 fl, 3 à 10 fl, 1 zu 50 fl und 68 kr Scheidemünzen.

berichtete Emanuel Lugert über Alois Hitlers Trinkgewohnheiten. Geraucht habe er wie ein Schlot, ganz selten Zigarren, meist Pfeifentabak, aus einer der bemalten Porzellanpfeifen, wie sie im 19. Jahrhundert in der Beamtenschaft und beim Militär so beliebt waren. Ob und seit wann Adolf Hitler Vegetarier war, ist umstritten, ebenso wann und unter welchem Einfluss er zum Nichtraucher und Antialkoholiker wurde. Der Vater kann in diesem Fall keine Vorbildwirkung ausgeübt haben. Eher schon die Mutter: einfache Speisen wie Eiernockerl und Knödel, Honig, Hirsebrei und Topfen mit Leinöl. Als Fleischersatz gehackte Pilze – das liebte Hitler und das kochte seine Mutter.

Alois Hitlers Leben ist eine Aufstiegsgeschichte: Der Schustergeselle, der sich zum Beamten emporarbeitete und dessen größter Wunsch es war, in die Lebenswelt der höheren Bürokratie mit Dienstboten, Landsitz und eigenem Fahrzeug einzurücken oder zumindest den Status eines »Sonntagsbauern« zu erreichen. Er versuchte sich zwischen Akademisierung und Feudalisierung zu positionieren, was seine finanziellen und kognitiven Möglichkeiten bei Weitem überforderte. Bei anderen wusste er sehr wohl, »dass alles gelernt sein muss«. Bei sich selbst sah er darüber hinweg. Adolf stilisierte seine Lebensgeschichte in *Mein Kampf* analog zum Vater als Aufstiegsgeschichte. »Mit 17 Jahren sei er von zuhause weggegangen, um ein großer Baumeister zu werden«, erzählte er 1932 einer kleinen Runde.[444] Manches davon war auch aus anderen Biografien und Entwicklungsromanen kopiert. Vor allem Richard Wagners Autobiografie kann hier angeführt werden. Die Rebellion der Söhne gegen die Väter, der wir bei Adolf gegen seinen Vater Alois begegnen, war nicht untypisch für die Zeit und auch für die rechtsradikale Wende im Linz des beginnenden 20. Jahrhunderts, etwa auch bei Carl Beurle, dessen liebevolle Stiefmutter ihn als guten Katholiken aufzog und bei anderen mehr oder weniger prominenten Deutschnationalen und Nationalsozialisten aus der Linzer Szene. Auch Adolf Hitler war ein Produkt der Generationenkonflikte des ausgehenden 19. Jahrhunderts.

Adolf Hitler, der »Architekt«.

Links das »Restaurant Pöstlingberg«, datiert mit 29. 7. 1906, heute Hotel und Restaurant »Pöstlingberg-Schlössl«. Rechts die Skizze für den Innenraum einer 1907 in Linz geplanten »Tonhalle«. Im Mai 1938 entstand laut Albert Speer die Skizze zu einem neuen Linzer Stadion mit einem »Befreiungsturm« zur Erinnerung an den »Anschluss« (unten).

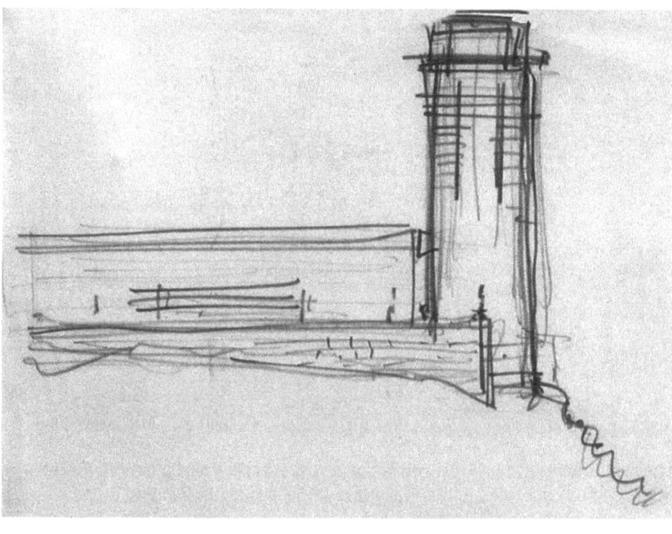

Nach der Beschlagnahme. Zweite Auflage.

Linzer Fliegende Blätter

Völkisches Witzblatt

Diese Blätter erscheinen jeden Freitag mit der Zeitangabe des folgenden Sonntags.

Einzelnpreis 20 h

Bezugspreis bei freier Zusendung vierteljährlich 2 K (Deutschland 2 Mk.), im Buchhandel 2 K 80 h, halbjährig 4 K, ganzjährig 8 K.

Schluß für Einsendungen Donnerstag um 12 Uhr mittags.

Folge 3. Linz, Sonntag, 20. Hartungs (Jänner) 1901. 3. Jahrg.

Anzeigen finden in Oberösterreich, Salzburg, Steiermark und Kärnten die weiteste Verbreitung, sind im voraus zu bezahlen und kostet die vierspaltige Zeile 16 h, eine ganze Seite 32 K, eine halbe Seite 16 K, eine Viertelseite 8 K, eine Achtelseite 4 K und eine Sechzehntelseite 2 K. — Jedes Bezugsrecht währt bis zur schriftlichen Abbestellung. — Einzelverschleiß für Linz in der Geschäftsstelle Altstadt 11; in den Buchhandlungen V. Fink, E. Mareis, F. Steurer, J. Winter; in den Verschleißstellen: Johanna de Traux, Landstraße 24; J. Danzmayr, Volksgartenstraße; Jakob Döbler, Feldstraße 6; Stefan Huemer, Wiener Reichsstraße 13; Franz Moser, Graben 18; Leopold Ofenmüller, Schillerstraße 32; Johanna Vital, Bethlehemstraße 32; Josef Rechberger, Franz Josef-Platz 3; Math. Springer, Kapuzinerstraße 48; Anna Stadlbauer, Klammstraße 22; Martin Steinbrückner, Untere Donaulände 14; Johann Wasmayr, Marktplatz 11; Mathilde Weinberger, Landstraße 70; Agathe Widegger, Harrachstraße 24; Bahnhof: Marie Huber, Zeitungsverschleiß. — Urfahr: Maria Weigelbaumer, Marktplatz 13. — Wels: Josef Kerbler, Zeitungsverschleiß; Anna Springer, Bahnhof. — Steyr: K. Wagner, Zeitungsverschleiß. — Ried i. I.: Wilhelm Kranner, Buchbinder. — Wien: 6/2, Friedrich Schalk, Buchhandlung, Mariahilferstraße 97.

Wilde Jagd.

Juchheissa, hussa!
Welch Brausen und Klingen:
Das nenn' ich Musik nun im deutschen Land,
Das dringt in die Seele,
Das zuckt in den Adern,
Das lodert hellauf zum Begeisterungsbrand.

Juchheissa, hussa!
Kraftsprühende Weise,
Wiedergeboren aus Urväter Zeit:
Barden-Gesänge,
Waffen-Geklirre,
Brausender Hornruf im wilden Gejeid.

Juchheissa, hussa!
Das rüttelt die Schläfer;
Das scheuchet von hinnen den mystischen Traum:
Allvaters Odem
Weht durch den grünen,
Urquellgetränkten Welteschenbaum.

Juchheissa, hussa!
Die neid'gen Schwarzalben
Feget der Sturmbraus zum letzten Tanz:
Fliehender Wolken
Fetzen-Gewandung
Röthet des siegenden Geistes Glanz!

Loki.

Signalement.

Unfähigkeit zu Allem auf der einen Seite, und zu — Allem fähig auf der anderen Seite, daran erkennt man sie wieder, die sogenannten — „Lenker".

Zum Durchfalle Ebenhoch, Dipauli, Geßmann u. s. w.

Es liebt die Welt, das Strahlende zu schwärzen,
Und das Erhabene in den Staub zu zerren.

In den Sternen steht's geschrieben.

(Belauschter Stammtischtratsch.)

— „Wann werden denn jetzt wieder Reichsrathswahlen stattfinden?"

— — „Das hängt ganz davon ab, wann die gegenwärtigen „Volksvertreter" — aufgelöst werden, — vor 6—8 Wochen aber sicher nicht, denn solange dürfte es jedenfalls dauern, bis dieselben zur ersten Tagung einberufen werden."

Ausgabe für unseren schwergeprüften Landeshauptmann.

»Nach der Beschlagnahme«: Die berüchtigten »Linzer Fliegenden Blätter« verbreiteten extrem deutschnationales, antiklerikales und antisemitisches Gedankengut. Titelseite des Hefts vom 20. Jänner 1901.

Die formale Höflichkeit, der wir in den Briefen Alois Hitlers im Umgang mit dem Briefpartner Radlegger feststellen, unterschied sich von der Verachtung, die im Umgang mit Knechten, Mägden und Untergebenen zum Ausdruck kam. Beim Sohn wurde das zur staatspolitischen Katastrophe. In der Selbstüberschätzung und fehlenden Kritik gegen sich selbst, verbunden mit der Verachtung anderer, ist wohl die stärkste Ähnlichkeit zwischen Vater und Sohn zu erkennen. Schon bei Vater Alois stößt man auf die Unfähigkeit zu familiärer Wärme. Aber dass die vielen Schicksalsschläge, vor allem der Tod von vier Kindern, aber auch von zwei Ehegattinnen, an Alois völlig spurlos vorübergegangen wären, stimmt nicht. Mehrmals äußerte er sich über tiefe seelische Krisen, die er durchlitten hätte.

Wo Adolf Hitler sich ganz scharf von seinem Vater unterschied, waren Sexualverhalten und Heiratsstrategien. Alois hatte einerseits sehr viel ältere, andererseits sehr viel jüngere Frauen um sich. Auch bei Adolf war es nicht unähnlich: Wenn er sich mit Frauen umgab, war die Altersdifferenz meist groß: entweder viel älter oder ganz jung. Hatte Alois zahlreiche Sexualkontakte, Ehepartner und Kinder, so fehlen diese bei Adolf ganz oder liegen im Bereich unbestätigter Gerüchte. Auch die Anbetung einer unnahbaren Geliebten, die Kubizek in seine Publikation einbaute, ist entweder eine Jugendlichenfantasie oder überhaupt eine Erfindung, weil in der Urfassung des Textes nicht ein einziges Wort darüber enthalten ist. Der Verdacht ist groß, dass die ganze Geschichte eingefügt wurde, um von vornherein allen Spekulationen über mögliche homoerotische Neigungen nicht nur Hitlers, sondern auch Kubizeks einen Riegel vorzuschieben, waren solche ja auch in den 1950er Jahren, als das Buch erschien, noch strafbar und wenig ehrenhaft. Über homosexuelle Beziehungen Adolf Hitlers kann man nur spekulieren. Ein paar Formulierungen bei Kubizek könnten vielleicht darauf hindeuten. Aber bei jedem Jugendfreund oder Zimmernachbarn Hitlers solche zu unterstellen, ist müßig. Wirklich beweisen wird man weder das eine noch das andere können.[445]

Im Pferdestall des Hotels zum Goldenen Schiff wurde 1896 ein »Bio-Kinematographen-Theater« eingerichtet, dessen Vorstellungen von Hitler öfter besucht wurden. Das Programm vom Juni 1914 dokumentiert bereits einen regulären Kinobetrieb.
Archiv der Stadt Linz.

Darüber, ob Alois Hitler mit Adolf je über Politik gesprochen und Adolf von den politischen Aktivitäten des Vaters viel mitbekommen hat, kann man nur Vermutungen anstellen. Dass er das Wort »Jude« von ihm nie gehört habe, ist wenig glaubhaft. Auch über politische und religiöse Meinungen wird gesprochen worden sein. Eine formelle Ansage wie Adolf Hitlers »Ich beschloss Politiker zu werden«, die er an das Ende seiner Weltkriegserfahrung setzte und die ja zweifellos erfunden ist, ist von Alois Hitler überhaupt nicht bekannt. Aber man könnte sie für ihn ebenfalls formulieren, als er nach der Hafeld-Enttäuschung sich neu zu orientieren versuchte und sich als Pensionist politisch zu engagieren begann.

Die Rolle der Schulen

Adolf Hitler hat in seinen zehn Schuljahren fünf verschiedene Schulen besucht: die Volksschulen Fischlham, Lambach und Leonding, die Realschule in Linz und zuletzt jene in Steyr. Prägend war vor allem die Linzer Schule. Ist es ein Zufall der Geschichte, dass drei der schlimmsten Täter des NS-Regimes nicht nur in Linz ihre Jugendjahre verbracht haben, sondern auch Schüler der Linzer Realschule bzw. des 1911 eröffneten Realgymnasium waren – neben Adolf Hitler auch Ernst Kaltenbrunner und Adolf Eichmann? Keine der anderen Linzer höheren Schulen war ähnlich national geprägt wie diese beiden Anstalten. Das humanistische Linzer Akademische Gymnasium war viel zurückhaltender und die beiden damals von der Kirche geführten Linzer Gymnasien, das bischöfliche Kollegium Petrinum und die Jesuitenschule Aloisianum, setzten dem nationalen und antiklerikalen Treiben naturgemäß strengere Barrieren entgegen.

Adolf Hitler besuchte von 1900 bis 1904 die Realschule in der Steingasse, Adolf Eichmann von 1917 bis 1921 die inzwischen in die Fadingerstraße verlegte Anstalt und Ernst Kaltenbrunner von 1913 bis 1921 das 1911 eröffnete und mit der Realschule eng verknüpfte Realgymnasium in der Khevenhuellerstraße, dessen erster Direktor Hitlers ehemaliger Klassenvorstand und Deutschprofessor Dr. Eduard Huemer geworden war. Alle drei Schüler hatten autoritäre Väter, die durch ihre deutschnationale und antiklerikale Einstellung bekannt waren. Adolf Hitlers Vater hatte sich als Zollbeamter immer mehr deutschnationale und antiklerikale Denkweisen angeeignet. Auch antisemitische Einstellungen waren im Zoll häufig. Kaltenbrunners Vater war schon in seiner Grazer Studienzeit über eine schlagende Studentenverbindung antiklerikal, deutschnational und antisemitisch sozialisiert worden. Eichmanns Vater kam zwar nicht aus einem katholischen und auch nicht aus einem explizit antisemitischen Milieu, sondern hatte sich als kalvinistischer Zuwanderer aus Wuppertal schnell in der kleinen Linzer protestantischen Gemeinde als Presbyter etabliert. Privat war er ein strenger Patriarch, der tief im deutschnationalen und rechtsradikalen Milieu der Stadt verankert war.

Natürlich kann man von den Vätern nicht automatisch auf die Söhne schließen, und von der Schule nicht automatisch auf die Schüler. Aber nicht nur in den Familien, sondern auch in den beiden Schulen und in der städtischen Öffentlichkeit war das politische Klima betont antiklerikal, deutschnational und antisemitisch, was individuelle Freundschaften mit Juden und jüdischen Mitschülern aber nicht ausschloss.[446] Der Schüler Kaltenbrunner scheint, wie Fotografien bezeugen, mit seinem einzigen jüdischen Mitschüler Franz Fried eng befreundet und viel unterwegs gewesen zu sein. Noch in den dreißiger Jahren war die antisemitische Familie Kaltenbrunner Kundschaft des Linzer jüdischen Textilgeschäfts Kleiner. Auch Adolf Eichmann war Antisemit, arbeitete aber für jüdische Firmen und hatte jüdische Freunde. Auch Hitlers Vater wohnte 1894/95 in einem Haus, das dem prominentesten Juden Urfahrs gehörte. Und Hitlers Mutter war bei einem jüdischen Arzt in Behandlung, dem Adolf in Dankbarkeit verpflichtet war und den er auch 1938 noch vor Verfolgung schützte. Michael John spricht daher von einer seltsamen Koexistenz zwischen Juden und Antisemiten.

Gut dokumentiert durch eine Klassenchronik ist das schulische Umfeld von Ernst Kaltenbrunner. Sein Maturajahrgang war im Selbstverständnis konservativ, elitär und deutschnational. Beim dreißigjährigen Maturatreffen im Jahr 1951 waren sie wieder beisammen: Acht der fünfunddreißig waren nicht mehr dabei: Kaltenbrunner war 1946 hingerichtet worden. Der psychisch kranke Alfred Hackl war in Hartheim vergast worden. Der Berufsoffizier Alfons Enzenhofer, der auch Mitglied der Österreichischen Legion und der SA war, war 1944 in Mazedonien von Partisanen erschossen worden. Erwin Troyer, aus dem Tiroler Adelsgeschlecht der Troyer zu Thurn und Aufkirchen, Chirurg bei den Barmherzigen Brüdern, war am 14. August 1939 im 38. Lebensjahr völlig überraschend verstorben. Die im Totenschein eingetragene Todesursache »Angina pectoris« gibt wenig Aufschluss, was passiert war. Von einigen hatte man keine Nachricht mehr.[447]

Franz Fried, der einzige Jude in der Maturaklasse, war eigens zu dem Treffen aus New York angereist. Sein Vater Ing. Karl Fried, Oberbaurat im Finanzamt Linz, war am 23. März 1938, also nicht einmal zwei Wochen nach dem Einmarsch, überraschend verstorben, nach dem amtlichen Totenschein ebenfalls an »Angina Pectoris«. In Wahrheit war es Selbstmord gewesen. Der Sohn konnte in die USA entkommen. Sein Bericht vom Klassentreffen zeugt von der starken Bindung, die er immer noch zu seinen Kollegen hatte, von denen die meisten NS-Täter und Antisemiten waren.

Offen in Opposition zum NS-Regime war nur der 1934 an die Universität Heidelberg berufene Germanist und Schriftsteller Rudolf Fahrner geraten, dessen Einstellung zum Nationalsozialismus sich rasch vom deklarierten Anhänger im Stefan-George-Kreis zum Widerstandskämpfer und Vertrauten von Claus Stauffenberg gewandelt hatte. Dass er selbst als einziger, der zum engsten Kreis um Stauffenberg gehört hatte, nicht verhaftet worden war, nannte Fahrner ein Wunder. In seinen Erinnerungen an die Jahre 1903 bis 1945 erwähnte er ein einziges Mal auch den Namen seines Mitschülers Kaltenbrunner; der sein fanatisch nationalistischer Hauptfeind an der Schule gewesen sei und nun zum Chef des Hauptamtes aufgestiegen sei: »Ihm hätte ich nicht zur Untersuchung in die Hände fallen dürfen. Aber ehe es dazu kommen konnte, gingen der Krieg und die NS-Herrschaft zu Ende.«[448] Oder war es doch ganz anders? Ist es überhaupt denkbar, dass Kaltenbrunner, der sich über viele Wochen hin intensivst mit der Aufdeckung und den Hintermännern des Attentats beschäftigt hatte, nie auf den Namen Fahrner gestoßen war, der immerhin der Verfasser wichtiger Texte, unter anderem des Eides, war? Oder ist es nicht eher denkbar, dass Kaltenbrunner, der auch den Deutschlehrer der Klasse, den späteren sozialdemokratischen Linzer Bürgermeister Ernst Koref, vor der Verhaftung bewahrte, auch seinen Schulkameraden schonte?

Fahrner vermied nach 1945 lange Zeit jeden Kontakt mit seinen ehemaligen Mitschülern. 1950 erhielt er eine Professur für deutsche Sprache und Literatur an der Universität Ankara. Obwohl er zu den Maturatreffen 1951 und 1961 eingeladen war, kam er nicht. Erst 1971 nahm er wieder teil. Inzwischen hatte er 1958 einen Posten an der Technischen Hochschule Karlsruhe erhalten, zwanzig waren 1971 gekommen, drei waren verhindert. Die meisten seiner Klassenkollegen standen dem NS-Gedankengut immer noch nahe, hatten nach 1945 mit ihrer Vergangenheit zu kämpfen und sahen sich in einer Opferrolle. Einige blieben völlig unbelehrbar, zum Beispiel der Olympiasieger und erfolgreiche Rudertrainer Leo Losert, der nach 1945 in der Auseinandersetzung um die Aufführung des »Tagebuchs der Anne Frank« am Linzer Landestheater sein gestriges Gedankengut in mehreren Leserbriefen unverblümt offenlegte.[449] Auch Karl Zechenter, der als Kopenhagener Kripochef im Kleinen Kopenhagener Kriegsverbrecherprozess zu sechs Jahren Haft verurteilt, aber in einem Berufungsverfahren freigesprochen worden war, brachte das Kunststück zuwege, es vom letzten Chef der Linzer Gestapo im Jahr 1945 nach einer Anstandsübergangsfrist es wieder zum Chef der Linzer Kriminalpolizei zu bringen, ohne in irgendeiner Form eine Abkehr von dem früheren Gedankengut erkennen zu lassen.[450]

Eine kritische Auseinandersetzung mit ihrer Vergangenheit wird man in diesem Kreis, der sich immer noch als Elite betrachtete, vergebens suchen. Der einstige Klassensprecher Walter Kastner, der als Topjurist dem NS-Regime gedient hatte, für dieses zahlreiche Arisierungen abwickelte und nach dem Krieg für das Ministerium für Vermögenssicherung und Wirtschaftsplanung bei der Rückabwicklung dieser geraubten Vermögen arbeitete, konnte seine Karriere als Jurist und Universitätsprofessor über alle Regimewechsel hinweg ungebrochen fortsetzen. Seine Ansprache beim 50-jährigen Maturajubiläum am 25. Juni 1971 war geprägt von Selbstzufriedenheit und Uneinsichtigkeit: »Aber wir dürfen ehrlich sagen, jeder hat etwas Tüchtiges geleistet, wir können mit uns zufrieden sein. Wir haben der Wirtschaft hervorragende Ingenieure zur Verfügung gestellt, ausgezeichnete administrative Beamte und Kaufleute, dem Staate Offiziere, hohe Verwaltungsbeamte, einen Olympiasieger, drei Universitätsprofessoren. Zur Politik allerdings hat nur einer von uns den Weg gefunden und der hat es mit dem Leben bezahlt.«[451] Der ehemalige Deutschlehrer der Klasse und nunmehrige Linzer Bürgermeister Ernst Koref sagte 1961 beim Maturatreffen: »Wir gehören einer Generation an, die wirklich Geschichte erlebt hat in einem so konzentrierten Ausmaß wie kaum irgendeine Generation, seitdem Geschichte aufgeschrieben wird. Wir haben es durchgestanden und wie man sieht, sind Sie alle mit heiler Haut davon gekommen, wenn auch dann und wann angeschlagen und wir freuen uns des Lebens.«[452]

Etwas anders gestaltet war das Umfeld an der Steyrer Realschule, die Hitler im Schuljahr 1904/05 besuchte. Die 1872/73 eröffnete Steyrer Oberrealschule, heute Bundesrealgymnasium, zu deren Schülern für kurze Zeit im Jahr 1890/91 auch Robert Musil gehörte, war eine gut geführte Institution. Untergebracht war sie im 1657-1661 errichteten Kollegiumstrakt der von den Jesuiten geführten Vorstadtpfarre St. Michael. Im Inneren spürte man noch immer, dass hier einmal ein Kloster gewesen war. Ein jesuitischer Geist wehte durch die langen Gänge mit Tonnen- und Kreuzgewölben.

Hitlers Klasse zählte 26 Schüler. Davon waren elf in Steyr geboren, neun im sonstigen Oberösterreich, drei in Niederösterreich, einer in Steiermark und zwei in Böhmen. Von 15 Schülern der Klasse wohnten die Eltern in Steyr. Alle hatten sie Deutsch als Muttersprache, 25 waren katholisch, einer mosaisch. Drei waren 15 Jahre alt, elf 16 Jahre, acht 17, drei 18 und einer 19 Jahre. Hitler zählte mit 16 Jahren also eher zu den jüngeren Schülern. Abschließen konnten das Schuljahr fünf mit Vorzug, 15 mit Erfolg und drei mit einer Nachtragsprüfung, darunter auch Hitler.[453]

Die Steyrer Lehrkräfte waren von hervorragender Qualität. Sie legten ihren Stolz darein, in der Öffentlichkeit mit wissenschaftlichen Publikationen in Erscheinung zu treten: der Mathematik- und Geometrieprofessor Gregor Goldbacher mit vielen heimatkundlichen und heimatschützerischen Veröffentlichungen und der Geschichtelehrer Alfred Hackel mit lokalhistorischen Beiträgen, zum Beispiel über die »lutherischen Stadtschulen in Steyr«. Hitlers Deutschprofessor Dr. (Robert) Siegfried Nagel, der 1904 gerade neu an die Schule gekommen war, gab in Steyr die Literaturzeitschrift »Widerhall« heraus, veröffentlichte einen recht unkonventionellen Literaturatlas, der das Leben der Klassiker in graphische Wegdiagramme zerlegte, und betätigte sich auch erfolgreich als Schriftsteller. Auch der Direktor Edmund Aelschker war wissenschaftlich und schriftstellerisch tätig, vornehmlich zur Geschichte Kärntens, und wirkte im Gemeinderat von Steyr lange Jahre als Vertreter der Liberalen.

Der bekannteste unter Hitlers Lehrern war Gregor Goldbacher (1875-1950). Er unterrichtete Hitler in geometrisch Zeichnen und Stenographie und spielte in den Steyrer Sportvereinen, im Denkmalschutz und als Kulturpublizist eine prominente Rolle.[454] Über seinen Steyrer Religionsprofessor Dr. Josef Schuhbauer wusste Hitler im Unterschied zu seinem verhassten Linzer Religionslehrer Franz Sales Schwarz nichts Negatives zu sagen. Ein sehr fortschrittlicher Künstler war Hitlers Steyrer Zeichenlehrer Emil Heythum – er animierte die Schüler zum Zeichnen in der Natur und machte mit ihnen immer wieder Lehrausgänge. Er war ein bekannter Buchillustrator und stand stilistisch dem Jugendstil nahe, etwa mit dem Ölbild »Faun und Fee«, das vor einiger Zeit auf Artnet versteigert wurde.[455] In seinem recht innovativen Zeichenunterricht dürfte auch die Porträtzeichnung des jungen Hitler entstanden sein, die von Hugo Rabitsch 1938 veröffentlicht wurde und von ihm und Kubizek einem F. Sturmlechner zugeschrieben wurde, aber in Wahrheit von Hitlers Steyrer Schulkameraden Armin Sturmberger stammt.[456] Auch Hitlers Turnlehrer, der Hauptschullehrer Alois Lebeda, trat als Künstler hervor. Er war erst zu Beginn des 2. Semester an die Stelle des im Jänner 1905 erkrankten August Pichler getreten, wurde nach dem ersten Weltkrieg Direktor der Bürgerschule und war wohl der einzige Sozialist im Lehrkörper. Er war der einzige unter Hitlers Steyrer Lehrkräften, der sich 1938 als glühender Nationalsozialist und Hitler-Verehrer entpuppte und das Steyrer »Hitler-Haus« am Grünmarkt in mehreren Zeichnungen festgehalten hat.[457]

Die Jahresberichte der Schule, auch jener des Jahres 1904/05, belegen, mit welchem Ernst und mit welch gutem Geist die Schule geführt wurde: die Aufsatzthemen, die Schulveranstaltungen, die Lehrausgänge. Nichts deutet auf ein ähnlich radikalisiertes Klima wie in Linz. Die Steyrer Schule hätte sich, so könnte man vermuten, zweifellos positiv auf Hitlers späteres Leben und seine ideologische Entwicklung auswirken können, wenn er länger geblieben wäre und dort eine Matura und Hochschulreife erreicht hätte.

Hitlers oberösterreichisches Deutsch

Für Adolf Hitlers Erfolge bei den Massen, darüber sind sich alle Beobachter einig, bildeten seine Sprache und Rhetorik den entscheidenden Faktor. Schon bei seinen ersten Auftritten in den 1920er Jahren war es die Wirkung der Reden, die in den Medien besonders hervorgehoben wurde. Dass sich unzählige Zeitgenossen auf die magische Kraft und geradezu massenhypnotische Wirkung seiner Sprache beriefen, könnte man als billige Ausrede abtun. Aber die vielen Tondokumente erlauben eine Überprüfung. Der süddeutsch-österreichische Akzent, der sich von der preußischen Härte und der Berliner »Schnauze« abhob, verfehlte seine Wirkung nicht. Das war fremd und anziehend zugleich.

Als Kind und junger Realschüler war Adolf Hitler mit Sicherheit Dialektsprecher. Dass er bereits als Schüler Hochdeutsch sprach, wie Kubizek behauptete, oder gar seine Mitschüler mit »Sie« anredete, wird man wohl ebenso wie vieles andere in das Reich der Mythen verweisen müssen. Nach der Realschule wechselte er immer mehr zur Hochsprache, spielte aber sprachlich immer wieder mit seiner Herkunft: Einerseits mit dem Geburtsort Braunau, »an der Grenze zweier Staaten«, andererseits mit dem kurzzeitigen Kindheitsort Passau, was ihn sprachlich zu einem »Deutschen« gemacht habe. In *Mein Kampf* schrieb er: »Mein Deutsch der Jugendzeit war der Dialekt, den auch Niederbayern spricht; ich vermochte ihn weder zu vergessen, noch den Wiener Jargon zu lernen.«[458] Den Norddeutschen erschien er trotzdem nicht als Bayer, sondern als Österreicher. Der spätere Reichsjugendführer Baldur von Schirach, der ihn 1925 als Achtzehnjähriger in Weimar erstmals sprechen hörte, gab sich beeindruckt: »Es war eine ganz andere Stimme, als ich sie bisher von Rednern gehört hatte – von Lehrern, Pfarrern, Offizieren oder Politikern. Die Stimme war tief und rau, resonant wie ein Cello. Ihr Akzent, den wir für österreichisch hielten – in Wirklichkeit war er niederbayerisch –, wirkte hier in Mitteldeutschland fremdartig und zwang gerade dadurch zum Zuhören.«[459]

Aber Hitler drückte sich mit »Niederbayern« sehr ungenau aus. Niederbairisch sprach er sicher nicht, nicht nur, weil es sprachwissenschaftlich gar kein solches gibt, sondern nur die bairischen Dialektgroßräume Nord-, Mittel- und Südbairisch, und weil zum mittelbairischen Sprachraum sowohl Oberösterreich als auch Passau mit Niederbayern zu rechnen sind. In seiner Familie lernte

Adolf Hitler eine oberösterreichische Variante der mittelbairischen Mundart, wobei sich durch die vielen Orts- und Milieuwechsel des Vaters die regionalen Färbungen wohl sehr abgeschliffen haben. Die Mutter sprach mit Sicherheit den Waldviertler Dialekt ihrer Kindheit, der sich mehr oder minder stark vom oberösterreichischen Duktus unterschied. Der alte Alois Hitler sprach nach Aussage des Dienstmädchens Rosalia Hörl wie viele mittlere Beamte eine Mischung aus Hochdeutsch und Dialekt: ein gekünsteltes, gestelztes Hochdeutsch, wenn er im Amt mit Klienten, Untergebenen und Vorgesetzten verkehrte, Dialekt, wenn es um den privaten Verkehr ging.[460] Auch seine Briefe wechselten zwischen bürokratischem Amts- und Hochdeutsch, wenn es um Geschäftliches ging, und starkem Dialekt, wenn landwirtschaftliche und alltägliche Belange zur Sprache kamen. Sie sind von zahlreichen Dialektwörtern und umgangssprachlichen Formulierungen durchsetzt, auch wenn er sich durch eine gespreizte Satzkonstruktion und zahlreiche Fremdwörter den Status eines Bildungsbürgers zu verschaffen versuchte.

Bis zum Eintritt in die Realschule war Adolf Hitler mehr oder weniger immer mit Dialektsprechern konfrontiert gewesen: in der Familie, in der Nachbarschaft und auch in den Schulen, die er bis dahin besucht hatte. Wie viel »österreichisches Deutsch« in Hitlers Sprache steckt, ist für die schriftlichen Zeugnisse von geringer Aussagekraft, da er hier Austriazismen oder gar eine Dialektfärbung bewusst vermeiden konnte oder diese von Lektoren redigieren ließ. Im politischen Auftreten und im mündlichen Verkehr hingegen war es von großem Belang, wobei allerdings nicht übersehen werden darf, dass Hitler für seine Reden auch Sprechunterricht nahm.[461] Hitler hatte sich als Redner recht früh bemüht, sich die Kenntnisse der Bühnenlautung anzueignen, auch schon vor dem Unterricht durch den Schauspieler Paul Devrient. Sein Stimmeinsatz wurde generell als »weich« wahrgenommen. Allerdings ist für süddeutsche Ohren seine eher norddeutsch anmutende Aussprache von anlautendem »sp« und »st« auffällig. Der Sprachwissenschaftler Peter Ernst folgerte: Hitler wollte sich als gesamtdeutscher Staatsmann und nicht als Hinterwäldler aus der österreichischen Provinz präsentieren.[462] Dennoch blieben die österreichischen Wurzeln für Hitlers Sprechgewohnheiten prägend, insbesondere unter Stressbedingungen.

Privat konnte Hitler die österreichische Sprachfärbung nie ganz unterdrücken oder wollte das auch gar nicht. Der 1882 in Braunau geborene Edmund Glaise-Horstenau berichtete von einer Begegnung mit Hitler im Salzburger Schloss Kleßheim: »Als ich zwischen Kaffee und Tee den ersteren wählte, meinte der mir gegenüber sitzende Führer: ›Na, das habe ich von Ihnen auch nicht anders erwartet.‹« Das Gespräch nahm Glaise zufolge einen stark österreichischen Klang an, sodass die anderen Tischnachbarn, der aus Brandenburg gebürtige Generaloberst Kurt Zeitzler und der ebenfalls aus dem Norden kommende SA-Obergruppenführer Siegfried Kasche, sich ins Ohr flüsterten: »Da können wir wohl nicht mitreden.«[463]

Bei genauem Hinsehen sind die Austriazismen in Hitlers Sprache zahlreich, so etwa »ein ganzes Monat«[464] oder »ein ganz ein fauler Junge«.[465] Österreichisches Deutsch sind auch Wendungen wie: die ›solchene‹ Lieder singen, ›die wo‹ bei uns zuhause nie gesungen werden.[466] Im privaten Kreis verwendete Hitler überraschend viele Wörter aus seiner österreichischen Jugendzeit und Umgangssprache: *Dirndln, Buben, Bazis, Gigerln, Lackln, Geblödel, Umgang haben …*[467] Und auch in Extremsituationen oder unbeobachteten Augenblicken verfiel er in den Dialekt. Als Hitler mitten in der Nacht geweckt wurde und die Nachricht vom Beginn der alliierten Invasion in der Normandie erhielt, soll er in oberösterreichischem Dialekt ausgerufen haben: *Oganga is!* – »Begonnen hat's!«

Sehr aktiv war in Linz der von den Schönerer-Anhängern begründete »Sprachreinigungsverein«. In langen Artikeln wurde das Eindringen von Fremdwörtern ins Deutsche kritisiert: »Willst Du ein guter Deutscher sein, so sprich auch Deine Sprache rein!« Nicht Telefon, sondern Fernsprecher, nicht »Servus!«, sondern »Heil!«.[468] Das »Heil!« hat Hitler übernommen, aber von den Sprachreinigern hielt er nicht viel. Fremdwörter verurteilte er nicht, sondern gebrauchte sie als Demonstration seiner im Selbststudium erworbenen Bildung. Die 700 Fremdwörter in *Mein Kampf* sollten wohl den Anstrich von Bildung vermitteln.[469] Da glich er seinem Vater, der sich in seinen Briefen mit zahlreichen Fremd- und Fachausdrücken hervortat. Adolf wendete sich auch dagegen, Fremd- und Lehnwörter einzudeutschen, wie es radikale Zeitschriften wie die *Fliegenden Blätter,* der *Scherer* oder der *Kyffhäuser* empfahlen, die ihm angeblich die Ideen gaben. »Man stelle sich vor: Wenn wir damit anfingen, Fremdworte auszumerzen, wo sollten wir dann aufhören?«, meinte er. Die Arbeit vieler Generationen vor uns ginge dabei verloren. »Hat sich mit einem aus einer fremden Sprache übernommenen Begriff ein Fremdwort eingebürgert und klingt es gut, so kann es uns zur Bereicherung unseres Sprachschatzes nur willkommen sein«, soll er im vertrauten Kreis gesagt haben.[470] Und: »Seien wir doch dankbar für die vielen Ausdrucksmittel und Klangfarben, die damit möglich würden.«[471] Auch die verkorksten Bemühungen der Schönerianer, mit einer Eindeutschung der Monatsnamen oder der Zeitrechnung – Heumond statt Juni oder »nach Norea« statt »nach Christus« – eine Germanisierung der Kultur herbeizuführen, unterstützte Hitler nicht.

Dialektsprecher und Mundartdichter lehnte er explizit ab, so zum Beispiel den sehr national gesinnten Franz Stelzhamer, von dem auch die in Dialekt gehaltene oberösterreichische Landeshymne stammt: »Ein Mann meiner Heimat, Stelzhamer, hat wunderbare Gedichte gemacht, aber in Mundart. Er wäre ein Gegenstück zu Bruckner geworden. Er war begnadet. Würde sein Zeitgenosse Adalbert Stifter in Mundart geschrieben haben, so hätte auch er nur 10.000 Leser bekommen. Niemand hätte etwas davon … Ich bemühe mich, dass ich Dänen, Schweden, Norwegern Deutsch beibringe, und dann bringe ich im Rundfunk Dialektstücke! Ich schaffe die sogenannte gotische Schrift ab, weil ich damit nicht weiterkomme, und dann rede ich Dialekt … Man mag seine Heimat noch so lieben, aber das allein ist es ja nicht. Von Zeit zu Zeit muss man sein Haus entrümpeln, sonst kommt so ein Unrat zusammen! Dann ist das irgendwie blamabel, wenn man einen gebildeten Tschechen hört und der spricht dann besser als ein Deutscher.«[472]

Mit dem Innviertler Mundartdichter Franz Stelzhamer war Adolf Hitler in seiner Linzer Schulzeit ganz unmittelbar konfrontiert worden, gab es doch hier im Jahr 1902 zu dessen 100. Geburtstag eine Stelzhamer-Euphorie, an der der Direktor der Realschule und Obmann des Festausschusses Hans Commenda unmittelbar beteiligt war. Im Linzer Volksgarten wurde das markante Denkmal des Dichters errichtet, Hermann Bahr schrieb ein Stelzhamer-Stück, betitelt *Der Franzl.* Hitler wollte keine Mundarten und keine Mundartdichtung, weil das den Vorstellungen von einem großen, gleichgeschalteten Reich und einem von diesem Reich beherrschten Europa diametral zuwiderlief. Für die totalitäre Großraum-Diktatur und ihr pathetisches Germanien-Geschrei waren Stelzhamer und seine sinnliche Mundartlyrik eine gefährliche Herausforderung. Nach dem Krieg werde er die Abschaffung der Dialekte anstreben, kündigte Hitler an. Hätten die großen deutschen Dichter im Dialekt geschrieben, wäre nichts von ihren Werken übrig geblieben. So aber hätten sie der Einheit des Reiches vorgearbeitet.[473]

In Oberösterreich hatte Hitler wenig Fremdsprachiges gehört. 99,9 Prozent der Bevölkerung des Landes sprachen im Jahr 1900 deutsche Umgangssprache. Neben Salzburg war es das einzige Kronland der Habsburgermonarchie, das rein deutschsprachig war. Fremdsprachenkenntnisse hielt Hitler, wohl auch aus seiner eigenen provinziellen und schulischen Genese heraus, nicht für notwendig: »Wir lernen jeder zwei, drei Sprachen, die sind vollkommen zwecklos«, sagte er.[474] Von allen seinen Professoren hätte gut die Hälfte einen geistigen Klaps gehabt: »Wir hatten einen Lehrer im Französischen, der hat nur Schwächen gesucht, wir haben ihn für einen Wahnsinnigen gehalten!«[475] Er schob es auf die Lehrer, dass er im Französischen nichts lernte. Hitlers tiefer Hass gegen die Versailler Vertragsmächte, der sich an der Westfront und nach deren Zusammenbruch immer tiefer in sein Denken eingrub, scheint in seinen schlechten Französisch-Noten schon vorgebildet. Deutsch sollte die europäische Sprache sein. Dass mit der Sprache Herrschaft zu erreichen ist, erkannte er sehr genau.

Hitlers österreichische Religion

Ähnlich einheitlich wie die Sprache war auch die Religion der Oberösterreicher. Um 1900 waren sie zu 97,2 Prozent katholisch. Nur 2,5 Prozent waren evangelisch und 0,1 Prozent mosaisch. Das Land wurde katholisch regiert. Die Landeshauptleute der Franz-Joseph-Zeit waren Äbte, Priester und katholisch-konservative Adelige. Im Landtag dominierten die Christlich-Konservativen. Die um und nach der Jahrhundertwende geschaffenen, riesigen Glasfenster des neuen Linzer Doms dokumentieren in ihrem Bildprogramm die Macht der Kirche im Land: des Bischofs, der großen Klöster, der kirchlichen Vorfeldorganisationen und der christlich-konservativen Partei. Die Fenster zeigen die Kirchenfeste, die Wallfahrten und Prozessionen und das von der Kirche geprägte öffentliche Leben, dem man sich nur schwerlich entziehen konnte.[476]

Doch vieles war äußerer Schein. Man ging zwar am Sonntag oder zumindest an den höchsten Kirchenfesten zur Messe. Aber viele kamen erst nach der Predigt und gingen schon wieder vor der Kommunion. Man bezahlte seine Kirchensitze und legte Wert auf Taufen und kirchliche Begräbnisse, ging vielleicht vor Ostern zur Beichte, kümmerte sich im Übrigen aber herzlich wenig um die Gebote der Kirche. Man war katholisch und hätte sich entrüstet zur Wehr gesetzt, wenn jemand ihren Glauben angezweifelt oder sie als religionslos bezeichnet hätte. Gleichzeitig kämpfte man vehement gegen die wirtschaftliche und politische Macht der Kirche und gegen die dogmatische Fixierung ihrer Lehren.

Auch Alois Hitler hatte sich von der Kirche ziemlich weit entfremdet. Er war weder Kirchgänger noch wirklich gläubig. Aber auch er hätte wohl energisch protestiert, wenn ihm jemand seinen katholischen Glauben abgesprochen hätte. Aber die Vornamenwahl für die Kinder aus der dritten Ehe lässt auf ein deutschnational und antirömisch orientiertes Programm schließen: Ida, Gustav, Adolf, Otto, Edmund und Paula. Gustav Adolf verrät zusammengezogen eine betont protestantische und deutschnationale Programmatik. Die Gustav-Adolf-Vereine, in Erinnerung an den schwedischen Habsburg-Gegner, standen explizit für eine antiklerikale und antihabsburgische Gesinnung. Der Schwedenkönig aus dem Dreißigjährigen Krieg war im Lauf des 19. Jahrhunderts zu einer evangelischen Symbolfigur geworden. Auch der Name Ida war in Deutschland in den Jahrgängen zwischen 1880 und 1920 sehr beliebt geworden. Otto und Edmund passten ebenfalls in dieses Muster. Und Paula bzw. Paulus als Heilige und Patrone waren explizit das Gegenbild zum römischen Petrus.

Wann und unter welchem Einfluss sich die antiklerikalen und deutschnationalen Gefühle bei Alois Hitler ausgebildet hatten, kann nur vermutet werden. Vielleicht schon in Braunau oder in Passau, vielleicht unter dem Einfluss von Georg Wieninger oder doch erst in Hafeld und Lambach. In Leonding jedenfalls traten sie offen zutage, am Wirtshaustisch, in streitbaren Wortgefechten mit dem Pfarrer und in den Zeitungsartikeln, die er in der *Tages-Post* unterbrachte. Josef Mayrhofer sagte in einem Interview über Alois Hitler, der mit dem Leondinger Ortspfarrer zerstritten war: »Von Religion hat er nichts gehalten, aber auch nicht geschimpft; er bezeichnete sich mit Vorliebe als freisinnig ... in die Kirche ging er nur an Kaisers Geburtstag, um seine Paradeuniform präsentieren zu können.«[477] Alois Hitler war zwar gestorben, noch bevor ein Arzt und ein Priester zur Stelle sein konnten. Aber ein katholisches Begräbnis mit allen zugehörigen Zeremonien und Symbolen war für ihn dennoch selbstverständlich.

Alois Hitler war zweifellos von der »Los-von-Rom-Bewegung« beeinflusst, mit der er mit Sicherheit schon in Braunau in Kontakt gekommen war. An seinem Arbeitsort im Braunau gegenüber liegenden Simbach konstituierte sich 1871 die erste und älteste altkatholische Gemeinde Deutschlands, der es sogar gelang, 1874 den ersten, von Alt-Katholiken errichteten Kirchenbau Deutschlands einzuweihen. Das Innviertel entwickelte sich zu einem der Zentren dieser Bewegung in Oberösterreich, deren Innviertler Vertreter schon am 29. Oktober 1870 eine Resolution gegen das Unfehlbarkeitsdogma des Papstes verabschiedet hatten.[478]

Linz war da viel später dabei. Aber 1902, gerade zu der Zeit, als Adolf Hitler die Realschule besuchte, wurde auch in Linz der erste altkatholische Gottesdienst gefeiert. Die altkatholische Kirchengemeinde Linz verselbständigte sich allmählich aus der altkatholischen Pfarre Ried im Innkreis und wurde 1909 zur Filialgemeinde erklärt. Damals dürfte die Linzer Gemeinde an die 120 Altkatholiken gezählt haben. Über Kontakte Adolf Hitlers zu dieser altkatholischen Gruppierung ist allerdings nichts bekannt. Doch die Denkmuster, die uns Kubizek vom Kirchenverständnis des jungen Hitler berichtet, stimmen mit jenen der Altkatholiken weitgehend überein.

Die katholische Kindheit Adolf Hitlers ist ein Faktum. Feierlich wurde im Hitler-Haushalt immer das Osterfest begangen, behauptete Rabitsch in seinen Erinnerungen an Hitler: »Die Familie wohnte stets dem Auferstehungsfest in der Kirche bei, und bunt gefärbte Ostereier schmückten den Tisch. Adolf tat sich mitunter durch besonders hübsche Handmalereien auf Ostereiern hervor, deren Motive er schon als Zehnjähriger selbst entwarf.«[479] Ob das erfunden war oder auf Berichten von Zeitzeugen basierte, wissen wir nicht. Vielleicht waren solche Schilderungen der Grund dafür, dass Adolf Hitler das Rabitsch-Buch, das sonst ganz im nationalsozialistischen Tonfall geschrieben war, bei seinem Erscheinen sehr scharf beanstandete und sofort aus dem Verkehr ziehen ließ.[480]

Von Adolf Hitlers erster Beichte und Erstkommunion wissen wir nichts. Aber selbstverständlich fanden sie statt. 1904 wurde er gefirmt. In einem Brief an Jetzinger schilderte der Firmpate Emanuel Lugert das Fest: Adolf sei sein dritter Firmling gewesen. Als die Mutter ihn um die Patenschaft gebeten habe, hatte sie den Kleinen mit. Er machte auf Lugert den Eindruck eines ruhigen, etwas geschreckten Jungen. Nach der Firmung im Dom gab es ein

Mittagessen bei Lugert, dann eine Spazierfahrt nach Leonding. »Wir übergaben ihn seiner Mutter, Adolf verduftete, hatte wahrscheinlich schon Sehnsucht nach seinen Spielkameraden. Am Firmtag war der Bub sehr schweigsam, ich möchte sagen, freudelos oder teilnahmslos. Deshalb kann man ihn doch nicht tadeln«, meinte Lugert.[481] Bei anderer Gelegenheit schilderte Lugert die Firmung zu Pfingsten 1904 im Linzer Dom ganz anders: »Unter allen meinen Firmlingen hatte ich keinen derart mürrischen und verstockten wie diesen, um jedes Wort musste man ihm hineinsteigen.« Adolf habe sich über das Firmgeschenk, ein Gebetbuch, nicht gefreut, auch nicht über das Essen, das kleine Sparbuch und die Zweispännerfahrt von Linz nach Leonding. »Ich hatte den Eindruck, dass ihm die ganze Firmung zuwider war.« Und seine Frau ergänzte: »Den Buben hätte man unmöglich gernhaben können, er hat alleweil so finster dreingeschaut und hat nicht ja und nicht nein gesagt.« Als man in Leonding angekommen sei, hätte schon ein Rudel Buben auf ihn gewartet: »Und dann begann ums Haus herum ein schreckliches Spektakel, wie Indianer führten sie sich auf.«[482]

Wie der junge Adolf Hitler selbst diesen Firmtag empfand, wissen wir natürlich nicht. Firmungen galten in Hitlers Jugendzeit als großes Fest, weniger der Firmakt selbst, der als höchst anonyme Massenveranstaltung abgewickelt wurde, sondern das Rundherum als einer der wenigen Anlässe, bei denen Kinder sich im Mittelpunkt fühlen konnten. Für den Bischof hingegen war es ein Geschäftsmodell: Ein beträchtlicher Teil seiner Einnahmen stammte aus den Firmtaxen. An jenem Pfingstmontagvormittag, als Hitler gefirmt wurde, waren 1.380 Firmlinge mit ihren Paten im Linzer Dom versammelt.[483] Sie mussten mehrere Stunden ausharren – nicht gerade lustig für Kinder: zuerst um 8 Uhr das Pontifikalamt und ab 9.30 Uhr die eigentliche Zeremonie, bei welcher der Bischof stundenlang die lange Reihe der Firmlinge abschritt, jedem die Hand auflegte, sie salbte und sie mit einem symbolischen Backenstreich zu Rittern Christi adelte. Damit niemand vorzeitig die Feier verlassen konnte, pflegte man die Domtüren zuzusperren.

Attraktiv waren für die Kinder höchstens die anschließenden Feiern, der Gasthausbesuch, der Ausflug, die Geschenke, vielleicht sogar die goldene Uhr, die man von betuchteren Paten als Symbol des Erwachsenseins erwarten konnte. Aber das war bei Hitler nicht der Fall. Der kinderlose Lugert, der im Laufe seines Lebens elf Patenschaften übernommen hat, war kein reicher »Firmgöd« und Hitler kein glückliches Patenkind. Man aß nicht im Gasthaus, sondern bei der Patenfamilie, das Geschenk war keine goldene Uhr, sondern ein Sparkassebuch mit wohl nicht besonders großer Einlage und ein sicher nie benutztes Gebetbuch.[484] Der Ausflug führte nicht zu einer beliebten Attraktion, sondern ins heimatliche Leonding. Dass eine derartige Massenabfertigung durch den Bischof und auch durch den Paten beim Firmling nicht unbedingt große Gefühle auslösen konnte, ist verständlich. Dass sie aber für Hitler doch nicht so bedeutungslos war, verrät die makabre Szene in den letzten Apriltagen des Jahres 1945, als er im Berliner Endkampf Hitlerjungen vor dem Führerbunker antreten ließ, deren Reihen abschritt, ihnen die Wangen tätschelte und sie mit einem symbolischen Backenstreich in den wahrscheinlichen Tod schickte.

Es gibt für Adolf Hitler keine gesicherten Unterlagen und halbwegs zuverlässigen Quellen, wann und unter welchem Einfluss sich sein Verhältnis zum Christentum und zur Religion radikal änderte. Dass er es ernst meinte, wenn er in *Mein Kampf* behauptete, dass ihm in Lambach im Sängerknabeninstitut der Herr Abt noch als höchst erstrebenswertes Ideal erschien, genauso wie einst seinem Vater der kleine Herr Dorfpfarrer, ist glaubhaft. Aber ein paar Jahre später hatte sich das geändert. 1942 meinte er über seine Religiosität in der Realschule: »Mit dreizehn, vierzehn, fünfzehn Jahren habe ich nichts mehr geglaubt, auch von meinen Kameraden hat doch keiner mehr an die sogenannte Kommunion geglaubt, das waren nur ein paar ganz blöde Vorzugsschüler! Nur war ich damals der Meinung, es müsse alles in die Luft gesprengt werden!«[485] Bestätigt wird das in der nicht publizierten ersten Fassung der Kubizek-Erinnerungen: Hitlers Einstellung zur Kirche, zu ihren Aktivitäten und zu ihrem

Besitz war eine ganz andere geworden: er warf »der Klerisei jeder Konfession aus dem Titel der Seelenbetreuung Geschäfte größten Stiles und vielfach übelster Art« vor. Auch die konfessionellen und klösterlichen Einrichtungen zur Kranken- und Altenpflege seien für die Kirche kein Mittel zur Wohltätigkeit, sondern nichts anderes als Einkommensquellen. Und die klerikalen und klösterlichen Schulen, »die wie die Pilze aus dem Boden schießen« würden, seien neben der finanziellen Bedeutung auch eine Gefahr für die Jugend, die nicht im Staatssinn herangezogen würde. Er würde alle diese Dinge beseitigen.«[486] In der gedruckten Fassung umriss Kubizek Hitlers Haltung zur Kirche nur mehr mit dem aussagelosen Satz: »Zusammenfassend kann ich die damalige Haltung Hitlers der Kirche gegenüber folgendermaßen formulieren: keineswegs war ihm die Kirche gleichgültig, aber sie konnte ihm nichts geben.«[487]

Hitlers Linzer Zeit war der Höhepunkt der »Los-von-Rom-Bewegung«, des Kampfes der Liberalen und Deutschnationalen gegen den von Rom aus gesteuerten Katholizismus, gegen die Unfehlbarkeit des Papstes, die gerade erst als Dogma verkündet worden war, gegen das Konkordat und gegen Vorrechte der katholischen Kirche im habsburgischen Staat. Dass die nicht dem Papst unterstellte, sondern in Landeskirchen organisierte evangelische Konfession die eigentlich »deutsche« Religion sei, wurde propagiert. Ein Kampffeld war die Kommunion: ob Christus in der Hostie wahrhaftig, wie die Katholiken lehren, oder nur symbolisch zugegen sei, wie Luther es sah, konnte auch zum Inhalt von Schulvergehen werden. Als die *Münchener Post* am 27. November 1923 einen Beitrag über den jungen Hitler als »Hostienschänder« veröffentlichte und behauptete, dass er 1904 von der Realschule verwiesen worden sei, weil er eine Hostie ausgespuckt und in die Tasche gesteckt habe, sah er sich aus der Haft heraus genötigt, sich von der Los-von-Rom-Bewegung demonstrativ zu distanzieren: Er sei heute noch überzeugter Katholik, es sei übelste Verleumdung, dass er je eine Hostie ausgespuckt habe oder deswegen von der Schule geworfen worden sei.[488] Die *Münchener Post* beharrte freilich auf ihrer Darstellung:

»Über Hostienausspucken und Schulausschluss erklärt unser Gewährmann, er verbürge sich für die Wahrheit des Gesagten.«[489] Hitlers ehemaliger Linzer Klassenvorstand Dr. Huemer wurde daraufhin am 7. Dezember 1923 vom Münchner Rechtsanwalt Lorenz Roder um ein Gutachten gebeten. Huemer schickte dieses umgehend am 12. Dezember 1923, wobei er sich auf Schulakten und Zeugenaussagen ehemaliger Professoren und Schüler bezog. Sowohl mit Blick auf Hitlers Betragensnoten wie auch auf sonstige Quellen erklärte er die Anschuldigung für haltlos: Er hätte bei einem solchen Vergehen nicht mit der zweitbesten Sittennote bewertet werden können, sondern wäre nicht nur von der Linzer Schule, sondern von allen österreichischen Schulen auf Dauer ausgeschlossen worden. »Auf ebenso schwacher Grundlage wie die Beschuldigung des Hostienfrevels scheint der Vorwurf der Los-von-Rom-Anhängerschaft zu fußen«, gutachtete Huemer. Gewiss habe es das gegeben und einige Eltern und auch Schüler seien aus der katholischen Kirche ausgetreten. Doch für Hitler und für einen knapp 14-Jährigen halte er es für ausgeschlossen und es gebe dafür keine Zeugen und keine Belege.[490]

Auch Hitler selbst bestritt energisch, als es im Gerichtsverfahren 1923 nützlich erschien, in seiner Jugend in der Los-von-Rom-Bewegung tätig gewesen zu sein oder mit einem Hostienfrevel oder Ähnlichem etwas zu tun gehabt zu haben: »Als dieser Schwindel sich nicht mehr aufrecht erhalten ließ«, schimpfte er, »zerrte man meinen alten, seligen Vater aus dem Grabe und verleumdete ihn, indem nun dieser einer der Führer dieser Bewegung von einst gewesen sein soll. Gemäß dem Spruch ›der Apfel fällt nicht weit vom Stamm‹, konnte man hoffen, damit auch meine erblich vorbelastete Minderwertigkeit allgemein sichtbar zu demonstrieren. Nachdem auch dieser lumpenhafte Versuch als erbärmliche verleumderische Erfindung vom Anfang bis zum Ende als unwahr festgestellt werden konnte, verbreitete man aber wenigstens, dass der Geburtsort, von dem ich stamme – Braunau am Inn – einer der berüchtigsten Ausgangsorte dieser Los-von-Rom-Bewegung gewesen sei …«[491] Wie stark Hitlers Vater mit dieser Bewegung sympathisierte, ist nicht beweisbar. Aber angesichts der Namenswahl für die Kinder, des Aufenthalts in den frühen Zentren Braunau und Simbach und angesichts der Konflikte mit dem Leondinger Pfarrer wäre es nicht unplausibel.

Die Kritik an der Unfehlbarkeit des Papstes und an der Macht und Prunkentfaltung der Kirche und der Klöster war einer der Hauptpunkte der Altkatholiken und Deutschnationalen. Um 1900 erreichte der Kampfbegriff »Klösterreich« in den österreichischen Medien seine zahlenmäßig größte Verbreitung. Wenn die antiklerikal-liberale, später auch deutschnationale Linzer Tagespost das Schlagwort »Klösterreich« gebrauchte, so replizierte das katholisch-konservative Linzer Volksblatt jeweils umgehend mit »Judenreich«. Und ähnlich geschah es in Wien oder in Salzburg: »Wenn man also damit auf den Reichtum anspielen will, so müsste man das Wort Klösterreich gleich wieder abschaffen und dafür sagen: Österreich - Judenreich. Wir sind aber nicht nur beglückt mit reichen Juden, wir sind leider auch sehr reich an Juden und jüdischem Einfluss ….«, replizierten die katholischen Zeitungen.[492] Klösterreich und Judenreich firmieren dabei in einer dreifachen oder vierfachen Bedeutung und Verwendung. Erstens Österreich gleich »reich« an Klöstern und »reich« an Juden, zweitens der Reichtum der Klöster bzw. der Kirche und der Reichtum der Juden, drittens das Land bzw. der Staat, der von der Kirche bzw. den Juden unterwandert und der der Kirche bzw. den Juden hörig sei.

»Klösterreich« war auch einer der Lieblingsbegriffe des jungen Adolf Hitler in seiner Linzer und Wiener Zeit. »Er erging sich in Beschimpfungen gegen ganz Österreich«, schreibt der sogenannte Brünnner Anonymus über seine Begegnung mit Hitler im Wiener Männerheim: Er sprach immer von ›Klösterreich‹. […] Mit besonderer Ablehnung habe er der Römischen Kirche gegenüber gestanden. Martin Luther habe sich große Verdienste um das deutsche Volk erworben, »nicht nur indem er ihm eine neue Sprache schenkte, sondern vorwiegend dadurch, dass er es von Rom zum reinen Germanentum zurückführte.« »Dies geschah«, behauptete der »Brünner Anonymus«, »wegen Hitlers Sympathie für die Los-von-Rom-Bewegung.«[493] Mit besonderer Abneigung habe er der römischen Kirche gegenübergestanden. »Er hasste sie buchstäblich«. Aber das habe nichts mit der Lehre Christi zu tun gehabt, sondern mit dem politischen Wirken der römischen Kirche.

Dass Adolf Hitler nach dem Ende seiner Schulzeit, als seine Freundschaft mit Kubizek begann, freiwillig keine Messen mehr besuchte, wird stimmen. Während Klara Hitler regelmäßig mit der kleinen Paula zur Sonntagsmesse ging, konnte Kubizek sich nicht entsinnen, dass Adolf jemals seine Mutter dorthin begleitet hätte, auch nicht daran, dass Frau Klara ihm deshalb Vorwürfe gemacht hätte: »So fromm und gläubig sie selbst war, hatte sie sich anscheinend damit abgefunden, dass ihr Sohn eine andere Bahn einschlug. Vielleicht stand in diesem Fall auch das anders geartete Verhalten des Vaters im Wege, dessen Vorbild und Beispiel für ihren Einfluss auf den Sohn immer noch maßgebend war.«[494] Daran ändert auch das Faktum nichts, dass Adolf bei den Sommeraufenthalten im streng katholischen Spital bei Weitra brav zur Kirche ging oder der toten Mutter ein feierliches Requiem ausrichten ließ.

Jedenfalls hatte Adolf Hitler aus seiner Jugend eine überdurchschnittlich gute Kenntnis der kirchlichen Texte und der biblischen Geschichte mitbekommen. Man müsse lange suchen, um einen Politiker zu finden, dessen Sprache so sehr von Bibelzitaten durchtränkt war wie jene Hitlers, wenn auch in einer von ihm für seine Zwecke und Intentionen zurechtgebogenen Form, deren bekannte Formeln bei Hörern und Lesern Eingängigkeit erzeugen sollten und zu Hitlers Selbstinszenierung als neuer Erlöser und Messias gedacht waren, schreibt der Osnabrücker Theologe und Kirchenhistoriker Manfred Eder.[495] Immer wieder benutzte Hitler in seinen Reden stehende Wendungen aus dem Alten und Neuen Testament, um das gläubige Volk mit den ihm vertrauten Formeln einzufangen. Er sprach von dem Berge versetzenden Glauben, vom verräterischen Judas, von den falschen Propheten, vom ungläubigen

Thomas, vom göttlichen Auftrag und prophezeite: »An den Früchten werdet ihr sie erkennen …« Immer wieder gebrauchte er Jesu Worte und identifizierte sich selbst mit dem Erlöser: »Es kommt die Stunde« … »Ihr seid in mir und ich bin in euch« … Deutschland werde sein »ein Reich der Größe und der Ehre und der Kraft und der Herrlichkeit und der Gerechtigkeit. Amen.« Und am Ende: »Herrgott, warum hast du uns verlassen!«[496]

Immer wieder berief er sich auf ein übernatürliches Wesen, das bei ihm »Schicksal« oder »Vorsehung« genannt wurde: Allein in den Kapiteln »Im Elternhaus« und »Wiener Lehr- und Leidensjahre« von *Mein Kampf* kommt diese gleichsam göttliche Instanz nicht weniger als 26-mal vor, etwa beim Tod der Mutter: »Als die Mutter starb, hatte das Schicksal in einer Hinsicht bereits seine Entscheidung getroffen.« Auch seine Geburt in Braunau gleich im ersten Satz bezeichnete er als Resultat der von ihm so oft zitierten »Vorsehung«. Sie sollte ihn schon als Kind als den vorherbestimmten Schöpfer und Vollender des großdeutschen Traums erscheinen lassen. Hitler orientierte sich da wie so oft an Christus und an den Evangelien, an der Weihnachtslegende ebenso wie an der Botschaft der Drei Könige: »Wenn die Vorsehung Mich einst aus dieser Stadt heraus zur Führung des Reiches berief«, sagte er am 12. März 1938 bei seiner ersten Rede auf österreichischem Boden in Linz, abends vom Balkon des Linzer Rathauses. Linz und Braunau sollten zu heiligen Orten werden, wie Nazareth, Bethlehem oder Jerusalem.

Das Äußere des Glaubens legte Hitler trotz seiner völligen Glaubenslosigkeit nie ab. Die tote Hülle der Kirche bestimmte sein Handeln mehr als man glauben möchte: die Zeremonien und Rituale der Aufmärsche, die stehenden Formeln in seinen Reden und selbst die formale Zugehörigkeit zur katholischen Kirche. Hitler wollte Gott nicht absetzen, sondern für seine Zwecke instrumentalisieren. Er wollte nicht nur Parteiführer und Staatsführer, sondern auch Kirchenführer sein. Er wollte der Papst einer deutschen Kirche sein, in der Gott durch die »Vorsehung« ersetzt ist und das Volk unverrückbar an den von dieser Vorsehung bestimmten und unfehlbaren »Führer« glaubt. Nicht nur »Ein Volk, ein Reich, ein Führer«, sondern auch »Ein Volk, ein Reich, ein Glaube« sollten den totalitären Staats- und Hitlerkult abstützen. Goebbels, der ja ebenfalls eine zutiefst katholische Erziehung genossen hatte, ätzte: »Der Führer ist schärfster Gegner des ganzen Zaubers, aber er verbietet mir doch, aus der Kirche auszutreten. Aus taktischen Gründen. Und für so einen Quatsch bezahle ich nun schon seit über einem Jahrzehnt meine Kirchensteuern. Das schmerzt mich am meisten.«[497]

Nach dem erwarteten »Endsieg« plante Hitler nicht die Auslöschung der Religion, sondern ihre Umwandlung in ein neuheidnisches Christentum, in welches Katholiken, Protestanten und alle sogenannten Sekten zusammengezwungen werden sollten. Die Juden sollten vernichtet werden. Über Moslems, Hindus und Buddhisten machte er sich kaum Gedanken, weil ihnen in seinem angepeilten Herrschaftsbereich keine Bedeutung zukam. Die Kirchenbauten und der kirchliche Prunk hätten wohl bleiben können. Beethovens *Missa solemnis* oder Bruckners *Te Deum* schätzte er als kulturelles Erbe ebenso wie die gotischen und barocken Höhepunkte kirchlicher Baukunst. Gott selbst habe Hitler das Hakenkreuz gezeigt, als er in Lambach die Schule besuchte, wurde auf Andachtsbildern verbreitet.[498] Das begann schon mit dem Schulgebet: »Gott, schütze unser deutsches Land! Dem Führer, den Du uns gesandt, gib Kraft zu seinem Werke! Von unserm Volke nimm die Not, gib Arbeit uns und täglich Brot, und Einigkeit und Stärke!«[499] Es endete auf den Schlachtfeldern: »Für Führer, Gott und Vaterland« und »Gott mit uns«!

»Ich wurde Nationalist«

Ein fanatischer Deutschnationaler, schrieb Adolf Hitler in *Mein Kampf,* sei er schon in Linz gewesen und es dort auch geworden. Deutschnationale Strömungen waren in der Stadt im Überfluss präsent. Der Sprachenkonflikt, der die Habsburgermonarchie zu sprengen drohte, tobte in Linz ganz besonders heftig, obwohl Oberösterreich innerhalb des Vielvölkerstaats neben Salzburg das einzige Kronland war, das sprachlich und national praktisch völlig homogen und deutsch war. Johann Nepomuk Hauser, der ab 1907 zum christlichsozialen Landeshauptmann ernannt worden war, meinte, dass kein anderes Kronland »unter der Nationalitätenfehde so sehr leide wie Oberösterreich«.[500] Das könnte man als eine angesichts der Nationalitätenverteilung im Land schwer verständliche Aussage oder als gelebten Kirchturmhorizont bezeichnen, der die eigenen kleinen Probleme als die größten des großen Vielvölkerstaats sah. Aber es zeigt die aufgereizte nationale Stimmung, die ausgerechnet in Oberösterreich herrschte. Als Hauptgegner fungierten die Tschechen. Auch das war kein echtes Problem, denn die tschechische Zuwanderung bestand vorwiegend aus fluktuierenden Arbeitskräften, die im Bergbau, in der Bauwirtschaft und im Dienstleistungssektor eingesetzt waren. Insgesamt war ihr Anteil an der anwesenden Bevölkerung niedriger als 0,2 Prozent. Dazu kam, dass für diese Zuwanderer Oberösterreich meist nur eine Durchgangsstation auf dem Weg nach Wien war. Aber ihre Anwesenheit nährte Überfremdungsängste.

Die »Tschechenfrage« war im ersten Jahrzehnt des 20. Jahrhunderts nicht nur im deutschnational dominierten Linzer Gemeinderat, sondern auch im christlich-konservativ dominierten Landtag ein Dauerthema: Überfremdung, Bedrohung der Arbeitsplätze durch billige Konkurrenz aus dem Norden, Ausverkauf des Bodens und wachsende Kriminalität waren die Stichworte. Der politische Diskurs spiegelte sich auch im Schulleben. Das Klima in der Realschule war ausgesprochen national.[501] Hitler meinte gegenüber Albert Speer, dass ihm das Tschechen- und Nationalitätenproblem der Habsburgermonarchie erstmals in der Realschule so richtig bewusst geworden sei: Alle seine Linzer Mitschüler hätten die Einwanderung der Tschechen nach Deutschösterreich abgelehnt.[502] 1929 sagte er in München: »Ich verlebte meine Jugend im Grenzkampf der deutschen Sprache, Kultur und

Treffpunkt der Deutschnationalen und Drogenquelle: der »Giftgadern« im Hinterzimmer der Linzer Schutzengelapotheke. Links Sepp Melichar, über ihm der Handschuh, der zur Begrüßung geschüttelt werden musste. Nordico Stadtmuseum Linz. Reproduktion Thomas Hackl.

Gesinnung, von dem die große Masse des deutschen Volkes in der Friedenszeit keine Ahnung hatte. Schon als ich dreizehn Jahre alt war, trat dieser Kampf ununterbrochen an uns heran, in jeder Mittelschulklasse wurde er ausgefochten.«[503]

Tschechischsprachige Gottesdienste des Kapuzinerpaters Kaspar Jurasek oder Auftritte tschechischer Künstler wie des Geigers Jan Kubelik führten in Linz zu tumultartigen Szenen, bei denen sich vor allem Schüler und Jugendliche als Wortführer hervortaten. Dass Hitlers Verachtung aller Slawen, insbesondere der Tschechen, als Menschen minderer Sorte aus der Atmosphäre des Nationalitätenkampfes der Habsburgermonarchie herstammte, ist oft betont worden, aber dass diese Vorurteile von einer großen Mehrheit der Oberösterreicher, wo sie eigentlich wenig Bedeutung gehabt haben müssten, mitgetragen wurden, muss hinzugefügt werden.

Der Sprachenstreit konnte sich vor allem an der Schule keineswegs real abgespielt haben, weil es dort gar keine tschechisch sprechenden Schüler gab. Die wenigen in Linz und Oberösterreich wohnhaften Tschechen gehörten den Unterschichten an, die keine höheren Schulen besuchten. Die Linzer Realschule war keine kleinstädtische Schule. Sie muss vielmehr über überregionales Ansehen verfügt haben, sonst hätte sie nicht von weit her Schüler angezogen. Der Anteil der nicht aus Oberösterreich stammenden Schüler betrug zu Hitlers Schulzeit fast ein Drittel: 50 Schüler kamen aus Niederösterreich und Wien, 21 aus Salzburg, Tirol, Steiermark und Kärnten, 21 aus Böhmen, Mähren, Schlesien, je zwei aus Galizien und Ungarn, einer kam aus Bosnien, sieben stammten aus dem Deutschen Reich und je einer aus Italien und Frankreich. Aber von den 359 Schülern im Jahr 1902/03 gaben 357 Deutsch als Muttersprache an und nur zwei Tschechisch.[504] Auch der Lehrkörper war deutschnational gestimmt. Hitlers Lieblingslehrer Poetsch stammte aus dem Kärntner deutsch-slowenischen Grenzland und war als deutschnationaler Gemeinderat politisch aktiv.

Nationale Feiern wurden während Hitlers Linzer Schul- und Jugendzeit nahezu am laufenden Band organisiert: Friedrich

Schiller, der für die Klerikalen und Habsburgtreuen damals ein Feindbild darstellte, sollte zum hundertsten Todestag 1905 auch in Linz ein dann doch nicht realisiertes Denkmal bekommen. Sein *Wilhelm Tell* wurde im deutschnational gestimmten Landestheater häufig aufgeführt und auch vom jungen Adolf Hitler gesehen. Dass *Wilhelm Tell* später von den Nationalsozialisten wegen der Verherrlichung des Tyrannenmords verboten wurde, gehört zur Ironie der Geschichte.

Schon in den ersten Sätzen von *Mein Kampf* verweist Hitler auch auf den Nürnberger Buchhändler Johann Philipp Palm, der von den Franzosen 1806 in Braunau hingerichtet worden war. 1866 war in Braunau ein Denkmal für ihn errichtet worden, weil er durch die Verbreitung der Schrift *Deutschland in seiner tiefsten Erniedrigung* zum nationalen Widerstand gegen die französische Besatzung aufgerufen hatte.[505] Über die Palm-Gedenkfeiern in Braunau und Linz im Jahr 1906 wurde in den oberösterreichischen Zeitungen ausführlich berichtet. Das von dem christlich-konservativen Landeshauptmann und kurzzeitigen Ackerbauminister Alfred Ebenhoch verfasste Trauerspiel *Johann Philipp Palm* erlebte am 2. Februar 1906 seine Erstaufführung im Linzer Landestheater. Gut möglich, dass Hitler es gesehen hat. Karl Kraus ätzte über das fünfaktige nationale Trauerstück des klerikalen Politikers, das er nicht nur literarisch für lächerlich hielt.[506]

Auch die Bauernkriege wurden im deutschnationalen Sinn umgedeutet. Stefan Fadinger, der oberösterreichische Bauernführer, der gegen feudale Grundherren und romtreue Pfarrherren angekämpft hatte, wurde zum Helden der Freisinnigen. Ein Fadinger-Bund war in Linz im alldeutschen Sinn tätig und plante ein Bauernkriegsdenkmal.[507] Hitlers Schule, die Realschule, benötigte dringend einen Neubau. Dieser wurde 1903/04 genehmigt. 1909 wurde das neue Schulhaus eröffnet. Der neue Name: Stefan Fadinger-Gymnasium. Die Schüler wurden als Kämpfer gegen die römische Kirche und feudale Herrschaft instrumentalisiert. Auch der junge Adolf Hitler war begeistert und wollte dem heldenhaften Bauernführer ein Denkmal setzen.[508] Am 25. April 1903 wurde am Linzer Landestheater das Theaterstück *Stefan Fadinger*, eine »Tragödie aus dem oberösterreichischen Bauernkrieg« des Innviertler Heimatdichters Gustav Streicher uraufgeführt. In dem Stück, das an Gerhart Hauptmanns Revolutionsdrama *Florian Geyer* angelehnt ist, agiert Fadinger als charismatischer Kämpfer für nationale Einheit und gegen klerikale Herrschaft.[509] Auch der vom Antisemitismus und der Deutschtümelei angesteckte Mundartdichter Franz Stelzhamer und der von jedem Radikalismus wenig berührte, völlig zu Unrecht als Exponent des nationalen Deutschtums gefeierte Adalbert Stifter erhielten in diesen Jahren in Linz Denkmäler.

Wer von den vielen Zirkeln und Personen konkret auf den jungen Hitler einwirkte, lässt sich nicht wirklich festmachen. Angeblich hat er an den von der 1903 gegründeten Turngemeinde Jahn veranstalteten Julfeiern und Sonnwendfeuern teilgenommen. Deren erstes großes Ziel war die Schaffung eines Jahn-Denkmals im Linzer Volksgarten, das am 1. Oktober 1905 enthüllt wurde und bis weit nach dem Zweiten Weltkrieg als Ehrenmal für gefallene SS- und Turnerbund-Angehörige genutzt wurde. Der Besitzer der Schutzengelapotheke auf der Linzer Promenade und rabiate Deutschnationale Sepp Melichar stand dem Jahn-Turnverein von der Gründung im Jahr 1903 bis 1924 als Obmann vor. Sein »Giftgadern«, das Hinterzimmer seiner Apotheke, war ein beliebter Treffpunkt der Linzer Deutschnationalen. Melichar wirkte nicht nur als Vermittler von rechtem Gedankengut, sondern auch als geheimer Verteiler für Drogen aller Art und als Magnet für junge Künstler, Schriftsteller, Wissenschaftler und Politiker, unter anderem auch für den bekannten Grafiker Klemens Brosch, ebenfalls ein Absolvent der Realschule, der 1926 im Alter von 32 Jahren seiner Morphiumsucht erliegen sollte. Beim Betreten wie beim Verlassen des Giftgadern hatte jeder Besucher eine von der Decke herabhängende Hand zu drücken und konnte so, ohne die anwesende Gesellschaft zu stören, Platz nehmen und am Gespräch teilhaben. Melichar trat auch als Vorkämpfer der Los-von-Rom-Bewegung und Herausgeber der berüchtigten *Linzer Fliegenden Blätter* hervor, die extrem deutschnationales und antisemitisches Gedankengut verbreiteten und immer wieder beschlagnahmt wurden.

Gift anderer Art verbreiteten die Buch- und Musikalienhändler Fidelis und Sepp Steurer. Bei ihnen konnte man nicht nur Musiknoten und Karl-May-Bildchen kaufen. Hier war auch monatelang der Entwurf des Jahn-Denkmals im Schaufenster ausgestellt. Und die Buchhandlung vertrieb auch die nationalen und antisemitischen Blättchen, die in Linz herauskamen: die *Fliegenden Blätter*, den *Kyffhäuser* und den *Scherer*, ein ursprünglich in Innsbruck erscheinendes satirisches alldeutsches »Witzblatt«, das ab Oktober 1903 von der Oberösterreichischen Verlagsgesellschaft verlegt wurde. Sepp Steurer war auch Redner bei Feuersprüchen und Julfesten. August Kubizek und Adolf Hitler sollen öfter zum Steurer gegangen sein.

Es war ein nationaler Rausch, der um die Jahrhundertwende in Linz ausbrach und an dem die Professoren und Schüler der Realschule führend beteiligt waren: Keines der anderen Linzer Gymnasien war nationaler. Das Akademische Gymnasium war viel zurückhaltender, und die beiden von der Kirche geführten Linzer höheren Schulen, das bischöfliche Kollegium Petrinum und die Jesuitenschule Aloisianum, setzten dem nationalen und antiklerikalen Treiben naturgemäß strenge Barrieren entgegen. Es ist auffällig, dass die zwei eng verwandten Linzer realkundlichen höheren Schulen, die Realschule und das Realgymnasium, dessen erster Direktor 1911 Hitlers ehemaliger Klassenvorstand Huemer wurde, drei der prominentesten Nationalsozialisten des Großdeutschen Reichs zu ihren Schülern rechnen müssen: neben Adolf Hitler auch Ernst Kaltenbrunner und Adolf Eichmann.

Hitlers Antisemitismus

Über die Anfänge des Hitlerschen Antisemitismus gibt es drei Zeitzeugenberichte, die sich in ihren Aussagen diametral widersprechen. Hitler selbst verlegte in *Mein Kampf* sein antisemitisches »Erweckungserlebnis« in die Wiener Zeit, während er im Elternhaus und in der Linzer Schulzeit davon noch kaum berührt worden sei.[510] Hitlers Jugendfreund Kubizek hingegen behauptete, Hitler sei schon als ausgewiesener Antisemit nach Wien gekommen: »Als ich Adolf Hitler kennenlernte, war er bereits ausgesprochen antisemitisch eingestellt.«[511] Und Hitlers Wiener Freund und späterer Feind Reinhard Hanisch behauptete, Hitler sei in Wien noch gar kein Antisemit gewesen, weil er viel und freundschaftlich mit Juden verkehrt und sich lobend über Juden, etwa Gustav Mahler oder Heinrich Heine, geäußert habe.[512] Entsprechend uneins ist sich auch die Wissenschaft, ob Hitlers antisemitische Einstellungen schon im oberösterreichischen Elternhaus und in der Linzer Realschulzeit, in seinen Wiener Jahren oder überhaupt erst mit der beginnenden politischen Betätigung in Bayern nach dem Krieg entstanden seien.[513] Auf Hanisch Bezug nehmend, verortete Brigitte Hamann Hitlers antisemitische Wende erst in die Münchner Zeit. Dass er, als er bei der Synagoge vorbeikam, gesagt habe, »Das gehört nicht nach Linz«, hielt sie zwar für möglich, dass er aber »bereits als ausgeprägter Antisemit nach Wien gekommen sei«, wurde von ihr verneint.[514] Er sei in Wien noch wenig judenfeindlich, ja sogar eher judenfreundlich eingestellt gewesen.

Es ist schon eigentümlich, dass nahezu alle neueren Autoren und Autorinnen, beginnend mit Brigitte Hamann über Ian Kershaw oder Ludolf Herbst bis zu den neuesten Veröffentlichungen, zwar Kubizek seitenweise abschreiben, ihm aber gerade dort nicht glauben, wo er am glaubwürdigsten ist.[515] Denn während der Großteil von Kubizeks Buch von auch nach 1945 in ihrem nationalsozialistischen Gedankengut verharrenden Ghostwritern verfasst wurde, hat Kubizek die Aussagen zu Hitlers schon in Linz vorhandener dezidierter Judenfeindschaft sicher selbst geschrieben und sich damit im Jahr 1943 in einen expliziten und für ihn damals sicher gefährlichen Gegensatz zu Hitler gestellt.

Hitlers eigenen Aussagen in *Mein Kampf* ist wie immer wenig zu trauen: »Es ist für mich heute schwer, wenn nicht unmöglich, zu sagen, wann mir zum ersten Mal das Wort ›Jude‹ Anlass zu besonderen Gedanken gab. Im väterlichen Hause erinnere ich mich überhaupt nicht, zu Lebzeiten des Vaters das Wort auch nur gehört zu haben. Ich glaube, der alte Herr würde schon in der besonderen Betonung dieser Bezeichnung eine kulturelle Rückständigkeit erblickt haben. Er war im Laufe seines Lebens zu mehr oder minder weltbürgerlichen Anschauungen gelangt, die sich bei schroffster nationaler Gesinnung nicht nur erhalten hatten, sondern auch auf mich abfärbten.«[516] Wirklich glaubwürdig ist das nicht. Schon Kubizek schrieb dazu: »Das klingt alles sehr plausibel, stimmt aber mit meinen Erinnerungen nicht ganz überein.«[517] Als er Adolf Hitler kennengelernt hatte, sei er bereits ausgesprochen antisemitisch eingestellt gewesen, und nach Wien sei er bereits als ausgeprägter Antisemit gekommen.

Dass Adolf bei seinem Vater nie eine antisemitische Regung oder Äußerung wahrgenommen habe, gibt Anlass zu Zweifeln: Bei der Zollwache waren antisemitische Klischees weit verbreitet, auch bei deren Spitzenbeamten, etwa bei Franz Holzer, der zu Alois Hitlers Zeit Leiter des Hauptzollamts in Wien war und in den 1840er Jahren auch in Oberösterreich Dienst geleistet hatte. In dessen Autobiografie lassen sich antisemitische Stereotype zuhauf finden: Die »Immoralität der Juden sei geradezu sprichwörtlich«, der Adel finde sich »in erschreckendem Maße in ihren Händen«, die Bauern würden von ihnen »sklavisch dienstbar gemacht«, die Macht der Juden sei bis in die höchsten Stellen gedrungen.[518] Das heißt natürlich nicht, dass Alois Hitler solche Anschauungen seiner obersten Vorgesetzten teilen musste, aber dass das zum Alltagsdiskurs der Zollwache gehörte, dürfte zutreffen. Alltagsantisemitismus passte sicher in seine Gedankenwelt, weil er vom »schroffen Nationalismus« gar nicht zu trennen ist. Auch dass sich Alois am Leondinger Stammtisch am antisemitischen, von Schönerer geprägten Grunddiskurs beteiligte, ist plausibel.[519]

Gugl-Villa, seit 1907 im Besitz des jüdischen Bierindustriellen und Eternit-Erfinders Ludwig Hatschek, Entwurf Fellner und Helmer 1899/1900, 1972 abgerissen. Ludwigs Sohn Hans war Klassenkamerad Hitlers in der Realschule. Foto, um 1910, Nordico Stadtmuseum Linz, Reproduktion Thomas Hackl.

Auch dass die Schule ihn zum Antisemitismus geführt habe, bestritt Hitler: »In der Schule fand ich keine Veranlassung, die bei mir zu einer Veränderung hätte führen können.«[520] Es ist schwierig, die Schule als Keimzelle zu identifizieren, auch wenn es schon auffällig ist, dass drei der größten NS-Täter und zahlreiche weitere mehr oder weniger prominente Nationalsozialisten zu den Linzer Schülern zählten. Aber gleichzeitig lassen sich auch demokratische Gegenbeispiele und Opfer des Nationalsozialismus aus diesen Schulen anführen.

Dass es rassistische und antisemitische Äußerungen und Aktivitäten der Schüler und auch des Schülers Hitler gab, ist wahrscheinlich und wird von Mitschülern Hitlers bestätigt. Dass Hitlers Antisemitismus sich an Kontakten mit jüdischen Mitschülern geäußert oder gar entzündet hätte, ist vor allem in Zusammenhang mit Ludwig Wittgenstein behauptet worden. Dass dessen Aufenthalt in der Realschule der Anlass für Hitlers Judenfeindschaft gewesen sei, ist allerdings ins Reich der Erfindungen zu verweisen.[521] Wittgenstein war 1903 in die fünfte Klasse neu eingeschult worden, als Hitler gerade die zweite Klasse besuchte. Da war der Abstand nicht nur in sozialer Sicht, sondern auch in Schülersicht meilenweit. Wittgenstein wohnte in Linz in Untermiete und fühlte sich nicht wohl. Schon auf den ersten Blick war er über das ungehobelte Benehmen seiner neuen Mitschüler regelrecht schockiert: »Mist! War sein erster Eindruck.« Er fühlte sich in der Schule »verraten und verkauft«.[522] Seinen Kameraden hingegen erschien er wie ein Wesen von einem anderen Stern. Dass Wittgenstein und Hitler gemeinsam auf einem Klassenfoto der 1 B zu sehen seien, wie der australische Historiker Kimberly Cornish in einem etwas schrägen Buch nachzuweisen versuchte, ist nicht möglich, nicht nur weil die beiden nie in der selben Klasse waren, sondern weil Wittgenstein, als das Foto im Jahr 1901 aufgenommen wurde, überhaupt noch nicht an der Schule war.[523] Es ist recht unwahrscheinlich, dass Wittgenstein Hitler gekannt hat. Dass Hitler seinerseits Wittgenstein wahrnahm, ist hingegen gut möglich, weil man Schüler in höheren Klassen eher kennt und Wittgenstein sicher Aufsehen erregte. Hitler behauptete in *Mein Kampf*, er habe in der Realschule einen jüdischen Knaben kennengelernt, »der von uns allen mit Vorsicht behandelt wurde, jedoch nur, weil wir ihm in Bezug auf seine Schweigsamkeit, durch verschiedene Erfahrungen gewitzigt, nicht sonderlich vertrauten; irgendein Gedanke kam mir dabei so wenig wie anderen«.[524]

Anders könnte die Situation bei Hans Hatschek (1890-1956), dem Sohn des jüdischen Bierindustriellen, Eternit-Erfinders und Gründers der Asbestwerke Vöcklabruck, Ludwig Hatschek gewesen sein.[525] Er war Klassenkollege Hitlers, zwar ein Jahr jünger, aber drei Jahre mit ihm in derselben Klasse, und hatte anders als Hitler im Jahr 1908 an der Realschule auch die Reifeprüfung abgelegt. Auch wenn Hatschek in Vermögen und Bekanntheit mit Wittgenstein nicht ganz vergleichbar war, war auch in diesem Fall der soziale Abstand zwischen dem Linzer Industriellensohn und dem Beamtenkind riesengroß. Ludwig Hatscheks Jahreseinkommen dürfte fast das Fünfzigfache von Alois Hitler erreicht haben. Hans Hatschek war im Sinne der nationalsozialistischen Rassenlehre »Halbjude«, wenn auch katholisch. Er könnte jener jüdische Knabe gewesen sein, den Hitler in *Mein Kampf* angeführt hat. Jedenfalls erwähnte Dr. Bloch 1941 in New York ganz nebenbei, Hitler habe in der Realschule mit Hatschek Streit gehabt, sodass dieser nach dem Anschluss Österreichs 1938 besondere Vergeltungsmaßnahmen befürchtet habe. Dass es sich dabei um mehr als um bloße Schülerrivalitäten gehandelt haben könnte, sondern auch ein antisemitischer Hintergrund zu vermuten ist, ist nicht unwahrscheinlich.[526] Hatscheks Unternehmen wurde 1938 nicht behelligt, Hans Hatschek selbst mied die Öffentlichkeit.

Auch in Steyr hatte Hitler einen jüdischen Klassenkollgegen: Josef Sommer, den Sohn des Inhabers der Messingfabrik Reichraming, die mit 120 Beschäftigten der größte Arbeitgeber dieses kleinen Ortes war. Sommer maturierte 1908 mit Auszeichnung, studierte an der Technischen Hochschule Zürich und führte später den Betrieb, der allerdings bereits 1928 Konkurs anmelden musste.

Sommer ging danach nach Wien und schrieb ein Buch über Friedrich Nietzsche. Im Mai 1942 wurde er nach Izbiza deportiert und dort ermordet, wie auch seine Schwester, die in Auschwitz starb.[527] Irgendwelche Äußerungen Hitlers zu ihm sind nicht bekannt. Es gab aber auch jüdische Professoren. Hitler war mit zweien in heftigste schulische Konflikte geraten, wobei er aber nie erwähnte, dass sie jüdisch gewesen seien. Einer war sein Steyrer Deutschlehrer, der Literaturhistoriker und Strindberg-Übersetzer Dr. Siegfried Robert Nagel, der Hitler zufolge immer meinte, »er, Hitler, werde nie einen Brief richtig schreiben, nie einen Satz richtig sprechen lernen«, und der ihm die »deutsche Sprache verekelt« habe.[528] Mit einem »Fünfer, ausgestellt von diesem Trottel«, seien ihm die Berufswege verbaut worden.[529]

Dass er Jude war, erwähnte Hitler im Führerbunker nicht, obwohl das nahe gelegen hätte. Nagel konnte als Volljude auch während der NS-Herrschaft in Wien bis 1945 unbehelligt verbleiben.

Das gilt in ähnlicher Weise auch für den jüdischen Professor Jonas (Hirsch) Groag (1843-1927), der Hitler 1904 in Linz die Nachprüfung abgenommen hatte und ihn nur unter der Bedingung positiv klassifiziert haben soll, dass er die Schule verlasse. Auch Groags jüdische Herkunft erwähnte Hitler nicht, obwohl das an der Schule allgemein bekannt gewesen war.

Die Meinung, dass Hitler in Linz noch kein Antisemit gewesen sein könnte, stützt sich vor allem auf Dr. Bloch. Dieser hatte dem jungen Hitler 1938 vor der Gestapo in Linz und 1941 vor amerikanischen Reportern im New Yorker Exil das beste Zeugnis ausgestellt. Er wollte 1907 noch keinerlei Antisemitismus beim jungen Hitler bemerkt haben: »Noch hatte er nicht begonnen, die Juden zu hassen.«[530] Nie hätte man ahnen können, wie er sich später entwickeln würde. Dass aber Linz »eine Hochburg des Antisemitismus« war, davon war auch Bloch überzeugt.[531] Dass Bloch als Jude im Jahr 1938 unter massivem Druck gestanden war, könnte eine Erklärung sein. Dass er das 1941 auch in New York wiederholte, ist schwerer verständlich. Hatte ihn Hitler 1907 erfolgreich getäuscht, wollte oder hatte er manches vergessen und übersehen, oder war Hitler 1907 tatsächlich noch nicht antisemitisch oder sogar judenfreundlich eingestellt? Am wahrscheinlichsten ist die erste Antwort: Antisemitismus war vor 1914 ein kultureller Code. Dass es kein Widerspruch ist, wenn Hitler in Linz und Wien geschäftlich und freundschaftlich mit Juden verkehrte und dennoch antisemitisch dachte und handelte, ist durch viele Beispiele belegt. Der deutschnationale Linzer Bürgermeister Dinghofer äußerte sich öffentlich immer wieder antisemitisch, teilte im privaten Verkehr aber mit seinem jüdischen Geschäftspartner eine Loge in der Wiener Hofoper.[532] Vorgelebt hat das der Meister der populistischen Verstellung, der Antisemit Karl Lueger, der gleichzeitig immer wieder mit Juden zusammenarbeitete, nicht zuletzt mit Albert Rothschild. Und der junge Hitler hat wohl ähnlich doppelbödig agiert.

Hitler war Zeit seines Lebens ein Meister der Verstellung, der sich sehr höflich und wohlerzogen geben konnte und damit nicht nur seine Wiener Umgebung zu täuschen vermochte, sondern wohl auch seine Linzer Hauswirtin Hanisch und den jüdischen Hausarzt der Mutter, sodass beide nicht einmal einen Anschein des Antisemitismus bei ihm bemerkt haben wollten.

Wo hätte Hitler in Oberösterreich antisemitisch »infiziert« werden können? Er bewegte sich jedenfalls in Linz in einer Subkultur, die aus Kirchen-, Tschechen- und Judenfeindschaft zusammengesetzt war.[533] Die *Linzer Tages-Post,* Alois Hitlers Leibblatt, in welchem er auch publizierte und das auch vom jungen Adolf und seiner Mutter gelesen wurde, galt um 1900 noch als »Judenzeitung«. Antisemitismus fand dort bei gleichzeitig schärfstem Antitschechismus und Antislawismus noch wenig Platz. Erst nach 1905 geriet sie immer mehr ins antisemitische Fahrwasser. Die um die Jahrhundertwende am stärksten antisemitisch orientierte Tageszeitung in Linz, das christlich-konservative *Linzer Volksblatt,* wurde von der Familie Hitler wahrscheinlich nicht gelesen. Das galt noch mehr für das antisemitische Sprachrohr der oberösterreichischen Christlichsozialen, die 1906 gegründete *Linzer*

Post, nicht zu verwechseln mit der *Linzer Tages-Post,* die sich in ihrem »Kampf gegen das übermächtige Judentum« wenig von den aggressiven Blättern der Deutschnationalen unterschied. Jede Nummer enthielt einen Aufruf zum Boykott jüdischer Geschäfte.[534] Mit dem originären kirchlichen Antijudaismus waren sowohl Alois wie Adolf sehr wohl vertraut, auch wenn sie sich von der Kirche weit entfernt hatten.

Linz war während Hitlers Schulzeit der Verlagsort dreier extrem antisemitisch-rassistischer Blättchen, neben den *Fliegenden Blättern* auch des *Scherers* und des *Kyffhäusers.* Man kann diese Periodika trotz ihrer geringen Auflagezahlen sehr wohl als Wegbereiter des nationalsozialistisch-antisemitischen Gedankenguts bezeichnen. Gekauft wird sie Adolf sicher nicht haben, weil die Hefte so teuer waren, dass sie nicht nur Hitlers Budget, sondern das jedes Schülers überstiegen hätten.[535] Aber die *Linzer Fliegenden Blätter* hingen in den Schaukästen vor dem Verlagssitz öffentlich aus, wo die Schüler sie schnell und kostenlos lesen konnten.[536] Der Titel des *Scherers* wurde von »Scher« oder »Schermaus«, einem Dialektausdruck für den Maulwurf, hergeleitet. Wenn Hitler den *Scherer* in seiner Linzer Zeit kannte und las, so wäre ihm dort das ganze deutschvölkische Vokabular, Heil, Volksgenossen, arisch, nordisch etc. und auch das Hakenkreuz, das er bereits in Lambach sah, wiederbegegnet, aber zum ersten Mal in einem deutschvölkischen Kontext.[537]

Wie viel von möglichen Einflüssen dem Elternhaus, der Schule, den Medien und irgendwelchen Vorbildern und Freunden zuzuschreiben ist, ist nicht quantifizierbar. Hitler stellte sich in *Mein Kampf* als Provinzler hin, der erst in der Großstadt auf die Andersartigkeit der »jüdischen Rasse« gestoßen sei und sich erst dort um wenige Heller die ersten antisemitischen Broschüren seines Lebens gekauft habe.[538] Seine Wiener Bekehrung zum Antisemiten inszenierte er als biblisches Erweckungserlebnis im Stile des Apostels Paulus, den auf dem Ritt nach Damaskus der Lichtstrahl der göttlichen Erleuchtung getroffen habe. Es sei ihm »wie Schuppen von den Augen gefallen«, verwendete Hitler die bekannte Formulierung aus der Apostelgeschichte von der Wandlung des Saulus zum Paulus. Plötzlich sei ihm sein antisemitischer Sendungsauftrag sonnenklar geworden und die Judenfrage »in einem anderen Licht als vorher« erschienen.

Man darf diese Darstellung seiner plötzlichen »Bekehrung« nicht vorbehaltslos glauben. Erstens ist es unglaubwürdig, dass Hitler in Oberösterreich nie auf orthodoxe oder fremdländisch gekleidete Juden mit Kaftan, Schläfenlocken und verbeultem Zylinder gestoßen wäre, wenn schon nicht real, so doch zumindest in den vielen Karikaturen und Fotos in den Zeitungen. Zweitens wurde Hitler bereits ganz kurz, nachdem er nach Wien gekommen war, antisemitisch aktiv: »Du, ich bin heute dem Antisemitenbund als Mitglied beigetreten«, soll Hitler im Frühjahr 1908 ziemlich unvermittelt zu Kubizek gesagt haben.[539] Brigitte Hamann hielt das für eine Falschmeldung Kubizeks, weil es im Jahr 1908 ihren Recherchen zufolge keine Vereinigung dieses Namens in Wien gegeben habe. Hannes Leidinger und Christian Rapp konnten aber jüngst sehr wohl die Existenz eines Vereins dieses Namens in *Lehmanns Adressbuch* nachweisen.[540] Und Hitler hätte diesen Verein sogar schon aus seiner Linzer Zeitungslektüre kennen können. Denn bereits 1904 berichtete die von ihm wie erwähnt gerne gelesene *Tages-Post* mehrmals ausführlich über diese Abspaltung des ursprünglich christlichsozialen Wiener Politikers Josef Gregorig, dem der Antisemitismus des Karl Lueger viel zu lasch war und der sich deswegen von den Christlichsozialen trennte.[541]

Dass Hitler, wenn schon nicht in Linz, so zumindest in Wien bereits eindeutig antisemitisch orientiert war, wird nicht nur durch Kubizeks in diesem Fall sehr glaubwürdige Aussage gestützt, sondern auch durch neue Erkenntnisse des deutschen, in Aberdeen tätigen Experten für Hitlers Münchner Zeit, Thomas Weber, die darauf hinauslaufen, dass Hitler sich 1913 bei seiner Ankunft in München schon extrem antisemitisch äußerte.[542] Auch weitere Belege, die für die Wiener Zeit von Leidinger und Rapp gebracht wurden, stützen die These, dass Hitler in seinen Wiener Jahren schon Antisemit war.[543] Mehr noch: Er war in Wien bereits als Antisemit angekommen und brauchte es dort nicht erst zu werden.

Hitlers Rassenbiologie

Neben der Ungeheuerlichkeit des Holocaust, neben dem großdeutsch-nationalsozialistischen Imperialismus und dem Kampf gegen die Kirchen darf der nationalsozialistische Vernichtungsfeldzug gegen »unwertes Leben«, aber auch gegen »Asoziale«, »Zigeuner« und sonstige »Schädlinge« nicht übersehen werden. Schon als Sechzehnjähriger fantasierte Hitler über unwertes Leben, Rassenreinheit und Rassenbiologie: Brautleute sollten ein Gesundheitsattest beibringen, aus dem die Ehetauglichkeit einwandfrei hervorgeht, sodass eine gesunde Nachkommenschaft gesichert sei. Die Kosten für die ungezählten »Idiotenanstalten und Irrenhäuser« würden damit verschwinden und viele Mittel freigemacht.[544] Dass Kubizek für die Druckfassung von 1953 die Aussagen über »unwertes Leben« aus seinem Manuskript von 1943 herausredigierte, ist anlässlich der Nähe seines Wohnorts Eferding zur Tötungsanstalt Hartheim verständlich. Dass Hitler 1906 oder 1907 tatsächlich Derartiges sagte, ist aber durch Kubizeks Notizen aus 1943 glaubwürdig gestützt.

Wo im ländlichen Oberösterreich die Ausgrenzungsforderungen im späten 19. Jahrhundert am schärfsten artikuliert wurden, war nicht der Antisemitismus, sondern das Vorgehen gegen die »Zigeunerplage« und gegen verschiedene »unwerte« und »zigeunerische« Lebensweisen, die im historischen Sprachgebrauch aber nicht mit einer bestimmten ethnischen Gruppierung gleichgestellt wurden. »Vagabunden« und »Zigeuner« waren austauschbare Begriffe. Auch der Kampf gegen Hausierer und sonstige »Asoziale« fiel hier hinein.[545]

Man solle die Judenfrage »so vernünftig wie die Zigeunerfrage« behandeln, meinte der zutiefst antisemitische Führer der oberösterreichischen Deutschnationalen Carl Beurle im Jahr 1901, und meinte damit Abschiebungen und andere Zwangsmaßnahmen.[546] Adolf Hitler kam 1941 in einem Gespräch mit Reinhard Heydrich auf die »Zigeuner« in der Habsburgermonarchie zu sprechen und nannte diese »die größte Plage der bäuerlichen Bevölkerung«.[547] Das ist genau die Formulierung, die auch in den Reden im oberösterreichischen Landtag und in den Schlagzeilen der oberösterreichischen Zeitungen der Jahrhundertwende immer wieder auftauchte. Dass Adolf Hitler mit dem »Zigeunerproblem« erst in seiner Wiener Zeit konfrontiert worden sei, als anlässlich der Feierlichkeiten zum 60-Jahr-Jubiläum des Kaisers im Jahr 1908 tausende ungarische »Zigeuner« in die Stadt geströmt seien, um sich hier als Taschendiebe bemerkbar zu machen, ist nicht plausibel.[548] Denn die Großstadt war nicht der Raum, der zur »zigeunerischen« Lebensweise passte. Viel wahrscheinlicher ist, dass Adolf und sein Vater Alois schon in Oberösterreich massiv mit Vorurteilen gegen diese Gruppen infiziert worden waren.

»Die Zigeunerfrage ist ebenso alt wie die Existenz dieses Parasitenvolkes in Europa«, schrieb die von Alois Hitler gelesene *Linzer Tages-Post* 1907.[549] Man schrieb von einem »arbeitsscheuen Wandervolk«, einem »herumziehenden Gemisch aus vielen Nationalitäten«, das sich nur »scheinbar zum Christentum bekenne«. Die Polemik war nicht auf die deutschnationale Presse beschränkt. Das christlich-konservative *Linzer Volksblatt,* das sich viel stärker als die *Tages-Post* an die Landbevölkerung richtete, formulierte das noch viel schärfer: »Nicht leicht aber wird es ein Land geben, welches von diesen wilden Horden so geplagt ist, wie unser gutmütiges Oberösterreich!«[550] In der Landtagssitzung vom 2. Juli 1902 wurde auf Antrag des Abgeordneten und späteren Landeshauptmanns Johann Nepomuk Hauser über die »Zigeunerplage« in Oberösterreich diskutiert: Das einzige wirksame Mittel, diese fern zu halten, sei die Zwangsarbeit. Der hohe Landtag wolle beschließen, die Regierung aufzufordern, die Internierung abgestrafter Zigeuner in Zwangsarbeitshäusern mit Beschleunigung durchzuführen.[551]

Deutsches Blut!

. . . «Der Scherer» . . .
Innsbruck · Linz · Leipzig · Wien

Innsbrucker Kampftage

. . . 2. November-Heft 1904 . . .
II. (VI.) Jahrgang, Nr. 22 (176)

„Wir sind Deutschlands Grenzsoldaten“ (Gilm)

Und ob auch traumgekettet ruht
Deutschland, vergessend der Gefahr,
Wir stemmen uns der Völkerflut,
Der Vorwacht pflichtgeschworne Schar.

Mit bangen Augen durch die Nacht
Seh'n wir, wie rings sich näherschleicht
Vieltausendköpfig, ungeschlacht,
Ein Ungetüm, dem keines gleicht.

Das kriecht und trippelt zwergenhaft:
Schwarzalben, wimmelndes Geschmeiß –
Was wir erliegt durch Reckenkraft,
Wird ihrer Schlauheit Diebespreis.

Erwach', erwache, Vaterland,
Vernimm den treuen Warnerschrei!
Der Alpenhang, der Südlandsstrand,
Er bleibe deutsch, er bleibe frei.

Arthur v. Wallpach

Alldeutsche »Witzblätter« wie Der Scherer, der ab 1903 in Linz erschien, trugen mit ihrem radikal nationalistischen Kurs zur Verschärfung des politischen Klimas bei. Auch der junge Hitler kannte diese Blätter und ihre Phrasen. Der Scherer, 2. Novemberheft 1904.

Zeitungsberichte über die sogenannte »Zigeunerplage« und ihre »Bekämpfung« hatten in der zweiten Hälfte des 19. Jahrhunderts sprunghaft zugenommen. Im oberösterreichischen Landtag wurde diese Frage zunehmend mehr thematisiert, seit der Katholische Volksverein 1884 dort die Mehrheit erlangt hatte. Der Landtagsabgeordnete Kanonikus Dr. Josef Lechner forderte »Strafcolonien« auf Überseeinseln und die Errichtung eines Zwangsarbeitshauses für Oberösterreich, was der Landtag als Beschluss an die Wiener Regierung weiterleitete.[552] Die Berichte wurden immer häufiger und immer schärfer, wobei man nicht von einem ethnischen, sondern von einem polizeilich geprägten »Zigeunerbegriff« ausging. Die Hauptargumente waren die Konkurrenzierung der heimischen Gewerbetreibenden, die Diebstähle und sonstigen Kriminaldelikte und generell die unstete Lebensweise und Untätigkeit, wobei es hier zu einem offensichtlichen Zirkelschluss kam: man forderte, ihnen keine Arbeitserlaubnis bzw. Gewerbeberechtigung zu geben und kritisierte auf der anderen Seite, dass sie nichts arbeiteten. Man verlangte, die »Zigeuner« durch eintätowierte Nummern oder durch gewaltsames Kurzschneiden der Haare bei beiden Geschlechtern zu kennzeichnen, was nach einem Erlass von 1888 zwar nur bei Ungezieferbefall zulässig sein sollte, aber immer wieder auf Gendarmerieposten auch als Schikane vollzogen wurde.[553]

Natürlich war die Zigeunerfrage auch Thema im Reichsrat, wo Adolf bei seinen Parlamentsbesuchen auch direkt mitgehört haben könnte, als der alldeutsche Abgeordnete Karl Iro im Juni 1908 massive Angriffe gegen diese Volksgruppe vortrug, ihnen nicht nur die Haare zu scheren, sondern auch eine Identifizierung durch Fotos und durch am Arm eintätowierte Nummern »ähnlich wie bei Automobilen« zu ermöglichen und eine Internierung in Zwangsarbeitsanstalten mit ständiger Bewachung und mit Beschlagnahme aller Habseligkeiten zu schaffen. Das seien zwar drakonische Maßnahmen, aber: »Gelinde Mittel erscheinen ganz wirkungslos.«[554] Jenen Zigeunern, die sich zur Wehr setzten, sollten die Kinder abgenommen und in Besserungsanstalten eingeliefert werden. Die

Stimmung gegen die Zigeuner war vor dem Ersten Weltkrieg mit jedem Jahrzehnt kontinuierlich schlechter geworden und gipfelte am 5. Februar 1918 in einem Antrag im Abgeordnetenhaus, die sich herumtreibenden Zigeuner auf die Dauer des Krieges »in Konzentrationslagern zu internieren, wo ihnen die Gelegenheit zur Arbeit zu bieten und für ihre Gesundheit zu sorgen ist«.[555] Hitlers Konzentrationslager waren hier vorgezeichnet.

Der monströse Provinzkünstler

Adolf Hitler war auch in Wien, München und Berlin ein Mann aus der Provinz. Er sei mental bis zuletzt ein Linzer Kleinbürger geblieben, der zwanghaft ins Gigantische plante, meinte Hitlers Architekt und Rüstungsminister Albert Speer in seinen *Spandauer Tagebüchern.*[556] Das deutsche Linz und das multikulturelle Wien, das bäuerliche Oberösterreich und die überzüchtete Großstadt waren seine beiden Pole. Eines seiner Schlag- und Denkworte war die »Entprovinzialisierung der Provinz«. In Wahrheit aber wollte er die Provinzialisierung der Zentren. Das multinationale, multikulturelle Wien wurde für ihn zum negativen Gegenpol des sprachlich, national, rassisch und religiös monokoloren Oberösterreich. Hitler trat an, um die Provinz auszulöschen und die Zentren zu zerstören, um alles in einem nivellierenden Gigantismus wieder aufzubauen. Er stilisierte sich als Provinzler, der in Wien die ersten Juden gesehen hätte, der in Wien sein Erweckungserlebnis als Antisemit gehabt habe, der in Wien mit Karl Lueger auf seinen großen Lehrmeister gestoßen sei und der in den Bauwerken der Ringstraße seine stadtplanerische Herausforderung entdeckt habe. In Wahrheit aber bemerkte er von den neuen künstlerischen Strömungen, von den wissenschaftlichen Aufbrüchen und von den großen Persönlichkeiten, die das Wien des Fin de Siècle prägten, nicht viel. Seine Erinnerung an Wien ist eingebettet in antistädtische, antisemitische und rassistische Klischees.[557]

In Linz wanderte der junge Hitler mit Kubizek zu den Bauwerken der Linzer Umgebung, auf den Pöstlingberg, auf den Lichtenberg, zur Ruine Wildberg, zum Barockstift St. Florian. Er träumte von einem Rückbau des Linzer Schlosses in eine mittelalterliche Burg, von der Wiederherstellung des hölzernen Wehrgangs, den die alten Stiche aus der Zeit vor dem großen Brand 1804 noch zeigten, von einer Verdoppelung des historistischen Kolossalfrieses am Oberösterreichischen Landesmuseum von 110 auf 220 Meter, von der Rettung der Linzer Wehrtürme, die in den 1830er Jahren in damals schon völlig anachronistischer Form errichtet worden waren. Auch die Burg Wildberg müsse in ihrer ursprünglichen Form wiederhergestellt und eingerichtet werden, forderte er. Zu ihren Füßen sollte in seinen kindlichen Vorstellungen eine kleine mittelalterliche Stadt entstehen, mit Mauern, Türmen und Toren, die Bewohner in mittelalterlicher Tracht mit einfachem Handwerkszeug, wie eine Insel, auf der die Zeit stehen geblieben ist. Er fantasierte von einer Singschule der Meistersinger, von Zünften mit alten Gebräuchen und Gepflogenheiten und von einem Nachtwächter, der dort zwischen Fachwerkhäusern seine Runden dreht.[558]

Sein Kunstbegriff war rückwärtsgewandt. Scharf kritisierte er die »Auswüchse des Jugendstils, welcher mit seiner verrückten Formgestaltung« für ihn geradezu zu einer »peinvollen« und »absurden« Angelegenheit geworden sei. Er bezeichnete, schreibt Kubizek in der Urfassung seiner Erinnerungen, den Jugendstil als krankhaft und sprach von den »Missgeburten des Sezessionsstiles und seinen Begleitformen«. Der heutige Baustil sei schal und leer geworden, und seine Linienführung vielleicht bizarr, aber keineswegs schön. Es müssten deutsche Künstler gefunden werden, die aus der deutschen Kleinstadt Linz den deutschen Kunststil in die Welt tragen und die Wiege für den neuen deutschen Weltstil bereiten würden.[559]

Adolf Hitler hätte solcherart mit dem im Jahr 2020 beschlossenen Rückbau seines Geburtshauses in Braunau und mit dem dafür prämiierten Architektenentwurf des Vorarlberger Büros Marte & Marte sicherlich seine Freude gehabt. Dieser an altdeutschen Formen und der Braunauer Denkmalkulisse orientierte Plan entspricht recht genau Hitlers architektonischen Prämissen. Die Absicht der Architekten, das ominöse Geburtshaus in ein altdeutsches Stadthaus rückzubauen, die Biedermeierfassade zu entfernen, die ursprünglichen Doppelgiebel wieder herzustellen, Altstadtfenster einzusetzen und damit einen Anklang an ein altdeutsches Ambiente zu erreichen und das Gebäude »in das historische Ensemble« einzugliedern, erinnert fatal an das Dritte Reich. So wollte der »Baumeister« Hitler überall das Land umbauen: in Braunau, Fischlham, Lambach, Linz und vielen anderen Orten.[560]

Adolf Hitler war in Wien als Kunststudent und Maler gescheitert. Aber er verstand sich auch schon in Linz mehr als verhinderter Architekt und politischer Baumeister, auch wenn er sich mit dieser Disziplin nie wirklich ernsthaft auseinandergesetzt hatte. Hitler sagte zu seinem Architekten Hermann Giesler: »An der Donau, zwischen Alpenvorland und Mühlviertel, inmitten der Vierkanthöfe der Bauern und der kultivierten Bauten der Klöster bin ich aufgewachsen. Deshalb habe ich mich von Jugend auf für Architektur interessiert ...«[561] Giesler setzte Hitlers Vorstellungen um: »Dieses Stadthaus zeichnete ich nach den Ideen und Skizzen Adolf Hitlers. Es hatte die Grundform der Bauernhöfe, die rings um Linz stehen ... Es sind die quadratischen Vierkanter, sie bilden jeweils eine in sich geschlossene Baueinheit mit einem Innenhof. Und alle diese Ansitze liegen inmitten ihrer Felder wie Bauernburgen. Von Beginn an hatten alle Skizzen Adolf Hitlers für das Stadthaus den quadratischen Grundriss, und alle hatten den großen Innenhof.«[562] Hitler meinte, die Idee, aus dieser Grundform heraus, die er in unvollkommener Form in seiner Kindheit erlebt hatte, sein Haus zu entwickeln, gefalle ihm.[563]

Als Jugendlicher träumte er von gigantischen Projekten, die sich fern von jeder technischen und ökonomischen Realisierbarkeit bewegten, etwa von einem 300 Meter hohen stählernen Aussichtsturm auf dem 927 Meter hohen Lichtenberg, der höchsten Erhebung der Linzer Umgebung, und von einer gewaltigen Bogenbrücke, die das gesamte Donautal in mehr als 100 Metern Höhe überqueren sollte und wegen ihrer riesigen Spannweite von einer technischen Ausführbarkeit wohl meilenweit entfernt war. Dass sich der junge Hitler brennend für die architektonische Ausgestaltung von Linz interessierte, wird im Kubizek-Buch anschaulich geschildert, auch wenn natürlich unklar ist, wie viel davon geschickte Ex-post-Prophezeiungen der drei Autoren nach 1945 sind, und wie viel Hitler tatsächlich bereits zwischen 1906 und 1908 fantasierend von sich gab: Das nunmehr aufgefundene Urmanuskript aus 1943 erlaubt auch hier eine etwas bestimmtere Einordnung.

Hitler verstand sich als Genie. Seine Bildung erwarb er im Selbststudium. Sein Vater war ihm in dieser Hinsicht ein Vorbild. Auf die Arbeit der Lehrer oder auf eine solide Ausbildung glaubte er verzichten zu können, nicht nur in der Architektur und Malerei, sondern auch in der Musik. Von dieser Hybris zeugt auch der Versuch, ohne musikalische Grundkenntnisse, ohne solide Beherrschung eines Musikinstruments und ohne die Fähigkeit des Notenlesens ein Musikstück komponieren zu können. Ob der Plan zu der Oper »Wieland der Schmied« ein Hirngespinst war, ob die paar Notenblätter, die von Kubizek als Beweis präsentiert wurden, nun echt oder von Kubizek erst nach 1945 geschrieben wurden: Zum Scheitern war das Porjekt auf jeden Fall verurteilt.[564] Besonders originell war das Ganze ohnehin nicht, weil offensichtlich Siegmund von Hauseggers 1904 veröffentlichte sinfonische Dichtung »Wieland der Schmied« Modell gestanden hatte.

Sein Ziel, als Künstler und Architekt gestaltend einzugreifen, glaubte Adolf Hitler als Politiker und Reichsführer erreicht zu haben. Jetzt konnte er verwirklichen, was ihm in den Jugendträumen vorgeschwebt war: ganz ohne Kostenlimits zu bauen und Orte und Städte neu zu gestalten, nicht nur Linz, sondern auch Braunau, Fischlham oder Lambach. Das Waldviertel hingegen, die Heimat seiner Eltern, hielt er sich auf Distanz. Als Jugendlicher hatte er es zwar mehrmals besucht, auch wenn sein Einblick in die dortige Lebensrealität sicher nicht sehr groß geworden war. Mit 14, nach dem Tod des Vaters, verbrachte er den Sommer mit Mutter und Geschwistern auf dem Bauernhof von Klaras Schwester, mit 16 kurierte er dort angeblich eine Krankheit aus, mit 19 wollte er gar nicht mehr »hinauffahren«, schrieb aber dann an seinen Freund »Gustl« Kubizek doch eine Ansichtskarte aus dem Waldviertel. Anders als für seinen Vater, der als Ziehkind dort hart gearbeitet hatte, und anders als für seine Mutter und seine Tante, die dort aufgewachsen waren und bei den Sommeraufenthalten in Spital bei Weitra sich auch sehr wahrscheinlich an den Erntearbeiten beteiligten, waren für Adolf diese Wochen wirklich Urlaub in der guten Luft »dort oben«. Dass er als Fronturlauber während des Kriegs nochmals in Weitra gewesen war, dürfte hingegen nicht zutreffen.[565] Aber in Gmünd hielt er am 10. Oktober 1920 eine seiner ersten politischen Reden, gerichtet gegen die bevorstehende Abtretung der Vororte und des Bahnhofs der Stadt an die neu gegründete Tschechoslowakei. Als er allerdings zum »Führer« und Reichskanzler aufgerückt war, hat er diesen »Ahnengau« nie mehr betreten, weder den Heimatort seiner Mutter Klara in Spital bei Weitra noch den heute nicht mehr existierenden Weiler Strones, den er nach 1938 in einem riesigen Truppenübungsplatz verschwinden ließ.

Auch für Braunau interessierte er sich auffallend wenig. Er hat die Stadt nach seinen drei Kleinkindjahren nur mehr zweimal kurz besucht. Das erste Mal bei seiner Wahlreise im Herbst 1920, bei der am 3. Oktober 1920[566] auch Braunau eingeplant war. Die Erinnerung an den Namen Hitler war jedoch hier schon ganz verblasst. Die *Braunauer Nachrichten* schrieben von einem »August Hittler«, der als Redner aufgetreten sei. Hernach fuhr er nur mehr noch einmal durch, als er am 12. März 1938 auf der Fahrt von München nach Linz in Braunau auch am Geburtshaus vorbeikam, ohne überhaupt anzuhalten. Aber Braunau sollte als seine Geburtsstadt entsprechend umgestaltet werden. Zwei Ziele bestimmten die Stadtplanung: Einerseits der Ausbau der Wirtschaft mit der Errichtung der Aluminiumwerke Ranshofen oder Mattigwerke, dazu der Innkraftwerke Ranshofen, Ering-Frauenstein und Egglfing-Obernberg und von ca. 3.000 Wohnungen für die dafür erforderlichen Arbeitskräfte. Andererseits ein Forum mit einem Parteihaus, einem Landes- und Volkskundlichen Museum, einem Weihehof samt Glockenturm, mit Verwaltungs- und Schulgebäuden und einem Aufmarschplatz zwischen Alt- und Neustadt. Durch Recherchen von Florian Kotanko, dem wissenschaftlichen Berater von *braunau-history.at*, konnte belegt werden, dass Hitler einen »Sonderbeauftragten für die Erweiterung und Umgestaltung von Braunau« befürwortete und entsprechendes Interesse für die Entwicklung seiner Geburtsstadt zeigte. Diesbezügliche Pläne konnten aufgefunden werden.[567]

Die weitere Route an diesem 12. März 1938 führte Hitler, für heutige Verhältnisse eher ungewöhnlich, über Lambach, wo er dem neben ihm im Wagen sitzenden Generalfeldmarschall Wilhelm Keitel das früher von ihm und seinen Eltern bewohnte Haus am Marktplatz gezeigt haben soll, weiter nach Linz, wo er das Anschlussgesetz Österreichs unterzeichnete.[568] In Lambach ist er wie sein Vater auch nachher noch öfter durchgefahren, sowohl mit der Bahn wie mit dem Auto. Aber am 12. Juni 1939 machte er noch einmal einen überraschenden und unangemeldeten Stopp in Lambach, bei dem er die Stiftskirche besichtigte und auf die Orgelempore emporstieg.[569] Das Stift sollte zu einer »Nationalpolitischen Erziehungsanstalt« (NAPOLA) ausgebaut werden und in einem gigantomanischen Gesamtplan verschwinden, was den Charakter des Barockstifts wohl von Grund auf verdrängt hätte. Für den im Schatten des Stifts liegenden Markt sind hingegen keine Planungen bekannt.[570]

Am selben 12. Juni 1939 besuchte er auch das Rauschergut in Hafeld und die alte Schule in Fischlham. Er lud alle Kinder mit ihren Lehrern und dem Bürgermeister zu einem Besuch auf den Obersalzberg ein. Drei große Autobusse holten die Eingeladenen am 26. Juni 1939 ab. Das Programm: Jause, Motorbootfahrt auf dem Königssee, Nachtmahl und Übernachtung in der Jugendherberge, Besichtigung des Obersalzbergs, Mittagessen im Rasthaus Chiemsee und Heimfahrt über Salzburg. In Fischlham besprach

Hitler persönlich mit dem Bürgermeister und den Lehrern die gigantischen Baupläne, die er für den winzigen Ort im Sinn hatte. So sollten neben Schule, Kindergarten, Kindererholungsheim, Gemeinschaftshaus, einem Kino für 600 Personen und einer Turnhalle mit Sportplatz auch ein Schwimmbad, Lehrerwohnungen und eine Parteizentrale errichtet werden. Der vorgesehene Kostenrahmen war angesichts der geringen Größe des Orts mit einer Million Reichsmark eine unvorstellbar hohe Summe. Den Baugrund im Ausmaß von fünf Hektar musste das Pfarramt Steinerkirchen um den Kaufpreis von 11.000 RM abtreten.[571]

Leonding besuchte Hitler gleich am 13. März 1938, ging dort zum Grab seiner Eltern und traf seinen einstigen Vormund Josef Mayrhofer und den Schulkameraden Wilhelm Hagmüller. Auch Göring kam, dieser zweimal, und Goebbels gleich dreimal, mit ihnen auch viele andere Größen des Regimes.[572] Adolf Hitler selbst besuchte Leonding nur noch ein einziges weiteres Mal, am 13. März 1941. Was er mit dem Ort vorhatte, ist unklar. Die angestrebte Eingemeindung nach Linz soll er persönlich gestoppt haben. Das Elternhaus wurde von der Partei angekauft, für die Gemeinde aber ein vorläufiges Bauverbot erlassen. Der Chronist vermutete, dass der Ort offenbar eine besondere Behandlung erfahren sollte, vielleicht auch eine Bewahrung als Denkmaldorf. In späterer Folge bewirkte dieses Bauverbot, dass die vielen Strohdächer und die alte Bausubstanz der Bauernhäuser noch bis nach dem Krieg erhalten blieben.[573] Auch der ehemalige Bienenstand des Vaters wurde in den Bienenzeitschriften öffentlichkeitswirksam präsentiert.

Hitlers Hauptinteresse galt Linz. Er besuchte die Stadt recht oft: In Linz war er anlässlich seiner Wahlreise am 4. Oktober 1920. Ein Aufenthalt im Jahr 1923 ist durch einen Brief vom 16. Oktober 1923 bezeugt. Die Nacht des »Anschlusses« vom 12. auf den 13. März 1938 verbrachte er hier, ebenso den 7. und 8. April 1938, als er auch für zwei Stunden das Landesmuseum aufsuchte. Weitere Aufenthalte gab es am 18. März und am 13. Juni 1939, als er auch nach Fischlham fuhr. Wieder war er im März 1941, am 20. Juni 1942 und ein letztes

Mal am 4. April 1943 in Linz. Immer wieder sprach er mit Speer von der neuen Nibelungenbrücke, mit der er sich einen Jugendtraum verwirklichen wollte.[574] Weltstadtausmaße sollten die Ausbaupläne haben: Linz, seine »Patenstadt«, sollte die Kulturhauptstadt des Reiches werden. Am spektakulärsten waren die Vorhaben für die beidseitige Donauuferverbauung mit Rathaus, Gauhalle, Einkaufszentren, Hochschulen und Verwaltungsgebäuden und einem Stadtturm, der höher als der Wiener Stephansturm und höher als jener des Neuen Doms sein sollte. Die Verlängerung der Landstraße bis zum neu geplanten Bahnhof am Harter Plateau mit »Führermuseum« und »Führerbibliothek«, Opernhaus und Premierenkino sollte Linz zu einer mit anderen Weltstädten vergleichbaren Prachtstraße verhelfen. Mit der Ansiedlung der Reichswerke Hermann Göring, der Stickstoffwerke Oberdonau und mit einem Eingemeindungs- und Wohnbauprogramm, das Linz auf bis zu 400.000 Einwohner anwachsen lassen sollte, wäre Linz unter die Großstädte des Deutschen Reichs aufgerückt.

Mit Steyr und Wien verband Hitler nicht viel. In Steyr interessierte ihn der weitere Ausbau der Industrie. Die ehemalige Hauptstadt Wien hingegen sollte mit Linz eine mächtige Konkurrenz zur Seite gestellt erhalten.[575] Er sei entschlossen, die kulturelle Hegemonie Wiens zu brechen: Er wolle nicht, dass das Reich zwei Hauptstädte besitze und auch nicht, dass Wien eine bevorrechtete Stellung in den österreichischen Gauen einnehme. Seine Pläne für Linz seien so grandios, notierte Goebbels, dass man Linz künftig in einem Atemzug mit Wien nennen könne.[576] Der Plan sei, aus Linz das deutsche Budapest zu machen.[577] In einer Zeit, da Budapest gänzlich durch den Krieg zerstört wird, überlegte man 1945, könne Linz die neue Donaustadt werden. Wenn es nach diesen Plänen umgebaut sein wird, werde es die schönste Stadt am Strom sein.[578]

Die Irrationalität der Finanzgebarung des Dritten Reichs, und da auch der Ausbaupläne für Linz, zeigte sich schon beim jungen Hitler, der schon damals jegliches Interesse bezüglich der Finanzierung seiner Projekte vermissen ließ: »Wenn ich fragte«, schrieb

Kubizek, »wer denn alle diese gigantischen Bauten, die er da auf dem Zeichenbrett entwarf, finanzieren würde, lautete die Antwort: Das Reich.«[579] Das Hoffen auf völlig realitätsfremde Wunder, ob auf einen sehr unwahrscheinlichen Lotteriegewinn, auf die Wirksamkeit unbeschränkter Geldschöpfung oder auf das Auftreten von Wunderwaffen aller Art kann man sich als Kinderträume vorstellen. Dass sich auch der reife Diktator darauf einließ, ist bezeichnend. Die Hirngespinste und Tagträume eines Jugendlichen in der Provinz ließen ihn bis zum Ende im Bunker nicht los.

Hitlers Denk- und Handlungsweisen waren von einer bemerkenswerten Starre und Beratungsresistenz gekennzeichnet. Einmal festgelegte Meinungen hat er kaum jemals geändert, weder im ideologischen noch im politischen und militärischen Bereich und auch nicht im künstlerischen. Obwohl er nach seiner Jugend in Oberösterreich in Wien und München mit sehr vielen neuen Einflüssen und Herausforderungen konfrontiert war, auch der Krieg und die frühen Münchner Jahre mit Revolution und Hyperinflation für ihn ganz tiefe Einschnitte bedeutet haben müssen und der Weg bis zur Machtergreifung 1933 ein ständiges Hin und Her darstellte, kehrte er immer wieder zu seinen Anfängen in Kindheit und Jugend zurück.

Die Ungeheuerlichkeit der Verbrechen verleugnete Hitler bis zuletzt: die sechs Millionen in der Shoa ermordeten Juden, die über drei Millionen in Gefangenschaft gestorbenen und verhungerten sowjetischen Soldaten, die umgebrachten Roma und Sinti, die Zwangspolitik gegen Tschechen, Slowenen, Polen und andere Nationalitäten, die Verfolgung der politischen Gegner, der widerständigen Katholiken und Protestanten, der Zeugen Jehovas, der Pazifisten und Wehrdienstverweigerer, der Homosexuellen, die Euthanasieopfer. Auch die riesige Zahl der Kriegstoten und Verwundeten, die Ausbeutung der Zwangsarbeiter und die weitgehende Zerstörung des Landes wurden verdrängt: In zwei, drei Jahren wären die Städte wieder aufgebaut, glaubte Goebbels noch wenige Wochen vor Kriegsende, natürlich unter Einsatz fremdvölkischer Zwangsarbeit, fügte er hinzu.[580]

Der Realität konnte Hitler schon lange nicht mehr ins Auge blicken. Verschanzt im Berliner Führerbunker, versenkte und flüchtete er sich in die wirre Traumwelt seiner Kindheit. Was blieb, war Chaos. Seine letzten Tage im Bombenhagel verbrachte er vor dem Modell von Linz, das er sich in den Bunker hatte schaffen lassen. Er starrte darauf, erging sich in delirischen Träumereien, verbrannte das Foto der Mutter, zerbrach die Taschenuhr des Vaters, nahm ein paar Tabletten und entzog sich durch einen Schuss seiner Verantwortung.

Adressen der Familie Hitler in Oberösterreich 1889 bis 1908	
Braunau, Gasthof zum (Braunen) Hirschen, Vorstadt 219	1885–4. 6. 1889
Braunau, Hörlhaus in der Altstadt Nr. 16	4. 6. 1889–1. 9. 1890
Braunau, Botenhaus, Linzer Straße 47	1. 9. 1890–30. 8. 1892
Passau, Am Neumarkt 449, heute Theresienstraße 23	30. 8. 1892–1. 5. 1893
Passau, Kapuzinerstraße 31, heute Kapuzinerstraße 5	1. 5. 1893–4. 5. 1894
Urfahr, Kreuzstraße 9	4. 5. 1894–8. 11. 1894
Urfahr, Kaarstraße 27 (Hausbesitzer: Leopold Mostny)	12. 11. 1894–7. 5. 1895
Fischlham, Hafeld 15	5. 2. 1895–Juli 1897
Lambach, Marktplatz, Gasthof Leingartner	Juli 1897–Herbst 1897
Lambach, Schmiedmühle, am Sand 7/1 (Familie Wieser)	Herbst 1897–23. 2. 1899
Leonding, Nr. 61, heute Michaelsbergstraße 16	23. 2. 1899–Juni 1905
Linz, Humboldtstraße 31	6. 7. 1905–18. 5. 1907
Urfahr, Hauptstraße 46	ca.1. 5. 1907–15. 5. 1907
Urfahr, Blütenstraße 9	18. 5. 1907–Februar 1908

Sohn Adolf Hitler zur Kost bzw. Untermiete	
Linz, Graben 9, bei Emma Sekira (auch Segira)	1900–1903 (nur Mittagstisch)
Linz, Huemerstraße 6, bei Emma Sekira (auch Segira)	Schuljahr 1903 /1904
Steyr, Grünmarkt 19, bei Conrad Edler von Cichini	Herbst 1904–Sommer 1905

Anmerkungen

1 Kershaw, Hitler, 16; ferner Longerich, Hitler, 15ff.

2 Hitler, Mein Kampf, 8; Kritische Edition, 108f.

3 Alois Hitler dürfte ein passionierter Briefschreiber gewesen sein. Erhalten haben sich neben dem eigenhändig geschriebenen Ansuchen um die Kautionsrückstellung anlässlich der Pensionierung nur einige Abschriften von Privatbriefen und Kartengrüßen. Die jetzt neu gefundenen 31 Briefe, Autographe aus dem Jahr 1895, sind daher ein ausgesprochener Glücksfall. Ich danke Frau Anneliese Smigielski, die mir diese Briefe überlassen hat.

4 Goebbels, Tagebücher, II, Bd. 12, 204, 27. 4. 1944.

5 OÖLA, Nachlass Jetzinger, Brief Kubizeks an Jetzinger, 28. Juni 1949.

6 Franz Jetzinger (1882–1965), wie Hitler in Braunau geboren, war Priester, bis 1914 Professor für Altes Testament an der Katholisch Theologischen Lehranstalt in Linz und Mitglied der katholischen Studentenverbindung Austria Innsbruck. Er zählte vor 1914 zu den aufgehenden Leuchten der katholischen Intellektualität und Politik. Vom Krieg entwurzelt, wandte er sich 1919 der Sozialdemokratie zu, gab das Priesteramt auf, trat 1921 aus der Kirche aus und musste auch den CV verlassen. Von 1919 bis 1934 war er sozialdemokratischer Landtagsabgeordneter und bis 1930 Redakteur des sozialdemokratischen »Linzer Tagblatts«. Von 1932 bis 1934 war er Mitglied der oberösterreichischen Landesregierung. Das brachte ihm nach dem Februaraufstand eine fünfwöchige Haft, nach welcher er völlig entwurzelt dastand, obwohl er mit dem Bürgerkrieg nichts zu tun gehabt hatte. Um im Ständestaat wieder Fuß zu fassen und in der statistischen Abteilung der Stadt Wien einen untergeordneten Posten als Bibliothekar finden zu können, musste er in die Kirche zurückkehren. Durch die NS-Zeit konnte er sich hindurchlavieren, auch wenn er 1944 kurzzeitig wieder verhaftet wurde. Die ihm 1947 gewährte Anstellung als Leiter der Amtsbibliothek der Oberösterreichischen Landesregierung war eine deutliche Unterforderung, sodass er sich zu historischen Forschungen zum jungen Hitler entschloss, den er allerdings persönlich nicht gekannt hatte.

7 Hamann, Hitlers Wien, 77.

8 Dokumentationsarchiv des österreichischen Widerstands, Nachlass Kubizek.

9 Der Grazer Leopold Stocker Verlag, der 2004 als Imprint den Ares Verlag gründete, wies zahlreiche Berührungspunkte zur rechten Szene auf. Es wurden die Bücher ehemaliger NS-Autoren verlegt (Bruno Brehm, Karl Springenschmid u.a.), ebenso revisionistische Bücher neuerer Autoren (Otto Scrinzi, Wolf Rüdiger Heß, David Irving). Allerdings beschränkt sich das Verlagsprogramm nicht nur auf solche Titel.

10 Christian Rapp, Vortrag am 16. September 2020, St. Pölten, auf Grundlage der Verlagskorrespondenz im Kubizek-Nachlass.

11 Karl Springenschmid (1897–1981), Lehrer, 1932 Mitglied der NSDAP, Ortsgruppe Aigen/Salzburg, und des illegalen NS-Lehrerbunds, 1934 bis 1938 Mitglied der SA, dann SS-Mitglied (SS-Nr. 295.474). Ab April 1938 Gauamtsleiter und ehrenamtlicher Schulungsleiter, ab 1. Februar 1941 Regierungsdirektor bzw. Leiter der Abteilung für Erziehung und Kulturpflege im Reichsgau Salzburg. 1943 SS-Hauptsturmführer. Er war Hauptverantwortlicher für die einzige Bücherverbrennung in Österreich am 30. April 1938. Nach 1945 auf der Liste der gesperrten Autoren, blieb er auch weiter dem NS-Gedankengut verhaftet, durch Mitgliedschaft in Vereinigungen und Publikationstätigkeit in rechts gerichteten Organen mit mehr oder weniger revisionistischen Inhalten.

12 Dr.Franz Josef Mayrhofer (1908–2001), Mittelschullehrer für Geographie und Geschichte, seit 1921 Mitglied des »Deutschen Turnerbunds 1919«, zwischen 1922 und November 1923 Mitglied der HJ und zwischen Oktober 1929 und April 1933 Mitglied des Freikorps Oberland. Als solcher trat er dann zur SA über. Seit Mai 1933 war er Mitglied der NSDAP und zwischen 1. April 1933 und 1. Mai 1936 Mitglied der SA und SA-Truppführer in Linz. Nach dem Juliputsch wurde er Sturmführer, Sturmbannführer, Standartenführer und Ende 1935 kurz Brigadeführer von Oberösterreich. Im Dezember 1935 flüchtete er nach Deutschland und trat in Freiburg im Breisgau in den Schuldienst ein. Im Mai 1938 wurde Mayrhofer auf Anforderung Gauleiter Eigrubers hauptamtlich bei der NSDAP angestellt, wo er Gauredner, Gauschulungsleiter, Reichsschulungsredner, Gauhauptamtsleiter und Kreisleiter von Wels wurde. AdR, Gaupersonalamt des Gaues Wien, Gauakt Nr. 339.021; Meldekartei Linz. Über sein Leben nach 1945 ist wenig bekannt. Als Lehrer dürfte er nicht mehr gearbeitet haben. Die Dissertationsschrift erschien 1940: Die Donaustadt Linz. Eine geographische Betrachtung von Dr.Franz Mayrhofer, Gauschulungsleiter, Linz 1940, 152 Seiten mit 39 Tafeln und vielen Textabbildungen.

13 OÖLA, Nachlass Jetzinger und Privatbesitz. Ich danke Herrn Dr.Christian Rapp für die Überlassung der Kopie.

14 Brigitte Hamann berechnete die Länge der beiden Urfassungen fälschlicherweise mit ca. 150 Druckseiten. Eine Nachzählung ergibt für das Typoskript etwa 110.000 Zeichen und für den in Manuskriptform vorhandenen ersten Teil etwa 70.000 Zeichen. Umgelegt auf das 1953 gedruckte Format ergäbe das etwa 60 Druckseiten.

15 Hamann, Hitlers Wien, 82.

16 Für Hitlers Vater und Adolfs Kindheit ist Kubizeks Buch mehr oder weniger bedeutungslos. Die Informationen über die Zeit vor dem Jahr 1905, in dem Kubizek Hitler kennenlernte, stammen aus den Artikeln in einer Münchner Illustrierten und aus Informationen, die von Jetzinger kamen. Auch was er über die zweieinhalb Jahre mit Hitler berichtet, klingt über weite Strecken erfunden oder zumindest verdreht: sowohl die eingebaute Liebesgeschichte mit dem mehr als merkwürdigen Decknamen »Benkiser«, der mehr auf einen älteren Schüler als auf ein Mädchen hindeutet, wie auch die Hitler zugeordnete Genialität mit der Komposition einer Oper, die dichterische Arbeit oder die Pläne für Linz, von denen manches vom alten Hitler ex post auf den jungen zurückdatiert wurde. Auch viele Familieninterna, die Kubizek berichtet, können so nicht stattgefunden haben. Es ist zweifelhaft, ob Kubizek jemals bei Familie Hitler zu Besuch war, weil er die dort mitlebende Hanni-Tante überhaupt nicht kennt. Auch an der rührenden Pflege der Mutter und der Führung des Haushalts durch Adolf mag man Zweifel haben. Das Frauenbild, das präsentiert wird, ist genau nach nationalsozialistischen Denkmustern entwickelt (gute Mutter, sorgend, liebend, genügsam), ebenso das Vaterbild (dominant, streng) und das Hitlerbild (genial, realitätsfern, autoritär ...). Das alles ist ein nach 1945 von immer noch verkappten Nationalsozialisten gesponnenes Gewebe, das von der Geschichtsforschung im Vertrauen auf den Zeitzeugencharakter und mangels anderer Quellen bereitwillig aufgenommen wurde.

17 Hartmann, Vordermayer, Plöckinger, Töppel, Mein Kampf. Kritische Edition, Bd. 1, 15; Kiesel, Hitlers Stil, 17ff.

18 Hamann, Hitlers Wien, 593.

19 Akten der Partei-Kanzlei der NSDAP, Regesten, Bd. 1, bearbeitet v. Helmut Herber, Wien 1983. 20. 2. 1938: Informierung der Führeradjutanz über das von Hitler scharf beanstandete Buch. Regesten Nr. 12303.

20 Raffaela Rudigier, Jedes zweite Wort ist wahr – »Hitlers Großmutter« von Ilse Krumpöck, in: Kultur. Zeitschrift für Kultur und Gesellschaft, 27. 10. 2011; ganz gegenteilig und kritisch: Kusternig, Hitlers Vorfahren, 330ff.; zu Norman Mailer z. B. Klaus Kastberger: https://oe1.orf.at/artikel/211530/Das Schloss im Wald.

21 Hitlers Monologe, 6. 8. 1942, mittags, 284.

22 Ernst Hanisch, Landschaft und Identität, 244ff.

23 Sigmund, Diktator, 110ff.

24 Im Geburtsbuch Pfarre Döllersheim, Bd.6, 1785–1837, fol. 10, stehen beide Töchter auf einer Seite, Anna Maria 15. 4. 1795, 5 h früh, getauft um 9 h vormittag, und zwei Zeilen weiter Maria Anna, 1. 7. 1796, 1 h früh, getauft um 11 h vormittag. Alois Schicklgrubers Mutter war eindeutig Maria Anna, vgl. Geburtenbuch Pfarre Döllersheim, Bd. 7, 1833–53, fol. 007, Mutter: »Maria Anna«; im Sterbebuch 1847 erscheint sie als M.Anna Hiedler, also ebenfalls als Maria Anna. Es gibt also keinen Zweifel, dass Hitlers Großmutter Maria Anna, die jüngere der beiden Schwestern war.

25 Auch bei Hamann, Hitlers Wien, existiert diese Verwirrung: auf dem S. 65 abgedruckten Stammbaum erscheint Anna Maria Schicklgruber (geb. 1796) als Alois Hitlers Mutter, eine Seite später jedoch Maria Anna, aber mit dem Geburtsjahr 1795. Die einen haben das falsche Geburtsdatum, manche sogar auch den falschen Vornamen, die anderen kennen zwar das richtige Geburtsdatum, schreiben aber dennoch die falsche Altersangabe von 42 Jahren bei der Geburt von Alois Schicklgruber.

26 Vgl. dazu u.a. Kondler, Adolf Hitler's Family Tree; Zrdal, Die Hitlers; Toland, Adolf Hitler; Kershaw; Hitler; zuletzt Ullrich, 101 Fragen zu Hitler, Antwort 1.

27 Hamann, Hitlers Wien, 69.

28 Koppensteiner, Die Ahnentafel des Führers; Konder, Adolf Hitler's Family Tree.

29 Klein, Hitlers dunkler Punkt in Graz, 7ff.

30 Sandgruber, Rothschild, 89 f; http://www.nizkor.com/ftp.cgi?people/h/hitler.adolf/oss-papers/text/oss-profile-04-01 – Bericht über die Erhebungen von Bundeskanzler Dollfuß.

31 Kusternig, Hitlers Vorfahren, 330ff.

32 Hitler, Mein Kampf, S. 2 und S. 20, Kritische Edition, 95 f, 135f.

33 München IfZ ED 100, Verhör, 26. 5. 1945, zit. n. Hamann, Hitlers Wien, 68.

34 Hitlers Monologe, 21. 8. 1942, mittags, Gast: General Gercke, 307.

35 Franz Pfeffer von Salomon (1868–1968), der von sich selbst behauptete, er sei der »Typ des Freikorpsführers, des Revolutionärs, des Landsknechts«, war sehr traditionsbewusst und besaß einen ausgeprägten Familiensinn. Mark

A. Fraschka, Franz Pfeffer von Salomon. Hitlers vergessener Oberster SA-Führer, Göttingen 2016.

36 Franz Pfeffer (1901–1966): Historiker und Germanist, ab 1938 Sachbearbeiter für kulturelle Publikationen am OÖ. Landesmuseum und Kulturbeauftragter des Reichsstatthalters, nach 1945 Museumsdirektor und Landeskundler. Er verfasste 1938: [Franz Pfeffer], Der Lebensweg des Führers in Oberösterreich. Bilder aus der Jugendzeit Adolf Hitlers. In: Heimatland. Wort und Bild aus Heimat und Ferne 15/Heft 4 (April-Beilage zum Linzer Volksblatt, 19. April 1938) S. 50–56.

37 Eigner, Als lediges Kind geboren, 336.

38 Sigmund, Diktator, 110ff.; Sigmund, Exquisite Möbel; Kusternig, Hitlers Vorfahren 1, 341; Höbarth Museum. Horn: Darunter befinden sich ein bemalter Schrank, ein Butterfass, Feuerböcke, ein Spinnrocken, ein Riffeleisen und ein Ochsenjoch. (Ein Spinnrad verschwand während des Zweiten Weltkriegs.) Die Gegenstände stammten aus dem Haus Strones 13, das dem Geschäftsmann Johann Weissinger gehörte, der die Gegenstände fand und erklärte, sie seien »Eigentum des Vaters unseres Führers und Reichskanzlers Adolf Hitler«. Der Bürgermeister von Heinreichs bürgte für ihre Echtheit.

39 NÖLA, Bez. Gr. Allentsteig, 8/17, fol. 48, zit. n. Sigmund, Diktator.

40 Geburtenbuch Pfarre Döllersheim, Bd. 7, 1833–53, fol. 007. Im Geburtenbuch steht ausdrücklich »Maria Anna« als Mutter, also Marianne.

41 Junker, Der »amtliche« Großvater, 63ff. Heiratsbuch Pfarre Döllersheim, 10. 5. 1842., Bd. 6, fol. 52: Hier steht nur »Anna« als Vorname der Braut.

42 Mitterauer, Ledige Mütter, 13ff.

43 Deutsche Ansiedlungsgesellschaft, Die alte Heimat, 268.

44 Kusternig, Hitlers Vorfahren 1, 337.

45 Die Eintragung im Sterbebuch von Döllersheim lautete: »Gestorben am 7. Jänner 1847, begraben am 9. Jänner: Hiedler, Maria Anna, Eheweib des Hiedler Georg, Inwohners in Klein-Motten Nr. 4, alt 50 Jahre, Auszehrung infolge Brustwassersucht.«

46 Ziss, Ziehkinder, 316f.

47 Ziss, Ziehkinder, 307ff.

48 Toland, Adolf Hitler, 20.

49 Eigner, Als lediges Kind geboren, 332ff.

50 Kubizek, Adolf Hitler, 56.

51 Wiener Sonn- und Montagsblatt, 8. 4. 1932; Freie Stimmen, 16. 4. 1932.

52 Habe, Ich stelle mich, 218ff.

53 Merinsky, Das Ende des Zweiten Weltkrieges, 22ff., und Anhang, Nr. 21, Kopie des Legalisierungsdokuments vom 6. Juni 1876; ders., Zwettl und der Truppenübungsplatz Döllersheim, 137ff.

54 Sigmund, Diktator, 125, 128f.

55 Toland, Adolf Hitler, 20ff.

56 Sigmund, Diktator, 125ff.

57 Handwerksbuch bei der Innung der bürgerlichen Schuhmacher der Stadt Weitra, errichtet 1839; Kusternig, Hitlers Vorfahren 1, 345.

58 »Mein Kampf« ist da nicht korrekt, aber auch der Kommentar in der Kritischen Edition, S.97, irrt. Alois Hitler kam frühestens 1852 nach Wien, also als Fünfzehnjähriger und schon als freigesprochener Geselle.

59 Monologe, Führerhauptquartier, 98, 2. 11. 1941, mittags, Gast: RFSS Himmler.

60 (Linzer) Tages-Post, 23. 5. 1868, Seite 6.

61 Hanisch, Hitlers Buddy, 240.

62 Vgl. dazu Merki, Christoph Maria: Zucker gegen Saccharin; Saurer, Straße, Schmuggel, Lottospiel.

63 Vgl. generell: Girtler, Abenteuer Grenze; Berta Ransmayer, Beiträge zur Landes- und Volkskunde des Mühlviertels, Bd. 3., 1913.

64 Bavendam, Der junge Hitler, 51ff.

65 Gemeinnütziges Unterhaltungs-Blatt Passavia, 1830.

66 Alois Hitler an Alois Veit, 9. Okt. 1876, zit. n. Bradley Smith, Adolf Hitler, 25; ferner ebd., Erklärung des Zollobersekretärs Hebenstreit vom 21. Juni 1940.

67 Im Erbschaftsverfahren nach Mathias Schickelgruber beim Bezirksamt Wien Hernals fungierte er als Testamentsvollstrecker. Damals wird er als »Finanz-Oberaufseher« im Zolldistrikt Wels angeführt.

68 Alois Schicklgruber, Ernennung zum provisorischen Amtsassistenten, Verordnungsblatt für den Dienstbereich des k.k. Finanzministeriums, Jahrgang 1864, Nr. 25, Seite 228, Donnerstag 19. Mai 1864; Jetzinger, Hitlers Jugend, 45f.

69 Heiden, Das Zeitalter der Verantwortungslosigkeit: Die 1. Aufl., Zürich 1936, enthält diese Angaben nicht, wohl aber die wenige Monate danach um neue Informationen ergänzte 2.Aufl., Zürich 1937; vgl. Heiden, Das Zeitalter der Verantwortungslosigkeit, Berlin/München/Zürich/Wien 2011, 29f.

70 Jetzinger, Hitlers Jugend, 49; vgl. die Aufzeichnungen von Maria Pernstein online auf der Homepage »Braunau History«.

71 http://braunau-history.at/w/index.php?title=Hauptseite: Taufschein Anna Glassl, 26.3.1823, Faksimile; OÖLA Nachlass Jetzinger, Nr. 9 und 10.

72 Mein Kampf, 1 f: Kritische Edition, 93ff.

73 Thomas Dostal, Der Arzt als »Volkserzieher«. Eduard Kriechbaums »hygienische Volksbildung« zwischen Heimat- und Volkstumsideologie. Siehe: http://archiv.vhs.at/fileadmin/uploads_vhsarchiv/spurensuche/Dostal_Thomas_Der_Arzt_als_Volkserzieher_2018.pdf.

74 Hanisch, Hitlers Buddy, 270.

75 Alois Schick(e)lgruber, Versetzung nach Braunau, Verordnungsblatt für den Dienstbereich des k.k. Finanzministeriums, Jahrgang 1871, 19.

76 Maser, Hitler, 39.

77 Zit. n. Hamann, Hitlers Wien, 22.

78 Mein Kampf, Kritische Edition, Bd. 1: Nr. 16. S. 97.

79 Heiden, Adolf Hitler, 31ff.

80 Hochzeit des Karl Fischer mit Antonia Mayr, Tochter des Anton und der Maria Mayr, Krämer in Hofkirchen an der Trattnach, geboren am 13. Jänner 1844, 28 Jahre alt, derzeit bei Herrn Controlor Schicklgruber, auf dem Hauptplatz 101 zu Diensten und wohnhaft, Beistände: Alois Schicklgruber, k.k. Kontrolls-Assistent in Braunau und Karl Prohaska, Finanzwachoberaufseher in Braunau.

81 Auszug aus der Spendenliste: der k.k. Steueramts-Kontrollor Pazelt (50 kr), der k.k. Zollamts-verwalter Fassel (2 fl), der k.k. Zollamts-Kontrollor Högl (1 fl), der k.k. Zollamts-Offizial Angelis (2 fl), k.k. Zollamts-Offizial Klofat 1 fl, k.k. Zollamts-Offizial Rupp 1 fl, k.k. Zollamts-Assistent Wessely 1 fl, k k. Zollamts-Assistent König 1 fl, k.k. Zollamts-Assistent Rischavy 2 fl, k.k. Zollamts-Kontrolsassistent Christof 50 kr, k.k. Zollamts-Assistent Trogher 50 kr, und auch der k.k. Zollamts-Offizial Hitler 1 fl, die k.k. Finanzwachmannschaft in Simbach mit 4 fl 50 kr und die k.k. Finanzwachmannschaft in Braunau, Ranshofen und Hagenau 5 fl 75 kr (Linzer) Tages-Post, 26. 10. 1882, 4.

82 (Linzer) Tages-Post, 18. 2. 1881, Seite 6, ebenso 20, und 23. 2. 1881.

83 Max Sixtl. Interviewt von einem Journalisten des Londoner Guardian. Wiener Montagsblatt, 18. 9. 1933.

84 (Linzer) Tages-Post, 9. 11. 1882.

85 (Linzer) Tages-Post, 5. 11, 1884.

86 Brief an Alois Veit, 17. Sept. 1876, zit. n. Smith, Adolf Hitler, 28.

87 Matriken, St. Othmar, Wien, Nr. 4/5/25 und 4/151/284.

88 Johann Prinz, gewesener Badediener, geboren in Spital in Niederösterreich, verehelicht durch 43 Jahre, Alter 60 Jahre, Lungentuberkulose, verstarb am 19. Mai 1892, das Begräbnis war am 21. Mai 1892, Sterbebuch, St. Othmar, 1892, fol 87; Johann Prinz, geboren am 8. Sept. und getauft am 9. Sept. 1831, war der Sohn des Martin Prinz, Bauer in Spital Nr. 24. Taufbuch Spital.

89 Bericht des Linzer Bischofs vom 11. Nov. 1819, zit. n. Mitterauer, Ledige Mütter, 127f.

90 Münchner Revue (Nr. 40/1952). OÖLA, Nachlass Jetzinger; Mit den Taufbüchern von Arbesbach allerdings sind diese Angaben nicht in Übereinstimmung zu bringen.

91 Nachlass Jetzinger, Revue, Nr. 40/1952.

92 Jetzinger, Hitlers Jugend, 48f.

93 Mitteilung von Matthias Zimmermann, E-Mail vom 21. 4. 2020: In der oberösterreichischen Familie seiner Frau gebe es die mündliche Überlieferung, Alois Schicklgruber habe 1860 mit einer Hebamme in Schwarzenberg am Böhmerwald (an der bayerrischen Grenze) einen unehelichen Sohn gezeugt.

94 http://braunau-history.at/w/index.php?title=Hauptseite: Ansuchen Dispens für Heirat Alois Hitler und Klara Pölzl, 27. 10. 1884, Faksimile.

95 Burk, Hitler, Braunau und ich.

96 Chelius, Aus Adolf Hitlers Jugendland, 193; Burk, Hitler, Braunau und ich.

97 Neue Warte am Inn, 7. 1. 1888, 8.

98 Mein Kampf, 1f. An diesem ersten Satz feilte Hitler lange. Vgl. Kritische Edition, 92f.

99 Völkischer Beobachter, 12. 4. 1922; Plöckinger, Frühe biographische Texte, 96.

100 Plöckinger, Frühe biographische Texte, 95.

101 Glaise-Horstenau, Ein General im Zwielicht, Bd. 3, 210.

102 Longerich, Peter: Die braunen Bataillone. Geschichte der SA. München 1989, S. 28, 46, 58; Florian Kotanko, Braunau – braune Stadt? http://braunau-history.at/w/index.php?title=Braunau_-_braune_Stadt.

103 Abschlussbericht der Kommission zum historisch korrekten Umgang mit dem Geburtshaus Adolf Hitlers, Oktober 2016, BM.I.

104 Henning Burk erzählt von Hitlers Hebamme und anderen bemerkenswerten Menschen. Wiener Zeitung, 9. 12. 2017; Burk, Hitler, Braunau und ich.

105 Bavendamm, Der junge Hitler, 51.

106 Jetzinger, Hitlers Jugend, 81: Sie sei einem Zeitzeugen zufolge »eine spinnerte Bucklige« gewesen. Das sind sehr zweifelhafte Beurteilungen.

107 Sandner, Hitler, das Itinerar, 1, 43–49.

108 Neue Warte am Inn, 2. 7. 1892, Seite 6.

109 nachrichten.at30. Mai 2016; https://www.diepresse.com/4999228/hitler-hatte-jungeren-bruder-in-braunau; https://www.sn.at/politik/innenpolitik/adolf-hitler-hatte-einen-bisher-unbekannten-behinderten-bruder-1409488.

110 Florian Kotanko zur Bedeutung dieser Feststellung: »Die Schlussfolgerungen vieler Hitler-Biografen über die psychische Entwicklung Adolf Hitlers, der nach dem Tod von drei Geschwistern als einziges überlebendes Kind die besondere Zuwendung seiner Mutter Klara erfahren haben soll, sind nicht mehr haltbar.«

111 Privatarchiv, Brief an Radlegger, Linz, 2. April 1895.

112 Monologe im Führerhauptquartier, 5. 11. 1941, 104.

113 Yehuda Shenef, www.jhva.de, 4) תבט מוצ מוי תשע“ב. Januar 2012); Wiener Landwirtschaftlichen Zeitung vom 29. 11. 1882; Wiener Jahrbuch für Israeliten des Jahres 1854.

114 Rachbauer, Egon Ranshofen-Wertheimer: Ferdinands Enkel Dr.Egon Wertheimer (1894–1957) kehrte aus dem Ersten Weltkrieg als Kommunist zurück, betätigte sich 1919 im Münchner Revolutionären Hochschulrat, dann in Heidelberg in Zirkeln um Theodor Haubach, Carlo Mierendorff, Carl Zuckmayer und später als entschiedener Hitler-Gegner, wandte sich vom Marxismus ab, machte eine Karriere in den USA und bei der UNO. Das Gut Ranshofen, an dem nur mehr seine Cousinen Emilie Jellinek, Anna Schiff und Gabriele Weisweiller beteiligt waren, wurde 1938/39 arisiert. Was für die Standortentscheidung des Aluminiumwerkes mit maßgeblich gewesen sein könnte: ob die Stromversorgung, ob das große, arisierte Areal des Gutes Ranshofen (je ein Viertelanteil befand sich im Eigentum der Sparkassen Braunau und Ried im Innkreis und je ein Sechstelanteil in Händen der drei Schwestern Emilie Jellinek, Anna Schiff und Gabriele Weisweiller) oder der Faktor Braunau als Hitlers Geburtsort oder doch die Verkehrslage, ist nicht quantifizierbar.

115 Rachbauer/Rachbauer, Ranshofen; NFP, 23. 5. 1911.

116 Georg Kaimelmayr, Regierungsrat Ing. Georg Wieninger, in: Bauernland Oberösterreich. Entwicklungsgeschichte seiner Land- und Forstwirtschaft, hg. v. A. Hoffmann, Linz 1974, 718ff.

117 (Linzer) Tages-Post, 17. 11. 1925, 5.

118 (Linzer) Tages-Post, 19. 10. 1894.

119 Neue Warte am Inn, 18. 11. 1883, 6.

120 Neue Warte am Inn, 15. 2. 1890; 1. 3. 1890, 7.

121 Neue Warte am Inn, 25. 7. 1891, 7.

122 OÖLA, Nachlass Jetzinger.

123 Linzer Volksblatt, 19. 3. 1896, 3.

124 (Linzer) Tages-Post, 22. 3. 1898, 5.

125 (Linzer) Tages-Post 14. 7. 1900.

126 Picker, Tischgespräche, 3. 8. 1942, abends, Monologe, 279.

127 Picker, Tischgespräche, 281; Mailer, Das Schloss im Wald.

128 https://oe1.orf.at/artikel/211530/Das-Schloss-im-Wald.

129 So z. B. Ullrich, Adolf Hitler. Jahre des Aufstiegs, 24ff.; Herbst, Hitlers Charisma, 68.

130 Smith, Adolf Hitler, 31: Er verweist auf eine Zahlung der 4.000 bis 5.000 fl am 16. März 1889 mit Bezug auf den Bericht von Leo Weber vom 12. 10. 1938 und Hauptarchiv der NSDAP, Berlin, 17, R 1.

131 Vgl. Smith, Adolf Hitler, 46.

132 Ob die Familie Hitler jemals dort gelebt hat oder zumindest die Sommer zwischen 1889 und 1892 dort verbracht hat, also auch Adolf als Säugling jemals dort war, ist unklar. Vgl: Kusternig, Hitlers Vorfahren, 332; dazu eigene Befragung von Johann Fuchs, der aus der mündlichen Tradition über Hitler in Wörnharts berichtet.

133 Vgl. Fest, Hitler, 34.

134 Neue Warte am Inn, 11. 10. 1890, 8, noch einmal: Neue Warte am Inn, 18. 10. 1890, 7.

135 Mein Kampf, 2; Ernst, Adolf Hitlers »österreichisches Deutsch«, 29ff.

136 Thomas Greif, Wie ein Landwirt Hitler das Leben rettete. Sonntagsblatt, 19. 1. 2014.

137 https://www.br.de/radio/bayern2/sendungen/bayerisches-feuilleton/wenn-adi-hitler-1894-ertrunken-waere-Berlinger-100.html: Diese Geschichte, dass der spätere Domkapellmeister Johann Nepomuk Kühberger (1889–1957) im Jahr 1894 dem kleinen Adolf das Leben gerettet hätte, war dem Bayerischen Rundfunk ein einstündiges Radio-Feature wert.

138 Jetzinger, Hitlers Jugend, 60.

139 Kershaw, Hitler, 1, Kap. 2: Die Trennung des Vaters von der Familie habe ein Jahr gedauert, schreibt Kershaw. Alois gab eine Zeitlang im Haus den Ton an. Es sei schon als Knabe seine Gewohnheit gewesen, das letzte Wort zu behalten. Ebenso: Leidinger/Rapp, Hitler, 22; und schon sehr viel früher ähnlich: Smith, Adolf Hitler, 53ff. Diese Aussagen sind nicht mehr haltbar.

140 Ein Hinweis auf die Unterschutzstellung (Denkmalschutz) der Linzer Wohnhäuser und übrigen Erinnerungsstätten an die Jugendzeit Hitlers findet sich bei Sepp Wolkerstorfer, Linz im Großdeutschen Reich, in: Linz an der Donau. Die Patenstadt des Führers (Sonderdruck aus dem »Heimatland«, Beiblatt der »Volksstimme«), 8. Hier werden die Häuser Blütenstraße 9, Humboldtstraße 31, Huemerstraße 6, der Großgasthof Weinzinger und das alte Realschulgebäude neben den übrigen Erinnerungsstätten aus der Jugendzeit Hitlers erwähnt. Laut diesem Bericht trug das Haus Humboldtstraße 31 eine

Erinnerungstafel und am Großgasthof Weinzinger war eine »Führerplakette« – was immer das war – angebracht. Eine Gedenktafel gab es auch am alten Realschulgebäude. Hinweise zum Thema findet man auch bei Georg Wacha, Denkmale aus der NS-Zeit, in: HistJbL 1995, 373–410. Ich danke Fritz Mayrhofer für wertvolle Hinweise.

141 Ziegler, Rückblick, 53 ff, 119 ff; 155ff.

142 Vielleicht hatte Hitler in seinem Brief, in welchem er ihn als seinen täglichen Tischnachbarn bezeichnete, aber auch dessen Sohn Adolf Pfeiffer (1864–1945) gemeint, der 1895 als Pächter in das väterliche Geschäft eingetreten war. Adolf war von 1900–1906 als deutsch-fortschrittlicher Mandatar Mitglied im Urfahrer Gemeinderat, war einer der Gründer des Urfahrer Turnvereins und Funktionär der Sparkasse und der Kaufmannsgenossenschaft.

143 Puffer, Gemeindevertretung 256, Linzer Tages-Post, 16. 12. 1927.

144 John, Jüdische Bevölkerung, 1372, 1383.

145 John, Jüdische Bevölkerung, 1401: Leopold Mostny sei als ehemaliger Deutschnationaler und stadtbekanntes Original von Eigruber persönlich geschützt worden und sei erst deportiert worden, als Eigruber wegen einer Reise abwesend gewesen wäre. Der Schutz Mostnys, so John, könnte aber auch eine Gegenleistung in einem Korruptionsverfahren gewesen sein, in das Eigruber verwickelt war.

146 Lackner/Stadler, Fabriken in der Stadt, 320; AStL, Materialsammlung Leopold Mostny.

147 Picker, Tischgespräche, 432.

148 Hitler, Mein Kampf, 3; Kritische Edition 98ff.

149 Unterschriftsbeglaubigung durch Notar Dr.Josef Vormaier 5. Februar 1895, Briefkonvolut, Alois Hitler.

150 In Hitler, Mein Kampf, Kritische Edition, Nr. 19, S. 98, wird das Gut auf rund 4 ha geschätzt. »Von einer professionalen Bewirtschaftung könne keine Rede sein«, meinen die Kommentatoren: Er habe sich nur der Bienenzucht gewidmet. Auch Kershaw schreibt von einem Kleinbesitz.

151 Hitler, Mein Kampf, 2, Kritische Edition, 95f.

152

153 Der Hof war bereits von 1880 bis 1891 in Radleggerschem Besitz, dann wieder von 1893 bis 1895. Versteigerung, (Linzer) Tages-Post, 24. 5. 1894. Lizitation: 14. Juli 10 Uhr. Der Schätzwert: 5.800 fl.

154 Briefkonvolut, 23. Jänner 1895, Hitler an Radlegger.

155 Briefkonvolut, Linz, 28. Jänner 1895, Hitler an Radlegger.

156 Ebenda.

157 Briefkonvolut, Ritterstein an Radlegger, 3.Februar 1895.

158 Briefkonvolut, Linz, 28. Jänner 1895, Hitler an Radlegger.

159 Ebenda.

160 Briefkonvolut, Linz, 31. Jänner 1895, Hitler an Radlegger.

161 Briefkonvolut, Kaufvertrag vom 4.Februar1895.

162 Briefkonvolut, Linz, 15. Februar 1895, Hitler an Radlegger.

163 Ebenda.

164 Briefkonvolut, Linz, 7. März 1895, Hitler an Radlegger.

165 Ebenda.

166 Ebenda.

167 Briefkonvolut, Linz, 13. März 1895, Hitler an Radlegger.

168 Briefkonvolut, Linz, 18. März 1895, Hitler an Radlegger.

169 Briefkonvolut, Linz, 15. Februar 1895, Hitler an Radlegger.

170 Ebenda.

171 Zu Georg Pfeiffer (1831–1897) vgl. Kapitel Urfahr. Pfeiffer war als Lebensmittelhändler wesentlich von Zöllen und Steuern abhängig, daher war Hitler für ihn wohl wichtig. Gleichzeitig war er Funktionär der Sparkasse und der Kaufmannsgenossenschaft.

172 Briefkonvolut, Abschrift. K.k. Bez. Gericht Braunau.

173 Briefkonvolut, Linz, 13. März 1895, Hitler an Radlegger.

174 Briefkonvolut, Linz, 27. März 1895, Hitler an Radlegger.

175 Briefkonvolut, Bescheid vom 26. März 1895.

176 Briefkonvolut, Linz, 2. April 1895, Hitler an Radlegger.

177 Ebenda.

178 Briefkonvolut, Linz, 13. März 1895, Hitler an Radlegger.

179 Briefkonvolut, Linz, 2. April 1895, Hitler an Radlegger.

180 Briefkonvolut, Linz, 13. März 1895, Hitler an Radlegger.

181 Briefkonvolut Linz, 7. Mai 1895, Hitler an Radlegger.

182 Briefkonvolut, Linz, 5. Juni 1895, Hitler an Radlegger.

183 Briefkonvolut, Linz, 28. Jänner 1895, Hitler an Radlegger.

184 Briefkonvolut, Linz, 15. Februar 1895, Hitler an Radlegger.

185 Briefkonvolut, Linz, 31. Jänner 1895, Hitler an Radlegger.

186 Ebenda.

187 Briefkonvolut, Linz, 7. März 1895, Hitler an Radlegger.

188 (Linzer) Tages-Post, 9. 3. 1895, 7.

189 Briefkonvolut, Linz, 18. März 1895, Hitler an Radlegger.

190 Briefkonvolut, Linz, 31. Jänner 1895, Hitler an Radlegger.

191 Briefkonvolut, Linz, 7. März 1895, Hitler an Radlegger.

192 Briefkonvolut, Linz, 2. April 1895, Hitler an Radlegger.

193 Briefkonvolut, Linz, 7. Mai 1895, Hitler an Radlegger.

194 Briefkonvolut, Linz, 5. Juni 1895, Hitler an Radlegger.

195 Briefkonvolut, Hafeld, 28. Juli 1895, Hitler an Radlegger.

196 Briefkonvolut, Linz, 31. Jänner 1895, Hitler an Radlegger.

197 Briefkonvolut, Linz, 28. Jänner 1895, Hitler an Radlegger.

198 Johann Karl Nestler, Amtlicher Bericht über die Versammlung deutscher Land- und Forstwirte, Band 4, 1841, 256: »Diese ungarische oder syrmische oder auch Bakonier-Schweine-Rasse sei zwar in großem Rufe, er, Graf Colloredo, müsse allerdings sagen, dass sie die schlechteste sei, und dass sein rechtliches Gefühl ihn zwinge, sich als ihr entschiedenster Feind feierlich zu erklären.«

199 Briefkonvolut, Linz, 13. März 1895, Hitler an Radlegger.

200 Briefkonvolut, Brief, 5. Juni 1895, Hitler an Radlegger.

201 Ebenda.

202 Ebenda.

203 Ebenda.

204 Ebenda.

205 Sandgruber, Traumzeit für Millionäre: Im Jahr 1910 versteuerten 96 Prozent aller Oberösterreicher ein Einkommen von weniger als 2.800 Kronen im Jahr, also weniger als Alois Hitler.

206 Jetzinger, Hitlers Jugend, 67 (Faksimile des Briefes ebenda, 33); Wimmer, Der Pensionsakt, Nr. 5.

207 Wimmer, Der Pensionsakt.

208 Zur Alltagskultur in Fischlham vgl. Fischer u.a. : Fischlham und seine Geschichte, 110 ff, 389 ff; Geschichte von Fischlham, erzählt von Irmgard Fischer, nach den Dokumentationen von Erwin Fischer: https://www.fischlham.at/Geschichte_von_Fischlham.

209 Möcker, Hitlers Schülerbiographie, 133 ff; Möcker, Wittgenstein, 285ff. Ein Schulfoto aus Fischlham (http://www.hitler-archive.com/photo.php?p=poCQvuTP) aus der Zeit vor 1900 zeigt die Schulsituation sehr anschaulich. Aber das Foto ist nicht datiert. Aber auch wenn der sechs- oder siebenjährige Hitler unter den etwa 100 Schülerinnen und Schülern enthalten wäre, wäre es unmöglich, ihn zu identifizieren.

210 Zit. n. Hamann, Hitlers Wien, 18 (Hitler aus nächster Nähe. Aufzeichnungen eines Vertrauten 1929–1932, hg. v. H. A. Turner, Berlin 1978, 425).

211 Chelius, Aus Adolf Hitlers Jugendland.

212 Thomas Greif, Wie ein Landwirt Hitler das Leben rettete. Sonntagsblatt, 19. 1. 2014.

213 (Linzer) Tages-Post, 13. 9. 1896, 20. 9. 1896, 23. 9.1896, 7; 6. 10. und 8. 10 und 11. 10. 1896 und Neue Warte am Inn, 12. 9. 1896, 7.

214 (Linzer) Tages-Post, 20. 9.1896.

215 Neues Wiener Tagblatt (Tages-Ausgabe) 9. 5. 1897, 32.

216 Weissel, Otto: Dr.Konrad Ritter von Zdekauer. Ein Gedenkblatt gewidmet weiland seinem Präsidenten vom Schulverein für Beamtentöchter. Wien: Selbstverlag 1928.

217 Jetzinger, Hitlers Jugend, 68.

218 (Linzer) Tages-Post, 26. 11. 1905.

219 (Linzer) Tages-Post, 11. 10. 1906.

220 Hamann, Hitlers Wien, 18

221 (Linzer) Tages-Post, 3. 8. 1897, 4.

222 (Linzer) Tages-Post, 3. 8. 1897, 4.

223 (Linzer)Tages-Post, 12. 9. 1898.

224 Rathkolb, Schirach, 38.

225 (Linzer) Tages-Post, 26. 9. 1896, 6.

226 Georg Rebhann, Ueber Brücken-Constructionen, Zeitschrift des österreichischen Ingenieur-Vereines, Wien 1849, 1–3, 82.

227 Chelius, Aus Adolf Hitlers Jugendland.

228 Puchinger, Matthias, Von der alten Salzschiffahrt zu Stadl, Heimatgaue 9 (1928) 6 f (»Wahrheitsgetreue Darstellung, wie sich in Stadl bis 1880 in Schiffahrtssachen alles verhalten hat«).

229 (Linzer) Tages-Post, 6. 6. 1897.

230 (Linzer) Tages-Post, 11. 6. 1897.

231 (Linzer) Tages-Post, 11. 6. 1897.

232 Möcker, Wittgenstein, 287f.

233 Chelius, Aus Adolf Hitlers Jugendland.

234 Großruck, Benediktinerstift Lambach, 141 f; Neumitka, Von Adalbero bis Hitler, 362, beruft sich dabei auf persönliche Mitteilungen von Zeitzeugen.

235 Rabensteiner, Chronik des Marktes Lambach, Eintrag 28. August 1896.

236 Blöchl, Lebenserinnerungen, 16.

237 (Linzer) Tages-Post, 22. 8. 1897, 7; (Linzer) Tages-Post, 8. 11. 1898, 5; (Linzer) Tages-Post, 18. 6. 1908, 7.
238 Großruck, Benediktinerstift Lambach, 142; Neumitka, Von Adalbero bis Hitler, 361f.
239 Großruck, Benediktinerstift Lambach, 31ff.
240 Hitler, Mein Kampf, 4, Kritische Edition, 100f.
241 Toland, Adolf Hitler, 27.
242 Chelius, Aus Adolf Hitlers Jugendland.
243 Großruck, Benediktinerstift Lambach, 145.
244 Schicklberger/Baumgartner, Glasgemälde, 114.
245 Bavendamm, Der junge Hitler, 447, Anm. 215.
246 Josef Knierziger, Erinnerungen an ein Leben. Eine Bilanz, Leonding 2009, 109f.
247 Picker, Tischgespräche, 65.
248 Großruck, Benediktinerstift Lambach 149. Mit Verweis auf Bavendamm, Der junge Hitler, Anm. 209.
249 Linzer Volksblatt, 23. 9. 1905, 7.
250 (Linzer) Tages-Post, 10. 10. 1896, 4.
251 (Linzer) Tages-Post, 4. 9. 1898.
252 (Linzer) Tages-Post, 17. 8. 1898, 4; (Linzer) Tages-Post, 5. 8. 1898, 4.
253 Großruck, Benediktinerstift Lambach 139; (Linzer) Tages-Post, 17. 9. 1898, 2.
254 Maser, Frühgeschichte, 53.
255 Großruck, Benediktinerstift Lambach, 152ff.
256 Zeitschrift Oberdonau, Februar/März 1942, 5–7.
257 Großruck, Benediktinerstift Lambach, 175f.
258 Kauer, Leonding, 12ff.
259 Jetzinger, Hitlers Jugend, 69.
260 Goebbels, Tagebuch, Eintragung bei seinem ersten Besuch, 22. 7. 1938.
261 Abgebildet bei Bavendam, Der junge Hitler, Bildteil.
262 Jetzinger, Hitlers Jugend, 71.
263 Hitler, Monologe, 20. 8. 1942, mittags, 299.
264 Picker, Tischgespräche, 188, Hitler, Monologe, 1. 3. 1942, abends, 267.
265 Jetzinger, Hitlers Jugend, 68.
266 Jetzinger, Hitlers Jugend, 71f.
267 (Linzer) Tages-Post, 14. 11. 1899, 4.
268 (Linzer) Tages-Post, 22. 8. 1900.
269 (Linzer) Tages-Post 26. 2. 1899.
270 (Linzer) Tages-Post, 12. 7. 1903, 8.
271 (Linzer) Tages-Post, 7. 8. 1900.
272 Leidinger/Rapp, Hitler. Prägende Jahre, 34f., Hamann, Hitlers Wien, 61.
273 Kauer, Leonding, 13.
274 Ein junger Mann aus dem Innviertel. Fernsehfilm von Axel Corti, 1973, Aussage Hagmüller.
275 Wiener Sonn- und Montagszeitung, 18. 9. 1933.
276 Jetzinger, Hitlers Jugend, 70.
277 (Linzer) Tages-Post, 28. 7. 1901, 4.
278 (Linzer) Tages-Post, 7. 8. 1900, 5; Linzer Volksblatt, 12. 7. 1900, 3.
279 Linzer Volksblatt, 12. 7. 1900, 3.
280 (Linzer) Tages-Post, 10. 7. 1900, 2.
281 (Linzer) Tages-Post, 9. 10. 1900, 5.
282 (Linzer) Tages-Post, 26. 10. 1900.
283 Möcker, Wittgenstein, 288ff.
284 Hitler, Mein Kampf, 1. Kapitel, Kritische Edition, 93ff.
285 Hitler, Mein Kampf, 166: Kritische Edition, 441ff.; Pilgrim, Hitler 1, 234 etc.
286 Jetzinger, Hitlers Jugend, 92.
287 (Linzer) Tages-Post, 25. 10. 1901.
288 Hitler, Mein Kampf, 166. Kritische Edition, 441ff.
289 Simms, Hitler. Eine globale Biographie.
290 Mayrhofer, »Patenstadt des Führers«, 327ff.
291 Hitler, Mein Kampf, 18, Kritische Edition, 129ff.
292 Hitlers privates Testament, gegeben zu Berlin, den 29. April 1945, 4.00 Uhr, https://www.ns-archiv.de/personen/hitler/testament/testament-1945.php
293 Eduard von Bauernfeld, Poetisches Tagebuch. In zahmen Xenien von 1820 bis Ende 1886, 1845.
294 Helmut Qualtinger, Der Menschheit Würde ist in Eure Hand gegeben, 1959; Thomas Bernhard, Heldenplatz, 1988.
295 Fritz von Herzmanovsky-Orlando, Zerbinettas Befreiung, 1965.
296 Stefan Zweig, Joseph Fouché. Bildnis eines politischen Menschen, 1929.
297 Werr, Romantische Traumwelten, 103ff.
298 Kubizek, Adolf Hitler, 19.
299 Kubizek, Urfassung, fol 16ff.
300 Hitler, Mein Kampf, 15.
301 Sandgruber, Franck in Linz, 30ff.
302 Kubizek, Urfassung, fol. 12f.
303 Kubizek, Adolf Hitler, 33.
304 Kubizek, Urfassung, fol. 17ff.
305 John/Stadler, Bevölkerungsentwicklung, 99ff.
306 Kubizek, Urfassung, fol 44.
307 Hitler, Monologe, 190.
308 Hermann Bahr, Austriaca, Berlin 1911, 115.
309 Embacher, Von liberal zu national, 81 f, 94; Kandl, Hitlers Österreichbild, 4.
310 Kubizek, Urfassung, fol. 66ff.
311 Hitler, Monologe, 100, 2. 11. 1941, mittags.
312 Harry Slapnicka, Bischof Gföllner ließ sich vertreten, in: Hitler und Oberösterreich, 114ff.
313 OÖLA, Nachlass Jetzinger, Gutachten Huemer.
314 Ebenda.

315 Zdral, Die Hitlers, 133f.

316 Unger, Michael (Hg.), The Memoirs of Bridget Hitler, London 1979, 24, zit. n. Leidinger/Rapp, Prägende Jahre, 19.

317 Zdral, Die Hitlers, 134.

318 Wiener Zeitung, 23 12. 1899, ebenso Das Vaterland, 24. 12. 1899.

319 Wiener Zeitung, 31. 12. 1901.

320 Zdral, Die Hitlers, 135ff.

321 Bruckner, Adolf, »Aufgelesenes« aus alten Katalogen, Protokollen und Jahresberichten unserer Anstalt, in: 125 Jahre Realschule 1851–1976, Linz 1976, 105ff.

322 Kubizek, Adolf Hitler, 63.

323 Möcker, Wittgenstein, 291f.

324 Rabitsch, Jugenderinnerungen, 33.

325 Hamann, Hitlers Wien, 21; Zerlik, Hitler in den Schulprotokollen, 36ff.

326 Sandgruber, Traumzeit für Millionäre, 84ff. 463ff.

327 Möcker, Wittgenstein, 293.

328 Hitler, Mein Kampf, 6, Kritische Edition, 104ff.

329 Ebenda.

330 Hitler, Mein Kampf, 5, Kritische Edition, 102f.

331 Hitler, Mein Kampf, Kritische Edition, Nr. 29, 102.

332 Hitler, Mein Kampf, 8, Kritische Edition, 108f.

333 Kandl, Hitlers Österreichbild, 39, Aussage Commenda.

334 Hitler, Mein Kampf, 8, Kritische Edition, 109.

335 Picker, Tischgespräche, 277.

336 Picker, Tischgespräche, 277, 10. 5. 1942, und 324.

337 Hitler, Mein Kampf, 7, Kritische Edition, 106f.

338 Hitler, Mein Kampf, 10, Kritische Edition, 112f.

339 Kandl, Hitlers Österreichbild, 24 f, Aussage Ing. Josef Keplinger.

340 Kandl, Hitlers Österreichbild, 28, Aussage Estermann.

341 Hitler, Mein Kampf, 12 f, Kritische Edition, 116f. Hitler verwendete dabei mit »Rangen« einen eher altösterreichischen Begriff für Bengeln oder Flegeln, der nicht nur bei ihm, sondern im damaligen Schuldeutsch öfter vorkam.

342 Koref, Gezeiten, 226.

343 Kandl, Hitlers Österreichbild, 33.

344 Hitler, Monologe, 156, 8./9. 1. 1942.

345 Hitler, Monologe, 89, 8./9. 1. 1942.

346 Picker, Tischgespräche, 191.

347 Franz Sales Schwarz (Lasberg 1849–1912 Linz) war zwischen 1889 und 1910 Religionsprofessor an der Staats-Oberrealschule in Linz. Es ist deutlich, dass Hitler die Figur Schwarz überzeichnete. Schwarz galt als frommer Religionslehrer. Die Aussagen ehemaliger Schüler sprechen von ihm als einer »Kinderseele im Priesterkleid«; der es allerdings nicht verstanden hat, die Schüler für sich und seine seelsorgerischen Anliegen zu gewinnen. ÖBL, Bd 11, 434.

348 Hitler, Monologe, 154, 8./9. 1. 1942.

349 Hitler, Mein Kampf, Kritische Edition, 102f, 106: Mit »Ich sollte studieren« beginnt auch Richard Wagners Beschreibung seiner Dresdner Gymnasialjahre in »Mein Leben«.

350 Schroeder, Er war mein Chef, 62.

351 Picker, Tischgespräche, 119f.

352 OÖLA, Nachlass Jetzinger, Gutachten Dr.Huemer, 1924; Jetzinger, Hitlers Jugend, 105.

353 OÖLA, Nachlass Jetzinger, Gutachten Huemer.

354 Jetzinger, Hitlers Jugend, 94

355 Hitler, Mein Kampf, Kritische Edition, Nr. 30, S. 102.

356 Schroeder, Er war mein Chef, 63.

357 Miller, Die Kindheit Adolf Hitlers.

358 Hitler, Mein Kampf, 455, Wert des Sports.

359 Picker, Tischgespräche, 165.

360 Hitler, Mein Kampf, 30 ff: Der Leidensweg des Arbeiterkindes, Kritische Edition, 156ff.

361 Ebenda.

362 Frank, Im Angesicht, 331f.

363 Jetzinger, Hitlers Jugend, 70.

364 OÖLA, Nachlass Jetzinger.

365 Hitler, Mein Kampf, 16, Kritische Edition, 124f.

366 Interview mit Paula Hitler, 5. Juli 1946, zit. n. Kershaw, Anm. 60.

367 Goebbels, Tagebücher, 9. August 1932.

368 Kubizek, Adolf Hitler, 47.

369 Zit. n. Hamann, Hitlers Wien, 59.

370 Kubizek, Adolf Hitler, 51.

371 Hitler, Monologe, 323, vom 29. August 1942.

372 Bavendamm, Der junge Hitler, 99.

373 Briefkonvolut, Brief Hitler an Radlegger, Linz, 2. April 1895.

374 Wie Adolf Hitlers Bett, in dem er vom 12. auf den 13. März 1938, der Nacht des »Anschlusses« nächtigte, noch immer in einem Altlinzer Haushalt, mit einer Messingtafel versehen, vorhanden sein soll, so wurde auch dieses Sofa zu einer makabren Quasi-Reliquie, aus der immer wieder insgeheim Lederstücke herausgeschnitten wurden, sodass es zuletzt neu bezogen werden musste, aber immer noch im Gastzimmer steht. Wurst-Varjai, Wie ein Alltagsgegenstand Bedeutung erlangt, 75f.

375 Jetzinger, Hitlers Jugend, 72f.; OÖLA, Nachlass Jetzinger, 17 b.

376 Ebenda.

377 (Linzer) Tages-Post, 8. 1. 1903, 3.

378 Hitler, Mein Kampf, 16, Kritische Edition, 124f.

379 Mayrhofer, Hitler in Linz, 1139f.
380 Adolf Hitler, Monologe im Führerhauptquartier 1941–1944. Die Aufzeichnungen Heinrich Heims, hg. v. Werner Jochmann, Hamburg 1980, 158, Wolfsschanze, 8./9. 1. 1942.
381 Hitler, Monologe, 158, Wolfsschanze, 8./9. 1. 1942.
382 Hitler, Monologe, 158, Wolfsschanze, 8./9. 1. 1942.
383 Lothar Höbelt, Das bürgerliche Steyr und die Politik der Jahrhundertwende, in: Julius Gschaider, Burschenschafter, Bürgermeister 1912-1918, hg. v. Herausgegeben von der conservativen Pennalie Eysn, Steyr 2021, 11; Karl-Heinz Rauscher, Die Stadt Steyr unter Bürgermeister Julius Gschaider - Aspekte bürgerlicher Herrschaft, ebda, 73 ff; Julius Gschaider, Erinnerungen, ebda, 117 ff.
384 Lothar Höbelt, Das bürgerliche Steyr und die Politik der Jahrhundertwende, in: Julius Gschaider, Burschenschafter, Bürgermeister 1912-1918, hg. v. Herausgegeben von der conservativen Pennalie Eysn, Steyr 2021, 11; Karl-Heinz Rauscher, Die Stadt Steyr unter Bürgermeister Julius Gschaider - Aspekte bürgerlicher Herrschaft, ebda, 73 ff; Julius Gschaider, Erinnerungen, ebda, 117 ff.
385 Zit. n. Hamann, Hitlers Wien, 358.
386 Kubizek, Adolf Hitler, 65.
387 Goebbels, Tagebücher, 3. 6. 1938.
388 Hitler, Monologe, 156, 8./9. 1. 1942.
389 Foto Stadtarchiv Steyr, Nachlass Goldbacher, Hitler in der hinteren Reihe, vierter von rechts.
390 Hitler, Mein Kampf, 16, Kritische Edition, 125.
391 Sigmund, Diktator, 171.
392 Kubizek, Adolf Hitler, 77, 83 und 92f.
393 Vgl. Werr, Romantische Traumwelten.
394 Picker, Tischgespräche, 432.
395 Kubizek, Adolf Hitler, 37.
396 Hitler, Monologe, 189; Picker, Tischgespräche, 243.
397 Picker, Tischgespräche, 243
398 Kubizek, Adolf Hitler, 72ff.
399 Hitler, Monologe, 189.
400 Ebenda.
401 Hitler, Monologe, 317.
402 Kubizek, Adolf Hitler, 22.
403 Kubizek, Adolf Hitler, 152.
404 Marckhgott, »...von der Hohlheit«, 274.
405 Hamann, Hitlers Wien, 34.
406 Kubizek, Adolf Hitler, 135.
407 Binion, Hitler und die Deutschen, 32 und 105ff., der Dr.Blochs Krankenblätter benutzen konnte.
408 Hamann, Bloch, 85f. (zit. nach Colliers Illustrated Weekly, 15. 3. 1941.)
409 Binion, Hitler und die Deutschen, 33.
410 Hamann, Bloch, 85f.
411 Jetzinger, Hitlers Jugend, 170 ff, 176; Hamann, Hitlers Wien, 53ff.
412 Marckhgott, »... von der Hohlheit«, 269.
413 Ebenda; Jetzinger, Hitlers Jugend, 131f. (Aussage Hagmüllers).
414 Hanisch, Hitlers Buddy, 242; Hamann, Hitlers Wien, 231.
415 Hamann, Bloch, 87f. (zit. n. Colliers Illustrated Weekly, 15. 3. 1941).
416 Hamann, Bloch, 88f.
417 Marckhgott, »... von der Hohlheit«, 273.
418 OÖLA, Nachlass Jetzinger.
419 Kubizek, Adolf Hitler, 145.
420 Hitler, Mein Kampf, 215 (»Umsonst alle Opfer«), Kritische Edition, 553.
421 Kubizek, Adolf Hitler, 131f.
422 Kubizek, Adolf Hitler, 128.
423 Hamann, Hitlers Wien, 58.
424 Leidinger/Rapp, Prägende Jahre, 15f.; Hamann, Hitlers Wien, 61.
425 Hamann, Hitlers Wien, 59f.
426 Hamann, Hitlers Wien, 61f.
427 Marckhgott, »... von der Hohlheit«, 267ff.
428 Brünner Anonymus: Mein Freund Hitler. Aus dem Tschechischen übersetzt von Florian Schleburg, Jahrbuch der Karl-May-Gesellschaft, 2020,, 51 ff.
429 Leidinger/Rapp, Prägende Jahre, 187.
430 Hamann, Hitlers Wien, 568f.
431 Max Sixtl. Interviewt von einem Journalisten des Londoner Guardian. Wiener Montagsblatt, 18. 9. 1933.
432 Hitler, Monologe, 304, 20. 8. 1942, mittags.
433 Kubizek, Adolf Hitler, 32.
434 Picker, Tischgespräche, 25.
435 Kubizek, Adolf Hitler, 46.
436 Hitler, Mein Kampf, Kritische Edition, Kommentar, Nr. 30, 102.
437 Hitler, Monologe, 142.
438 Briefkonvolut, Alois Hitler an Radlegger, Linz, 31. Jänner 1895.
439 Hitler, Monologe, 106, 11. 11. 1941.
440 Hitler, Monologe, 139, 12. 1. 1942, nachts.
441 Hitler, Monologe, 36, 1. 8. 1941, Wolfsschanze.
442 Picker, Tischgespräche, 161.
443 Hitler, Monologe, 243.
444 6. Mai 1932, Goebbels, Vom Kaiserhof zur Reichskanzlei, München 1934, 92.

445 Kubizek, Adolf Hitler, 230: »unser gegenseitiges Verhältnis so innig...« und 236f.: »er hätte übrigens auch bei mir niemals eine solche Liebelei geduldet ...«, könnten als homosexuelle Andeutungen missverstanden werden. Auf Volker Elis Pilgrims spekulative Versuche in »Hitler 1 und Hitler 2«, der dem jungen Adolf Hitler mit Überstrapazierung der wenigen Quellen mindestens zehn homosexuelle Verhältnisse nachweisen will, kann hier nicht näher eingegangen werden.

446 Bernauer, »Wir sind noch einmal davongekommen!« liefert anhand der Klassenchronik und der Matruatreffen des Jahrgangs 1913/21 eine Studie des Binnenmilieus.der Klasse und der Aufarbeitung ihrer politischen Einstellung bis zum letzten Zusammentreffen 1970.

447 Bernauer, »Wir sind noch einmal davongekommen!«

448 Bernauer, »Wir sind noch einmal davongekommen!«; Stefano Bianca, Rudolf Fahrner – ein Lebensbild; Rudolf Fahrner, Erinnerungen 1903-1945, aus dem Nachlass hg. v. Stefano Bianca, Genf 1998.

449 Bernauer, »Wir sind noch einmal davongekommen!«

450 Bernauer, »Wir sind noch einmal davongekommen!«

451 Zit. n. Bernauer, »Wir sind noch einmal davongekommen!«, zu Kastner: Brigitte Bailer-Galanda, »Schauen Sie, das Ungeordnete ist natürlich schlimmer wie.das Geordnete«: Skizze zu Walther Kastner, Jurist und Staatsbediensteter für Diktatur und Demokratie, in: Erfahrung der Moderne: Festschrift für Roman Sandgruber zum 60. Geburtstag, hg. v. Pammer, Michael u.a. Wien 2007, 289 ff.

452 Zit. n. Bernauer, »Wir sind noch einmal davongekommen!«

453 Sandgruber, In Steyr habe ich Schifahren gelernt, (im Druck).

454 Praher, Sport-, Bewegungs- und Körperkulturen in Steyr, 299 ff.

455 Heythum war eher klerikal orientiert: Mit 1. Juli 1910 trat er nach 32-jähriger Dienstzeit, davon 16 in Steyr, in den Ruhestand und übersiedelte nach Wien. Sein Bild »Faun und Fee«, 2004 versteigert, abgebildet: http://www.artnet.com/artists/emil-heythum/ aufgerufen am 12. Oktober 2021.

456 Armin Sturmberger besuchte die Realschule in Steyr in derselben Klasse wie Hitler und absolvierte anschließend ein Architekturstudium an der Technischen Hochschule Wien. Ab 1927 war Sturmberger als freischaffender Architekt in Linz tätig, von 1940 bis 1963 leitete er die Firma Sturmberger & Maier. Von 1924 bis 1945 und 1949 bis 1954 war er Professor an der Bundesgewerbeschule Linz. 1945 bis 1949 war er wegen Zugehörigkeit zur NSDAP entlassen. Warum Rabitsch für Sturmberger 1938 einen falschen Namen angab, ist unklar: Wollte er die Quelle verschleiern oder hat er sich nur geirrt? Alle späteren Autoren haben von ihm abgeschrieben. Eine Ausnahme bildet Werner Maser, Adolf Hitler. Legende, Mythos, Wirklichkeit, München 1971, 71 f, der den richtigen Namen Sturmberger verwendet. Hugo Rabitsch, Jugenderinnerungen eines zeitgenössischen Linzer Realschülers. Aus Adolf Hitlers Jugendzeit, München 1938, 106; August Kubizek, Adolf Hitler, mein Jugendfreund, 3. Aufl. - Graz und Stuttgart 1966, 4. Aufl. 1975, 29 f, 125.

457 Hans Sperl, Der Maler Alois Lebeda (1871-1953), Oberösterreichische Heimatblätter Jg. 52 (1998), H. 3/4, S. 342-343.

458 Hitler, Mein Kampf, 129, Kritische Edition, 365.

459 Baldur v. Schirach, Ich glaubte an Hitler, Hamburg 1967, 16, zit. nach Rathkolb, Schirach, 40.

460 Aussage des Hausmädchens Rosalia Hörl, zit. nach Smith, Adolf Hitler, 27.

461 Ernst, Adolf Hitlers »österreichisches Deutsch«, 33f.

462 Ebenda, 38.

463 Glaise-Horstenau, Ein General im Zwielicht, Bd. 3, 210.

464 Hitler am 20. 4. 1938. Vgl. Kotze/Krausnick, Es spricht der Führer, 189.

465 Kotze/Krausnick, Es spricht der Führer, 142.

466 Hitler, Monologe im Führerhauptquartier, 242, 17. 2. 1942, abends,.

467 Hitler, Monologe, 17. 2. 1942, abends; 22/23. 2. 1942, nachts; 20. 8. 1942, mittags; 1.3. 1942, abends; 4. 2. 1942, abends etc.

468 Embacher, Von liberal zu national, 100.

469 Hitler, Mein Kampf, Kritische Ausgabe, Kommentar, 21ff.

470 Hitler, Monologe, 270, Hitler am 7. 3. 1942.

471 Hitler, Monologe, 314.

472 Hitler, Monologe, 359 f, 21. 8. 1942, abends.

473 Picker, Tischgespräche, 228, 31. 3. 1942.

474 Hitler, Monologe, 322, 29. 8. 1942.

475 Hitler, Monologe, 269, 3. 3. 1942, mittags.

476 Schicklberger/Baumgartner, Die großen Glasgemälde, dort Abbildungen und Interpretationen aller Fenster.

477 Jetzinger, Hitlers Jugend; Heer, Der Glaube des Adolf Hitler, 20; Läpple, Adolf Hitler, 69–78.

478 Pumberger, Gerhard M.: Dr.Joseph Brader 1843-1877. Erster altkatholischer Pfarrer von Ried i.I.

479 Rabitsch, Jugenderinnerungen, 20.

480 Adjutant des Führers. Regesten. Teil 1, Nr.12503, 28. 2. 1938. Akten der Partei-Kanzlei der NSDAP, Wien 1983.

481 OÖLA, Nachlass Jetzinger.

482 Hamann, Hitlers Wien, 32, nach Jetzinger, Hitlers Jugend, 116.

483 Linzer Volksblatt, 25. 5. 1904, 4.

484 Jetzinger, Hitlers Jugend, 116.

485 Hitler, Monologe, 247, 20. /21. 2. 1942, nachts, Führerhauptquartier

486 Kubizek, Urfassung, 1. Teil, Fol. 42ff., vor allem 45.

487 Kubizek, Adolf Hitler, 106.

488 Plöckinger, Geschichte, 84 f; Hitler, Mein Kampf, Kritische Edition, Kommentar, Nr. 32, S. 104.

489 Münchener Post, 6. 12. 1923.

490 ÖLA, Nachlass Jetzinger, Gutachten Huemer.

491 Adolf Hitler. Reden, Schriften, Anordnungen: Februar 1925 bis Januar 1933, hrsg. vom Institut für Zeitgeschichte, München 1992, Dok. 112, 7. Dezember 1929, 510.

492 Salzburger Chronik für Stadt und Land - 19040606 - Seite 1 f

493 Brünner Anonymus: Mein Freund Hitler. Aus dem Tschechischen übersetzt von Florian Schleburg, Jahrbuch der Karl-May-Gesellschaft, 2020,, 51 ff

494 Kubizek, Adolf Hitler, 105f.

495 Eder, Hitler und die Bibel, 139.

496 Rede im Berliner Sportpalast vom 10. Februar 1933. Ähnlich wieder am 8. November 1940 im Münchner Löwenbräukeller.

497 Goebbels, Tagebücher, 9, München 1998, 279f., 29. 4. 1941.

498 Neumitka, Von Adalbero bis Hitler, 359f.

499 Persönliche Erinnerung von Isfried Pichler, OPraem, Schuljahr 1943, Rohrbach.

500 (Linzer) Tages-Post, 25. 10. 1904, 9.

501 Kubizek, Adolf Hitler, 102.

502 Albert Speer, Erinnerungen, 112.

503 Hitler, Reden, Schriften, Anordnungen, München 1993ff., III. Teil, 2, 248. Aussage vor dem Amtsgericht München am 7. 5. 1929.

504 Hamann, Hitlers Wien, 23ff.

505 Hitler, Mein Kampf, 2, Kritische Edition, 94f.

506 Karl Kraus, Die Fackel, 17. 2. 1908: »Aber auch der Klerikalismus hat einen Sieg errungen. Die Direktion des Intimen Theaters hat das Aufführungsrecht des fünfaktigen Trauerspiels ›Johann Philipp Palm‹ von Dr.Alfred Ebenhoch, dem derzeitigen Ackerbauminister, erworben.

507 OÖLA, Nachlass Strnadt, Fadingerbund 1888–1909.

508 Sarlay, Adolf Hitlers Linz, 32.

509 Lenz, Ulrich, Abseits der Klassiker. »Linzer Stücke« in den Spielplänen des 19. Jahrhunderts, in: Michael Klügl (Hg.), Promenade 39. Das Landestheater Linz 1803–2003, Salzburg 2003, 61 71, 71.

510 Hitler, Mein Kampf, 55, 63, 69.

511 Kubizek, Adolf Hitler, 94, 107.

512 Hanisch, Hitlers Buddy, 7.

513 Reuth, Hitlers Judenhass, 28 ff; Joachimsthaler, Hitler in München, 45f. und 178.

514 Kubizek, Adolf Hitler, 107.

515 Hamann, Hitlers Wien, 77ff.; Kershaw, Hitler, 2. Kap. Abschnitt V; Herbst, Hitlers Charisma, 59ff.; Bavendam, Der junge Hitler, 502ff.; Longerich, Hitler, 25ff., Ullrich, 101 wichtigste Fragen, Abschnitt 6.

516 Hitler, Mein Kampf, 51, Kritische Edition, 199.

517 Kubizek, Adolf Hitler, 104.

518 Holzer, Ein k.k. Zöllner, 174, 181.

519 Kubizek, Adolf Hitler, 107.

520 Hitler, Mein Kampf, 52, Kritische Editon, 201.

521 John, Jüdische Bevölkerung, 1316.

522 Monk, Wittgenstein, 14ff.; 132.

523 Cornish, Der Jude aus Linz, 23.

524 Hitler, Mein Kampf, 52, Kritische Edition, 201.

525 Straßmayr, Hans Hatschek, Nachruf, Jahrbuch des oö. Musealvereins 1957, 102, 1957, 123-126.

526 Interview mit Dr.Bloch, 1941, in New York: http://www.nizkor.com/ftp.cgi?people/h/hitler.adolf/oss-papers/text/oss-sb-bloch-01. Hamann erwähnt diese Aussage nicht.

527 Waltraud Neuhauser-Pfeiffer, Nicht dazugehörig. Jüdisches Leben in Steyr, in: Arbeit Wohlstand Macht. Ausstellungskatalog, Linz 2021, 156 f; dieselbe und Karl Ramsmaier, Vergessene Spuren. Die Geschichte der Juden in Steyr, Grünbach 1998; Karl Ramsmaier, Der Holocaust und Steyr, http://steyr.dahoam.net.

528 Picker, Tischgespräche, 181.

529 Leidinger/Rapp, Prägende Jahre, 121.

530 My patient Hitler as told to J.D. Radcliff, Collier's 15. März 1941, 69. Blochs wohlwollende Darstellung des jungen Hitler enthält nachweislich einige falsche Fakten, die Hitler in besserem Licht erscheinen lassen sollten, etwa, dass er bereits mit 18 Jahren seinen Erbanspruch den Schwestern übertragen habe, dass er von der Familie keinerlei finanzielle Unterstützung mehr erhalten habe; ganz abgesehen davon, dass Bloch die Datierungen etwas durcheinander gekommen waren. Die Operation der Mutter war nicht 1908 und zu einem Zeitpunkt, wo sie noch nicht in der Blütenstraße wohnte.... Shofar FTP Archive File: people/h/hitler.adolf/oss-papers/text/oss-sb-bloch-02.

531 John, Die Linzer Fliegenden Blätter, 354. Das Zitat entstammt den handschriftlichen Memoiren Blochs, die dieser ab 1940 in den USA verfasste. Offensichtlich konnte man sich in Linz als Jude aber auch abseits der antisemitischen Milieus bewegen. Bloch hat in seinen Memoiren auch betont, dass er sich in Linz im Prinzip wohl fühlte.

532 John, Jüdische Bevölkerung, 1319.

533 Pyta, Hitler, 110.

534 Embacher, Von liberal zu national, 83.

535 80 Heller kostete eine der wöchentlichen Ausgaben des »Scherers«, fast die Hälfte eines Hilfsarbeiter-Tagesverdienstes. Von den »Fliegenden Blättern« kostete im Jahr 1901 ein Heftchen 36 Heller, ein Halbjahresabonnement (26 Nummern) 8 Kronen. Der »Kyffhäuser« kam auf 30 Heller pro Nummer. Von den Linzer öffentlichen Bibliotheken wurden diese Blätter nicht angekauft.

536 Banuls, Das völkische Blatt, 197. Banuls beruft sich dabei auf Maser, Die Frühgeschichte der NSDAP, 99. »Nach Aussage gut informierter Zeugen hat Hitler bereits während seiner Linzer Realschulzeit die alldeutschen und radikal antisemitisch ausgerichteten Linzer Fliegenden Blätter ständig aufmerksam gelesen«, ebenso 92 (»interessierte ihn seit seiner Linzer Schulzeit, in der er eifrig die alldeutsch-antisemitischen Linzer Fliegenden Blätter las«, und 103 »Hitler, der bereits während seiner Linzer Schulzeit die von Sepp Bayer herausgegebenen antisemitischen Linzer Fliegenden Blätter las …«.

537 Banuls, Das völkische Blatt; John, Die Linzer Fliegenden Blätter, 331–360.

538 Hitler, Mein Kampf, 55, 59f.

539 Kubizek, Adolf Hitler, 283; Leidinger/Rapp, Prägende Jahre, 180.

540 Hamann, Hitlers Wien, 83; Leidinger/Rapp, Prägende Jahre 178ff.; Kubizek, Urmanuskript, Teil 2, Nachlass Jetzinger, fol. 9 und 23.

541 (Linzer) Tages-Post, 6. 2. 1904, 1 und 28. 2. 1904, 3.

542 Weber, Prewar Origins, 70 ff; Zimmermann, Response, 87ff.

543 Leidinger/Rapp, Prägende Jahre, 180f.

544 Kubizek, Urfassung, Teil 1, fol. 34f.

545 Generell dazu: Freund, Oberösterreich und die Zigeuner.

546 Zit. n. Tweraser, Dr.Carl Beurle, 78.

547 Hamann, Hitlers Wien, 191.

548 Ebenda, 190ff.

549 (Linzer) Tages-Post, 1. 8. 1907.

550 Linzer Volksblatt, 24. 2. 1883.

551 Linzer Volksblatt, 5. 7. 1902; 26. 6. 1902.

552 Berichte über die Verhandlungen des oberösterreichischen Landtages, 13. Sitzung, 9. 10. 1884, 217 f; Linzer Volksblatt, 10. 10. 1884.

553 Freund, Oberösterreich und die Zigeuner, passim.

554 Freund, Oberösterreich und die Zigeuner, 69f.

555 Freund, Oberösterreich und die Zigeuner, 77, 80.

556 Speer, Spandauer Tagebücher, 142ff.

557 John, Jüdische Bevölkerung, 1316.

558 Kubizek, Urfassung, Teil 1, fol 41ff.

559 Kubizek, Urfassung, Teil 1, fol 66f.

560 Sandgruber, Hitler hätte sicher Freude gehabt, Oberösterreichische Nachrichten, 9. Juni 2020, 13.

561 Giesler, Ein anderer Hitler, 241.

562 Giesler, Ein anderer Hitler, 92, 215.

563 Giesler, Ein anderer Hitler, 406.

564 Kubizek, Adolf Hitler, 227. Leidinger und Rapp, Prägende Jahre, Abb. 22. 134 ff. Dazu: Hitler the composer? Droog Magazine, March 3, 2020.

565 Joachimsthaler, Korrektur einer Biographie, 170f. und 176 sowie Joachimsthaler, München, 169f. und 174.

566 Kriechbaumer, Der »österreichische« Staatsbürger Adolf Hitler, 59f.

567 Braunau history http://braunau-history.at/w/index.php?title=Hauptseite, Stadtplanung 1938-45, basierend auf Akten des Bundesarchives Berlin (Signatur BArch, R43-II/1013b).

568 Großruck, Lambach, 79.

569 Großruck, Lambach, 185.

570 Großruck, Lambach, 287ff., 307f., 337f.

571 Fischer, Irmgard: Geschichte von Fischlham. https://www.fischlham.at/Geschichte_von_Fischlham.

572 Weißengruber, Früher Tourismus, 85.

573 Tolar, 1898–1938–2008. In den frühen 1940er Jahren veranlasste übrigens der Heimatforscher Karl Karning dankenswerterweise aus Dokumentationsgründen die Herstellung einer Fotoserie von der Mehrzahl der Leondinger alten Höfe durch den erfahrenen Berufsfotografen H. Wöhrl aus Linz.

574 Speer, Spandauer Tagebücher, 112ff., 163, 255ff., 310.

575 Goebbels, Tagebücher, II, Bd. 4, 352, 24. 5. 1942.

576 Goebbels, Tagebücher, II, Bd. 4, 407, 30. 5. 1942.

577 Goebbels, Tagebücher, II, Bd. 5, 597, 29. 9. 1942.

578 Goebbels, Tagebücher, II, Bd. 15, 380, 13. 2. 1945.

579 Kubizek, Adolf Hitler, 104, 120.

580 Goebbels, Tagebücher, II, Bd. 15, 380, 13. 2. 1945.

Literatur

Archive und archivalische Quellen

OÖLA (Oberösterreichisches Landesarchiv), Nachlass Franz Jetzinger.
Dokumentationsarchiv des österreichischen Widerstands, Nachlass Kubizek.
Archiv des Stocker Verlags Graz, Briefwechsel Kubizek-Jetzinger.
Archiv der Stadt Linz, Meldebücher.
Haus der Geschichte St. Pölten.
Hitler, Alois, Briefe, 1895, Privatarchiv Sandgruber.
Schlossmuseum Freistadt, Zoll- und finanzgeschichtliche Sammlung.
ANNO. Historische Zeitungen und Zeitschriften:
(Linzer) Tages-Post, http://anno.onb.ac.at/
Linzer Volksblatt, http://anno.onb.ac.at/
Neue Warte am Inn, http://anno.onb.ac.at/
Kubitschek, August: Erinnerungen an die mit dem Führer gemeinsam verlebten Jünglingsjahre 1904–1908 in Linz und Wien, Bd. 2, Teil Wien (Anm.: Bd. 1 wurde nicht abgeschrieben, sondern nach dem Büchel von Kubizek sogleich verarbeitet). OÖLA, Nachlass Jetzinger.
Kubitschek, August: Erinnerungen, Bd. 1, handschriftlich, Haus der Geschichte St. Pölten /Privatarchiv.
Jahresbericht der k. k. Staats-Oberrealschule in Steyr, 1904/05, Steyr 1905.

Literatur

Ach, Manfred: Das Nekrodil. Wie Hitler wurde, was er war, München 2010.
Adolf Hitler als Maler und Zeichner. Ein Werkkatalog der Ölgemälde, Aquarelle, Zeichnungen und Architekturskizzen, Zug 1983.
Als lediges Kind geboren ... Autobiographische Erzählungen 1865–1945, Hg. v. Peter Eigner, Wien 2008 (= Damit es nicht verloren geht, Bd. 53)
Bachschweller, Karin: »Er wird doch kein Lump sein« – Der Priester und Sozialdemokrat Franz Jetzinger im Spannungsfeld von Kirche und Politik (1918-1934), in: Oberösterreich 1918-1938, Bd. 5, hg. v. OÖLA, Linz 2016, 7-60.
Bachschweller, Karin: Eine weltanschauliche Kontroverse am Beispiel des Priesters und Sozialdemokraten Dr. Franz Jetzinger, in: Franz Gmainer-Pranzl u.a. (Hg.), Katholische Kirche und Sozialdemokratie in Österreich, Linz 2021, 177-188.
Banuls, André: Das völkische Blatt »Der Scherer«. Ein Beitrag zu Hitlers Schulzeit. In: Vierteljahreshefte für Zeitgeschichte 18, 1970, 196–203.
Baumgartner, Johann: Adolf Hitler – seine Große Liebe und Peilstein. In: Oberösterreichische Heimatblätter, Jg. 48 (1994), H. 3, S. 281–284.
Bavendamm, Dirk: Der junge Hitler. Korrekturen einer Biographie 1889–1914, Graz 2009.
Bernauer, Egbert: »Wir sind noch einmal davongekommen!«: SS-Obergruppenführer Ernst Kaltenbrunner und seine Mitschüler als Synonym für die NS-Kriegsgeneration in Österreich, Linz 2017.
Binion, Rudolph: Hitler Among the Germans, New York 1976; deutsch: »... dass ihr mich gefunden habt«. Hitler und die Deutschen, Stuttgart 1978.
Black, Peter: Ernst Kaltenbrunner – Vasall Himmlers. Eine SS-Karriere, Paderborn 1991.
Bruppacher, Paul: Adolf Hitler und die Geschichte der NSDAP. Eine Chronik: Bd. 1: 1889–1937, Norderstedt 2009.
Bukey, Evan B.: »Patenstadt des Führers«. Eine Politik- und Sozialgeschichte von Linz 1908–1945, Frankfurt am Main 1994.
Bullock, Alan: Hitler. Eine Studie über Tyrannei, 2.Aufl; Düsseldorf 1967.
Burz, Ulfried: »Katholisch sein, heißt deutschfeindlich sein!« Die Los-von-Rom-Bewegung in Kärnten, in: Kärntner Landesgeschichte und Archivwissenschaft. Festschrift für Alfred Ogris zum 60. Geburtstag (Klagenfurt 2001) 465-476.
Carruthers, Bob: Hitler's Violent Youth: How Trench Warfare and Street Fighting Moulded Hitler, Barnsley 2015.
Cesarani, David: Adolf Eichmann. Bürokrat und Massenmörder, Berlin 2012.
Chelius, Fritz H.: Aus Adolf Hitlers Jugendland und Jugendzeit, Leipzig 1933.
Cornish, Kimberley: Der Jude aus Linz. Hitler und Wittgenstein, Berlin 1998.
Daim, Wilfried: Der Mann, der Hitler die Ideen gab, 2. Aufl., Wien 1984.
Deuerlein, Ernst: Hitler. Eine politische Biographie, München 1969.
Deutsche Ansiedlungsgesellschaft (Hg.); Die alte Heimat. Beschreibung des Waldviertels um Döllersheim, Berlin 1942.
Eder, Manfred: Hitler und die Bibel. Studien zu einem merkwürdigen Verhältnis. In: Georg Steins etc. (Hg.), Das Buch, ohne das man nichts versteht. Die kulturelle Kraft der Bibel, Münster 2005, 130–162.
Eitzlmayr, Max, Vierlinger, Rudolf: Braunau–Simbach. Nachbarstädte am Inn, 2. Aufl., Simbach 1980.

Embacher, Helga: Von liberal zu national: Das Linzer Vereinswesen von 1848 bis 1938, Historisches Jahrbuch der Stadt Linz, 1991, 41–110.

Erikson, Erik H.: Die Legende von Hitlers Kindheit. In: Kindheit und Gesellschaft, 2. Aufl., Stuttgart 1965, 320–352.

Ernst, Peter: Adolf Hitlers »österreichisches Deutsch«. Eine ohrenphonetische Analyse historischer Film- und Tondokumente. In: Zeitschrift für Mitteleuropäische Germanistik, 3. Jg. (2013), Heft 3, 29 ff.

Fest, Joachim: Hitler. Eine Biographie, Berlin 1973.

Fischer, Erwin (u.a.): Fischlham und seine Geschichte, Ried im Innkreis 2007.

Frank, Hans: Im Angesicht des Galgens, 2. Aufl., Neuhaus 1955.

Freund, Florian, Laher, Ludwig, Martl, Gitta: Oberösterreich und die Zigeuner: Politik gegen eine Minderheit im 19. und 20. Jahrhundert, Linz 2010.

Gardner, David: The Last of the Hitlers. The Story of Adolf *Hitler's* British Nephew and the Amazing Pact to Make Sure His Genes Die Out, Worcester 2001.

Giesler, Hermann: Ein anderer Hitler, Leoni 1977.

Giesler, Hermann: Ein anderer Hitler. Erlebnisse – Gespräche – Reflexionen, 2. Aufl., Leoni 1978.

Girtler, Roland: Abenteuer Grenze. Von Schmugglern und SchmugglerInnen, Ritualen und »heiligen« Räumen, Wien 2006.

Glaise-Horstenau, Edmund: Ein General im Zwielicht. Die Erinnerungen Edmund Glaises von Horstenau, hg. v. Peter Broucek, 3 Bde., Wien 1980–1988.

Goebbels, Joseph: Die Tagebücher, hg. v. Elke Fröhlich, (Hrsg.), Teil I: Aufzeichnungen 1923–1941, 14 Bde., Teil II: Diktate 1941–1945, 15 Bde., Teil III: Register 1923–1945, 3 Bde., München 1997–2008.

Göttert, Karl-Heinz: Die Sprachreiniger. Der Kampf gegen Fremdwörter und der deutsche Nationalismus, Propyläen Verlag, Berlin 2019.

Görlitz, Walter, Quint, Herbert A.: Adolf Hitler. Eine Biographie, Stuttgart 1952.

Graf, Werner: Adolf Hitler begegnet Karl May. Zur Lektürebiografie des »Führers«, Baltmannsweiler 2012.

Großruck, Johann: Benediktinerstift Lambach im Dritten Reich 1938–1945. Ein Kloster im Fokus von Hitlermythos und Hakenkreuzlegende, Linz 2011.

Habe, Hans: Ich stelle mich: Meine Lebensgeschichte, München 1954.

Ham, Paul: Young Hitler. The Making of the Fuhrer, 2017.

Hamann, Brigitte: Hitlers Edeljude. Das Leben des Armenarztes Eduard Bloch, München u.a. 2008.

Hamann, Brigitte: Hitlers Wien. Lehrjahre eines Diktators, München 1996.

Hanisch, Ernst: 1890–1990: Der lange Schatten des Staates. Österreichische Gesellschaftsgeschichte im 20. Jahrhundert, Wien 1994.

Hanisch, Ernst: Landschaft und Identität. Versuch einer österreichischen Erfahrungsgeschichte, Wien 2019.

Hanisch, Reinhold: »I was Hitler's Buddy«, New Republic, April 5, 12, 19, 1939, 193–99, 270–72, 297–300.

Hartmann, Gerhard: Prof. Dr. Franz Jetzinger, https://oecv.at/Biolex/Detail/10402555.

Hayman, Ronald: Hitler and Geli, London 1998.

Heer, Friedrich: Der Glaube des Adolf Hitler, 2.Aufl., Esslingen 1990.

Heer, Friedrich: Gottes erste Liebe. 2000 Jahre Judentum und Christentum. Genesis des österreichischen Katholiken Adolf Hitler, München 1967.

Heiden, Konrad: Adolf Hitler. Das Zeitalter der Verantwortungslosigkeit. Ein Mann gegen Europa, 1. Auflage, Zürich 1936/37, Neuauflage, Zürich 2011 (mit den von Heiden noch 1936 eingefügten Ergänzungen).

Herbst, Ludolf: Hitlers Charisma. Die Erfindung eines deutschen Messias, Frankfurt am Main 2011.

Hiereth, Sebastian: Geschichte der Stadt Braunau, 2. Teil, Braunau 1973.

Hillesheim, Jürgen: Hitlers Schwester Paula Wolf und das »Dritte Reich«. Mit einer kommentierten Edition des Briefwechsels zwischen Paula Wolf und dem Verleger Heinz G. Schwieger aus den Jahren 1946–1950, Berlin 1992.

Hitler, Adolf:Mein Kampf. Eine kritische Edition. Herausgegeben von Christian Hartmann, Thomas Vordermayer, Othmar Plöckinger, Roman Töppel. Im Auftrag des Instituts für Zeitgeschichte München, 2 Bände, Berlin 2016.

Hitler, Adolf: Erinnerungen eines Jugendgespielen. In: Linzer Tages-Post, 4. 2. 1933, Nr. 29, 11

Hitler, Adolf: Monologe im Führerhauptquartier 1941–1944, hg. v. Werner Jochmann, Hamburg 1980.

Hitlers politisches Testament. Die Bormann-Diktate vom Februar und April 1945, Hamburg 1954

Holzer, Rudolf: ... ein k. k. Zöllner. Vom Finanzwachaufseher zum Direktor des Hauptzollamts. Das Leben Franz Holzers, Wien 1961.

Jäckel, Eberhard, Kuhn, Axel: Hitler. Sämtliche Aufzeichnungen 1905–1924, Stuttgart 1980.

Jetzinger, Franz: Hitlers Jugend. Phantasien, Lügen – und die Wahrheit, Wien 1956.

Joachimsthaler, Anton: Hitler in München 1908–1920, Frankfurt am Main 1992.

Joachimsthaler, Anton: Hitlers Weg begann in München, 1913–1923, München 2000 (weitgehend wortgleich mit »Hitler in München«, aber um die Jahre 1920–23 ergänzt).

Joachimsthaler, Anton: Korrektur einer Biographie. Adolf Hitler 1908-1920, München 1989.

Jochmann, Werner (Hg.): Adolf Hitler. Monologe im Führerhauptquartier 1941–1944. Die Aufzeichnungen Heinrich Heims, Hamburg 1980.

John, Michael/Gerhard A. Stadler: Zu Bevölkerungsentwicklung und Stadtwachstum in Linz 1840–1880. In: Historisches Jahrbuch der Stadt Linz 1987, 99–144.

John, Michael: »Bereits heute schon ganz judenfrei ...« Die jüdische Bevölkerung von Linz und der Nationalsozialismus. In: Fritz Mayrhofer, Walter Schuster (Hrsg.): Nationalsozialismus in Linz, Linz 2001, Bd. 2, 1311–1406.

John, Michael: Die Linzer Fliegenden Blätter und andere Zeitschriften. Antisemitismus in der lokalen und regionalen Presse Oberösterreichs 1890–1920. In: Michael Nagel, Moshe Zimmermann (Hg.), Judenfeindschaft und Antisemitismus in der deutschen Presse über fünf Jahrhunderte: Erscheinungsformen, Rezeption, Debatte und Gegenwehr, Bremen 2013, 331 ff.

John, Michael: Linzer Fliegende Blätter (Österreich, 1899–1914). In: Wolfgang Benz (Hg.), Handbuch des Antisemitismus. Judenfeindschaft in Geschichte und Gegenwart, Band 6 (Publikationen), Berlin-Boston 2013, 434–436.

Jones, Sidney J.: Hitlers Weg begann in Wien. 1907–1913, München 1999.

Julius Gschaider: Burschenschafter, Bürgermeister 1912-1918, hg. v. der conservativen Pennalie Eysn zu Steyr im Selbstverlag, Mit Beiträgen v. Lothar Höbelt (Das bürgerliche Steyr und die Politik der Jahrhundertwende), Christian Neschwara (Julius Gschaider, 1878-1963, als Waffenstudent) und Karl-Heinz Rauscher (Steyr unter Bürgermeister Julius Gschaider - Aspekte bürgerlicher Herrschaft) und einem Beitrag von Julius Gschaider (Erinnerungen an die Amtszeit, 1957).

Junker, Erbert: Der »amtliche« Großvater Adolf Hitlers in Hoheneich. In: Das Waldviertel, Jg. 54,1 (2005), 63 ff.

Kainzner, Florian: Georg Wieninger. Ein Leben für die Landwirtschaft, Diss. Universität Wien 1986.

Kandl, Eleonore: Hitlers Österreichbild. Diss. Universität Wien 1963.

Karning, Karl: Leonding in der Jugendzeit des Führers. In: Heimatland, 15, 1938, H. 4, 57–64.

Kauer, Josef Anton: Leonding anno 1898. In: Spurensuche Leonding: 1898–1938–2008, Leonding 2008, 12 ff.

Keller, Gustav: Der Schüler Adolf Hitler. Die Geschichte eines lebenslangen Amoklaufs, Berlin 2010.

Kepplinger, Brigitte, Marckhgott, Gerhart, Reese, Hartmut (Hg.): Tötungsanstalt Hartheim. 2., erweiterte Auflage, Linz 2008.

Kershaw, Ian: Hitler. Aus dem Engl. von Klaus Kochmann u.a. , Bd. 1: 1889–1936, Bd. 2: 1936–1945, Register-Bd.: 1889–1945, Stuttgart 1998–2001.

Kiesel, Helmuth: Hitlers Stil in Mein Kampf. http://www.steiner-verlag.de/uploads/tx_crondavtitel/datei-datei/9783515123792_p.pdf.

Kirchmair, Lando: Das »Geburtshaus Hitlers« in Braunau am Inn – eine unendliche Geschichte? Eine kritische Analyse der Legalenteignung aufgrund von Symbolik. In: Austrian Law Jounal, 2018, 66–88.

Klein, Anton Adalbert: Hitlers dunkler Punkt in Graz? Das Gerücht von Hitlers jüdischer Abstammung im Licht der Quellen. In: Historisches Jahrbuch der Stadt Graz. Bd. 3 (1970), 7–30.

Konder, Alfred: Adolf Hitler's Family Tree. The Untold Story of the Hitler Family, 2001.

Koppensteiner, Rudolf: Die Ahnentafel des Führers, Leipzig 1931.

Kotze, Hildegard von, Krausnick, Helmut (Hrsg.): Es spricht der Führer. 7 exemplarische Hitler-Reden, Gütersloh 1966.

Kreczi, Hanns: Altkatholischer Vikar in Linz. Rückblick auf einen Lebensabschnitt. Historisches Jahrbuch der Stadt Linz 1996 (1997), S. 361-392.

Kriechbaumer, Robert: Der »österreichische Staatsbürger« Adolf Hitler. In: Christliche Demokratie, Jg. 9, 1991/1992, 7–86.

Krumpöck, Ilse: Hitlers Großmutter. Romanbiografie, Bad Traunstein 2011.

Kubizek, August: Adolf Hitler, mein Jugendfreund. 3. Aufl., Graz u. Stuttgart 1966, 4. Aufl. 1975.

Kusternig, Andreas: Hitlers Vorfahren aus dem Raum Strones. Romanfiguren contra historische Wahrheit. In: Das Waldviertel, Jg. 63, 2014, H. 4, S. 330–354, Teil II, ebenda Jg. 64, 2015, H. 1, 28–58.

Lackner, Helmut, Stadler, Gerhard: Fabriken in der Stadt. Eine Industriegeschichte der Stadt Linz, Linz 1990.

Läpple, Alfred: Adolf Hitler. Psychogramm einer katholischen Kindheit. 1. Aufl., Stein am Rhein 2001.

Läpple, Alfred: Paula Hitler, die Schwester. Ein Leben in der Zeitenwende. 2. Aufl., Stegen am Ammersee 2005.

Lehrer, Steven: Hitler sites. A City-by-City Guidebook (Austria, Germany, France, United States), Jefferson, NC u.a. 2002.

Leidinger, Hannes, Rapp, Christian: Hitler. Prägende Jahre. Kindheit und Jugend 1889–1914, Salzburg – Wien 2020.

Löhr, Hanns Christian: Hitlers Linz. Der »Heimatgau des Führers«, Berlin 2013.

Longerich, Peter: Hitler. Biographie, München 2015.

Machtan, Lothar: Hitlers Geheimnis. Das Doppelleben eines Diktators, Berlin 2001.

Mailer, Norman: Das Schloss im Wald, München 2017.

Mallinger, Michael: Die Geschichte des Großhändlers Pfeiffer ab 1862 unter Einbeziehung einer Analyse ausgewählter Kennzahlen, Diplomarbeit, Linz 2006.

Marckhgott, Gerhart: »... von der Hohlheit des gemächlichen Lebens«. Neues Material über die Familie Hitler in Linz. Jahrbuch des Oberösterreichischen Musealvereines, Bd. 138, 1 (1993), 267–277.

Marckhgott, Gerhart: Fremde Mitbürger. Die Anfänge der israelitischen Kultusgemeinde Linz-Urfahr 1849–1877. Historisches Jahrbuch der Stadt Linz 1984 (1985), 285–309.

Martin, Franz: Braunauer Häuserchronik, Salzburg 1943.

Maser, Werner: Adolf Hitler. Legende – Mythos – Wirklichkeit. München und Esslingen 1971.

Maser, Werner: Fälschung, Dichtung und Wahrheit über Hitler und Stalin, München 2004.

Mayrhofer, Fritz, Katzinger, Willibald: Geschichte der Stadt Linz, 2 Bde, Linz 1990.

Mayrhofer, Fritz, Schuster, Walter (Hg.): Nationalsozialismus in Linz, 2 Bde., Linz 2001, 2. Aufl. Linz 2007.

Mayrhofer, Fritz: Die »Patenstadt des Führers«. Träume und Realität, in: Nationalsozialismus in Linz, 1, 327 ff.

Mayrhofer, Fritz: Zu Aufenthalten Adolf Hitlers in Linz, MÖSTA Band 55/II, 2011, 1129–1145.

Merinsky, Karl: Das Ende des Zweiten Weltkrieges und die Besatzungszeit im Raum von Zwettl in Niederösterreich. Diss. Universität Wien 1966.

Merinsky, Karl: Zwettl und der Truppenübungsplatz Döllersheim. Ein Beitrag zur Zeitgeschichte Niederösterreichs. In: Zwischen Weinsberg, Wild und Nebelstein. Bausteine zur Heimatkunde des Hohen Waldviertels. Zwettl 1974, S. 137–169.

Merki, Christoph Maria: Zucker gegen Saccharin. Zur Geschichte der künstlichen Süßstoffe, Frankfurt am Main 1993.

Miller, Alice: Die Kindheit Adolf Hitlers. Vom verborgenen zum manifesten Grauen. Am Anfang war Erziehung, Frankfurt am Main 1983.

Mitterauer, Michael: »Nur diskret ein Kreuzzeichen.« In: Heller, Andreas u.a. (Hg.), Religion und Alltag, Wien u. Köln 1990, 154–204.

Mitterauer, Michael: Ledige Mütter. Zur Geschichte unehelicher Geburten in Europa, München 1983.

Möcker, Hermann: »Hitler ohne Ende?« Oder: Über die (fast schon standardisierte) Fortschreibung irriger G'schichten (Versuch einer Sammelrezension), in: ÖGL 2020, 4, 411-442.

Möcker, Hermann: Brigitte Hamanns Biographie von Dr.Bloch, dem Hausarzt der Familie Hitler. In: Österreich in Geschichte und Literatur mit Geographie 69, 2009, H. 3, 323–329.

Möcker, Hermann: Defizitäre Quellen und problematische Interpretationen. Schwierigkeiten mit Hitlers Genealogie und Jugendbiographie. Ein Literaturbericht. In: Österreich in Geschichte und Literatur mit Geographie 51, 2007, H. 6, S. 354–385; dazu ergänzend ders.: Metalegómena genealogica et biographica Hitleriana. Genealogisch-biographische Nachträge zu meinen Arbeiten in ÖGL 2000/5 und 2007/6 sowie zu meinem Innsbrucker Vortrag (Möcker 2006). In: Österreich in Geschichte und Literatur mit Geographie 52, 2008, H. 4–5a, S. 199–210.

Möcker, Hermann: Hitlers Schülerbiographie – nachgeprüft und berichtigt. Was bisher unbeachtete Dokumente und eine Neulesung bekannter Materialien ergeben. In: Bericht über den 24. Österreichischen Historikertag in Innsbruck 2005, Innsbruck 2006, 133–152.

Möcker, Hermann: War Wittgenstein Hitlers »Jude aus Linz«, wie Kimberley Cornish aus antipodischer Sicht meint? Biographische Korrekturen zum Schüler Adolf und Gedanken zu einem krausen Buch. In: Österreich in Geschichte und Literatur, Jg. 44, Wien 2000, H. 5–6, S. 281–333.

Mulack, Christa: Klara Hitler. Muttersein im Patriarchat, Rüsselsheim 2005.

Mulders, Jean Paul: Auf der Suche nach Hitlers Sohn. Eine Beweisaufnahme, München 2009.

Müller, Michael Berthold: Der junge Hitler. Eine Biographie der ersten dreißig Lebensjahre, Frankfurt am Main 2000.

Neumitka, Rudolf: Von Adalbero bis Hitler in Stadl-Paura und Lambach, Wels 2001.

Olden, Rudolf: Hitler, Amsterdam 1935, Neudruck, Hildesheim 1981.

Picker, Henry: Hitlers Tischgespräche im Führerhauptquartier, Stuttgart 1983.

Pilgrim, Volker Elis: Hitler 1 und Hitler 2. Von der Männerliebe zur Lust am Töten, Hamburg 2018.

Plass, Konrad: Die altkatholische Kirchengemeinde in Linz. Historisches Jahrbuch der Stadt Linz. 1970 (1971). S. 99-112.

Plöckinger, Othmar: Frühe biografische Texte zu Hitler. Zur Bewertung der autobiografischen Teile in »Mein Kampf«. In: Vierteljahreshefte für Zeitgeschichte, Jg. 58 (2010), H. 1.

Plöckinger, Othmar: Geschichte eines Buches: Adolf Hitlers ›Mein Kampf‹ 1922–1945, München 2006.

Praher, Andreas: Sport-, Bewegungs- und Körperkulturen in Steyr, in: Arbeit Wohlstand Macht. Ausstellungskatalog, Linz 2021, 299 ff.

Prenninger, August: Die Auswirkungen des Nationalsozialismus auf das Benediktinerstift Lambach. In: 78. Jahresbericht des Bischöflichen Gymnasiums Kollegium Petrinum, 1981/82, 37–106.

Preradovich, Nikolaus: Adolf Hitler – Mischling zweiten Grades? In: Deutsche Monatshefte, April 1989, 6 ff.

Price, Billy F. (Hg.): Adolf Hitler als Maler und Zeichner, Werkkatalog, München 1983.

Puffer, Emil: Die Gemeindevertretung von Urfahr 1948–1918. In: Historisches Jahrbuch der Stadt Linz 1979 (1980), 139–292.

Pyta, Wolfram: Hitler. Der Künstler als Politiker und Feldherr. Eine Herrschaftsanalyse, München 2015.

Rabensteiner, Augustin: Chronik des Marktes Lambach unter der 60jährigen Regierung K. Franz Josef I. 1848–1908. Lambach o. J. (1908).

Rabitsch, Hugo: Jugenderinnerungen eines zeitgenössischen Linzer Realschülers. Aus Adolf Hitlers Jugendzeit, München 1938.

Rachbauer, Tamara, Manfred Rachbauer: Ranshofen. Geschichte(n) auf Schritt und Tritt: Geschichte und Geschichten. Eigenverlag 2012.

Rachbauer, Tamara: Egon Ranshofen-Wertheimer: Chronologie eines bewegten Lebens, München 2008.

Rathkolb, Oliver: Schirach. Eine Generation zwischen Goethe und Hitler, Wien 2020.

Reitner, Sabine: »Arisierungen« im Nationalsozialismus am Beispiel der Linzer Firmengruppe Mostny, Mostny & Brück sowie S. Spitz, Diplomarbeit der Johannes Kepler Universität, Linz 2002.

Reuth, Ralf Georg: Hitler. Eine politische Biographie, München 2003.

Reuth, Ralf Georg: Hitlers Judenhass. Klischee und Wirklichkeit, München 2009.

Rißmann, Michael: Hitlers Gott. Vorsehungsglaube und Sendungsbewußtsein des deutschen Diktators, Zürich 2001.

Rolinek, Susanne/Lehner, Gerald/Strasser, Christian: Im Schatten von Hitlers Heimat. Reiseführer durch die braune Topografie von Oberösterreich, Wien 2010 (dazu online auf www.imschatten.org)

Rosenbaum, Ron: Explaining Hitler: The Search for the Origins of His Evil, Boston 1998, 2. Aufl. 2014.

Sandgruber, Roman: Franck in Linz. Geschichte eines Familienunternehmens, Linz 2014.

Sandgruber, Roman: In Steyr habe ich Schifahren gelernt. Adolf Hitlers Steyrer Jahr 1904/05, Festschrift für Lothar Höbelt, Wien 2022 (im Druck).

Sandgruber, Roman: Rothschild. Glanz und Untergang des Wiener Welthauses, Wien 2018.

Sandgruber, Roman: Traumzeit für Millionäre. Die 929 reichsten Wienerinnen und Wiener im Jahr 1910, Wien 2013.

Sandkühler, Thomas: Adolf H. – Lebensweg eines Diktators, München 2015.

Sandner, Harald: Hitler – Das Itinerar, Band I–IV (Taschenbuch): Aufenthaltsorte und Reisen von 1889 bis 1945, 4 Bde., Berlin 2016.

Sarlay, Ingo: Adolf Hitlers Linz. Architektonische Visionen einer Stadt. In: »Kulturhauptstadt des Führers«. Kunst und Nationalsozialismus in Linz und Oberösterreich, Linz 2008.

Saurer, Edith: Straße, Schmuggel, Lottospiel. Materielle Kultur und Staat in Niederösterreich, Böhmen und Lombardo-Venetien im frühen 19. Jahrhundert, Göttingen 1989.

Scheuringer, Hermann: Sprachentwicklung in Bayern und Österreich. Eine Analyse des Substandardverhaltens der Städte Braunau am Inn (Österreich) und Simbach am Inn (Bayern) und ihres Umlandes, Hamburg 1990.

Schicklberger, Gottfried/Baumgartner, Augustin: Die großen Glasgemälde des Maria-Empfängnis-Domes zu Linz, Linz 1995.

Schindlmeier, Peter: Zoll und Maut in Simbach – Braunau. In: Heimat am Inn, Bd. 4., Simbach am Inn 1977, 103–123.

Schmölders, Claudia: Hitlers Gesicht. Eine physiognomische Biografie, München 2000.

Schroeder, Christa: Er war mein Chef. Hg. v. Anton Joachimsthaler, München 1985.

Schwarz, Birgit: Geniewahn. Hitler und die Kunst, Wien 2009.

Schwarzwäller, Wulf C.: Hitlers Geld. Vom armen Kunstmaler zum millionenschweren Führer, Wien 1998.

Sigmund, Anna Maria: Des »Führers« Großmutter und deren exquisite Möbel. In: Die Presse, 20. 4. 1999.

Sigmund, Anna Maria: Kam Hitler nicht aus verworrenen, dubiosen und ärmlichen Verhältnissen? In: Diktator, Dämon, Demagoge. Fragen und Antworten zu Adolf Hitler, München 2006, 110 ff.

Simms, Brendan: Hitler. Eine globale Biographie, München 2020.

Slapnicka, Harry: Hitler und Oberösterreich. Mythos, Propaganda und Wirklichkeit um den »Heimatgau des Führers«, Grünbach 1998.

Slapnicka, Harry: Oberösterreich unter Kaiser Franz Joseph, Linz 1982.

Smith, Bradley F.: Adolf Hitler. His Family, Childhood and Youth, Stanford 1967.

Speer, Albert: Erinnerungen, Frankfurt am Main 1969.

Stabauer, Michael: Die Bezirkshauptmannschaft Braunau 1848–2014, Entwicklung der Mittelbehörden in Oberösterreich. Masterarbeit der Universität Salzburg 2014.

Thamer, Hans-Ulrich: Adolf Hitler. Biographie eines Diktators, München 2016.

Toland, John: Adolf Hitler, 1, 1889–1938, Werden und Weg, Bergisch-Gladbach 1977.

Tolar, Gerhard: Ein Dorf im Erzherzogtum Österreich ob der Enns um 1900. In: Spurensuche Leonding: 1898–1938–2008, Leonding 2008, 21 ff.

Trauner, Karl-Reinhart, Die Los-von-Rom-Bewegung. Gesellschaftspolitische und kirchliche Strömung in der ausgehenden Habsburgermonarchie (Szentendre 2006).

Tweraser, Kurt: Der Linzer Gemeinderat 1880–1914. In: Historisches Jahrbuch der Stadt Linz 1979, 293–341.

Tweraser, Kurt: Dr.Carl Beurle, Schönerers Apostel in Linz. In: Historisches Jahrbuch der Stadt Linz 1989, 67–83.

Ullrich, Volker: Adolf Hitler. Biographie. Die Jahre des Aufstiegs 1889–1939. Band 1, Frankfurt am Main 2013.

Ullrich, Volker: Hitler. Die 101 wichtigsten Fragen, München 2019.

Unger, Michael (Hg.): The Memoirs of Bridget Hitler, London 1979.

Vermeeren, Marc: De jeugd van Adolf Hitler 1889–1907 en zijn familie en voorouders, Soesterberg 2007.

Wagner, Manfred: Diskurs über Hitlers ästhetische Sozialisation. In: ders., Kunst und Politik, Wien 1991, 226–276.

Weber, Franz (Pater Konrad Weber): Die Abtei zu den Hakenkreuzen. In: Reichspost, 30. 12. 1934.

Weber, Therese: »Ich durfte ministrieren«. In: Heller, Andreas u.a. (Hg.), Religion und Alltag, Wien u. Köln 1990, 135–153.

Weber, Thomas: The Pre-1914 Origins of Hitler's Anti-semitism Revisited. In: The Journal of Holocaust Research, Volume 34, 2020, 70–86.

Weber, Thomas: Wie Adolf Hitler zum Nazi wurde. Vom unpolitischen Soldaten zum Autor von »Mein Kampf«, Berlin 2016.

Weißengruber, Thekla: Früher Tourismus in Leonding. In: Spurensuche Leonding: 1898–1938–2008, Leonding 2008, 79 ff.

Werr, Sebastian: Romantische Traumwelten und alldeutsche Politik. Linzer Wagner-Aufführungen in Adolf Hitlers Jugend (1901–1908). In: Wagner-Spektrum (2012), Heft 1, 103-134.

Whetton, Chris: Hitlers Fortune, Barnsley 2004.

Wimmer, Karl: Der Pensionsakt des Zollbeamten Alois Hitler. In: Die Zollwacht, 1986, Nr. 5.

Winkler, Willi: Dubiose Quellen, zu: Mikael Nilsson: Hitler redivivus »Hitlers Tischgespräche« und »Monologe im Führerhauptquartier« – eine kritische Untersuchung. In: Vierteljahreshefte für Zeitgeschichte, Band 67 (2019), 105–146.

Wladika, Michael: Hitlers Vätergeneration. Die Ursprünge des Nationalsozialismus in der k. u. k. Monarchie, Wien 2005.

Wurst-Varjai, Judith: Wie ein Alltagsgegenstand Bedeutung erlangt. In: Spurensuche Leonding: 1898–1938–2008, Leonding 2008, 74 ff.

Zdral, Wolfgang: Der finanzierte Aufstieg des Adolf H., Wien 2002.

Zdral, Wolfgang: Die Hitlers. Die unbekannte Familie des Führers, Frankfurt am Main u.a. 2005.

Zerlik, Alfred: Adolf Hitler in den Schulprotokollen der Realschule. In: Jahresbericht des Realgymnasiums Linz 1974/75, 36 ff.

Zerlik, Alfred: Adolf Hitlers Linzer Schuljahre. In: Historisches Jahrbuch der Stadt Linz 1975 (1976), 335–338.

Zerlik, Alfred: Bedeutende ehemalige Realschulprofessoren und Realschüler. Jahresbericht des Bundesrealgymnasiums Linz. 1970/71 (1971). 11–26; 1971/72 (1972), 19–20; 25–26; 1972/73 (1973), 87; 1973/74 (1974), 131–132.

Ziegler, Anton: Rückblick auf die Geschichte der Stadt Urfahr an der Donau in Oberösterreich, Linz 1920.

Harald Eisenberger: Autorenporträt auf Umschlagklappe hinten, Vor- und Nachsatz

Privatarchiv: 102, 108, 128 (oben), 235

Nordico Stadtmuseum Linz. Reproduktion Thomas Hackl: 78, 84 (Mitte),137 (unten), 144, 160, 164, 171 (unten), 177, 191 (oben), 230/231, 257, 262

Archiv der Stadt Linz: 56 (unten), 84 (unten), 239, 240

Benediktinerstift St. Florian: 137 (oben)

awkz/Interfoto/picturedesk.com: Cover (Porträt Alois Hitler)

Everett Collection/picturedesk.com: 6

Scherl/SZ-Photo/picturedesk.com: 20, 45

Ledermann, Postkartenverlag/ÖNB-Bildarchiv/ picturedesk.com: 42

akg-images/picturedesk.com: 56 (oben), 68, 228

Bridgeman Art Library/picturedesk.com: 73 (oben rechts)

ullstein bild/Ullstein Bild/picturedesk.com: 73 (oben links), 206 (oben)

Gurian/laif/picturedesk.com: 142, 206 (unten)

Friedrich/Interfoto/picturedesk.com: 171 (oben)

SZ Photo/SZ-Photo/picturedesk.com: 174

Alois/Interfoto/picturedesk.com: 226

HERMANN HISTORICA/Interfoto/picturedesk.com: 237(unten)

Stadtmuseum St. Pölten, Fotoarchiv: 35 (oben)

U.S. National Archives: Coverfoto (Porträt Adolf Hitler), 191 (unten)

Nachlass August Kubizek: 237 (oben)

www.akon.onb.ac.at: Cover (Silhouette Braunau am Inn), 2/3

www.anno.onb.ac.at: 88 (unten), 128 (unten)

www.literature.at (austrian literature online): 269

www.braunau-history.at: 35 (unten), 67, 73 (unten), 74

Der Imker aus Thüringen, Jahrgang 1938: 88 (oben)

Wiener Landwirthschaftliche Zeitung, 29. November 1882: 84 (oben links)

Schicklberger, Gottfried/Augustin Baumgartner, Die großen Glasgemälde des Maria-Empfängnis-Domes zu Linz (Linz 1995): 233

Wikimedia Commons: 56 (Mitte), 84 (oben rechts)

Bildnachweis

Privatarchiv: 112, 119, 140 (oben), 259
Nordico Stadtmuseum Linz. Reproduktion Thomas Hackl: 86, 92 (Mitte),151 (unten), 158, 176, 180, 188 (unten), 195, 211 (oben), 255, 289, 296
Archiv der Stadt Linz: 63 (unten), 92 (unten), 262, 264
Benediktinerstift St. Florian: 151 (oben)
Everett Collection/picturedesk.com: 5
Scherl/SZ-Photo/picturedesk.com: 24, 51
Ledermann, Postkartenverlag/ÖNB-Bildarchiv/ picturedesk.com: 48
akg-images/picturedesk.com: 63 (oben), 74, 253
Bridgeman Art Library/picturedesk.com: 81 (oben rechts)
ullstein bild/Ullstein Bild/picturedesk.com: 81 (oben links), 226 (oben)
Gurian/laif/picturedesk.com: 156, 226 (unten)
Friedrich/Interfoto/picturedesk.com: 188 (oben)
SZ Photo/SZ-Photo/picturedesk.com: 193
Stadtarchiv Steyr, Nachlass Gregor Goldbacher: 233
Alois/Interfoto/picturedesk.com: 250
HERMANN HISTORICA/Interfoto/picturedesk.com: 261 (unten)
Stadtmuseum St. Pölten, Fotoarchiv: 40 (oben)
U.S. National Archives: Coverfoto (Porträt Adolf Hitler), 211 (unten)
Nachlass August Kubizek: 261 (oben)
www.anno.onb.ac.at: 97 (unten), 140 (unten)
www.literature.at (austrian literature online): 305
www.braunau-history.at: 40 (unten), 73, 81 (unten), 82
Der Imker aus Thüringen, Jahrgang 1938: 97 (oben)
Wiener Landwirthschaftliche Zeitung, 29. November 1882: 92 (oben links)
Schicklberger, Gottfried/Augustin Baumgartner, Die großen Glasgemälde des Maria-Empfängnis-Domes zu Linz (Linz 1995): 256
Wikimedia Commons: 63 (Mitte), 92 (oben rechts)